CJCL

www.comparativelaw.com.cn

2016年卷

中国比较法学

比较司法研究

THE CHINESE JOURNAL OF COMPARATIVE LAW

主　编◎高鸿钧
执行主编◎王志华　马剑银

中国政法大学出版社

2017·北京

本书由中国法学会资助出版

卷首语

在中国当代的法治发展中，司法制度发挥了重要的作用。通过解决各种纠纷，有效地维护了社会秩序；通过司法解释，及时弥补了立法的缺漏；通过司法活动，有力地保护了公民权利。中国最近的司法改革，突出强调"有案必立、有诉必理"，积极推进以审判为中心的诉讼制度改革，努力强化司法人员的专业素质和司法监督机制，不断加强对公民权益的保障。这些改革，都旨在增强司法的公正性和公信力，从而使人们在每个司法案件中感受到公平正义。我们可以认为，在当代中国法治的发展中，司法改革已成重点。

20 世纪后期以来，一些国外学者强调"法院是法律系统的中心"，认为法院是"法律帝国"的"首都"，而法官则是其中的"王侯"。"司法治理"一词的出现，从另一个侧面反映了司法在当代许多国家法治中的重要地位。有人认为，西方国家的法治经历了三个阶段，即立法治理、行政治理和司法治理。第一个阶段的重要标志是 19 世纪大量法典的问世，第二个阶段的重要标志是"福利国家"时代的行政主导，第三个阶段的重要标志是二战以来法院地位的提高和司法审查权的确立。虽然我们不必然接受上述观点，中国也不必然接受西方法治的模式，但我们可以通过比较世界各国的司法理念和制度，为中国的司法改革提供借鉴。

中国法学会比较法学研究会 2016 年年会将"司法制度比较研究"

作为主题，就是想要从比较法的角度，对古今中外的司法制度进行深入的和具体的比较研究，总结其中的经验和教训，借鉴其中有益的理念与制度，进一步改革和完善我国的司法制度。

《中国比较法学》2016 年卷，以比较法学研究会 2016 年年会的优秀论文为主，同时吸收了研究会主办的重要论坛的一些文章。值此文集出版之际，我们要感谢中国法学会领导的指导和支持，感谢全体会员的参与和本卷撰稿人的协助。与此同时，我们还要向承办和协办本次年会的长春理工大学法学院表示衷心的感谢。本论文集的组稿、编辑和出版过程中，研究会秘书长王志华教授付出了大量的时间和精力，马剑银副秘书长也协助参与其事。在此，向他们表示诚挚的谢意。

高鸿钧

2016 年 7 月 4 日

目 录

高鸿钧　卷首语 ·· I

第一编　比较法视野中的司法民主

马　岭　究竟什么是"司法民主"？ ·································· 3

季金华　民主价值的司法维护机理 ······························ 15

周隆基　司法民主的中国语境 ···································· 30

陈　刚　职业化改革趋向下的司法民主化 ···················· 47

杜健荣　比较法视野下司法整合民意的程度与条件 ··········· 67

丁相顺　中日"民众参与司法裁判"的表达与比较 ············ 82

第二编　比较司法治理

王志华　俄罗斯与欧洲人权法院二十年
　　　　——主权与人权的博弈 ··································· 101

余成峰　互联网宪法政治的生成、演化与挑战
　　　　——迈向司法治理 ······································· 135

于 明 司法治国之后
——《司法治国：英国法庭的政治史》结语 …………… 152

泮伟江 论指导性案例的效力
——兼论过渡时期的法理学研究方法论……………… 168

王万旭 论指导性案例的裁判规则提取……………………… 196

吕亚萍 教育领域平权行动的法律变迁
——美国联邦最高法院对行政政策的诠释与限定………… 216

王 淇 美国知识产权准司法执法机制研究
——以美国联邦贸易委员会为例…………………… 243

张怀印 欧盟统一专利法院的最新进展及前景……………… 255

第三编 比较法的理论与实践

鲁 楠 "一带一路"倡议中的法律移植
——以美国两次"法律与发展运动"为镜鉴 ………… 267

朱明哲 论法国世俗性原则的斗争面向……………………… 294

杨 帆 传统中国的儒家理性、公共领域与政法协商
——与哈贝马斯法律商谈理论的比较研究……………… 316

杰弗里·塞缪尔 比较法的理论图式（苏彦新 译） …………… 333

中国法学会比较法学研究会 2016 年年会综述 …………………… 340

第一编　比较法视野中的司法民主

究竟什么是"司法民主"?[*]

马 岭^{**}

一、民主和司法民主的含义

（一）民主的含义

根据《不列颠百科全书》的解释，"民主"源出希腊语 domos（人民）和 kratos（统治），字面意思是"人民统治"。从中文的字面意义来看，民主就是人民当家作主。

笔者认为，民主的基本要素有以下三方面：

第一，民主之"民"。这是民主的主体，民主是由"民"作主，"民"的范围在一个国家内是该国公民，在一个地方或单位就是本地民众或本单位的成员。"民"可以是民本身，即民直接作主，也可以是由民选举产生的代表，即民通过代表间接作主。间接民主是否仍然是一种民主，与其代表人数的人口比例有关，如果代表人数太少，即使是选举的，也不一定是民主。如有些国家的总统是公民直接选举产生的，但即使如此也不能认为总统的决定就是民主决定。

第二，民主之"主"。这是民主的内容，"主"是决定，即民"主"什么。从广义上说，由民作主的一切事都是民主；从狭义上看，只有国家大事或本地本单位大事的决定权由民作主才是民主，或者说，这是民主的基

---

* 本文原载《河南省政法管理干部学院学报》2011 年第 4 期，第 156–161 页。

** 马岭，中国青年政治学院法律系教授。

本内容，即民主是一种"决策"制度。民主不仅是民"作主"，而且是"当家"作主，不是在鸡毛蒜皮的小事上作主，而是作为"当家人"在大事上作主。这些大事可能是政治制度方面的，也可能是经济制度性质的，或者直接涉及其成员的权利义务，但一般不是指娱乐性投票，如选出公众最喜爱的明星等。娱乐性投票也可能体现民意，但此种民意不涉及决策和权利义务等问题。[1] 同时，民主所"主"的一般是民自己的事而不是别人的事，即自己当家作主，是全体对全体作决定；即使是人民代表决定，即少数为全体作决定，亦由于这少数是全体选举的，同时这决定也是包括自己在内的，其决定与自己的利益也有关，自己也要遵守，因此仍可视为民主（民间接作主）。也有时是全体为少数作主，如人民或人民代表立法约束官员，规范其工作方式，虽是替别人作主，但目的仍然是为了维护自己（全体）的利益。而陪审员对被告的裁决是作为民意代表对少数人作出的决定，因此也是民主的一种形式（虽然其代表性需打一定折扣）。

第三，多数决。这是人民作主的方式，是实现民主的手段，是人民怎么作主、怎么形成决定的技术操作问题。"民"是一群人，一群人作决定时除极个别没有分歧意见时的全体一致决之外，大多数情况下有多数决、少数决、个人决三种方式，其中多数决是民主，少数决不是（少数是民选代表时是间接民主，但这些代表作决定时也实行少数服从多数）。总统等行政首长作决策是个人决，行政首长由选举产生，选举是民主，但这只能说明首长的产生有民主基础，首长的决定因而具有正当性与合法性，但并不等于首长的决定是民主决定。首长可能反映民意，甚至代表民意，但并不能说首长的个人决是民主。

民主的主体、内容、形式三方面构成民主不可或缺的要素，只以其中一项定义民主是片面的。但三者的分量也并非半斤八两，笔者认为第一层含义是最重要的，民主的首要内容是由民（直接或间接）作主。

（二）司法民主的含义

以上述民主的含义类推，"司法民主"应当是在司法领域由"民"作主，司法权主要表现为审判权。司法民主即由民众直接审理案件，并以多

---

〔1〕 这并不是否认我国一些地方"选秀"节目的意义，至少民众通过这些活动熟悉了有关民主的程序，也有利于我们了解民主投票中容易出现的问题，如操纵舆论、弄虚作假、贿选等。但严格说来，这些都不是真正的民主，不直接涉及民众的权利和利益问题。

数决的方式形成判决。

这样，我们可以排除以下一些似是而非的对"司法民主"的解读：

第一，审判公开不是司法民主。审判公开是"司法公正"的重要保障，有很大的积极意义，但公开的审判一般是法官审判，公民只是旁听，旁听有利于公众知情，但这只是对司法的监督，或对民众的法制教育，而不是司法由民作主，作主的显然是法官。公开判决书也不是司法民主，判决作出后才可能公开，公开的判决书已经具有法律效力，民众无法再对判决作主，即使民众有强烈不满，要求改判，也必须是经过法律程序再审，再审还是法官来审，不是民审，法官在审判中仍然要忠诚于法律而不是民意，要依法判案而不是依民意判案。

第二，司法为民不是司法民主。"为民"是"为了人民"之意，这应是司法的目的而不是由谁司法的问题，为民的司法基本上还是法官在司法。同时，"司法为民"应当是司法的终极目的，而不应针对具体的某一次司法、某一个案件。"司法为民"强调的是司法要为整体的人民服务，而不是只为达官显贵、有钱有势者服务。在具体案件中，司法要严格"依法"判案，只看当事人的行为是否符合法律，不论当事人的身份地位，不存在只为某一类人（哪怕是多数人）服务的问题。因此，"司法为民"与"司法为官"一样都在不同程度上偏离了司法客观中立的价值取向。

第三，就地调查、就地办案也不是司法民主。就地调查、就地办案的主体仍然是法官而不是民众。法官在就地调查、就地办案的过程中，更容易听到、感受到民众的意见，同时也可能更容易被民意所左右，但只要审判权属于法官，就很难说这是司法"民"主。行政首长在决策前也很可能要倾听民众意见，也可能（甚至更可能）被民意所左右，但行政机关实行的仍然是首长个人负责制而不是"行政民主"。

那么，司法民主究竟是指什么？

二、司法民主的典型模式——公民审判

古代雅典的审判制度是司法民主的典型代表，审判虽不涉及制度决策等问题，却直接决定当事人的权利义务。雅典的"审判法庭"完全由普通公民组成，"法庭没有法官，只设负责组织审判和维持秩序的主持人，决定权属于陪审员。凡年满30岁的公民皆可报名参选陪审员，10个区共选出6000名，数量巨大的陪审员可以有效预防贿赂，除非有人能同时贿赂6000个陪审员。遇有案件，根据案件大小从中抽签选出5至2000人组成陪审团，开庭之日再抽签将其分配到不同法庭"[2] 这种没有职业法官、完全由公民审判的法庭是真正民主的司法，是司法民主的典型模式。但其实这些作主的"民"也只占当时社会全部人口的 10% 左右，还有 90% 的奴隶、妇女和外国人都不是公民，被排除在法庭审判权之外。[3] 所以雅典的民主之"民"，其实是极少数享有特权的人，雅典的公民与我们现代意义的公民差距很大。现代社会的公民是绝大多数人，古代雅典的公民是极少数人，雅典的司法"民"主其实只是特权阶层内部的成员平等掌握审判权。

雅典的司法民主显然已经"过时"，一方面是它作为直接民主的"民"人数太少，且这些公民是以财产地位获得公民身份的，其民主性在今天看来极为有限；另一方面是它只适用于范围较小、社会相对简单的古代社会，而难以适应人口众多、分工复杂的现代社会。[4] 此外，它完全无视审判权的专门职业性，这种排斥职业法官、由普通公民掌控审判全过程的司法民主，在当今世界各国已经不复存在了。这样的公民审判造成了一些骇人的冤假错案，虽然任何司法制度都难以完全避免冤假错案，然而这些冤假错案发生的原因格外发人深省——那恰好是司法"民"主的弊端：正是民众排斥充分的信仰自由和言论自由，不能容忍苏格拉底这样的社会精英（人类最杰出的思想家之一），通过审判认定苏氏"不敬城邦认可的神、另立新神和腐蚀青年"的行为构成犯罪并对其判处死刑。虽然是"民"作出的判决，虽然审判程序合法，虽然实行了多数决，但其暴政的反理性程度不亚于暴君。雅典的审判有时候是以道德或个人好恶为标准的，审判中的法律标准和证据都严重缺失。如素以"公正者"著称的雅典名将阿里斯泰德于公元前 483 年遭公民大会投票流放，一位文盲农民赞成放逐的理由是"经常听人歌颂他为'公正者'，很烦人，干脆放逐了算了"。[5]

我国"文革"期间也有过类似的"群众审判"。表面上看，司法充分由民作主，但实际上严重践踏人权，违背法治。法律应当是民意的反映，但

---

〔2〕 冯八飞：《苏格拉底为什么审判雅典民主》，载《南方周末》2009 年 9 月 3 日，第 D25 版。

〔3〕 冯八飞：《苏格拉底为什么审判雅典民主》，载《南方周末》2009 年 9 月 3 日，第 D25 版。

〔4〕 如以 1/10 的人口比例参政来计算，我国目前 13 亿人口应有 1.3 亿人参政，无论是参与审判还是进入议会这都是难以想象的。

〔5〕 冯八飞：《苏格拉底为什么审判雅典民主》，载《南方周末》2009 年 9 月 3 日，第 D25 版。

这应是立法的任务，在司法中，具体案件的审理应依据法律而不是民意，或者说法院依"法"审判就是尊重全体性的民意，因为法律是人民通过选举产生的代表制定的，尊重法律就是尊重人民。一切权力"属于"人民不等于一切权力由人民直接"行使"，[6] 由宪法赋予法院司法权体现的也是人民意志。在此，法律正是民意的表现，且是民意的最高体现。法律与民意并不对立，但法律也不完全等同于民意，法律是整体的民意而不是一时一地的民意，是相对稳定的民意而不是变化无常的民意，是理性的民意而不是情绪化的民意，是全体的、抽象的、对事不对人的民意而不仅仅是某一具体案件中当事人或其左邻右舍的民意，是高尚的、良善的、全面的、明智的民意，而不是猥琐的、恶意的、偏狭的、愚昧的民意。[7] 总之，民意很复杂，其中有正面的也有负面的，法律应是民意中比较向善、比较理性、比较公道的那部分意志的反映。因此适用法律是现代司法权运作的合法性基础，也是其民意基础。"文革"给我们留下的深刻反思：一方面是揭示了个人崇拜的荒谬；另一方面是展示了大民主的弊端。人民也需要受法律的约束，没有这种约束，民主很可能是多数人的暴政，或者被少数政客操纵——此时民主只剩下形式（如多数决），其实质已经蜕变为专制。

三、合议庭是司法民主吗？

合议庭是"世界各国法院最主要的审判组织形式，也是适用最广的审判组织形式"，"各国法院的合议庭一般都实行少数服从多数的原则，即以多数人的意见决定判决"。[8] 我国《法院组织法》也明确规定法院审理案件实行合议制，[9] 《刑事诉讼法》第 148 条规定："合议庭进行评议的时候，如果意见分歧，应当按多数人的意见作出决定，但是少数人的意见应当写入笔录。评议笔录由合议庭的组成人员签名。"在民事诉讼和行政诉讼

---

〔6〕 关于国家权力的所有权和使用权的区别，可参见马岭：《宪法权力概说》，载《法治论丛》2010 年第 2 期。

〔7〕 如"文革"中各种各样的群众组织在武斗中表现出的残酷、残忍，反映了人性中普遍存在的"恶"。

〔8〕 郭成伟、宋英辉：《当代司法体制研究》，中国政法大学出版社 2002 年版，第 119、123 页。

〔9〕 我国《人民法院组织法》第 10 条规定："人民法院审判案件，实行合议制。""人民法院审判第一审案件，由审判员组成合议庭或者由审判员和人民陪审员组成合议庭进行；简单的民事案件、轻微的刑事案件和法律另有规定的案件，可以由审判员一人独任审判。""人民法院审判上诉和抗诉的案件，由审判员组成合议庭进行。"

中，虽然法律没有明确规定，但可以从有关条文中推论出多数决原则，如《民事诉讼法》第 40 条规定："合议庭的成员人数，必须是单数。"《行政诉讼法》第 46 条规定："合议庭的成员，应当是 3 人以上的单数。"合议庭成员"单数"的规定应解释成是多数决的需要。《全国人民代表大会常务委员会关于完善人民陪审员制度的决定》第 11 条第 2 款规定："合议庭评议案件时，实行少数服从多数的原则。"从中，可以类推出没有陪审员的合议庭也应实行多数决。

（一）合议庭实行的多数决只是具备了民主的形式要素

许多人认为合议庭是司法民主的一种表现，是法院内部的一种民主机制，对此笔者不完全苟同。合议庭实行的是多数决，但多数决不一定都是民主。多数决是民主决定的形式，是民主要素之一，但仅此一操作性要素尚不能构成民主，如果拥有决定权的主体不是"民"，其投票人是指定的，或通过考试产生的，或由专家组成的，即使实行多数决，这种多数决也不当然就是民主。如诺贝尔奖以及许多学术评奖都以评委的多数决方式产生，但评委是有关领域的专家，而不是民众，因此这些评奖不等于学术民主。我国电影界的金鸡奖由专家评定，百花奖由大众投票，二者都实行多数决，但后者才体现民意。[10] 同理，合议庭是多数决，但它主要是法官的判决而非民众的判决，即使不符合民主含义中的第一层，也是最重要的要素，因此合议制只是借鉴了民主决定的形式（为实现司法公正），但它本身不是"民"主而是"官"（法官）主。美国联邦最高法院的 9 名大法官在判决时也是少数服从多数，但美国人并没有因此认为最高法院实行的是司法民主。

如果我们承认人民通过选举代表形成决定是间接民主，而间接民主也是民主，那么对于民选法官行使审判权是否可以认定为是司法民主呢？[11]笔者认为，民选法官与民选议员有很大的区别：首先，前者选择的范围要狭窄得多，民选法官时其候选人（即被选举人）往往局限在有限的人群内，如一般需要受过专门的法律教育，有法律职业背景等资格要求，而议员的

---

〔10〕 如前所述，民意不一定是民主，民主要素之二是民所"主"的内容应具有决策性。

〔11〕 世界各国大多数法官是任命产生的。由选举产生的法官主要是"大革命时期的法国、前苏联、美国大多数州以及瑞典等国"，参见陈业宏、唐鸣：《中外司法制度比较》，商务印书馆 2000 年版，第 196 页。法官的选举制和任命制孰优孰劣是美国两百年来观察家们一直争论不休的话题。详见［美］詹姆斯·M.伯恩斯等：《美国式民主》，谭君久等译，中国社会科学出版社 1993 年版，第 990－991 页。

选举则没有这些资格限制。其次，选举后法官受选民的制约要远远小于议员，即使民选的法官通常是限任制的，但也受司法独立的保护而不必拘泥于反映民意，法官只需服从法律即可。因此即使民选法官组成的合议庭也很难说是司法民主，因为怎么判决是由法官自己根据法律，而不是根据民意，甚至也不是根据人民的根本利益（像议员要考虑的那样）来决定的，法官的直接忠诚对象是法律。法官也有自由裁量权，但这一权力也是法律赋予的，只能在法律允许的范围内行使，具体怎么裁量至少也要符合法律原则或法律精神，而不是无视法律完全由法官根据个人意志或民众偏好"自由"裁量。

因此，法院的合议庭与政府的首长制相比，具有一些民主色彩（至少有"多数决"这一民主形式），但与议会的合议制相比则很难说是民主。

（二）主审法官负责制与多数决原则

我国司法改革中推行的主审法官负责制（或审判长负责[12]），即"在法院选拔一些政治强、业务精，有驾驭庭审能力的优秀法官，赋予他们相当的审判职权"，[13] 是否否定了多数决原则？依照《人民法院审判长选任办法（试行）》的规定：[14]"审判长的职责是：一是担任案件承办人，或指定合议庭其他成员担任案件承办人；二是组织合议庭成员和有关人员做好庭审准备及相关工作；三是主持庭审活动；四是主持合议庭对案件进行评议，作出裁判；五是对重大疑难案件和合议庭意见有重大分歧的案件，依照规定程序报请院长提交审判委员会讨论决定；六是依照规定权限审核、签发诉讼文书；七是依法完成其他审判工作。"其中涉及审判之民主形式的主要是第四项，"主持合议庭对案件进行评议，作出裁判"。这里是"审判长"主持合议庭对案件进行评议，并由"审判长"作出裁判；还是"审判长"主持合议庭对案件进行评议之后，由"合议庭"作出裁判？笔者认为，后一解释较符合诉讼法原意。

---

〔12〕 "审判长选任制和主审法官制并无本质的差别，只是提法不同而已，它们都是从强化合议庭和法官职责的角度加以设计的，也就是说，是建立在法官负责制的基础之上的。但这只是针对我国司法体制和法官现状的一种过渡形态。"参见钱锋：《论法官独立审判》，载《判解研究》2001年总第4辑。

〔13〕 钱锋：《论法官独立审判》，载《判解研究》2001年总第4辑。

〔14〕 该规定是2000年7月11日最高人民法院审判委员会第1123次会议通过的，载中国网 http：//www. china. com. cn/zhuanti/115/system/txt/2000 – 08/17/content_ 5003352. htm，访问时间：2006年8月8日。

　　从实践来看，主审法官负责制在有些地方是由合议庭作出判决，如成都高新区人民法院实行的主审法官制，"主审"一词仅仅"是相对于具有审判职称但在本制度下未裁判案件的其他法官而言"，主审法官的职责主要是"负责开庭审理，认定事实和证据，适用法律，制作经开庭审理的案件的裁判文书，签发法律文书，指导法官助理工作，对案件质量负责"，判决权仍属于合议庭，"由主审法官相互间组成合议庭，承办人向审判管理中心提出申请，审判管理中心在主审法官中指派两名合议庭组成人员，承办案件的主审法官为审判长"。在合议庭中，"既没有次审法官，也不是主审法官一个人说了算。主审法官并不总是审判长，只有当他在合议庭中是案件承办人时才是审判长"。[15] 这其中的问题是合议庭需意见一致才能作出判决，如果合议庭意见不一致，"由审判长向分管院长汇报，然后根据分管院长的意见进行复议，能取得一致的，径行作出判决；如仍不能取得一致，由分管院长决定是否提交审判委员会讨论"。[16] 这就排除了多数决原则，而是要求一致决。一致决从某种意义上说是少数决（一票否决制），它不一定能决定"是什么"，但能决定"不是什么"，这与诉讼法的多数决规定明显有矛盾之处。在有的地方，法院判决是以合议庭的名义发布的，但判决的决定权转移到了主审法官手里，而不是由合议庭成员实行多数决。如深圳盐田区法院的主审法官"享有独立的审判权、主持庭审权、签发文书权、组织管理权、考核建议权等五大权力"，[17] 在合议庭发生争议时，不是通过表决而是由主审法官决定，并由主审法官承担错案责任。[18] 还有的法院将"主审法官负责制"异化为"主审法官个人说了算"，开不开庭、合不合议都由主审法官决定，合议庭成为虚拟合议庭、影子合议庭。这显然是对合议庭多数决的否定，取消了合议庭的民主"形式"，代之以主审法官或审判长的个人

---

　　〔15〕 参见王平、杜玉成：《成都高新区人民法院实施主审法官制的论证报告》，载四川省高级人民法院研究室编：《"跨世纪法官话改革"征文——获奖论文集》，四川省高级人民法院2001 年，第407 页。

　　〔16〕 参见王平、杜玉成：《成都高新区人民法院实施主审法官制的论证报告》，载四川省高级人民法院研究室编：《"跨世纪法官话改革"征文——获奖论文集》，四川省高级人民法院2001 年，第407 页。

　　〔17〕《盐田法院推行主审法官负责制》，载金羊网 http://www.ycwb.com/gb/content/2006 - 08/15/content_ 1185846.htm，访问时间：2006 年 8 月 15 日。

　　〔18〕《也谈主审法官制》，载新浪博客 http://blog.sina.com.cn/siweita，访问时间：2008 年 5 月 12 日。

决定和个人负责。而个人决定和个人负责是一种典型的"行政"模式，司法改革应尽量使司法去行政化而不应加强司法的行政化。

虽然在实践中有些法院实行主审法官制效果很好，提高了办案效率，保证了办案质量，使报审判委员会讨论的案件数量大为减少，相对于过去合议庭的审而不判、审判委员会的判而不审，这确实是一个进步；但法官独立不应也不必以牺牲合议庭的多数决为代价，在许多法治国家，法官独立与合议庭的多数决并不矛盾。改革应在法律的范围内进行，动辄突破法律搞改革很可能是得不偿失的，破坏法制的方式不可能真正维护法治，而没有法治，民主和自由都不可能有保障。在目前情况下，不可能也没必要修改法律将合议庭的多数决变为个人决，因此可以考虑在实践中适当扩大法官独任制审判的范围，[19] 同时在合议庭内要将法官独立与多数决协调起来，目前在我国合议庭审理的过程中，法官独立应主要表现为合议庭独立（独立于合议庭之外的机构或人员），而不是合议庭中的主审法官独立（独立于合议庭内的其他法官或陪审员）。

四、审判委员会是司法民主吗？

我国《法院组织法》第 11 条规定："各级人民法院设立审判委员会，实行民主集中制。审判委员会的任务是总结审判经验，讨论重大的或者疑难的案件和其他有关审判工作的问题。"在我国的三大诉讼法中，《民事诉讼法》和《行政诉讼法》都没有提到审判委员会讨论重大、疑难案件的权力，[20] 只有《刑事诉讼法》第 149 条对此作了规定："合议庭开庭审理并且评议后，应当作出判决。对于疑难、复杂、重大的案件，合议庭认为难以作出决定的，由合议庭提请院长决定提交审判委员会讨论决定。审判委员会的决定，合议庭应当执行。"因此，从立法者的原意来看，审判委员会对疑难、复杂、重大案件的决定权应只适用于刑事案件。

审判委员会是我们法院体制中的中国特色，也是我国法律界目前最有

---

〔19〕 如前所述，我国《人民法院组织法》第 10 条规定："简单的民事案件、轻微的刑事案件和法律另有规定的案件，可以由审判员一人独任审判。"实践中我国的"基层法院审理案件，除刑事案件外，绝大部分案件是法官独任审判。"例如，通海县"实施主审法官员额制以后，除法定必须组成合议庭审理的案件外，没有特殊情况一律实行独任审判"。参见《通海县推行主审法官员额制呈现出五个特点》一文的相关论述。

〔20〕 《行政诉讼法》第 47 条第 4 款只规定"院长担任审判长时的回避，由审判委员会决定"；《民事诉讼法》第 177 条规定："各级人民法院院长对本院已经发生法律效力的判决、裁定，发现确有错误，认为需要再审的，应当提交审判委员会讨论决定。"

争议的制度之一。在此笔者且不论审判委员会的利与弊、存与废，只想澄清审判委员会对疑难、复杂、重大案件的决定权是否属于"司法民主"这一问题。

第一，从决定权的主体上看，如果说合议庭的成员还可能吸收陪审员的话，审判委员会的成员则全部是法官，且是法院中有一定职务的法官，[21]"官"的色彩更浓，与"民"主司法更远。如果合议庭都不是司法民主，审判委员会显然更不是。但审判委员会的成员人数通常多于合议庭，我们一般认为人数越多越体现民主，但笔者仍然认为主体是谁比主体人数多少是民主成立与否的更重要的条件。

第二，合议庭实行多数决在《刑事诉讼法》中有明确规定（第148 条第5 款），在《民事诉讼法》和《行政诉讼法》有关合议庭成员须为单数的规定中也可以"推论"出多数决原则，但这些法律都没有规定审判委员会实行多数决。审判委员会的多数决原则是由最高人民法院的《最高人民法院审判委员会工作规则》（第9 条）规定的："审判委员会实行民主集中制。对议题应当展开充分讨论。审判委员会的决定，必须获得半数以上的委员同意方能通过。少数人的意见可以保留并记录在卷。"更重要的是，审判委员会多数决的民主性在程度上不如合议庭，因为《最高人民法院审判委员会工作规则》第4 条还规定："审判委员会委员超过半数时，方可开会。"即审判委员会的决定可能只需全体委员的 1/4 通过就可能形成；而且审判委员会对案件的讨论、决定过程是不公开的，"审判委员会委员、列席人员、秘书和书记员，应当遵守保密规定，不得泄露审判委员会讨论、决定的事项。审判委员会会议纪要属机密文件，未经批准，任何人不得外传"。[22]虽然公开化不一定都是民主，但民主一般都是公开化的。

五、司法是否应当民主？

民主有利有弊，不是所有国家机构都适合搞民主。将民主作为首选价值的是议会，而行政机构追求的主要是效率，因此它不可能是"民"主而只能是"官"主（首长决定）。因此，制约行政权成为制约权力的重中之

---

〔21〕"审判委员会一般由院长、副院长、各主要庭室负责人组成，一些法院还包括专职委员若干人。"参见刘晓军：《改革中的司法独立与司法公正 ——以审判委员会为考察对象》一文的相关论述。

〔22〕《最高人民法院审判委员会工作规则》第 13 条。该规则 1993 年 8 月 20 日由最高人民法院审判委员会第 59 次会议通过。

重。司法追求的主要是公正，法律是理性、客观、公正的最高体现，法官是理性、客观、公正的法律的具体实施者。用民主手段制约行政专断是议会的方式，法院没有必要重复使用这一方式，而应当另辟蹊径，发挥己之所长。议会是实施民主的地方，政府和法院没有必要成为实施民主的第二个、第三个地方，民主不是越多越好，而是恰当才好。

议会是最合适搞民主的地方，议会实行民主制往往利大于弊，但也只是相对"少弊"而不是绝对"无弊"。如果议会"感情用事、有时盲目、经常不够负责"，那么就需要理性力量的制约。在美国，"如果立法机关在党派的激烈斗争中偏离了宪法的精神和条款，法庭就会拒绝宣判，使立法机关根据宪法行事。这时，法官虽然不能强制人民保卫宪法，但宪法只要依然生效，他至少能迫使人民尊重宪法。法官不直接领导人民，但他能制约人民"。托克维尔认为法学家精神中有贵族的特点，"生性喜欢按部就班，由衷热爱规范"，"酷爱安宁"。"当美国人民任其激情发作陶醉于理想而忘形时，会感到法学家对他们施有一种无形的约束，使他们冷静和安定下来。法学家秘而不宣地用他们的贵族习性去对抗民主的本能，用他们对古老事物的崇敬去对抗民主对新鲜事物的热爱，用他们的谨慎观点去对抗民主的好大喜功，用他们对规范的爱好去对抗民主对制度的轻视，用他们处世沉着的习惯去对抗民主的急躁。法院是法学家对付民主的最醒目工具。"[23] 可见司法的作用是制约民主，而不是实现民主。

法官专业化是世界各国的发展趋势，目的是为了保障司法公正。这种专业化确实有可能导致官僚化，但没有什么制度是百利而无一弊的，我们只能在利少弊多和利多弊少之间选择，而法官的专业化比法官的大众化从总体上、长远上看会更有利于公正。在司法中"适当"引进民主机制也可能是必要的，如陪审制度的实行。但陪审制是平民和法官分享审判权，因此是部分"民"主，部分"官"（法官）主，是"民"主与"官"主的结合。实行陪审制不一定就能实现司法公正，没有陪审制的国家也不能说司法就不公正，是否需要建立陪审制不是司法公正的必备条件，只是可能性条件。是否实行，尤其是是否大规模实行，在什么历史阶段可以且应当大规模实行以及怎么实行，这些问题都需要根据各国的具体情况和不同时代

---

〔23〕 ［法］托克维尔：《论美国的民主》（下），董果良译，商务印书馆 1988 年版，第 905、303、309 页。

的特点来确定，最终目标是要看其是否对实现司法公正有利。[24]

在中国走向法制现代化的进程中，一种路径是先解决司法的专业化问题，然后再于司法领域适当引进民主因素，解决专业化过渡后的问题，这是渐进改良的路子，可能进程较为缓慢，但比较稳妥；另一种路径是先借助民众的力量解决司法不公、司法腐败的问题，再解决司法专业化的问题，这是革命的路子，可能轰轰烈烈，大快人心，但也可能（不是必然）走向大民主，走向民主暴政。我国 1982 年宪法取消陪审制度的规定，[25] 以及 20 世纪 90 年代以来的司法制度改革，是遵循前一路径走的，是汲取"文革"大民主的教训后，转而强调司法专业化的结果。从理性角度看，这一思路总体上并没有错。现在的问题是：这条路遇到了很大的阻力，是硬着头皮继续往下走，还是原地踏步，等待其他领域跟上？或者改弦更张，另择他路？有他路吗？他路是什么样的路呢？是否可能综合上述二者从而形成第三条路径呢？

---

〔24〕 关于陪审制的民主性，笔者将另外撰文论述。

〔25〕 1982 年《宪法》删除了 1978 年《宪法》中关于人民陪审制的内容。1983 年人大常委会发布《关于修改〈中华人民共和国人民法院组织法〉的决定》规定：删去原《法院组织法》第 9 条"人民法院审判第一审案件实行人民陪审员陪审的制度，但是简单的民事案件、轻微的刑事案件和法律另有规定的案件除外"。

民主价值的司法维护机理 *

季金华**

　　"20 世纪 40 年代，最高法院开始视民主为最崇高的理想"，[1] 民主成为宪法的基本精神。为了维护人民主权原则，法院应该将人民在公共领域和私人领域的自主作为司法的基本价值和根本目的，在发生权力与权利冲突的时候，法院应该通过权利推定最大限度地保护公民的自由权利。众所周知，权力与权利的冲突有时表现为形式民主与实质民主、集体自主与个人选择、过去的法律意志与现时的民众意愿之间的冲突，这就需要法院通过司法审查疏通政治渠道，在保证政治决策合宪性的基础上保护个人自由、维持社会秩序、维护民主的程序价值和实体价值，需要法院通过宪法解释和价值整合实现民主秩序结构与文化秩序结构的有机融合，实现宪法意志与公众政治意愿的有机结合。毋庸讳言，民主价值的司法维护依赖于社会公众的信任，[2] 法院应保障社会公众通过多种形式和渠道对司法解释、司

　　* 本文原刊于《北方法学》2016 年第 6 期，第 41 - 49 页。
　　** 季金华，法学博士，南京师范大学法学院教授，南京师范大学中国法治现代化研究院研究员。

　　〔1〕 〔美〕莫顿·J. 霍维茨：《沃伦法院对正义的追求》，信春鹰、张志铭译，中国政法大学出版社 2003 年版，第 131 页。
　　〔2〕 沃尔德龙认同德沃金的观点，只有当公民意识到原则性议题的最终处置应从立法程序转移到法院的司法程序中来，公共舆论的质量才能得到提高，民主价值的维护才能取得最佳的效果。参见〔美〕杰里米·沃尔德龙：《司法审查与民主的条件》，王青译，载佟德志主编：《宪政与民主》，江苏人民出版社 2007 年版，第 181 页。

法政策和疑难型案件表达司法意见，在反映社会主流民意的基础上缓解法律与社会的紧张关系，实现民主的形式价值与实质价值的有机整合。

一、通过政治渠道的疏通实现形式民主与实质民主的有机统一

政治渠道的畅通意味着各个利益集团可以在立法程序中表达自己的利益诉求，集体自主与个人选择、民主的形式价值和实体价值在立法程序及其结果中获得了审议和选择。但是，在现实的政治生活中，议员的意志不等于人民的意志，政治代理人的利益要求也不一定是普通民众的利益诉求，代议制民主机制有可能产生民主失灵的情形，从而导致多数人的政治决定损害少数人的权利。行政权力的扩张对代议制民主产生了严重的冲击，增加了代议机关防止和消除行政腐败的难题，进一步加剧了民主政治渠道的堵塞。因此，必须充分发挥司法的民主渠道疏通功能，修正违背人民意志的法律，保证法律的意志与人民意志的统一。

第一，法院借助于司法审查来保护个人自由、维护民主的程序价值和实体价值。在巴拉克看来，民主是形式和实质的统一，形式民主意味着人民主权和多数人的统治，而实质民主意味着民主的价值统治。"民主是一个部分地由一些权利构成的政治程序，当一个社会对必须由公共决策作出的事件有不同意见时，民主要求这个社会中的每一个人都有平等解决分歧的权利。"[3] 民主的这一理念意味着在一个社会中，如果个人参与的权利得不到保证，政治程序不受权利的制约，那么这样的政治过程及其结果就不具有民主性；如果个人的某些权利得不到尊重，那么多数至上的决策程序就会因为实质民主的缺失而失去政治合法性基础[4]。一方面，民主立基于每个人都享有权利的基础上，多数人也不能因为自己掌权就否定少数人的权利。人权是实质民主的核心，不保护人权就不可能有民主，不能有效地保护人权，民主就没有正当性[5]。另一方面，"平衡与妥协是民主的代价。只有一个强大、安全而且稳定的民主国家才能提供并保护人权，只有建立在

---

〔3〕［美］杰里米·沃尔德龙：《司法审查与民主的条件》，王青译，载佟德志主编：《宪政与民主》，江苏人民出版社 2007 年版，第 182 – 183 页。

〔4〕参见［美］杰里米·沃尔德龙：《司法审查与民主的条件》，王青译，载佟德志主编：《宪政与民主》，江苏人民出版社 2007 年版，第 183 页。

〔5〕参见［以］巴拉克：《民主国家的法官》，毕洪海译，法律出版社 2011 年版，第 34 – 35 页。

人权之上的民主国家才能有安全"。[6] 虽然，权利具有十分丰富的内涵和表现形式，但自由是权利的核心价值意蕴。自由是最基本的交往权利，是人们结成各种社会关系、塑造权力结构、构建权力运行机制的前提条件。美国沃伦时代的最高法院第一次意识到，"宪法第一修正案所载的言论自由、新闻自由、结社自由是民主赖以存在的根基，因此需要赋予它们以优先地位"。[7]

为了保证所有的社会主体都能享有最广泛的自由权利，就必须为自由确立平等的前提和基础。"不仅少数民族代表是民主的有机组成部分，而且真正有效的代议制要求对所有人的尊严与价值予以保障。法院认为民主不仅应有程序价值，而且应有实体价值。"[8] 法院撤销那些干涉言论自由的立法之目的是保护自由、促进民主。在现实的社会生活中，多数人的立法决策往往会侵犯少数人的权利，因此，沃伦时代的最高法院把保护少数人的权利作为民主核心也就具有了现实的合理性。而且，"法院将注意力集中于对少数人权利保护的本身就是对民主含义的重新解释，强调公平对待是民主的一个必要的前提条件"。[9] 诚然，自由表征社会主体在政治、经济、文化交往活动中的自主程度，因而与民主的要求密切关联。公正的选举和普遍投票权更侧重的是程序正义，而相对忽视实体正义。实际上，没有相对平等的社会和经济条件就不可能实现有效的政治平等和民主的实体价值。法院应该通过司法审查程序以判决的形式保护所有公民的尊严与平等，最终使民主包含实质正义的内容。[10] 进而，宪法权利是民主价值的集中表达和表现，司法审查正是确保个人的自由、促进民主发展的权威机制。[11]

第二，法院通过司法审查力图在尊重多数人意志的同时保护少数人的利益。实质民主的统一是立法至上与社会价值的有机结合。宪法确定的民

---

〔6〕 ［以］巴拉克：《民主国家的法官》，毕洪海译，法律出版社 2011 年版，第 269 页。

〔7〕 ［美］莫顿·J. 霍维茨：《沃伦法院对正义的追求》，信春鹰、张志铭译，中国政法大学出版社 2003 年版，第 136 页。

〔8〕 ［美］莫顿·J. 霍维茨：《沃伦法院对正义的追求》，信春鹰、张志铭译，中国政法大学出版社 2003 年版，第 136 页。

〔9〕 ［美］莫顿·J. 霍维茨：《沃伦法院对正义的追求》，信春鹰、张志铭译，中国政法大学出版社 2003 年版，第 140 页。

〔10〕 参见 ［美］莫顿·J. 霍维茨：《沃伦法院对正义的追求》，信春鹰、张志铭译，中国政法大学出版社 2003 年版，第 140 - 142 页。

〔11〕 参见 ［以］巴拉克：《民主国家的法官》，毕洪海译，法律出版社 2011 年版，第 170 页。

主价值是程序民主价值和实体民主价值的有机结合，不顾及少数人的利益诉求和价值追求的多数人意志会蜕变为多数人专制，司法审查的合理性不仅仅在于法院完善和保护了民主，还在于通过司法审查程序对无节制的民主给予宪法设定的限制，进而通过程序民主价值实现实体民主价值。"持续不断地被多数人专制所危及的孤立无援、势单力薄的少数民族，由于其太弱小而很难在民主程序中保护自己，只有积极的司法审查才能在多数人统治与少数人权利之间进行调整，寻求平衡。"[12] 民主不只是意味着多数人意见的畅通无阻，也是少数人意见在实质上被重视，司法审查的一个重要功能就是通过司法审查程序疏通少数人表达利益诉求的渠道，实现对少数人权利的保护。美国联邦最高法院在审理布朗诉教育委员会一案中，通过撤销种族隔离的法律从多数白人的专制下保护了黑人的权利。在大法官们看来："制造和强化种族隔离的法律本身就是违背民主原则的，那些使一国公民的基本权利不平等的法律与民主是水火不容的。……宗教自由是保护多元化价值的必要前提，多元化价值又是民主社会的基础。从这个观点来看，当法院撤销了那些压迫孤立无援、势单力薄的少数民族的法律时，这不是在抵制民主，而是在支持民主。"[13] 推而言之，如果一项法律确实与民主的要求不一致，那么，法院废除该项法律的判决为社会更加民主扫除了障碍，也就实质上推进了民主。[14]

实质民主旨在通过宪法的工具价值维护宪法的目的价值。民主自身有内在的道德性，民主必须以人格尊严和人格平等为基础，仅有适当的选举和立法至上并不符合民主的要求，因此，民主除了选举和多数人统治的形式上的要求，还存在实质上的要求。这些要求应该在权力分立、法治、司法独立等潜在的民主价值和原则的最高地位中得到充分的体现，应该建立在宽容、诚信、正义、合理性和公共秩序等基本价值之上。[15] 实质民主是建立在权力分立的基础上，国家权力之间缺少制衡，政府部门就有可能以

---

〔12〕 ［美］莫顿·J. 霍维茨：《沃伦法院对正义的追求》，信春鹰、张志铭译，中国政法大学出版社 2003 年版，第 137 页。

〔13〕 ［美］莫顿·J. 霍维茨：《沃伦法院对正义的追求》，信春鹰、张志铭译，中国政法大学出版社 2003 年版，第 138 页。

〔14〕 参见 ［美］杰里米·沃尔德龙：《司法审查与民主的条件》，王青译，载佟德志主编：《宪政与民主》，江苏人民出版社 2007 年版，第 185 页。

〔15〕 参见 ［以］巴拉克：《民主国家的法官》，毕洪海译，法律出版社 2011 年版，第 42 页。

危害民主本身的方式积聚权力，确保自由对民主也是不可或缺的。"当单独一个部门创制法律、实施法律而且裁决由此产生的纠纷时，就会产生专制的政府，自由就会遭到损害，真正的民主也就不存在了。"[16] 在国家的权力结构中，立法机关和行政机关都有权解释自身的职权范围，当这种解释的合法性产生争议时，最终的决定权应由司法机关作出。民主国家就是以立法机关和行政机关对自身职权范围和行为合法性的决定不具有终局性为基础的，任何其他解决方案都会破坏民主本身。[17]

第三，法院通过政治决策的宪法监督实现民主的形式价值与实质价值的有机整合。以色列的司法审查制度是在借鉴美国司法审查理念与机制的基础上发展起来的宪法监督模式。超级能动主义是以色列最高法院的显著特征，最高法院对政治争议、具有公共意义的问题拥有相当广泛的司法管辖权，以色列最高法院不仅审查议会的立法，而且审查政党之间的协议、重要的行政决定和总检察长的检控决定。政治的法律化已经成为以色列公共生活的普遍现象。最高法院在以色列政治生活中扮演着关键性的角色，已经成为重要的政策制定机构和政治论坛，决定能否通过司法审查也已成为任何公共机构决策过程的必要环节。放宽诉讼资格有利于公民、法人和其他社会组织通过司法审查程序行使法律修改权，许多利益团体可以通过司法审查程序继续伸张在政治过程中没有实现的主张，把司法审查机制作为一种政治诉求的表达机制，向其他公共机构传递政治信息，最高法院可以在此基础上通过司法审查作出价值判断和政策选择。在民主机制正常运行的情况下，法院应遵从议会的政治决策，不能以司法判断取代政治机构的判断；而在民主政治过程失灵的时候，最高司法机关应成为民主政治渠道的疏通者，在一定程度上发挥政治论坛的功能。显而易见，执政党和在任议员基于自我保护的需要不适当地操纵民主的背景规则，会导致政治渠道的堵塞、政治竞争的丧失，这就需要法院运用司法审查的手段排除那些妨碍充分的政治竞争的制度结构障碍，确保民主选举过程的竞争性，弥补民主的结构性缺陷，保障民主政治的延续，保护民主决策过程的有序

---

[16] ［以］巴拉克：《民主国家的法官》，毕洪海译，法律出版社2011年版，第44页。

[17] 参见［以］巴拉克：《民主国家的法官》，毕洪海译，法律出版社2011年版，第3页。

运行。[18]

　　法院对政治决策的宪法监督有利于实现常态政治与变革政治的适当平衡。司法审查的政治功能在于确保民主制度的稳定，从而为有组织的政治竞争提供相对稳定的框架；同时通过保持民主政治的足够灵活性，能动地回应民主实现与体验方式的适当变革要求。[19] 法官在解读宪法和法律的精神时，不能独断地将自己的主观意愿强加于社会，必须反映社会的公共信念，表达历史进程中文化传统所理解的宪法价值和所形成的宪法共识。法院要善于运用自身的组织结构和管辖范围，有效地保护民主的价值，"法院的组成或管辖只能借助于试图保护民主和法院的社会力量加以维持"。[20] 因此，法院需要社会公众的信任，应当在反映社会主流民意的基础上缓解法律与社会的紧张关系，实现民主的形式价值与实质价值的有机整合。换言之，法院要通过司法审查促进宪法中的民主的形式价值与实质价值的有机结合。

二、通过价值整合实现民主秩序结构与文化秩序结构的有机融合

　　任何一个民主国家都会面临协调集体自主与个人选择关系的宪法难题，这也是法律制定和实施必须解决的价值整合问题。在波斯特看来，宪法将社会生活划分为共同体、管理和民主三个分离的领域。宪法基本原则可以从具体社会秩序形式中得到体现，宪法价值存在于共同体、管理与民主所形成的社会秩序之中，[21] "当法律寻求以权威的方式解释与执行共同体的风俗与规范时，就可以说法律创造的是共同体；当以工具的方式组织社会生活从而实现具体的目标时，法律就是管理性的；当法律通过建立对我们而言具有具体自觉含义的社会安排时，它就会促进民主"。[22] 法律可以通过支持共同体的基本价值调整个人与共同体的关系，形成一种社会秩序结构形式；法律也可以通过干预活动形成管理型的社会秩序形式，管理型秩序安

---

〔18〕 参见［美］理查德·H. 皮德斯：《民主政治的宪法化》，田雷译，载张千帆主编：《哈佛法律评论·宪法学精粹》，法律出版社2005年版，第294页。

〔19〕 参见［美］理查德·H. 皮德斯：《民主政治的宪法化》，田雷译，载张千帆主编：《哈佛法律评论·宪法学精粹》，法律出版社2005年版，第295页。

〔20〕 ［以］巴拉克：《民主国家的法官》，毕洪海译，法律出版社2011年版，第198页。

〔21〕 参见［美］罗伯特·C. 波斯特：《宪法的领域：民主、共同体与管理》，北京大学出版社2012年版，第1页。

〔22〕 ［美］罗伯特·C. 波斯特：《宪法的领域：民主、共同体与管理》，北京大学出版社2012年版，第2页。

排遵循工具理性逻辑以管理的权威规范社会行为，旨在实现法律给定的目标，忽视共同体价值或认同的独立要求；[23] 法律也可以通过民主活动形成社会秩序结构形式，按照民主逻辑组织社会生活的各个方面。

在一般情况下，法律力图支持和确立能够实现特定价值或目标的社会秩序形式，法律可以改变自己的制度干预方式、范围和程度来适应各种社会秩序形式的意象。人在管理中只是作为实现国家目标而被加以安排的客观事实才有意义，管理由此反映人的客体化意象；人在共同体中被设想为深深置身于社会规范复杂的构成结构当中，这些社会规范有效地界定着他们的认同和尊严，因而共同体体现人的文化意象；人在民主中表现为自主的个体，他们被设想为寻求自我生存和发展的自由人格，因而能够超越界定他们的构成性社会规划与约束他们的管理目标。每个社会生活领域的决定都诉诸不同形式的权威，当法律试图使自身符合共同体的社会秩序时，通常就会尊重运用背景文化的超法律标准作出司法决定的陪审团；在法律试图模仿管理性社会秩序时，通常会遵循工具理性重视法律专家的决定权；倘若法律试图符合民主的理想，通常会强调司法机关的解释和理据。[24] 显然，共同体、管理和民主代表着不同的规范性追求，它们都会对法律制度产生不同的影响。共同体试图维持共同文化规范隐含的认同，如果法律致力于根据共同文化认同的要求安排社会生活，必然根据共同体的要求加以组织。管理试图获得工具理性的收益，如果法律选择以工具性的方式安排社会生活以实现具体的结果，就会根据管理的原则加以组织。民主试图体现集体自决的目标，如果法律力图保护集体自决，将会根据民主的原则加以组织。[25] 法律在不同领域的价值目标也会深刻影响司法说理的性质，法院在宪法裁判中必须按照与听众共享的这些不同领域的价值目标为前提进行说理，才能阐述、证成法律的正当性和有效性。

现代社会越来越重视商谈民主，不再仅仅将民主看成是多数人形成的政治决定。商谈民主要求我们以对自主意义的相互尊重取代对权威的单方

---

〔23〕 参见［美］罗伯特·C. 波斯特：《宪法的领域：民主、共同体与管理》，北京大学出版社 2012 年版，第 5 页。

〔24〕 参见［美］罗伯特·C. 波斯特：《宪法的领域：民主、共同体与管理》，北京大学出版社 2012 年版，第 8 - 9 页。

〔25〕 参见［美］罗伯特·C. 波斯特：《宪法的领域：民主、共同体与管理》，北京大学出版社 2012 年版，第 14 - 15 页。

面尊重；商谈民主的关键在于调和个体自主与集体自主，这种调和必须在开放的交流结构中进行，"如果公共商谈可以让个体公民自主参与，如果政府的决定服从由公共商谈形成的公共意见，那么公民就有可能将国家视作自身集体自决的代表。保护公共商谈的自由因而就是实现民主自治的必要条件"。[26] 然而，调整个体自主与集体自决的法律必然存在着内在的张力。一方面，民主的社会结构必须以消极的方式运作，民主不得通过规定预设的共同体规范或给定的管理目标排除个体选择与自我发展的可能性，必须为个体自主提供适当的空间；另一方面，民主的社会结构还必须以积极的方式运作，以期促进认同能力产生集体自决体验的过程。由于民主领域这种内在张力，因此建立民主制度的法律是具备争议的，这些法律有可能过于强调社会凝聚性的前设，由此损害民主正当性所需的个体自主，同时法律有时候过于强调个体自主从而损害民主正当性同样需要的社会凝聚性。[27] 这样的民主必然是回应性的，公共商谈作为一种交流结构有助于通过公共理性实现个体不同观点的融合，进而实现个体意志与普遍意志的调和。[28] 从形式上看，如果独立的公民共同审议以形成公共意见，那么民主践行的就是自主的自我统治目标。然而，这种意象在政治实践中是存在问题的，公民有可能受媒体的操纵、私人公司的支配和种族主义的禁锢，所以公民并非自主的，他们也缺少审议的必要条件，因而无法通过公民参与形成公共意见。[29] 因此，司法审查是必要的，法院要保证政治决议建立在公民平等参与公共商谈所形成的公共意见之上。

诚然，民主社会的公共商谈不同于共同体的公共商谈，"民主社会中的公共商谈在法律上被视作个人借以选择共同生活形式的交流媒介；共同体中的公共商谈在法律上则被视作具体生活的价值得到展示与施行的媒介。民主试图开放公共商谈空间用于集体性的自我建构；而共同体则试图通过

---

〔26〕 ［美］罗伯特·C. 波斯特：《宪法的领域：民主、共同体与管理》，北京大学出版社 2012 年版，第 8 - 9 页。

〔27〕 参见 ［美］罗伯特·C. 波斯特：《宪法的领域：民主、共同体与管理》，北京大学出版社 2012 年版，第 9 页。

〔28〕 参见 ［美］罗伯特·C. 波斯特：《宪法的领域：民主、共同体与管理》，北京大学出版社 2012 年版，第 268 页。

〔29〕 参见 ［美］罗伯特·C. 波斯特：《宪法的领域：民主、共同体与管理》，北京大学出版社 2012 年版，第 450 页。

执行文明规则限制该空间"。[30] 孙斯坦认为协商民主与宪政事业是相融合的，协商民主能够有效地解决政治不协调问题。一部宪法应当能够促进协商民主的发展，能够将政治的可信度与高度的反思、说理的一般承诺结合起来。民主政府不是仅仅建立在投票和权利之上的，而是建立在说理和辩论的基础上的。民主制度对保护权利充满热情，因此有能力限制多数人的决定损害少数人或个人的利益。[31]

法院在解释宪法规范的意义时，都必须诉诸一定的宪法权威渊源。面对不同的宪法争议，法官既可以采取遵循先例的原则，将宪法权威等同于法律，从而使法院成为纯粹的法律工具；也可以援引制宪者的最初意图，将宪法权威等同于同意，从而将法院视为寻找最初民主意志的工具；还可以将宪法权威等同于社会精神，让宪法体现当代的价值观念，从而将法院置于国家根本属性和目标的仲裁者。在宪法案件中，在宪法解释中处于支配地位的权威形式决定宪法裁决的结果。[32] 在很多情况下，宪法裁决离不开文化解释和价值判断，民族精神和共同体的愿景对解释宪法具有不可或缺的意义。

当然，法院反映的是大众的重要政治意愿和永恒的价值追求。在民主社会中，"政治自由在很大程度上依赖于政治权力的分立和部门内部的相互制衡"。[33] 宪法理念必然体现为民主意志的自我约束以及对政治权力的限制，"如果没有一种外在于立法机关的权威，没有一种有权力蔑视立法机关越权侵害的权威，那么在立法机关的权威治理和立法机关的独裁统治之间就没有什么阻碍了"。[34] 因此，司法审查可以被视为一种与民主统治发生紧张关系的同时有助于民主自身进行合宪性治理的制度。法院的独立组织结构和中立性特质，决定了司法审查是一种审慎性制度要素和政治系统进行

---

〔30〕 ［美］罗伯特·C. 波斯特：《宪法的领域：民主、共同体与管理》，北京大学出版社 2012年版，第 410 页。

〔31〕 参见［美］凯斯·R. 孙斯坦：《设计民主：论宪法的作用》，金朝武译，法律出版社 2006 年版，第 5 - 6 页。

〔32〕 参见［美］罗伯特·C. 波斯特：《宪法的领域：民主、共同体与管理》，北京大学出版社 2012 年版，第 44 - 45 页。

〔33〕 ［美］约翰·埃格里斯托：《最高法院与立宪民主》，钱锦宇译，中国政法大学出版社 2012 年版，第 95 页。

〔34〕 ［美］约翰·埃格里斯托：《最高法院与立宪民主》，钱锦宇译，中国政法大学出版社 2012 年版，第 63 页。

自我反思的机制，法院相对于其他政治机构具有最优秀的判断能力，因而应该具有某些矫正权威和实现公正的能力。如果法院要进入制约与平衡的政治竞技场，要实现反思和纠错的政治功能，就必须让自己的司法判断在政治生活中得以表达并受到社会的关注。相对独立的法院必须远离民众转瞬即逝的诸多要求，但又必须关注民主大众的重要政治意愿和永恒的利益诉求。[35] "只有在法院能够激励民主去维护、捍卫和促进它自身之高尚原则的范围内，我们才能完全证明法院参与我们统治的巨大权力的正当性。"[36]司法审查制度引导人们朝着民主的方向，依据民主政体的要求，过一种受宪法规则支配的生活。在这里，作为确立国家权力结构和公民权利体系的社会政治框架，宪法是人民和政府共同构建和制定的，司法审查也是人民在政治发展的进程中所认可和支持的制度。[37]

三、通过宪法阐释实现宪法意志与公众政治意愿的有机结合

宪法凝聚着人民的价值共识，确定了处理政治争议的基本原则，因而是人民意志的根本体现。宪法既是稳定的民主政治架构，也是开放和发展的价值体系。宪法在政治决定的基本原则与政治决定自身之间进行层次区分，借助于对修改政治基本原则和运行规则设置高于修改日常政治决定的门槛，宪法规定的内容不再是政治决定的议题，而是政治决定必须遵循的前提条件，为日常政治摆脱寻找政治原则和选择程序的无休止的负担创造了条件，[38] 宪法通过政治基本原则与政治决定之间的分离拥有了超越当下政治分歧的能力，成为解决根本政治争议的权威渊源。[39] 显然，维护宪法确定的基本政治原则，需要一个不为公众一时的压力所左右、不受制于选举更替影响的权威解释者。"因为不受政治利益和大众偏见的束缚，司法机

---

〔35〕 参见［美］约翰·埃格里斯托：《最高法院与立宪民主》，钱锦宇译，中国政法大学出版社 2012 年版，第 104 – 105 页。

〔36〕 ［美］约翰·埃格里斯托：《最高法院与立宪民主》，钱锦宇译，中国政法大学出版社 2012 年版，第 162 页。

〔37〕 参见［美］约翰·埃格里斯托：《最高法院与立宪民主》，钱锦宇译，中国政法大学出版社 2012 年版，第 19 页。

〔38〕 参见［德］迪特尔·格林：《现代宪法的诞生、运作和前景》，刘刚译，法律出版社 2010年版，第 24 – 25 页。

〔39〕 参见［美］基斯·威廷顿：《司法至上的政治基础——美国历史上的总统、最高法院及宪政领导权》，牛悦译，北京大学出版社 2010 年版，第 3 页。

关能够探究到宪法的真正含义以及宪法之原则性承诺的不易觉察的要求。"[40] 然而，这种解释的至上性只有最终得到其他政治参与者的支持、获得其他有影响力的政治参与者的承认才有实际效果，[41] "宪法原则和宪法解释并不是法院独有的领地，而在根本上是所有政治机构相互间的积极对话和政治互动的结果"。[42]

第一，最高法院通过阐释宪法中的人民意志内涵，能够维护宪法民主，确保政治决定建立在一定的民意基础上。众所周知，宪法和法律在本质上是制度化的价值体现。在价值分配活动中，如果没有权威的宪法解释者，行政机关和立法机关都有可能肆意曲解宪法条文的含义来满足即刻的需要、追求眼前的利益。立法机关主要通过制定和修改法律来确立政治规划的框架，行政机关则通过制定行政法规和规章制度来推行自己的政治规划，司法机关借助于宪法解释和司法判决来参与政治规划活动，利用司法审查机制审查行政机关政治规划的合宪性，从而对立法机关的政治规划原则、行政机关的政治规划施加影响和约束。由此可见，最高法院解释宪法的活动是一种重要的民主政治活动。在美国的政治生活中，作为民选总统在自己的任期内都会有自己的政治规划及其推行计划和路径。但是，总统为了有效推进有关政治规划拥有的这些权力必须依赖国会、民众的支持。政治规划的可行性和可信性在一定的程度上取决于相关政策是否能够适应更加宽泛的意识形态背景和政治制度环境，联邦最高法院在美国历史的关键时期对国会和总统的宪法约束必须考虑当时的意识形态背景和政治制度环境，出台的宪法解释决定和宪法判决必须对当时的社会共识给予适当的关注和回应。如果国会通过具体的立法支持总统政治规划中的某些政策，而联邦最高法院发现这些立法也是国会在自己的宪法自由裁量权中制定的，并且受到社会大多数人的支持，又如果联邦最高法院推翻了大众广泛支持的法律，司法权威就会受到极大的削弱。在民众都关心的联邦权力、公民财产权利和自由权利等问题上，联邦最高法院大多数情况下都十分谨慎地遵从

---

〔40〕 〔美〕基斯·威廷顿：《司法至上的政治基础——美国历史上的总统、最高法院及宪政领导权》，牛悦译，北京大学出版社 2010 年版，第 11 页。

〔41〕 参见〔美〕基斯·威廷顿：《司法至上的政治基础——美国历史上的总统、最高法院及宪政领导权》，牛悦译，北京大学出版社 2010 年版，第 12 页。

〔42〕 〔美〕约翰·埃格里斯托：《最高法院与立宪民主》，钱锦宇译，中国政法大学出版社 2012 年版，第 94 页。

国会的意见，在获得民众支持的前提下给国会与总统施加必要的宪法限制，推翻那些触及宪法基本原则的国会立法和行政措施；在尊重民众宪法观念的基础上实现司法独立、树立司法权威。美国联邦最高法院解释宪法的历史表明："只有对政府权力施加全国多数民众都已认可的限制，法院才能最好地服务于美国民主。"[43]

第二，最高法院拥有的宪法解释权威必须建立在宪法意志与社会共识基础之上。在美国的法律生活中，司法裁判参与了美国政治规划和公共政策的制定过程，联邦最高法院通过司法审判推翻美国国会的某项立法，也宣布总统制定的某些公共政策违宪，国会又通过宪法修正案推翻联邦最高法院的相关判决，这些都没有损害和减损美国法院的司法权威。"宪法修正案不仅无法损害法院的权威，事实上，最高法院自身享有对宪法修正案加以解释的最终权力。"[44] 在很多情况下，一个独立自主的权威司法机关不仅有能力依据宪法确定的政治原则解决行政机关面临的政治规划争议，而且能够把行政分支面对的政治约束转化为免于政治攻击的司法权威。[45] 在宪法确立的政治体制本身具有一定的适应能力时，联邦最高法院的解释权威就是一种整合政治分歧的重要力量。最高法院通过解释宪法含义或创造宪法含义，在体制承诺的框架内不断地塑造和影响政治规划。宪法不是静止不变的规则体系，而是被解释被不断塑造和演绎的政治理念和原则体系，联邦最高法院必须与国会、总统竞争解释宪法条文的权力，必须在一定的社会共识和民意的支持下树立宪法最终解释者的权威，进而让国会和总统意识到服从最高法院的宪法解释权威和协助建构司法自治空间过程中存在的某些政治价值。"美国的司法部门能够赢得独立解释宪法的权力是因为其他政治参与者承认这样一种权力会获得政治上的利益。相对的司法独立和司法权能够帮助民选政治官员克服一系列他们日常工作中会遇到的政治困境。特别是，联邦司法部门的权力源于对选举胜利的关注、对联盟维系的关注，以及对由美国宪法制度中支离破碎的权利分配所造成的政治行为之

---

[43] [美] 杰弗里·罗森：《最民主的部门：美国最高法院的贡献》，胡晓进译，中国政法大学出版社 2013 年版，第 18 页。

[44] [美] 杰弗瑞·A. 西格尔、哈罗德·J. 斯皮斯：《正义背后的意识形态：最高法院与态度模型》，刘哲伟译，北京大学出版社 2012 年版，第 4 页。

[45] 参见 [美] 基斯·威廷顿：《司法至上的政治基础——美国历史上的总统、最高法院及宪政领导权》，牛悦译，北京大学出版社 2010 年版，第 23 - 24 页。

复杂性的关注。在由其他政治参与者设定的边界内，司法部门已经享受了解释宪法的极大自主性。"[46]

第三，法官的政治态度和价值判决需要考虑宪法的价值目标与主流民意的利益诉求。根据国家公职人员的产生方式，美国公众一般认为凡是通过选举产生的州法官在有重大影响的案件审理中会考虑选民对重大案件的主流看法，而由总统提名、参议院决定的联邦法官享有终身任期，只有未进入政界获得晋升的政治抱负，可以不受政治压力和政治影响独立地行使审判权。实质上，不论法官的产生方式和途径如何，在重大影响的案件和疑难复杂案件的审理过程中，法官在面临事实性质的认定和法律规范的选择与适用存在许多分歧的情况下，难免在自己的政治态度和价值判断的影响下进行必要的利益衡量，因而必然要从民意中寻求社会主流观点的支持。当然，引起民众关注的重大影响案件和疑难复杂案件中，事实问题和法律问题往往很难清晰地分开，在可能的判决方案中作出选择的法官必然面临巨大的舆论压力，甚至是政治压力，初审法院和上诉法院有可能会考虑到案件判决的社会效果，适度关注判决的社会可接受问题。司法的政治民主性还体现在下级法院对上级法院所制定的司法政策的尊重方面。"下级法官肯定会受到上级法官的影响，如果他们不希望自己的判决被推翻的话，就必须紧紧跟随上级法院所制定的法律和政策。"[47] 案件筛查权本身就具有强烈的政治色彩，联邦最高法院通常只会选择那些似是而非的、双方都有法律依据的案件进行审理，在这些案件中解决争议需要的是通过创造和裁量来澄清宪法的准确含义和价值目标，从而通过对宪法政治原则的阐释为政治规划和政治决定提供权威的依据和标准。[48]

第四，最高法院的大多数司法活动是政治性的，应该体现民众的宪法意愿。在司法实践中，美国联邦最高法院在多数情况下顺应主流民意，绝大多数国家的最高层级法院和地区联盟法院都要处理宪法解释和重大的政治争议问题。在美国的政治生活中，国会议员、总统和法官都可以从不同

〔46〕 ［美］基斯·威廷顿：《司法至上的政治基础——美国历史上的总统、最高法院及宪政领导权》，牛悦译，北京大学出版社 2010 年版，第 29 - 30 页。

〔47〕 ［美］杰弗瑞·A. 西格尔、哈罗德·J. 斯皮斯：《正义背后的意识形态：最高法院与态度模型》，刘哲伟译，北京大学出版社 2012 年版，第 86 页。

〔48〕 参见［美］杰弗瑞·A. 西格尔、哈罗德·J. 斯皮斯：《正义背后的意识形态：最高法院与态度模型》，刘哲伟译，北京大学出版社 2012 年版，第 83 - 84 页。

的方面表达民意，在一个阶段，民选的代表在某些政治问题上代表和反映着民意，总统在民意的压力下推行具有一定民意基础的公共政策，而在另一个阶段，非民选的法官成为民意的表达者。[49] 在美国政治发展的大部分时期，国会一直是民众宪法意愿的最可能的代表，在有关言论自由涵义、公民身份平等、有效的政治参与的宪法辩论中，国会将辩论中达成的共识确定为宪法修正案的重要内容。[50] 然而，国会也不总是美国民众宪法意愿的可靠代表，当面临选区划分等自身权力的争议问题时，国会也会倾向于对宪法争议问题作有利于自己的解释。联邦最高法院不可能长时间地抵制体现主流民意的公众舆论大潮，在宪法解释的历史上一直倾向于跟随而不是挑战全国民意。20 世纪末至 21 世纪初，选举基础在很大程度上影响着国会党派的政治取向，共和党越来越迎合保守的利益群体，而民主党则愈来愈倾向于开明的利益团体。联邦最高法院中温和的多数都比国会中两极化的政党领袖在一系列问题更准确地代表了多数美国人的立场和观点。联邦最高法院日益善于代表美国政治中坚群体的看法，联邦最高法院在隐私权的保护方面会通过认同一个强烈的全国性倾向来压制少数州的出格行为；最高法院在结束学校中的种族隔离问题上通过肯定半数以上民众所支持的政治主张来逐渐使自己的宪法判决获得更广泛的认同。在许多有重大影响的宪法解释事项上，大法官会有意识地解读民意调查报告，努力平衡政治体制中其他政治参与者的不同倾向，其判决一直受到美国政治中多数人的欢迎。进入 21 世纪后，美国非民选的联邦最高法院的法官有时比民选的代表更忠实地反映多数民众的看法，可能比国会更准确地代表大多数人的意愿。联邦最高法院努力扮演宪法民主的保卫者，当立法机关在法律中表达的意志不符合宪法中体现的人民意志时，法官应该发现、确认和服从宪法中的人民意志。在立法机关无法代表多数民意的历史时期，联邦最高法院坚持选举平等的宪法原则，在众议员赞成议席分配不平等的旧选区划分制度的情况下，判决老的选区划分违反"一人一票"的宪法基本原则。联邦最高法院解决政治争议、参与政策制定的正当性更多地来自于大法官预计

---

〔49〕 参见［美］杰弗里·罗森：《最民主的部门：美国最高法院的贡献》，胡晓进译，中国政法大学出版社 2013 年版，第 3 页。

〔50〕 参见［美］杰弗里·罗森：《最民主的部门：美国最高法院的贡献》，胡晓进译，中国政法大学出版社 2013 年版，第 9－10 页。

和反映未来民意潮流的能力，大法官总是力图使美国人民相信其宪法解释和司法判决根植于宪法政治的基本原则，习惯于通过遵从美国民众的宪法观念来维护宪法解释的正当性和独立性。[51]

　　总而言之，大多数国家的宪法发展历史表明：一个国家最高法院通过对宪法政治原则的解释将宪法中的人民意志与社会现实中的人民利益紧密结合起来，为政治决定的选择提供了权威性意见，所有的其他政治参与者在大多数情况下都服从并接受它的解释。

---

　　[51]　参见［美］杰弗里·罗森：《最民主的部门：美国最高法院的贡献》，胡晓进译，中国政法大学出版社 2013 年版，第 15 - 16 页。

司法民主的中国语境[*]

周隆基[**]

一、引言

2013 年，中国共产党十八届三中全会通过《中共中央关于全面深化改革若干重大问题的决定》，拉开了新时期司法体制改革的序幕。新时期司法体制改革的一个重要动因，就是要"深化司法公开，推进司法民主，完善保障人权的司法制度，切实满足人民群众的司法需求和对社会公平正义的期待"。[1]

新中国的司法制度草创于《共同纲领》，从建立的第一天起，新中国司法体制改革的进程就一直在持续进行，并由此引发了一系列关于司法体制改革的理论和实践的争论和思考。时至今日，围绕这些内容的理论探讨和制度设计依然并未过时。本文探讨的司法民主就是其中一个重要的主题。总体来说，当前学术界对司法民主的态度可以分为两派：一派是秉持司法职业化发展路径的司法民主反对论；另一派则是质疑司法官僚化的司法民

---

 * 本文是中国法学会比较法学研究会 2016 年度"中国比较法学"研究课题的结项成果之一。同时，也感谢教育部人文社科一般项目"内部行政法律责任的理论与实证研究"（项目编号：14YJA820031）与吉林省社科基金规划项目"后税费时代农村基本公共安全服务法律问题研究"（项目编号：2016B148）的支持。

 ** 周隆基，法学博士，长春理工大学法学院讲师，硕士生导师，吉林大学政治学博士后流动站研究员。

 〔1〕 孟建柱：《深化司法体制改革》，载《人民日报》2013 年 11 月 25 日，第 6 版。

主赞成论。两派的观点都很有市场但又针锋相对，它们的争论共同推动着司法民主研究的深化和发展。如今，在新一轮司法体制改革继续提出推进司法民主的背景下，本文希冀通过对司法民主这一概念在中国语境下的内涵、性质、定位和制度运作等内容进行分析，重新梳理这一地方性知识。

二、司法民主面面观：我国司法民主研究现状

新中国司法制度建立伊始，就将司法和民主紧密地联系在一起。《共同纲领》第 17 条首次在我国确立了人民司法制度。人民司法制度的确立，本身就寄托着刚刚成为国家主人的人民对司法制度的期许。在此以后，无论司法体制如何改革，司法民主始终是改革者和理论研究者无法绕开的话题。笔者通过梳理新中国成立后司法民主的研究历程，认为我国学术界对司法民主的研究主要呈现为以下六种观点：

（一）司法为民式的司法民主论

司法为民式的司法民主论是一种最宏观的司法民主论，也可以说是人民司法制度的终极价值目标。虽然强调司法独立和司法职业化改革的论点对司法为民存在不同程度的质疑，但是笔者认为，这些质疑更多的是源于形而下的制度和措施方面，并没有否定司法权为民服务的价值属性。"人民法院的人民性，是指人民法院的司法权源于人民、属于人民、服务人民、受人民监督的本质属性。……人民法院的人民性是中国特色社会主义民主政治制度的必然产物。司法权的性质是由国家的根本政治制度决定的。人民民主专政的国体和人民代表大会制度的政体，决定了我国司法制度的人民性。"[2] 司法为民不仅是一种价值目标和政策考量，而且是被宪法认可的司法机关运作的基本原则。《宪法》第 27 条规定："一切国家机关和国家工作人员必须依靠人民的支持，经常保持同人民的密切联系，倾听人民的意见和建议，接受人民的监督，努力为人民服务。"蔡定剑教授在对这一条款进行阐述时指出："由于人民是国家权力的所有者，而国家机关及其工作人员是权力的被授予者。这就决定了他们是人民的公仆和公务员。他们在行使职权中的过程中，必须同人民保持密切联系，反映人民的意愿，接受人民的监督，努力为人民服务。"[3] 司法为民式的司法民主并不是中国的本土

---

〔2〕 张文显：《树立先进司法理念 全面加强法院建设》，载《张文显法学文选》（卷 7），法律出版社 2011 年版，第 279 页。

〔3〕 蔡定剑：《宪法精解》，法律出版社 2006 年版，第 225 页。

资源，而是西方法治国家重要的司法理念。美国联邦最高法院大法官艾尔德尔在联邦最高法院成立伊始就认为："法官必须敢于考察，他们所执行的每一部议会法案是由宪法所授权的，因为如果答案为否，他们的行为就不具有合法的权威。这并不是一种僭越或恣意的权力，而是由宪法中的法官职责所必然得出的权力，他们做法官是为了全体人民的福利，而不仅仅是议会的仆役。"[4]

（二）便民司法式的司法民主论

司法民主论的第二种研究范式就是便民司法。便民司法的提法于正式文件中出现应当是在 1939 年的《陕甘宁边区抗战时期施政纲领》中，这一纲领明确提出："建立便利人民的司法制度。"而便民司法的具体含义，雷经天作了说明："一、诉讼当事人没有限制，任何人都可以起诉，小孩子、老婆婆、成人、男的女的，假如他们受到侵害，就有权利得到法律的保护，只要有理由有事实，各县司法机关就要受理。二、边区没有规定统一的状纸，诉讼当事人不管用什么状纸都有效力，老百姓感到很方便。三、可以口头起诉。四、假使案件不属于司法机关受理，我们应当告诉清楚，转到别的地方。当事人自己能转的，由其自己办理，当事人不能办的，由承审的司法人员办理。五、诉讼文件的抄写由司法人员办理。"[5] 马锡五审判方式的出现更是极大地推动了便民司法观念的发展。这种审判方式的出发点就是为了人民群众的利益，而他事必躬亲的司法调查和灵活多变的审判方式更是深刻体现了这一点。及至今日，便民司法依然是我国司法民主的重要举措，是践行司法为民理念的具体体现。关于这一点，最高人民法院于2014 年发布的《关于进一步加强司法便民工作的若干意见》明确指出："司法便民利民是人民法院深入贯彻执行党的群众路线，积极践行司法为民根本宗旨的重要内容。"不过，关于便民司法式的司法民主论，在当下的中国却出现了一个令人吊诡的现象：一方面是各级法院不断出台各种司法便民措施，不断提高司法服务水平；另一方面则是学术界面对便民司法实践的波澜不惊。似乎学者们更喜欢从历史的视角回顾便民司法的历史发展脉络，

---

〔4〕 转引自［美］拉里·克莱默：《人民自己：人民宪政主义与司法审查》，田雷译，译林出版社 2010 年版，第 84 页。

〔5〕 转引自李喜莲：《马锡五审判方式再研究》，载《湘潭大学学报（哲学社会科学版）》2011 年第 5 期，第 63 页。

却对当下便民司法的各种改革措施并不感兴趣。这种冷热不均的局面，正是便民司法式司法民主论的研究现状的真实写照。

（三）民意司法式的司法民主论

围绕司法与大众民意的关系问题的讨论构成了我国司法民主研究的第四种研究范式。提到民意司法，我们首先想到的就是两千多年前的苏格拉底审判。在雅典大众民意的主导下，苏格拉底最终被处以死刑。从此之后，民意司法式的司法民主就一直备受学界的质疑和谴责。而近年来刘涌案、吴英案、邓玉娇案、药家鑫案、许霆案、李昌奎案等的判决，更是坚定了学术界反对民意司法的态度。很多学者认为，变动不居的民意不应成为司法的审判依据，司法机关如果刻意追随民意，改变裁判规则，则必然走向偏离法治的轨道。[6] 而与此相对，另一派学者则旗帜鲜明地表明了对民意司法的支持，认为民意司法是司法民主的重要表现。"司法的人民性和民主性，要求其必须充分反映和尊重民意，以民意作为重要的行动指南，作为联系群众的重要纽带。"[7] 司法民意赞成论者甚至认为，司法审判的结果其实正是对民意的尊重和反映。因为从某种意义上来讲，民意是社会发展的风向标，司法要解决社会纠纷，处理社会问题，必然要以民意为基础。笔者认为，学术界对民意司法的批判，恐怕并不是因为民意必然要影响司法审判，而是因为司法在个案审判中刻意迎合了大众民意。换言之，民意司法批判论反对的是司法审判刻意迎合舆情民意，但并未反对司法权本身对民意的尊重；而民意司法赞成论也往往是在强调司法权自身的民主属性，也并未对个案审判刻意迎合舆情民意的观点给予特殊关注。与学术界在民意司法的立场上形成截然对立的两种观点相比，司法实务界的态度则明朗得多，即民意司法是司法民主的重要体现。但值得注意的是，虽然司法实务界普遍赞同民意司法，但其对民意司法的解读也形成了两种截然不同的观点：一种是在司法政策层面形成的民意司法论。这种观点是以最高人民

---

〔6〕 学术界对民意司法的批判，可参见周永坤：《民意审判与审判元规则》，载《法学》2009年第8期；孙笑侠、熊静波：《判决与民意——兼比较考察中美法官如何对待民意》，载《政法论坛》2005年第5期；贺卫方：《司法改革的困境与路径》，载 http：//www.21ccom.net/articles/zgyj/fzyj/2012/0208/53274.html，最后访问时间：2017年6月1日；许志永：《司法的归司法 舆论的归舆论》，载《经济观察报》2007年12月24日，第14版；刘练军：《法官无权积德》，载《上海政法学院学报》2012年第2期；等等。

〔7〕 孔祥俊：《从司法的属性看司法与民意的关系》，载《法律适用》2010年第12期，第2页。

法院为代表的司法决策层的立场，其标志就是 2009 年最高人民法院发布的《最高人民法院关于进一步加强民意沟通工作的意见》（以下简称《民意沟通意见》）。在这份《民意沟通意见》中，最高人民法院强调了民意司法的重要性，尤其是明确了民意司法的基本要求，包括着力构建与广大人民群众、社会各界沟通交流的长效机制；大力扩展民意沟通的对象范围；改进和完善与人大代表、政协委员的联络工作机制；改进和完善与各民主党派、工商联、无党派人士以及社团组织的沟通协调机制；改进和完善特邀咨询员制度；改进和完善人民陪审员制度；健全和创新法院领导干部深入基层倾听民意机制；改进和完善网络民意沟通机制；改进和完善人民法院与新闻媒体沟通协调机制；健全和创新民意转化机制；健全和创新工作整改情况向群众反馈机制等。这些措施的核心目标是要人民法院主动收集和听取民意，并不是要求法院被动迎合和接受舆情民意；另一种是在司法审判层面形成的民意司法论。在具体的个案审判中，法官面对针锋相对的民意时，往往会陷入左右为难的尴尬境地。[8]

（四）民主监督式的司法民主论

支持司法民主论的另一种观点是从民主监督的立场出发的。高度职业化的司法人员群体发展到一定程度，实际上已经走向了韦伯塑造的理性官僚制。在理性官僚制之下，司法权成了"独立的技术领域"，奉行严格的职业准入制。"除了受专业知识制约的巨大的实力地位外，官僚体制（或利用它的统治者）还倾向于通过公务知识，进一步提高其权力：在公务交往中获得的或者'熟谙档案的'实践知识。"[9] 理性官僚制发展到极端，容易走向官僚特权的危险境地。"民主政治所要求的官僚化，造成了两种对立的现象：一方面专业资格的选择，意味着一切社会阶层经由考试，皆可取得统治关系中的职位；另一方面专业考试及教育设施，又造成特权阶级的危险。"[10] 因此，很多支持司法权民主属性的学者认为，司法权的非民主性，

---

[8]　张永和教授在对基层法官的访谈中，非常形象地揭示了这一局面。当张永和教授问到民众的意见对法官的判决是否有影响时，基层法官明确表示："当然有影响咯，当然有影响，有些当事人非常的激烈，非常的偏激，在这种情况下，法官拿到这种案件要小心小心再小心，要尽量地给他们进行调解嘛，要不然到时候他扭到你闹，或者到处去乱喊。"参见张永和：《民意与司法》，载《云南大学学报（法学版）》2010 年第 5 期，第 124 页。

[9]　[德] 马克斯·韦伯：《经济与社会》（上册），林荣远译，商务印书馆 1997 年版，第 250 页。

[10]　吴庚：《政法理论与法学方法》，中国政法大学出版社 2007 年版，第 109 页。

容易走向司法独裁的困境。还有学者对司法不民主引发的司法独裁实践进行了样本分析。例如，李立丰教授在对日本司法权运作进行考察后认为，日本司法权力异化导致了"空洞化"和"官僚化"的双重危险，而司法权异化的最终结果，就是司法独立的丧失。"日本职业裁判官虽然都受过良好训练且高度专业化，可以保持整个司法体系高效运转，但司法体系的运转目的，仅仅是通过维持现状来保证自身的权威性。作为这一官僚体系的一部分，裁判官丧失了主体性，沦为纯粹的螺丝钉。"[11] 我国在司法实践中更是对民主监督式的司法民主青睐有加。例如，当前我国司法实践中存在的人民陪审员制度就是一种典型的民主监督式司法民主。诚如范愉教授所言："人民陪审员制度承载着司法公平、司法民主和司法公正等重要价值。作为民众参与的一种法定方式，人民陪审员制度提供了公众直接参与审理具体案件的机会，具有制度化、程序化和规范化的特点，与注重通过行政管理和集体决策（如审判委员会）、外在监督（如人大、媒体、信访）和责任追究等传统方式具有截然不同的理念和进路；与当事人和公众舆论对个案的评价相比，则更加规范，参与程度也更深入。"[12]

（五）法官选任式的司法民主论

我国司法民主论的另一种研究进路跳出了司法权的运作程序，将视角转向了司法权的行使者——法官。在这种研究进路看来，法官选任制度是否民主，无疑是衡量司法是否民主的一个重要标准。这种研究进路契合了我国社会主义国家的国家性质，因此，法官的民选性，无疑是司法权由人民享有的基本逻辑在司法权运作中的体现，这也是马克思主义留给我们的思想遗产。恩格斯在《反杜林论》中批判普鲁士的司法制度时，一个重要的论点就是认为普鲁士的司法制度在法官选任的民主性和司法程序的公开性方面严重不足。[13] 显然，恩格斯已经将法官是否民选看作司法是否民主的主要判断标准。列宁更是明确指出："人民的代表参加法庭，这无疑是民主的开端。……在法庭体制方面，实行彻底民主的第二个条件，就是一切

---

〔11〕 李立丰：《政治民主与司法"独裁"悖论的制度破解：以日本裁判员制度为视角》，载《比较法研究》2015 年第 3 期，第 157 页。

〔12〕 范愉：《人民陪审员制度与民众的司法参与》，载《哈尔滨工业大学学报（社会科学版）》2014 年第 1 期，第 51 页。

〔13〕 参见［德］恩格斯：《反杜林论》，载《马克思恩格斯选集》（第 3 卷），人民出版社1995 年版，第 453 页。

文明国家所公认的法官民选制。"[14] 不仅如此，作为世界上第一个社会主义国家的创建人，列宁还积极寻求将法官民选付诸实践。苏俄成立伊始，列宁领导下的苏维埃人民委员会发布的《关于法院第一号法令》就确立了法官直接民选的基本原则。1918 年，全俄中央执行委员会通过《人民法院条例》，对法官民选制度进行了更加细致的规定。该《条例》对县市两级的法官选举都确立了间接选举的基本制度，即由苏维埃大会或苏维埃大会执委会从候选人中选举产生。[15] 新中国成立后，我国社会主义国家的性质决定了我国也依然采用法官选任制度。根据《宪法》《人民法院组织法》《法官法》等相关法律的规定，我国各级人民法院的院长都由同级人民代表大会选举产生，各级人民法院的法官都由本院院长提请本级人民代表大会常务委员会任免。这是一种典型的法官间接选举模式，也是目前我国司法民主重要的运行制度。

（六）司法审查式的司法民主论

前五种司法民主的理论都是建立在形式民主的基础上，强调的是民主的"多数决"问题。而司法审查式的司法民主观直面的是司法审查的"反多数主义"难题，希冀通过解决这一难题，证成司法审查与民主的相容性。国内学者对司法审查式的司法民主的论述更多的是在比较法学的意义上进行的，颇有"自娱自乐"的意思。[16] 我国特殊的司法制度设计并没有给司法审查留下可以运作的制度空间。然而，这种研究毕竟是国内学者研究司法民主的一个视角。司法审查式的司法民主关注的核心问题无疑是司法审

---

〔14〕 转引自王建国：《列宁论法官的选任》，载《法律科学》2009 年第 4 期，第 37 页。

〔15〕 该条例第 13 条规定："常设的人民审判员应依下列程序选举出来：（一）在设有区工农代表苏维埃的城市，由区苏维埃大会从经区工农代表苏维埃执行委员会缜密审查是否称职后所提出的候选人中选出；在其他城市，依同样程序由市工农代表苏维埃大会选出。（二）在县——包括未设有市苏维埃的城市在内——由县工农苏维埃代表大会执行委员会选出，该执行委员会应将具备第 12 条所规定条件的村、乡工农苏维埃执行委员会的一切候选人，列入候选人名单。"

〔16〕 目前关于司法审查式司法民主的研究，基本上都是以美国的司法审查制度作为蓝本进行分析和论证的，很少谈及中国的司法审查问题。相关文献包括任东来：《"反多数难题"不是一个难题》，载《博览群书》2007 年第 4 期；何海波：《多数主义的法院：美国联邦最高法院司法审查的性质》，载《清华法学》2009 年第 6 期；郭春镇：《论反司法审查观的民主解药》，载《法律科学》2012 年第 2 期；[美] 艾伯特·P. 梅隆、乔治·梅斯：《美国司法审查的起源与现状——篡权问题与民主问题》，载《司法》1988 年第 4 期；陈道英：《民主：扼住司法审查之喉？——评桑斯坦的〈就事论事〉》，载《清华法治论衡》2010 年第 1 期；张千帆：《司法审查与民主——矛盾中的共生体》，载《环球法律评论》2009 年第 1 期；等等。

查权的非民主性。换言之，从形式民主的多数决视角出发，建立在非民选基础上的法院对代议机关的立法进行审查的确让司法权走向了反民主的方向，以至于有学者甚至认为："作为立法机关决议的法律应该被认为具有民主性，而根据这一民主性，法院仅仅以正义为基础而判决法律无效是错误的（不公平的）。"[17] 当然，更多的学者还是从各种角度出发，论证司法审查与民主的相容性。其中，有对立法机关和民选总统非民主性的反证；有对司法审查与公众意见关系的正比例证成；有对司法审查捍卫实质民主价值的呐喊；等等。不一而足。

综上分析，我们不难看出，当前我国关于司法民主的研究总体上分为旗帜鲜明的两派：一是司法民主赞成派；二是司法民主反对派。但在具体的研究中，司法民主始终是以"百花齐放，百家争鸣"的面目呈现在学术界和社会公众的视野中。对司法民主的高频关注实际上也反映了我们对司法权，对司法制度，甚至对整个政治制度的思考和审视。

三、司法民主的定位：司法选择民主还是民主覆盖司法

司法民主是什么？这实际上是要我们回答司法和民主的关系问题。前文谈及的司法民主的各种学术观点，一言以蔽之，都是从各自的视角出发对司法与民主的关系作了一番解读。那么，我们应当如何看待司法与民主的关系？笔者认为，张千帆教授的一篇论文的题目：《司法审查与民主——矛盾中的共生体？》给我们提供了一个答案。本文认为，司法与民主的关系，就是矛盾中的一对共生体。

（一）司法民主的实质：司法有限度地选择民主

关于司法与民主的关系问题，很多学者都有论述，但往往都是在形而上的分类学的意义上进行阐述。围绕形而下的司法与民主制度的运行来阐述司法与民主的关系，笔者认为刘练军教授的总结是比较客观和全面的。刘练军教授在《司法与民主的三种关系》一文中指出，司法与民主的关系可以概括为三种：一是井水不犯河水式的司法与民主；二是民主主宰司法；三是司法制衡民主。当然，除了客观地描述司法与民主关系外，刘教授也提出了当前中国司法与民主关系的观点。他认为，基于当下中国司法职业化的不健全和公民民主意识的淡薄的状况，目前最适合中国的司法与民主

---

[17] 转引自陈道英：《民主：扼住司法审查之喉？——评桑斯坦的〈就事论事〉》，载《清华法治论衡》2010 年第 1 期，第 422 页。

的关系应当是第一种，即井水不犯河水式的关系。

笔者认为，这种老死不相往来的司法与民主之间的关系定位无论是从司法权与民主的理论探讨层面，还是从当下中国司法权与民主的运作关系层面来考量，都是很难实现的。从理论探讨的层面而言，"国家的所有法官，特别是最高法院的法官，同样必须增强民主的力量。他们必须以民主的精神教育人民，因为法官也是教育者。……法官必须在裁定中赋予民主最丰富的表达以便公众理解"。[18] 可见，理论探讨从来没有否认过司法与民主是毫无关系的；从实际运行的层面来考量，当前司法权与民主的结合已经有了一定的制度模板，不论是人民陪审员制度、特邀咨询员制度，还是法官遴选制度等，都体现了司法与民主在不同范围和不同程度上的联系。如果我们一概否定这种联系，那么又该如何评价这些司法制度呢？可见，司法与民主之间的关系绝对不能通过"快刀斩乱麻"的方式来处理，否则其结果只能是"剪不断，理还乱"。

那么，司法与民主的关系究竟应当如何定位呢？笔者通过对当前我国关于司法民主研究的梳理发现，司法与民主的关系实际上可以概括为两种：一种是民主覆盖司法，或者按刘练军教授的总结——民主主宰司法。代表性观点是便民司法论和个案审判中的民意司法论。另一种是司法选择民主。代表性观点是民主监督论、法官选任论、司法审查论（即刘练军教授所说的司法制衡民主）等。这两种关于司法与民主的关系是有着本质区别的。前者强调的是民主主动地影响和控制司法。在这一过程中，民主无疑处于主动地位，而司法则可能沦为民主的附庸，最终丧失司法的独立性和中立性，由此导致的后果是所谓"民主的"司法。例如，个案审判中的民意司法，其实质就是司法权对民意的屈从和迎合，而以马锡五审判方式为代表的便民司法所引发的司法广场化倾向也存在将审判诉诸民众的直观道德感情的危险性；后者强调的是司法有限度地选择民主。在这一过程中，司法权在不违背自身权力属性的前提下，为了捍卫司法的权威和独立，有选择地吸收民主。这是一种司法智慧的运用，由此导致的结果是司法的"民主"。

如果说民主覆盖司法的司法民主是我们需要警惕的司法民主倾向，那么司法选择民主的司法民主则是我们应当为之作注解的司法民主。而注解

---

[18] ［以］巴拉克：《民主国家的法官》，毕洪海译，法律出版社 2011 年版，第 33 页。

的核心则是：司法应该如何把控选择民主的限度。笔者认为，司法选择民主应当在两个层面展开：一是司法选择民主监督来维护司法权威；二是司法选择尊重民意来强化司法公正。

（二）司法民主是民主监督中的民主

虽然研究司法权的学者都一再强调司法独立，但是司法独立绝不意味着司法权不受任何监督和制约。毕竟，司法权作为国家的法律判断权，一样存在被滥用的危险。实际上，分权学说是以权力独立为前提的。这种独立，不仅是司法的独立，也包括立法权和行政权的独立。因此，我们绝不能因为强调司法的独立而阻碍对司法的民主监督。因为司法的独立从来是相对而言的。实际上，"我们都知道，不同的法院和法官就某案件可能无法达成一致意见，更不必说上诉法院的裁决——尤其是最高法院的裁决——经常包含不同意见。同样，法院人员的变化也经常导致不同结果的产生"。[19] 尤其是当法院有意识地参与政策制定，其独立性更是备受质疑。所以，迫切需要对司法权的运作进行民主监督。当然，民主监督必须在坚持司法独立的前提下进行，主要包括以下三个方面：

第一，司法公开。本文探讨的司法公开并不仅仅是指审判公开，而是包括了立案、庭审、执行、听证、文书、审务等在内的司法信息的全部公开。巴拉克认为，法官作为法律的守护者，他们"不应当躲在法官宣示的乃法律是什么而非创造法律的辞令背后。法官会创造法律，而公众应当知道他们会这样做。公众有权知道我们会创造法律以及我们如何创造；公众不应蒙受欺骗。……当公众获知真相时，就会增加公众对司法机关的信任"。[20]

第二，民主参与。虽然很多秉持司法职业论立场的学者一再质疑司法民主参与，认为民主参与破坏了司法的专业性，但正如上文所言，绝对的司法职业化和精英化会使司法权走向司法独裁的危险境地。为了防止这一结果的出现，我们还必须在司法过程中引入民主参与机制，通过程序参与监督司法权运作。例如，英美法系很多国家奉行的陪审制度，就是司法民主参与的制度典范。"历来司法的专横主要表现在武断起诉、以武断方法审

〔19〕 〔美〕杰弗瑞·A. 西格尔、哈罗德·J. 斯皮斯：《正义背后的意识形态》，刘哲玮译，北京大学出版社2012年版，第22页。
〔20〕 〔以〕巴拉克：《民主国家的法官》，毕洪海译，法律出版社2011年版，第107页。

判莫须有的罪行，以及武断定罪与武断判刑；凡此均属刑事诉讼的范畴。刑事诉讼由陪审员审判，辅之以人民保护令立法，似为与此有关的唯一问题。"[21] 当然，司法民主参与绝不意味着要让民众主导司法审判，否则司法民主又会陷入大众审判的困境。本文倡导的民主参与，实际上是要通过保障公民的民主参与权，克服司法精英主义在经验、知识方面的不足。波斯纳就明确指出："当前最高法院大法官中就没有哪位对于刑事司法体制运作有显著经验，无论是担任检察官、辩护律师、警员或者初审法官。并且作为上层中产阶级的一员，生活在安全的社区，基本上远离了生活在糟糕社区的人们对犯罪的忧虑，他们也缺乏被害人的体验。……不足以使他们在教育、犯罪控制、区划、性习俗、宗教实践或任何法官以《宪法》之名——在许多案件中仅仅是名字——规制的其他人类活动的无穷领域中成为专家。"[22]

第三，民主评价。民主对司法的监督还应当体现为对法官的民主评价。有趣的是，关于对司法权的民主评价，被很多学者奉为司法独立典范的西方国家反而比我国更加热衷开展此项工作。例如，"美国的阿拉斯加州、亚利桑那州、科罗拉多州、新墨西哥州、田纳西州和犹他州，均设立了独立的法官评价委员会，该委员会听取包括陪审员、诉讼当事人、证人、法院工作人员、社会机构、政府官员等一切可能接近法官工作的民众的意见，对法官的秉性、处理案件的效率、庭审的时间等作出评价（但不涉及法官的判决和意识形态），并将这些信息通过各种方式向公众公开"[23] 与此相反，我国《法官法》和《检察官法》对法官和检察官的考核规定都是以内部考核为主，即由法官和检察官所在的法院和检察院组织实施考核，基本上隔离了社会公众参与考核的可能性。

（三）司法民主是司法公正下的民主

司法民主与司法公正并不是矛盾的关系。相反，司法民主对司法公正的实现具有重要的促进作用。"由于司法判断是事实判断与价值判断的统

---

〔21〕［美］汉密尔顿、杰伊、麦迪逊：《联邦党人文集》，程逢如等译，商务印书馆1980年版，第418页。

〔22〕［美］理查德·波斯纳：《法律、实用主义与民主》，凌斌、李国庆译，中国政法大学出版社2005年版，第270－271页。

〔23〕转引自许可：《大众司法、司法民主与司法正当性重建》，载《理论观察》2009年第5期，第83页。

一，在单纯依赖形式正义依然存有背离正义理想的巨大风险之下，民主性因素对司法的介入内在隐含了一种对实质正义的期待和强调，通过使当事人获得能够对法官的判断过程进行有效制约和影响的参与性主体地位，避免将社会正义的实现完全诉诸法官个人的思维导向和价值评判。"[24] 当然，司法民主下的司法公正绝不是要司法权屈从于民意，而是要有选择地尊重和吸收民意。

在个案审判中，法官对民意的尊重和认可，只能以符合法律规则为前提。"民意不能同法律的基本原则和价值相抵触。如果民意的价值取向同法律基本原则和价值相抵触，则不能作为裁判的实质性依据，否则就违背了依法裁判的要求。"[25] 民意毕竟不是法律渊源，而司法权是一种典型的法律判断权，因此，在个案审判中，法官尊重民意只能以民意符合法律规定为前提。如果无法为民意寻求规则依据，那么法官对民意的尊重就没有任何必要。严格地说，法官对民意的自由裁量只能在已经规则化的民意中进行。正如《民意沟通意见》所强调的那样："要实现民意转化的制度化，及时对收集到的意见和建议进行汇总、筛选、分类、分析，把合理的意见和建议转化为工作整改的内容。意见和建议涉及立法修改事项的，向国家权力机关提出；涉及政策制定事项的，向有关决策部门提出；涉及制定或修改司法解释事项的，逐级向最高人民法院提出。要把民意吸收、转化情况作为评价工作的重要指标，开展经常性的民意调查、意见征询活动，切实解决存在的问题。"

四、司法民主的展望

党的十八大以来，司法体制改革在我国如火如荼地开展起来，其中有不少制度改革都代表了此次司法体制改革对待司法民主的态度，实际上也为今后司法民主在我国的发展前景提供了方向。我们也有理由相信，这些制度的完善将有助于确保司法民主在维护司法独立的前提下实现司法权的民主价值。

（一）实现人民陪审制度的"人民性"

我国人民陪审员制度起源于1949年的《共同纲领》。经过半个多世纪

〔24〕 韩轶、张宇坤：《司法民主的正当性及其限度》，载《政治与法律》2012年第10期，第15页。

〔25〕 梁迎修：《论民意的司法考量》，载《法学杂志》2014年第3期，第58页。

的发展，人民陪审员制度已经成为我国司法制度中一个比较成熟的制度样本，甚至从某种意义上说，人民陪审员制度就是我国司法民主的制度典范。"人民陪审员在法庭的审理过程当中，特别是在合议庭合议时，表达了人民群众那种最直观的是非观念、罪与非罪的看法，虽然有的时候不一定非常'合法'或完全符合法条的规定，也不一定是非常'理性'，但是他们却真实地表达了人民群众对待某一类案件或者某一种罪行的意见和看法，甚至某种程度上表达了一种感情、情绪和舆论。"[26] 当然，长期以来，人民陪审员制度在运行中也存在着诸如陪审员选任非平民化、陪审方式和范围的模糊化、陪审程序"陪而不审"的形式化等问题，在一定程度上降低了人民陪审员制度的民主属性。

为了解决这些问题，党的十八届四中全会提出了完善人民陪审员制度的构想，即"完善人民陪审员制度，保障公民陪审权利，扩大参审范围，完善随机抽选方式，提高人民陪审制度公信度。逐步实行人民陪审员不再审理法律适用问题，只参与审理事实认定问题"。具体来说，完善人民陪审员制度应当从以下三个方面着手：

第一，降低陪审员选任门槛。《关于完善人民陪审员制度的决定》将陪审员的选任门槛规定为专科以上学历，但从实际运行来看，人大代表、政协委员、行业专家、律师和法学科研人员以及各种群团组织的代表等实际上才是当前我国人民陪审员制度的参与主体，这已经让人民陪审员走向了"精英陪审员"的境地。实际上，西方国家对陪审员的规定除了年龄、居住年限、基本读写能力等的限制，鲜有其他要求。因此，我国也应当逐步降低人民陪审员的选任门槛，真正彰显人民陪审员的民主性。2015 年 2 月，最高人民法院发布的《关于全面深化人民法院改革的意见》明确提出："拓宽人民陪审员选任渠道和范围，保障人民群众参与司法，确保基层群众所占比例不低于新增人民陪审员的三分之二。"这可以看作是今后我国人民陪审员制度回归"平民化"之路的一个信号。

第二，明确参审范围。《关于人民陪审员参加审判活动若干问题的规定》将人民陪审员制度用于普通的一审案件，而排除了对重大复杂案件的适用。但实际情况是，社会公众对重大复杂案件的关注度远远高于一般的

---

[26]　张文显：《认真实践科学发展观，忠实践行"三个至上"，推进和实现人民司法事业与时俱进科学发展》，载《张文显法学文选》（卷7），法律出版社 2011 年版，第 137 – 138 页。

案件。因此，在参审范围的设置上，我们应当首先考虑让人民陪审员参与有重大社会影响的案件的审理，一方面可以借案件本身的社会影响引起社会公众对人民陪审员制度的关注，另一方面通过赋予人民陪审员在案件审理中的独立表达权和实质参与权，真正发挥人民陪审员制度的民主监督和维护公正的作用。

第三，明确人民陪审员参审的限度。许多司法机关不信任人民陪审员，很大程度上是因为人民陪审员不具有专业的法律知识。或者说，我国的人民陪审员制度之所以难以发挥作用，恰恰是因为没有明确人民陪审员的权限范围。"我们的法律赋予了人民陪审员过大的权力，这种权力大到他无法行使。就如同让一个普通的市民担任车间主任，他能够胜任，但是如果让他当一国总理，去应对金融危机，他马上就会感到无所适从。我们现在的制度设计就是这样，让人民陪审员和法官行使同等的权力，既能够认定事实，又能够适用法律进行裁判，这种权力因超出他的能力范围而导致其无法行使。"[27] 实际上，西方国家的陪审团处理的恰恰并不是法律问题，而是事实问题。因此，这也确保了陪审团能够很好地理顺与法官的关系，有利于案件审理过程中的相互配合。立基于此，党的十八届四中全会明确了人民陪审员的职责，即陪审员只参与事实问题审理，不参与法律问题判断。可以预见，人民陪审员制度在今后的司法审判过程中，将会因其"有所为，有所不为"的定位，适时发挥作用。

(二) 完善法官遴选制度

我国的法官选任制度是此次司法体制改革的重点。世界各国都将专业团体审查作为法官任命的必要的前置程序。例如，美国在 1940 年开始推行州法官的遴选制度改革，并出台了"密苏里计划"。具体做法是："由律师界推选出的 3 名律师、州长任命的 3 名外行人士和首席法官组成的特别提名委员会向州长推荐 3 位人选，州长从中任命 1 名为法官。法官上任一年后必须经过大选，接受选民投票以决定其是否可以连任法官，但与其他候选人竞争，如果未获认可，则按同一程序另选他人。"[28] 日本则推行法官选任的国民审查制度。根据《日本宪法》第 79 条第 2 款规定："最高法院法官在

---

〔27〕 张文显：《人民法院司法改革的基本理论与实践进程》，载《张文显法学文选》（卷 7），法律出版社 2011 年版，第 70 - 71 页。

〔28〕 王琦：《国外法官遴选制度的考察与借鉴》，载《法学论坛》2010 年第 5 期，第 128 页。

其任命后第一次举行众议院议员总选举时交付国民审查，自此经过 10 年之后第一次举行众议院议员总选举时再次交付审查，以后准此。"由此可见，在国外法官遴选的过程中，公民是拥有实质判断权的。

而我国的法官遴选，根据《法官法》《人民法院组织法》等法律的规定，一直是由法院院长向本级人大常委会提请任命的法官人选，并由人大常委会任命。虽然人大常委会的任命在一定程度上能够反映法官选任的民主化，但法官提名过程却是完全封闭的。因此，此次司法体制改革在法官选任制度改革方面的重要举措就是设置法官遴选委员会，完善法官选任程序的民主化。目前，在法官遴选委员会人员组成方面，各地基本上都是由人大代表、政协委员、党政机关公务员、法律专家、律师等人员组成的。从人员构成看，目前我国的法官遴选委员会仍然表现出较强的精英主义倾向。但是随着法官遴选委员会运作的常态化、规则化，我们有理由相信，普通公民参与法官遴选的机会将越来越多。

（三）完善法官考评制度

法官考评是对法官进行职业监督的主要方式。法官的能力和职业素养是守护司法公正的基本要件。当前我国法官考评制度存在的最大问题就是考评制度封闭化。根据《法官法》第 21 条规定，法官的考核，由所在人民法院组织实施。在实际操作中，法官的考核一般是由本院院长、法院党组成员和相关职能部门负责人负责。这种考评的最大问题就在于容易滋生熟人考评制度。"在每年的年终岗位责任制考核中，许多法院不是以法官实际完成的任务多少和质量高低为等次考核标准，而是以一次得票多少决定考核等次，得票多的法官被定为优秀，其后依次为称职、不称职。因投票时的主观随意性较大，影响因素较多，许多法官的工作得不到客观、公正的评价。"[29] 法官考评制度的封闭化直接导致了考评过程的形式化，也在很大程度上弱化了考评的效果，背离了考评的目标。

与此相反，国外在法官考评制度方面一直秉持民主考评的观念。例如，美国在对州法官进行考评方面，一是设置了专业的法官考评委员会。"各州均会设立一个由法官或由律师、法官及社会人士共同组成的考评委员会，人数 7-30 人不等。为保证考评委员会的公允与中立，有些州规定每个政府

---

〔29〕 于范：《法官考评客观化的理性探讨》，载《人民司法》2002 年第 8 期，第 43 页。

部门只能任命一定数额的委员，且有任期限制。"〔30〕 二是在考评方法方面，美国实行开放的考评方法，通过问卷调查的方法，"每个州都进行问卷调查，尽管调查对象范围大小不等（小至只调查当事人及律师，大至涵盖相关司法从业者、法院职员、证人、陪审团成员等一切与法院有过接触的人员）。问卷调查则基本要求受调查人根据设问进行打分，并留有一定空白由其填写主观评价，同时调查结果均作匿名处理，使调查人身份受严格保护"〔31〕 通过民主的考评制度，美国法官评价有效地实现了对法官的动态监督。

新一轮司法体制改革对法官评价制度提出了改革设想，涵盖了考评机制的设计、考评标准的设置、考评结果的运用等方面的内容。笔者认为，现阶段法官考评制度的改革应当从三个方面入手：

第一，设置独立的法官考评组织。具体来说，我们应当设置独立的第三方法官考评机构，确保对法官工作业绩和职业操守的评估不受来自法院内部"人际关系"的影响。从党的十八大后我国法官考评机构的改革来看，当下主要有两种方式：一是委托专业机构进行考评。例如 2014 年 10 月，上海市第二中级人民法院的考评全权委托华东理工大学法律社会学研究中心开展。2014 年 10 月，上海二中院全权委托华东理工大学法律社会学研究中心开展对法官"工作作风、职业道德"的考评工作。二是设置独立的考评组织进行考评。例如，珠海市横琴新区法院设置了专门的评鉴小组，独立负责法官的考评。评鉴小组由委员 5 人组成，委员人选由法官会议决定，从法官、律师、法律学者中产生。这两种方式都在很大程度上确保了法官考评组织的独立性，可以被看作今后我国法官考评组织独立性的发展方向。

第二，在考评人员的选任方面，应当尽可能扩大考评人员的选任范围，建立考评人员数据库，确保来自社会各领域、各层次的人员都能够有机会进入数据库。每次实施考评时，随机从数据库中抽取人员组成考评委员会，确保法官考评不受某个利益群体的影响。当然，从目前来看，我国正在进行的法官考评还没有达到考评人员随机抽取的水平。但是我们可以预见，

〔30〕 陈杭平：《在司法独立与司法负责之间——美国州法官考评制度之考察与评析》，载《当代法学》2015 年第 5 期，第 133 页。

〔31〕 陈杭平：《在司法独立与司法负责之间——美国州法官考评制度之考察与评析》，载《当代法学》2015 年第 5 期，第 134 页。

随着司法体制改革深入持续的推进，实现考评人员的随机抽取显然更有助于实现司法民主的目标。

第三，在考评指标设置方面，应当在确保以绩效考评为核心的专业考评的前提下，适度向法官公信力考评指标倾斜。例如，2016年10月，上海市高级人民法院发布了《上海市高级人民法院司法公信力指数（试行)》，将司法公信力指数划分为6项二级指标，即执法办案、人权保障、司法改革、司法公开、司法为民、司法廉洁六个方面。这六个方面又细化成61项三级指标，如审限内结案率、简易程序适用率、行政机关负责人出庭应诉率、院庭长人均办案数、公开开庭率、12368平台服务总次数、廉政投诉办结率、违法违纪数等。同时，为了真正实现公信力指标考核的真实性，上海高级人民法院决定采取内部考评和民意考评相结合的考评办法，通过问卷调查的方式，获取市民、专业人员、律师及案件当事人等群体对司法公信力的意见和态度倾向等主观评价数据。凸显法官考评中的公信力考评指标，显然是强化了民众在司法考评中的决定权，而民意考评方法的运用，则进一步确保了这种决定权的实效性。

职业化改革趋向下的司法民主化[*]

陈 刚^{**}

引言

自启蒙时代以降，神权跌落，皇冠蒙尘，人民取代上帝的意旨、高贵的血统成为毋庸置疑的政治权力合法性的源泉。根据洛克、卢梭等西方古典自然法学派经典作家的"社会契约论"学说，一切政治权力都来自人民的授予，主权在民之说深入人心。[1] 因此，在国家政治生活领域推行民主制度，让民众参与对国家政治事务的讨论、协商与决定，就成为实现"主权在民"原则的主要形式。

与此同时，随着现代社会各项事务的日趋繁杂，政府职能日益趋向于专业化，由学有专长的专家、知识精英来统领、掌控并具体实施相关政府职权，已是世界各国通例。因此，在当代社会就出现了人民主权和精英治理之间的矛盾与张力。[2] 一方面，伴随时代进步、文化普及，民众的自觉意识已然觉醒，参政意识日益高涨。民主已然是无可抗拒的时代潮流。另

　＊　本文是中国法学会比较法学研究会 2016 年度"中国比较法学"研究课题的结项成果之一。
　＊＊　陈刚，法学博士，上海海事大学法学院讲师，华东政法大学博士后研究员。
　〔1〕　［法］卢梭：《社会契约论》，李平沤译，商务印书馆 2011 年版。
　〔2〕　事实上，这种矛盾与冲突早在古希腊时期就已然清晰可辨。苏格拉底与柏拉图皆主张城邦应由知识贵族来统治；而雅典的城邦制度则是民主制。对此，苏格拉底曾做过一个有趣的类比：要欣赏美妙的笛声，人们会去邀请吹笛能手；要扬帆出海，人们会去寻找经验丰富的水手；何以对于治国理政这样事关国计民生的大事，反而要付诸庸人之手？参见［古希腊］柏拉图：《理想国》，裹斌和、张竹明译，商务印书馆 1996 年版。

一方面，现代社会复杂的运作形态，又呼唤知识精英以他们的专业知识来处理相关问题。这种民主话语与精英话语的冲突是整体性的，涉及社会生活的方方面面。

司法领域作为国家政治权能的一个极为重要的分支，同样无法摆脱民主话语与精英话语冲突的漩涡。一方面，现代社会的司法运作日益趋专业化。在法治价值高扬的今天，法律已然渗透到人们生活的方方面面，所要调整的社会关系的复杂程度远非传统时代可比。互联网、金融、环保、反垄断、国际贸易……各种专业法律领域，非经多年专业法学训练及法律实践之磨砺，一般人对类似纠纷根本难以下手，更不用说洞悉纤毫、明断曲直了。也正是立基于此，司法职业化的主张在我国渐次兴起，历经近二十年的鼓与呼，终于成为法治的主流话语之一。[3] 然而，伴随着司法职业化的不断推进，人们却未曾获得热望中的法治美好图景。司法腐败层出不穷，司法公信力不张，一些司法判决结果背离公众的正义感，民众普遍觉得司法冷漠而疏离。诸如"许霆案""彭宇案""邓玉娇案"无不引发民意严重反弹，演变为民意与司法对峙的公共事件，严重影响司法权威与司法公信力。[4] 于是，司法民主化的呼声随之响起，持民主化立场的学者直陈远离民众的司法，职业化程度再高、程序设计再精巧，也无法提供司法与民众内心正义之弦的共鸣。他们认为司法应当亲近民众，从民众中汲取力量来净化自身、净化社会，用民众看得懂、想得通的方式处理纠纷，从而为司法赢得公信力，重新确立司法自身的合法性基础。[5]

一时之间，司法到底应该向左走还是向右走，到底应该践履民主化还是奉行职业化，争论之声甚嚣尘上。2008 年，就此议题学者之间爆发了一次激烈论战，众多法学专家各持立场，或者倡言法律不能偏离民众的常识、常理、常情，认为民主化必须优于职业化；[6] 或者坚持走司法职业化之路，反对司法民主化；[7] 也有学者认为，成文法国家中的法律已然充分体现民

---

〔3〕 张千帆：《重启司法职业化改革》，载《人民论坛》2013 年第 4 期，第 7 页。

〔4〕 有研究者曾以当下中国民众对司法的信任度为题做过问卷调查。"调查结果显示，62.7%的被调查公众选择'不大信任'公安司法机关，11.5% 的公众选择'非常不信任'，这两者相加占被调查人的大多数。"胡铭：《司法公信力的理性解释和建构》，载《中国社会科学》2015 年第 4 期，第 98 页。

〔5〕 何兵：《司法职业化与民主化》，载《法学研究》2005 年第 4 期。

〔6〕 陈忠林：《中国法治应该怎样向前走》，载《经济观察报》2008 年 10 月 17 日。

〔7〕 贺卫方：《不走回头路》，载《经济观察报》2008 年 7 月 16 日。

主的价值，"抽离了普通法传统的背景，司法民主化的主张就会成为空中楼阁"。[8] 更有甚者，认为司法民主化是一个伪问题，司法与民主之间的关系应当是"大路朝天，各走一边"。[9] 此后，有关司法的走向问题，一直是法学界和法律界极为关注的问题。司法民主化与职业化持续十数年的大讨论，不但吸引了众多法学研究者投入其中，同时也引发了媒体与社会公众持续的关注。这样的法学争鸣对于彰显司法议题的重要性、加深我们对司法议题的认知，甚至推动制度层面的革新无疑都是极有助益的。但是，当持民主化或职业化的学者各持立场相互批驳时，观点间的区别也被无限地放大了。民主化与职业化在学者们的论述中，仿佛成了水火不容的两极。仿佛谈论司法民主化，就是要煽动民意绑架司法，就是主张民粹主义，就是要用法外因素干扰法治。而一谈司法职业化就是食洋不化，就是脱离国情，就是精英式的傲慢。然而，当我们抛开固有的成见，客观理性地看待司法民主化与司法职业化各自所包含的核心要义，用合理适当的制度设置予以引导，会发现二者事实上并不存在你死我活的直接冲突。如果措置得当，两者甚至还能相互促进、互为奥援。而要达至此一良好情境的前提，则是需要我们梳理清楚司法职业化与司法民主化之间真实的关系到底是什么。

一、司法民主化不妨碍司法职业化

（一）中国司法职业化的由来

中国自古司法、行政不分，州县长吏兼理司法。清律甚至规定："官非正印，不得受民词。"明确排斥佐官属吏审理民间户婚田土等民事纠纷。司法被当作政府行政职能中的一种，与治安、税收、教育等行政事务一同看待，从未像在西方国家那样被视为一项特殊的公共职能。[10] 在西方国家，司法或者像英美法系传统那样被视为一种独特的"技艺理性"；[11] 或者像大陆法系传统那样被视为立足于独特、深奥的法律科学基础上的知识运

---

〔8〕 陈景辉：《裁判可接受性概念之反省》，载《法学研究》2009年第4期，第14页。

〔9〕 刘练军：《司法民主的三种关系》，载《东方法学》2011年第3期，第84页。

〔10〕 日本研究中国法律史的权威学者滋贺秀三认为，在中国古代，司法是作为行政事务的一个环节而存在的。他论证道："中国的那种'作为行政之一环的司法'在中华文明这一同样具有历史普遍性的世界里保持了两千年以上不变的传统。"［日］滋贺秀三等：《明清时期的民事审判和民间契约》，王亚新、梁治平编译，法律出版社1998年版，第87页。

〔11〕 姚中秋：《技艺理性视角下的司法职业化》，载《华东政法大学学报》2008年第6期。

用。[12] 中国传统司法被视为是一种"教谕式的调停",[13] 既无需像英国法官那样遵循先例原则，因而无需皓首穷经研读历代的案例；也无需像欧陆诸国法官那样开展三段论式的逻辑推演，因而无需穷年累岁钻研法学著作。在中国古代，任何熟读儒家经典的官员，当然地就被视为是一个合格的司法官员，在审判中他需要做的是，将反映在儒家典册当中的天理与朝廷律典及当时当地的民心、舆情有机结合起来，从根本上彻底消解纠纷。德国社会学巨擘马克斯·韦伯就此曾下断语："以形式的标准，与经济上的'期待'来加以考量的话，中国的司法审判具有强烈的非理性的且具体的、'衡平的'性质。"[14]

中国古代的这套司法制度与理念，尽管被韦伯批评为"家父长制混合的类型"，却极为切合中国传统的"超稳定结构",[15] 除了细节的微调，大体结构沿袭两千多年未有大的变化。直至清末，中西文明发生整体性的激烈碰撞，在西方列强的步步进逼之下，中国蒙受了前所未有的屈辱。跌跌撞撞之下，国人终于认识到了国家落后的根源，非止于器物层面，更在于政治与法律制度的全面落后。于是，在清末展开了"变法修律"活动，沈家本、伍廷芳等人殚精竭虑，参照西方，制定了一系列新式法律。而新式的司法制度在此过程中也开始酝酿、发展。在这个过程中，西方三权分立、司法独立等观念逐渐为国人所认知，司法需由学有专长的法科毕业生执掌的观念也得到了初步的传播。[16] 辛亥革命后，北洋政府和南京国民政府沿着清末变法之路，继续向西方学习，逐渐制定了"六法全书"体系，建立了较为完整的法学教育体系，规定了司法从业者的入职资格条件，开启了中国历史上第一次司法职业化过程。

新中国成立后，为了巩固新生政权，中共中央废止了国民党"六法全书"的旧法统，对旧法人员进行分流改造。司法机关被视作国家暴力机器的组成部分，与公安机关、军队一道成为镇压阶级敌人的工具。与此同时，

---

〔12〕 李学尧：《法律职业主义》，载《法学研究》2005 年第 6 期。

〔13〕 ［日］滋贺秀三：《中国法文化的考察——以诉讼的形态为素材》，载《比较法研究》1988 年第 3 期。

〔14〕 ［德］马克斯·韦伯：《经济与社会》（下卷），林荣远译，商务印书馆 1998 年版，第 170 页。

〔15〕 金观涛、刘青峰：《中国现代思想的起源：超稳定结构与中国政治文化的演变》（第 1 卷），法律出版社 2011 年版，第 35 页。

〔16〕 李秀清：《所谓宪政》，上海人民出版社 2012 年版，第 170 页。

民众之间日常的社会纠纷，则被视为人民内部矛盾，提倡调解结案，倡导"马锡五审判方式"，法官到田间地头主动寻找案件当事人，深入了解案情，用群众能够听懂的方式耐心劝服民众。而西方的法学理论、程序观念则被视为资产阶级法权的代表，遭到集中批判和否定。到"文革"时期，在"极左思想"的影响下，号召砸烂公检法，司法机关陷入瘫痪状态。法律被政策、文件、指示所取代，司法过程往往采取群众公审公判的方式进行，司法结果的认定也带有极大的随意性。中国自清末以来的司法职业化进程随之夭折。[17]

改革开放之后，随着经济结构的转变及国家治理形态的转型，法治建设受到前所未有的关注。"法律成为一种新的判断正确与错误的真理体制。"[18] 早年受到批判的司法独立观念重新受到国家层面的认可。但是，受多年思维惯性的影响，司法工作者的专业性并未受到特别的重视，法官、检察官的职业化程度不高。当时流行的做法是，安排复转军人进入法院、检察院负责司法工作。这一准制度性的安排所反映出的主流法律观念是，将司法依旧视为国家维护阶级统治的暴力工具，其属性与军队、警察并无本质区别。司法的社会属性、专业属性、独立地位及权利保障功能依然未能受到应有的关注。[19]

至 20 世纪 90 年代后期，经过多年的培育、涵养，中国的法学教育与研究元气渐复，法治发达国家通行的一些制度、学说及理念逐渐被移译到国内，学界开始普遍认识到司法领域存在一些共性、规律性的元素，法治发达国家的一些制度与经验可以拿来为我所用。[20] 经过深入研究和切身观察，学者们认识到：法治是当今世界各国达成良善之治的必由之径；法治并非简单意味着法律文本的制定；法治的关键在于司法独立原则的真正贯彻；司法之所以需要独立，乃是因为司法蕴含着一种需要经由多年法学教育、法律实践方能掌握的独特"技艺理性"，未曾接受法学培养和训练的外行，绝难洞悉法律的真义。反观中国当时的现实，则是司法入职资格的标准缺

---

〔17〕 何兵：《司法职业化与民主化》，载《法学研究》2005 年第 4 期，第 105 页。

〔18〕 参见强世功：《"法律"是如何实践的——一起乡村民事调解案的分析》，载强世功编：《调解、法制与现代性：中国调解制度研究》，中国法制出版社 2005 年版，第 452 页。

〔19〕 贺卫方：《司法的理念与制度》，中国政法大学出版社 1998 年版。

〔20〕 Stephen L. Mcpherson, "Crossing the River by Feeling the Stones: The Path to Judicial Independence in China", 26 *Penn St. Int'l L. Rev.* (2007 – 2008), pp. 787 – 810.

失，复转军人、外行成为法官、检察官的现象比比皆是，甚至被认为是再自然不过之举。痛感于此，在 20 世纪 90 年代中后期，以贺卫方等人为代表，中国法学界掀起了一场旨在推进司法职业化的学术大讨论。这场讨论的出发点和基本诉求，都直指当时中国的法律实践，因而其影响也大大超出学术研究的范围。经由学者们的批判、阐扬及呼吁，西方法治发达国家司法职业化的理念及制度实践得到了广泛传播，并渐次开始影响中国的法律实践。新中国第一次大规模的司法职业化过程就此启动。在此过程中，国家统一司法考试制度得以确立，划定了司法工作的入职门槛；复转军人直接进法院、检察院的现象受到批判与反思；法袍、律师袍、法槌等象征司法尊严的象征物被重新引入；[21] 建立法律人共同体成为法律人的共同理想。今天，我们回望这段历史会发现，经过这一场司法职业化的洗礼，中国的司法面貌在不经意间发生了巨大的变迁。阶级斗争的司法哲学已经被权利话语全然替代，程序正义的观念得到广泛传播，法治理念成为全社会的最基本共识。

（二）司法职业化与司法民主化之争

然而，就在司法职业化运动如火如荼开展之际，一场关于中国司法到底应该走职业化还是走民主化之路的论争却忽然爆发，其间所波及的学者之众、持续时间之长、所受关注之多，在中国法学界、法律界实为少见。甚且时至今日，这场论争依然未曾停歇。[22] 细究这场论争爆发的根源，可谓其来有自，它既是不同的司法哲学矛盾冲突的反映，也是社会治理的精英模式与民主模式在司法领域的再现，甚至还夹杂着法律移植论与法治本土资源论、法教义学与法社会学的争执。

持司法职业化立场的学者，或隐或显地都秉持了一定的法律职业主义的理念。该理念是西方国家在漫长的历史发展过程中逐渐发展起来的一整套完整的对法律职业的表述、判断与信仰话语体系。职业主义者赋予了"职业"（profession）一词不同于日常用法的特殊含义，它不同于一般意义上的行业，主要是指包含高度专业化的知识体系，从业者因掌握这些抽象、

---

〔21〕 舒乙、贺卫方、周振想：《法槌秩序震撼权威》，载《人民日报》2006 年 6 月 5 日，第 10 版。

〔22〕 参见周永坤：《我们需要什么样的司法民主》，载《法学》2009 年第 2 期。

艰深的专业知识而享有一定特权并承担特殊责任的行业。[23] 法律职业主义极为强调法律职业的三大特性，即专业性、公共性和自治性。申言之，法律职业主义将司法视为专业性极强的领域，拒斥外部因素对法律职业行为的干预，在倡导法律职业对社会须承担特殊的道德担当的同时，极力强调法律人的自治性。在此过程中，基于法律职业的专业性，法律人的职业伦理可能会与一般大众伦理发生冲突；法律人的专业判断可能会与社会民意的趋向存在偏差；法律人所严格奉行的程序可能会与实体正义相违背。然而，由于司法是一个专业性极强的职业活动，就如同医生诊断病情一样，其活动的对错不应由外行来进行判断，只能由法律人共同体根据共同的职业伦理及专业知识来进行判断。[24]

然而，司法职业化所立基的这一整套法律职业主义理念，在中国却很难获得自身的合法性。反倒由于在一系列广受社会关注的热点案件中，因法官所得出的判决结果严重违背民意，职业主义理念与中国传统的官本位逻辑交织在一起，不仅未能有效彰显法律人的专业性，反而凸显了司法权力的傲慢与自负，致使民众对司法权力疑窦暗生，司法公信力受到致命腐蚀。与此同时，司法职业论者原本所期望、所承诺的司法清正廉洁的美好愿景似乎也并未随着职业化的推进自动降临，反倒是各地各层级的司法腐败案件层出不穷，甚至连原最高人民法院副院长黄松有等高阶法官都深陷贪腐的泥淖，使得原本就已岌岌可危的司法公信力更是雪上加霜。[25]

正是在此背景下，一批学者开始倡导司法民主化，认为司法民主化是职业化的基础，应当先于职业化。在持司法民主化立场的学者看来，推动司法民主化在当下的中国社会具有极强的现实意义，可以对法治建设发挥巨大的推动作用。首先，司法民主化有利于提高司法的透明度，增强民众对司法的感性认知和了解，提高司法公信力。其次，司法民主化有利于及时吸取民众基于生活常识及朴素的正义感觉而形成的案件直觉，弥补专业

---

〔23〕 在职业主义范式的关照下，西方社会尽管行业众多，但符合"职业"特征的仅限于教士、医生和律师等极少数行业。其他人所操持的不过是工作（job）、营生（occupation），既无深邃抽象的知识基础，又无高尚的职业追求，所求不过是养家糊口而已。参见李学尧：《法律职业主义》，中国政法大学出版社 2007 年版。

〔24〕 孙笑侠、李学尧等：《法律人之治：法律职业的中国思考》，中国政法大学出版社 2005 年版。

〔25〕 近日，最高人民法院副院长奚晓明涉嫌违法，这是继黄松有之后又一位涉嫌贪腐的大法官。如此高位阶、高学历的法官卷入司法腐败的漩涡，对于司法公信力的提升无疑是沉重的打击！

司法官员常年局限于法律逻辑推演而形成的思维缺陷，防止司法结论与常识、常理、常情相违背，提高民众对司法的认同度。再次，司法民主化能够有效制约司法权力，防止司法腐败。世界各国最为典型的司法民主化举措就是推行陪审制，随机抽取普通的守法公民参与案件审理，陪审团独立就案件事实、犯罪嫌疑人的罪与非罪作出决断。这可以有效防止司法的暗箱操作，防止司法官僚主义，进而防范司法权力的寻租行为，减少司法腐败。最后，司法民主化可以强化司法独立原则。司法民主化意味着司法系统内部对法官的行政性掌控趋于弱化，意味着民众对司法过程的广泛参与，也意味着司法信息公开制度的建立健全，新闻媒体可以据此对司法活动进行广泛报道和深入监督，这无疑可以防范外部权力对司法的侵犯，起到强化司法独立的作用。在司法民主化论者看来，"在真实的社会利益较量过程中，在与形形色色的利益团体进行权力和利益争夺的过程中，法官和学术界是一个弱势群体，无法完成司法独立的使命，司法独立必须寻找并借助更为坚实的力量源泉"。[26] 而这个力量源泉显然就是司法民主化。

综观司法职业化与司法民主化的争论，表面上两者之间似乎存在不可调和的决然对立，然而细究之下，两者之间其实并无根本性的矛盾，甚至可以说两者长达十数年的论争，更多的是出于理论上的误解。司法职业化论者之所以言辞激烈地批评司法民主化，是误将司法民主化当成了司法大众化，以至于谈民主化而色变，视之如洪水猛兽；司法民主化论者在根本立场上，并不拒斥司法职业化，甚至认为司法职业化乃是法治社会发展之必然。他们所反对的是那种将司法过程神秘化，将司法当作法律人的禁脔，拒斥民众的公平正义观感的精英式的傲慢。当然，也有论者认为法学界与法律界不假思索地接受司法职业化导向的现代法治话语，事实上是落入了"现代"意识形态的文化统治格局中而不自知，忽视了在中国开展法治建设所必须面对的独特传统与现实，反而秉持一种黑白善恶、对立分明的二元框架，将传统与现代彻底对立起来，将"中西之别"置换为"古今之争"，以批判传统作为达致现代的通道。[27] 而这显然会误导我们对当下司法格局的判断，从而有可能将当下的司法改革诱入歧途。今天，当我们回头反思

---

〔26〕 参见何兵：《司法职业化与民主化》，载《法学研究》2005年第4期，第103页。

〔27〕 凌斌：《法律与情理：法治进程的情法矛盾与伦理选择》，载《中外法学》2012年第1期，第131页。

这场持续了十数年的论战，一方面它固然起到了宣扬司法独立和法治精神的效果，但另一方面却也因为不同观点间彼此的消耗，抵消了各自主张的现实影响力，一定程度上延滞了各自方向上的司法改革进程。

二、司法民主化不等于司法大众化

中共十八届四中全会所作出的《关于全面推进依法治国若干重大问题的决定》（下文简称《决定》），似乎兼采了司法职业化与民主化两方的合理成分。《决定》明确指出："保障人民群众参与司法。坚持人民司法为人民，依靠人民推进公正司法，通过公正司法维护人民权益。在司法调解、司法听证、涉诉信访等司法活动中保障人民群众参与。完善人民陪审员制度，保障公民陪审权利，扩大参审范围，完善随机抽选方式，提高人民陪审制度公信度。逐步实行人民陪审员不再审理法律适用问题，只参与审理事实认定问题。"同时，《决定》还强调要"努力让人民群众在每一个司法案件中感受到公平正义"。这无疑直接呼应了司法民主化的诉求。与此同时，《决定》也强调要加强法治职业队伍建设，建设高素质法治专门队伍，"推进法治专门队伍正规化、专业化、职业化，提高职业素养和专业水平。完善法律职业准入制度，健全国家统一法律职业资格考试制度，建立法律职业人员统一职前培训制度"。[28]

显然，经过多年的民主化与职业化论争，在国家政策制定的层面，制定者已然充分认识到了两者各自的优点，并试图兼采二者之长，以因应当前司法领域所出现的诸多问题。其中尤为难能可贵之处在于，司法民主化终于撇开司法大众化，得到了正名。或许，在政策上正本清源之后，学理上民主化与职业化的讨论可以更趋于理性和有的放矢。当然，这依然需要我们从理论上厘清二者的真实关系。否则，思想上的混乱有可能阻却相关政策的落实，甚至引发政策的反复。

司法职业化论者之所以与司法民主化论者缠斗多年，事实上是误将"李鬼"认作"李逵"，将司法民主化等同于司法大众化。因此，从学理上厘清司法民主化与司法大众化的区别，具有极强的理论意义和实践意义。

司法民主化，是指在司法过程中，在充分保障诉讼当事人和其他诉讼参与人合法的诉讼权利的基础上，畅通民众参与司法的制度渠道，保障司法信息的合理公开，接受公众与媒体的监督，提升裁判的可接受性，确保

---

〔28〕《关于全面推进依法治国若干重大问题的决定》，人民出版社 2014 年版。

司法公正与社会正义。因此，司法民主化非但不拒斥司法职业化，甚至还要求提升司法职业化的程度。诚如论者所言，现代社会的司法被视为国家治理的主要权力技术手段，需要因应各种类型的纠纷。司法判决直接决定相关当事人的权利义务归属，牵涉社会大众对于自身行为后果的利益期待。因此，即便在事实和法律都极为清楚的案件中，法官依然需要向当事人论证，相关判决不仅在法律上是正当的，在道德上更是正当的。[29] 通过具备精湛的专业素养的司法人员，切实按照诉讼程序审理案件，并将相关事实和法理在判决书中予以充分说明，让当事人和社会公众明了判决之所以得出的理据，司法职业化能够起到促进司法民主化的作用，同时也能提升司法公信力，为自身赢得合法性基础。

反观司法大众化，则是完全以民众做法官，以集会的形式审理案件，以政策、命令和民意作为审判依据。司法大众化具有以下五个特征：其一，它具有天然的反制度建构的倾向。司法大众化最典型的诉求就是"文革"时期所谓的"踢开党委闹革命"、砸烂公检法。任何制度性建设，在大众司法面前都是毫无必要的牵绊，因为它需要的是情感的宣泄，而非理性的审视，它注重的是瞬间的狂欢，而非长期的制度积累。其二，它具有强烈的摆脱法律束缚的倾向。司法大众化不仅不需要司法审判制度的牵绊，也极力渴求挣脱法律的束缚。法律具有极强的规范特征，强调逻辑推理、程序至上和同案同判，这与大众司法所追求的即时的正义结果的立即呈现，完全背道而驰。司法大众化发展到极致，理性、规则与程序必然被激情之火燃烧殆尽，法律也将失去存身之所。其三，它极易陷入道德审判的泥淖。司法大众化既已抛开司法制度和法律，就只能诉诸社会道德，追求实体正义。然而，在抛弃了法律程序之后，对实体正义的执念却极易导致道德审判。罪与非罪、罪名轻重的衡量标准不再是事先制定好的法律规则，而是因时、因事、因具体情形而变的民众的道德情感倾向。于是规则治理之下个体行为后果的可预期性将荡然无存，法治的根基也将受到致命的销蚀。其四，它极易导致群体心理的非理性状态。司法大众化追求案件审判的剧场化效应，热衷于以民众集会的方式搞公审公判大会，习惯于采用道德渲染的方式唤起民众心中的共鸣，酝酿一种"国人皆曰可杀"式的集体批判

---

〔29〕 参见强世功：《乡村社会的司法实践：知识技术与权力：一起乡村民事调解案》，载《战略与管理》1997 年第 4 期，第 110 页。

心理，以此来彰显审判的合法性，强化对犯罪嫌疑人的震慑力，增强审判的教育功能。民众的情绪一旦被点燃，极易基于有限的信息形成舆论导向；持同一立场的民众大量聚集，就极易产生群体极化效应，陷入癫狂的群体非理性状态。[30] 其五，它极易粗暴侵犯诉讼当事人的合法权益。当民众陷入群体非理性状态时，无罪推定、程序正义、律师辩护等基本司法制度与原则，必然难以经受狂风骤雨式的汹汹民意，无法摆脱被弃置的命运。而诉讼当事人的合法权利也必将受到粗暴侵犯，司法公正将沦为纸上空谈。自由、权利、法治及秩序将一同成为大众非理性的牺牲品。

综上所论，司法民主化与司法大众化实在是两种全然不同的司法模式。司法民主化追求的是通过精密的制度建构，让民众在职业化的司法官员的指导之下，参与司法审判。司法民主化强调的是通过合理的制度建构，让民众参与司法，让媒体监督司法，提高裁判的可接受度。因此，司法民主化具有强烈的制度建构主义的倾向。司法大众化追求的是民众瞬时的正义情感的淋漓尽致的宣泄。民主化强调司法的制度构建，强调理性的司法审慎；大众化则全无制度建构的意识，追求的是感性的情感表达。新中国成立后，由于长期受到"左"的思想的影响，司法领域长期受困于大众化的恶劣影响，以至于法学萎靡、法治不彰，许多法律人自身也曾深受大众司法之害。加上数千年来，传统附加在司法上的教育功能，使得"公审公判"式的大众司法一再死灰复燃，法律的逻辑往往敌不住情绪化的直觉，自由与权利一再受挫于对秩序的渴望。或许正是上述原因，导致当下许多学者谈虎色变，极力反对司法民主化。因此，我们才需要进一步厘清司法大众化与司法民主化的区别。在此基础上我们才能明了，事实上，我们不仅不应该拒斥司法民主化，反而应该认识到司法民主化是重新树立司法权威、提升司法公信力的必由之路，而这又是由中国特殊的"情理"文化模式所决定的。

三、情理文化、裁判的可接受性与司法民主

（一）情理文化的固有逻辑

抛开自清末以来中国人对法治的苦苦追寻和所做的诸般努力不谈，中国当代的法治建设也已持续近四十年。如今，法治是人类社会达致良善之

---

　　[30]　参见［德］诺尔·诺伊曼：《沉默的螺旋：舆论——我们的社会皮肤》，董璐译，北京大学出版社 2013 年版。

治的必由之路这一观点已然成为社会的最基本共识。然而，需要保持清醒认识的是：法治的理念是同一的，而法治的形态则是也必然是各异的。或者如强世功所言："法律在理论上被建构为宏观的，但法律的实践的运作是微观的。"[31] 当抽象的法治理念落实到不同国家时，其具体的呈现方式必然会随着具体的社会情态、文化传统、政治体制等诸多因素而发生变化。中国作为一个历史久远、传统深厚、区域差异巨大的大国，其法治的具体展开形态在涵融世界通例的同时，也必然会展现出特有的元素。而其中最富有中国特色、与西方经验偏离最大，且任何中国法治的研究者和实践者都不得不认真面对的，则是中国社会深厚久远的情理文化。"情理"二字，深刻地决定了中国人的行为与生活，几乎是每一位中国人立身处世的最基本行为规范，但是即便最深刻的思想家也难以给"情理"下一个精确的定义。韦伯将之定义为"实质的正义公道"，滋贺秀三名之为"中国型的正义平衡感觉""中国式的理智（良知）"。[32] 情理所笼罩的范围如此之广，是中国传统社会"最普遍的审判基准"，"国家的法律或许可以比喻为是情理的大海上时而可见的漂浮的冰山"。[33] 尽管自清末以来，中国社会的变化可谓既深且巨，但是有论者依然认为，中国文化是一种"情本位"文化，"情法矛盾构成了中国法治进程必须面对的一个基本矛盾。……是法治进程必须面对也必须解决的现实处境"。[34] 事实也确乎如此。不仅普通民众在可预见的将来，无法完全摆脱情理文化的影响，甚至连浸润西方法律学说多年的学者也不例外，中国的法律人自觉或不自觉地依旧深受他们所处的社会及其传统的约束与限定。尽管经过近四十年的培育，法条主义、法教义学已然成为指导中国法学界和法律界的主流话语和法治意识形态，[35] 但中国的法律人不管是否对此有自觉的意识和反省，事实上都深受极为强调实体正义

---

〔31〕 强世功：《"法律"是如何实践的———起乡村民事调解案的分析》，载强世功编：《调解、法制与现代性：中国调解制度研究》，中国法制出版社 2005 年版，第 459 页。

〔32〕 参见林端：《韦伯论中国传统法律：韦伯比较社会学的批判》，中国政法大学出版社 2014 年版，第 67、76 页。

〔33〕 ［日］滋贺秀三等：《明清时期的民事审判和民间契约》，王亚新、梁治平编译，法律出版社 1998 年版，第 36 页。

〔34〕 凌斌：《法律与情理：法治进程的情法矛盾与伦理选择》，载《中外法学》2012 年第 1 期，第 124 页。

〔35〕 参见凌斌：《什么是法教义学：一个法哲学追问》，载《中外法学》2015 年第 1 期，第 225 页。

的传统情理法文化的影响。苏力曾极为深刻地分析法律人的这一思维特点："尽管大多数法律人强调'形式正义'或'程序正义'，一遇到实际问题，和普通民众一样，都更看重'实质正义'或'结果公正'。"[36] 事实上，司法应当考量民意的观点与实践，在中国的历史与当下，可谓一以贯之。"天理、国法、人情"熔为一炉的司法正义观，绝非"死了的过去，而是活着的现在"。这就构成中国当下司法的一个极为重要的背景性因素，对于这一因素，"真正的和经验的司法研究不可能也不应该回避"。[37] 寺田浩明曾经对中西司法传统做过精妙的比较，他认为近现代西方的司法理念在于将预先制定颁布的法律规则普遍适用于相关案件，强调普遍性和一般性，也即韦伯所谓的"形式合理性"。"与此相反，旧中国的民事审判却要求细致入微地考虑每个案件个别的情况，理解并同情普通人认为是自然的、不勉强的状态，努力做出有助于当事者和对个别的案情来说最为妥当的裁决。"[38]

因此，立足于中国社会情理文化的传统与现实，中国的司法在遵循严格的法教义学的前提下，也必然要极为重视裁判的可接受性。否则，如若司法判决僵化地坚持法条主义立场，得出完全背离社会情理和大众认知与预期的判决，就极易引发社会对司法的信任危机。毕竟，两千年来，"在中国人的思维模式里，'法'与'情理'的概念应该是相互依存，而不是相互对立的"。[39] 在此文化格局中，如果听任程序正义、规则之治背离情理，则极易沦落成或被视为法律人心智怠惰的借口、司法官僚化的救生衣，不仅无助于法治基础的夯实，反而销蚀民众对法治的认同。用权力压服情理，而不是让法律包容情理，司法的权威最终也只能跌落尘埃。而当以民意形式体现出来的情理遭到法律的忽视乃至压制时，事实上道德与法治也就处在了极为危险的信仰危机之中。

而这也正是在当下中国，需要大力推展司法民主化的缘由之所在。反对司法民主化论者，反对在争议性案件中倾听民意者，坚持在他们自身想象的完美的法律推理的世界中演绎逻辑，法律在他们的眼中就如同一张无

---

〔36〕 苏力：《法条主义、民意与难办案件》，载《中外法学》2009 年第 1 期，第 97 页。

〔37〕 苏力：《法条主义、民意与难办案件》，载《中外法学》2009 年第 1 期，第 94 页。

〔38〕 ［日］寺田浩明：《日本的清代司法制度研究与对"法"的理解》，载［日］滋贺秀三：《明清时期的民事审判和民间契约》，王亚新、梁治平编译，法律出版社 1998 年版，第 124 页。

〔39〕 林端：《韦伯论中国传统法律：韦伯比较社会学的批判》，中国政法大学出版社 2014 年版，第 80 页。

缝之网，法官只需要扮演好自动贩售机的角色就可以达致完美的法律之治。韦伯的"形式理性的法"被奉为缔造法律帝国的御旨纶音，"任何具体的法律判决都是把一条抽象的法规'应用'到一个具体的'事实'之上"。"对任何具体的事实的判决，都必须是运用法律逻辑的手段，从现行的抽象的法规所得出来的。"[40] 但是当他们偶尔将脑袋探出法律帝国的边缘，将目光落进社会现实，却不得不即刻承认，各种因素包括公众意见"依然可能以某种方式影响裁判结果"。[41] 事实上，形式主义法治理论不过是法律人的一场迷梦，法律的不确定性是法律永远难以摆脱的内在属性。正是有鉴于此，即便是法教义学的坚定支持者，也不得不认为："在简易案件中，裁判的公平性通过法律适用自动实现。也就是说，简易案件裁判的公平性是唾手可得的！但当法律不确定时，那种保证简易案件裁判公平性的自动实现机制失灵了。因而必须以一种不同的方式保证裁判公平。"[42]

事实上，福柯的权力的场景理论也提醒我们，权力关系开展时所处的社会场景，会对权力运作的逻辑产生极为深刻的影响。"即使同一种权力关系，在不同的场景中所遵循的权力运作的逻辑、策略和技术也是不同的。"[43] 强世功曾经借由一起发生在陕北乡村的民事借贷案件，向我们生动地展示了文化传统对于国家正式制度的渗透和深刻影响。在该案中，法官为处理因村民借贷不还而引发的纠纷，到该村民家中开展"炕上审理"。村民依照当地招待尊贵客人的风俗，给法官端茶递酒。通过这一极细微的细节，强世功敏锐地捕捉到："高庭长似乎并没想到自己是一个法官，不应当吃被告的请以保持司法公正。他也许想的是自己是客人，不吃主人的东西就是瞧不起人家，不给主人面子。"[44] 从中我们不难发现法律移植不得不面对的尴尬困境，任何优良先进的法律制度被移植到一个异质文化中时，必然难以摆脱该文化中制度惯性的牵绊。一个社会有一个社会自身的文化逻

---

〔40〕 ［德］马克斯·韦伯：《经济与社会》（下卷），林荣远译，商务印书馆 1998 年版，第 18 页。

〔41〕 陈景辉：《裁判可接受性概念之反省》，载《法学研究》2009 年第 4 期，第 15 页。

〔42〕 ［德］Ralf Poscher：《裁判理论的普遍谬误：为法教义学辩护》，隋愿译，载《清华法学》2012 年第 4 期，第 114 页。

〔43〕 强世功：《"法律"是如何实践的——一起乡村民事调解案的分析》，载强世功编：《调解、法制与现代性：中国调解制度研究》，中国法制出版社 2005 年版，第 436 页。

〔44〕 强世功：《"法律"是如何实践的——一起乡村民事调解案的分析》，载强世功编：《调解、法制与现代性：中国调解制度研究》，中国法制出版社 2005 年版，第 439 页。

辑，这一逻辑未必是不可撼动、无从改变的，但是这无疑需要漫长的时间和不断的制度积累，而要想达致这样的目标，我们首先要做的无疑就是承认自身文化传统对于制度建构存在强大的影响和塑造功能，在此基础之上，我们在移植法律、构建制度的时候，将传统的这种影响与塑造功能纳入考虑的范围，如此，我们的制度建设才是面向现实的，也才有可能是真正有效的。否则的话，最终的结局也许只能是再增添几许"秋菊的困惑"和"山杠爷的悲剧"。

（二）裁判的可接受性

具体而言，中国社会的情理文化特质决定了中国的司法应当采取结果主义导向，注重裁判的可接受性。正义永远是司法的第一诉求，也是民众对司法的最终期许。随着三十余年社会的飞速发展，社会整体法律观念得到极大强化，民众权利意识急剧提升，司法逐渐成为解决各类社会矛盾的主要途径，其社会矛盾调节器的功能日益凸显。民众对司法的期许也日渐提高。司法官员的袍服是黑色的，世人却期盼它能折射正义之光；法庭的气息是冰冷的，世人却渴望能从中寻获最后的慰藉。法治的核心要义决定了中国的司法必然是一种立基于程序正义基础之上的纠纷解决过程。世界各国，包括我国，以往法治建设的经验和教训无不向我们昭示：抛开程序正义的束缚，一味放任人们心中对实体正义的原始渴望，最终得到的也许恰恰是正义的倾覆。但需要我们同样警醒的是，对程序正义的追求，永远是在实体正义这个目标的引领之下前行的。"公平在形式上和实质上都是裁判的本质特征。"[45] 党的十八届四中全会所作的《决定》明确提出："努力让人民群众在每一个司法案件中感受到公平正义。"这就意味着："在新的历史时期，要让每一个判决都让公民满意，已经成为人民司法的重要职责。"[46] 这就需要法律人充分意识到：法官所给出的判决理由，在强调合法性的同时，必须兼顾可接受性。裁判事实上是司法者借由司法程序，对相关案件事实是否合法进行解释。在这种解释的过程中，不仅涉及作为解释者的法官本人，也需要着眼于案件当事人对这种解释的理解与认同，最终

---

〔45〕［德］Ralf Poscher：《裁判理论的普遍谬误：为法教义学辩护》，隋愿译，载《清华法学》2012 年第 4 期，第 114 页。

〔46〕陈金钊、杨铜铜：《重视裁判的可接受性——对甘露案再审理由的方法论剖析》，载《法制与社会发展》2014 年第 6 期。

要达到社会大众对这一解释的接受。只有在此基础上，个案判决对社会秩序的维护功能才能够得到充分的发挥。如果法官在裁判中所给出的解释，全然忽视其是否具有可接受性，那么裁判就沦为了法官机械、暴力的压制，即便判决结果最终是符合法律规定的，也很难唤起当事人内心的信服。如果其中的解释脱离了民众的日常生活逻辑，甚至导致民意的反弹，必将造成法律人与普通民众的巨大心理鸿沟，进而损害司法的公信力与合法性。

以法条主义或程序正义为借口，在情轻法重或极具争议的案件中，完全拒斥民意所体现的"天理人情"，[47] 除了让相关当事人成为本应修正的法律规则的牺牲品之外，收获的只能是司法权威的进一步跌落、司法公信力的进一步销蚀，法治的果实无从在民众猜疑的目光中撷取。需要我们时刻警醒的是："在一定意义上说，人类自觉活动构成的文明史，就是'民意'地位不断被认识和提高的历史。民意之所向，可以建设一切，也可以毁灭一切。"[48] 民意固然经常表现出非理性的，甚至是暴力的一面，但一个社会长时间沉淀下来的基本价值取向和情理，却并不因此失去自身的合法性。"司法公信力需要借助于裁判的社会效果、裁判的可接受性等实质正义层面的力量。"[49]

事实上，在具体的司法过程中，有常规案件，也经常遇见所谓的争议案件或难办案件。在一些争议案件或难办案件中，单纯的法教义学立场上的法律演绎可以有多种推理的路径，得出多种不同的推理结果。例如，关于"许霆案"学者们从各自的立场出发，演绎了众多的学理分析。正如苏力一针见血地指明："多种法律教义分析的存在，尽管有高下之分，也表明教义分析本身甚至不能保证一个公认的教义分析，不能导致一个确定的结果，更不保证这个结果为社会普遍接受。"[50] 在争议性案件中，逻辑推理并不能解救法律的无能为力，霍姆斯的那句名言在这个意义上才真正体现了它的深刻："法律的生命不在逻辑，而在经验。"[51] 即便是被中国法律人奉

---

[47] 至少在德国历史法学派中的日耳曼法学派看来，成文法从来就不是法律的全部，妄图用成文法覆盖社会生活的全部，不过是法律人"致命的自负"，法官必须根据社会生活中"活生生的习惯法"去弥补成文法的疏漏。参见林端：《韦伯论中国传统法律：韦伯比较社会学的批判》，中国政法大学出版社 2014 年版，第 81 页。

[48] 喻国明：《解构民意：一个舆论学者的实证研究》，华夏出版社 2001 年版，第 9 页。

[49] 胡铭：《司法公信力的理性解释与建构》，载《中国社会科学》2015 年第 4 期，第 87 页。

[50] 苏力：《法条主义、民意与难办案件》，载《中外法学》2009 年第 1 期，第 99 页。

[51] O. W. Holmes, "The Path of the Law", 10 *Harv. L. Rev.* (1897), pp. 456 – 478.

为法治模版的美国，严肃的司法行为研究者，借助实证研究和心理分析工具，也早就深刻地揭示出在法律逻辑、修辞的包装之下，美国法官的判决行为受到意识形态、媒体、公众及自我认知等多重因素的影响。[52] 诚如波斯纳法官所言："但法条主义的王国已经衰落、苍老了，今天，它主要限于常规案件，如今允许法官做的事情很多。""在司法场景下，'法律'只是法官借以形成自己决定的一些最广义的材料。由于法条主义决策材料未能得出可接受的答案，回答要求美国法官决定的全部法律问题，法官被迫偶尔——实际上相当频繁——依赖其他判决渊源，包括他们自己的政治观点或政治判断，甚至他们的个人特性。"[53] 当我们笃信形式法治能够引领我们抵达法治的理想国时，也不要忘记拉德布鲁赫的教诫："因为司法依赖于民众的信任而生存。任何司法的公正性，在客观性与可撤销性方面的价值观，绝不能与司法的信任相悖。"[54]

（三）媒体监督

要想实现司法民主，推进裁判的社会接受度，最终实现司法公信力的提升，无疑需要加强媒体与司法的互动，通过互动实现互信，借此营造良好的司法舆论环境。就此而言，中国的司法应当在合理范围内最大限度地向媒体开放，增强司法的透明度。司法自古就是舆论关注的焦点，司法正义借舆论大放其光，司法不公也因舆论臭名远扬。诚然，司法有自己评判正义的逻辑，舆论有自己对正义的观感，二者并非天然契合，甚至在司法独立、司法权威的价值原则与舆论监督、言论自由的价值原则之间，还存在着极大的张力。稍有不慎，甚至会导致司法与媒体之间激烈的冲突。而在当下，随着微博、微信等网络社交平台的飞速普及，自媒体时代随之降临，司法与媒体的关系更是进入一个全新的阶段。网络消解了时空的距离，资讯瞬时即可传播。传统的话语平台无法再独领风骚，一个普通人借助网络平台，通过些许文字和图片，即可成为新闻传播源。如果能够吸引足够多网民的围观，其造成的新闻效应丝毫不弱于传统主流媒体。而因为司法问题事关公平正义的核心价值，动辄关乎生死得失，极易引发网络关注。

---

〔52〕〔美〕劳伦斯·鲍姆：《法官的裁判之道——以社会心理学视角探析》，李国庆译，北京大学出版社 2014 年版。

〔53〕〔美〕理查德·波斯纳：《法官如何思考》，苏力译，北京大学出版社 2008 年版，第 8 页。

〔54〕〔德〕拉德布鲁赫：《法学导论》，米健、朱玲译，中国大百科全书出版社 1997 年版，第 119 页。

学者通过对近年来备受关注的"影响性案件"的分析，认为在自媒体时代，公众获取司法信息的渠道获得了极大的扩展，信息获取和相互沟通的交易成本大为降低，"变更了公众与刑事司法的互动过程，使得公众对司法的影响在当下被迅速放大"。[55] 加上新闻特有的传播规律，即所谓的狗咬人不是新闻，人咬狗才是新闻的猎奇心理，司法不公事件往往更容易引发网络关注。浙江叔侄冤案、念斌案及呼格案在社会上都激起极大反响，对司法公信力也造成极大伤害。这也无怪乎，在该学者所做的问卷调查中，分别有62.7% 和 11.5% 的受访民众表示对公安司法机关"不大信任"和"非常不信任"。而参与调查的司法工作人员在受访时，对自媒体监督司法也表现出极大的不信任，66.7% 的受访司法工作者认为自媒体监督司法"弊端显著，严重影响了司法机关的正常办案"。[56]

一方面是国家与社会对司法的期望值越来越高，期待其社会矛盾调节器的功能获得真正发挥；另一方面舆论对司法的评价却颇为消极，自媒体时代的新情势，更是加大了司法与舆论间冲突的可能性。在此背景下，如何有效地解决司法与舆论的关系，不仅关乎新一轮司法改革的成效，也是关乎司法公信力，乃至整个法治事业成败的关键。

要想有效化解司法与媒体之间的冲突，构筑二者和谐共生的社会环境，当然是一个复杂的系统社会工程。但是，单就司法而言，无疑需要保持开放的胸怀，在合理的制度限度内尽可能畅通司法信息的报道渠道，要"构建开放、动态、透明、便民的阳光司法机制，推进审判公开、检务公开、警务公开、狱务公开，依法及时公开执法司法依据、程序、流程、结果和生效法律文书，杜绝暗箱操作"。[57] 只有阳光，才是消解内部腐败和外部疑虑的最佳手段，也是保障司法与媒体良性共存的最佳制度生态。

（四）民众参与

最后，中国的司法应当畅通民众参与的渠道，让"社会公众直接参与司法和监督司法，既感受公正司法又承载司法民主的精神"。[58] 在进一步推

---

〔55〕 胡铭：《司法公信力的理性解释与建构》，载《中国社会科学》2015 年第 4 期，第 96 页。

〔56〕 胡铭：《司法公信力的理性解释与建构》，载《中国社会科学》2015 年第 4 期，第 97、100 页。

〔57〕 《关于全面推进依法治国若干重大问题的决定》，人民出版社 2014 年版。

〔58〕 胡铭：《司法公信力的理性解释与建构》，载《中国社会科学》2015 年第 4 期，第 106 页。

进职业化的同时，面向民众汲取司法权本身的合法性，重新树立司法的权威。

据学者的实证调查，中国民众对作为陪审员参与司法过程的意愿度颇高。胡铭曾以"是否愿意作为陪审员参与刑事审判"为题，在杭州、郑州和昆明三地进行问卷调查，49.8%的受访者表示"很高兴参加"，远超"不愿意参加"和"坚决不参加"的受访者比率。而很多受访者之所以表示不愿意参加，给出主要理由是："参加陪审只是摆设，没有多少实质意义。"其言下之意，或许是如果陪审制能够进行适当改革，让陪审员在审理案件的过程中，能够发挥实实在在的作用，他们也是乐于参加的。这也可从该项调查的另一问题项的结果中得到印证。高达51.1%的受访者认为人民陪审员、人民监督员"有积极作用，但相关制度急需完善"。此外，55.2%的受访民众认为自媒体监督司法"利大于弊，发挥了积极作用"，32.7%的受访民众认为这种监督"非常有价值，对于促进司法公正、遏制司法腐败发挥了巨大作用"。[59] 由此不难看出，中国民众对于无论是作为个体抑或作为舆论的整体有效参与司法，表现出了极大的热情和期待，而中国目前的陪审制显然不足以满足民众的期待，而这种不满足又极大地损害了司法的正面形象，削弱了司法公信力。

事实上，近年来司法民主化已然成为世界各国司法发展的普遍趋势。尤其是东亚各国与地区，为了防范司法专制、消弭民众对司法的不信任，都在积极尝试推动司法民主化。如日本的"裁判员制度"、韩国及我国台湾地区的陪审制，都是努力试图将司法的正当性扎根于民众的支持与信赖。[60] 俄罗斯新刑事诉讼法典亦参照英美法系诉讼模式，采用了陪审团制度。应该说，司法民主化已然成为当前世界各国的潮流。此外，各国的司法审判制度都极为注重司法与民众的互动，充分保留司法与民众沟通的有效渠道。以美国为例，除了陪审团制度之外，美国州法院系统中的绝大部分法官皆由民众选举产生。[61] 而在终身任职的联邦法院系统，法官也同样极为重视舆

---

〔59〕 参见胡铭：《司法公信力的理性解释与建构》，载《中国社会科学》2015年第4期，第99 – 100页。

〔60〕 汪习根：《陪审制度的比较与评论——以日本、韩国、台湾地区模式为样本》，载《法制与社会发展》2015年第2期。

〔61〕 Lawrence Baum, "Judicial Election and Judicial Independence: The Voter's Perspective", 13 O-hio St. L. J. (2003), p. 16.

论与民众对相关案件的意见倾向。由此可见，在一个民主化浪潮席卷的时代，法律人的"技艺理性"和"贵族责任"的说辞，已然无力固守法律帝国的边界。

结论

当下，司法改革正在中国社会如火如荼地开展，可谓举国瞩目，望其功成。此时，回望、梳理扰攘法学界十数年的司法民主化与职业化之争，厘清其间的误会与曲解，对于扩大我们的理论共识，认清司法改革前进的方向无疑具有极为根本性的意义。

中国近现代意义上的司法引自西方，司法职业化肇端于清末，其后屡有顿挫，至 20 世纪 90 年代才获得了真正意义上的进展。然而，也正是在这一历史时期，不容讳言的是，中国的司法腐败有蔓延之势，司法公信力岌岌可危。于是，有学者力主实行司法民主化。由此开启了职业化与民主化长达十数年的论争，至今未已。通过概念的梳理，可以发现，两派主张其实并非如表面显示的那般水火不容：主张司法民主化的学者并不否认司法职业化的合理性，他们反对的毋宁是法律人对法学的神秘主义倾向和对司法知识的垄断；而司法职业化论者之所以极力反对司法民主化，恰恰是因为误将司法大众化与司法民主化相互混淆，没有能够认清司法民主化的制度建构取向，使其从根本上不同于追求民众瞬间情感宣泄的司法民主化。事实上，职业化与民主化通过适当的制度设计，可以相互促进，两者不可偏废。

中国社会特有的情理文化逻辑、当前面临的自媒体网络信息环境、民众对司法议题的极大关注，甚至世界范围内的司法民主化浪潮，都向我们深刻昭示司法民主化的急迫性。中国的司法，自古及今都极为重视民众的观感与评价。中国社会尽管发生了巨大的变迁，但情理文化的固有逻辑却依然一脉相承。这就决定了我们的司法应当注重裁判的可接受性，加强司法与媒体的互动，自觉接受媒体监督，向民众敞开大门，通过合理的制度设计，将司法民主化与职业化紧密结合，最终实现司法的法律效果与社会效果的统一。

比较法视野下司法整合民意的程度与条件[*]

杜健荣^{**}

一、问题的提出

司法与民意的关系是近年来法学界较为关心的一个问题，学者们从多个不同的角度展开讨论，产生了一大批研究成果。虽然仍有一些论者认为司法应与民意保持充分的距离，以维护司法的独立和公正，但是多数人都倾向于认同司法与民意良性互动的必要性，在他们看来，这种互动的存在是司法机关保持与社会发展同步、维护司法权威并获得社会认同的必要条件，因为无论是在个案中与民意尖锐对立，还是在长时期内脱离民众的基本认知，都会造成民众对司法的不满，甚至会损及司法活动的正当性基础。在此基础上，研究者进一步提出司法机关应当充分吸收并积极回应民意，以实现二者间的和谐。

这种表述在理念上无疑是正确的，但笔者认为"吸收"或"回应"等概念并不能有效描述司法机关在面对民意时的实际状态，特别是在价值观念日趋多元、民意表达日趋复杂的情况下就更是如此。对于二者间的关系，更为恰当的表达毋宁是在司法机关作出决定的过程中能够将复杂的民意"整合"（integration）进最终的判决当中，这一概念所表达的不是简单地对民意的迎合或采纳，也不是对不同意见的任意选择或简单加总，而是法院

---

    * 本文是中国法学会比较法学研究会 2016 年度"中国比较法学"研究课题的结项成果之一。

    ** 杜健荣，法学博士，云南大学法学院讲师。

基于一定立场对于有关案件的民众意见表达进行理性分析与评估，并借助一定的法律方法将主流民意作为影响因素融入判决结果当中的处理方式。这种整合可以分为两个层面：个案整合指司法机关在具体案件中对民众意见和诉求的合理吸收，使特定判决得到理解和接受。如果判决引发社会的广泛批评甚至严重不满，则意味着个案整合的失败；整体性整合则指在一定时期内司法机关在大多数案件的判决上与民意实现兼容，因此它的实现依赖于普遍的个案整合，这种整合虽然不要求在每一个案件中都能获得认同，但是在整体上不能超出社会的"同意之域"（zone of acquiescence），[1]否则就会引发司法的信任危机。从本质上说，各个国家的司法活动都需要能够在上述两个层面上实现对民意的基本整合，但是不同国家在整合活动中的机制不同，效果也不同。这种整合程度上的差别反映了各国司法活动的特点，也正是这种差别的存在，为我们从比较法的角度研究司法与民意的关系提供了一个重要的出发点。

从实际社会效果及评价反馈看，当前中国的司法对民意的整合程度在整体上还有待提高。近年来司法机关在应对民意的问题上表现出诸多不足，并引发社会公众及学术研究者的一些批评，这些批评主要涉及两个方面：一方面是认为司法机关的决定漠视民意，不能在判决中体现民众的观念与诉求，造成一些案件判决得不到广泛的理解与认同；[2]另一方面则是认为司法机关在一些案件中受民意的过多干扰，丧失自身基本权威与立场，使案件审理演变成"民意审判"，破坏司法活动规律。[3]这两个方面的批评截然对立，反映了现实中的某种矛盾性，而这种矛盾性也正好说明了司法对民意进行整合的程度较低：要么是吸收不足，要么是失去整合所应当具有的自主性，总之都缺乏一种恰当的、易接受的综合与呈现。对于这些存在的问题，不少研究者试图借鉴美国等国家的经验来加以解决，之所以要以美国为参照，主要是因为虽然在美国社会中对于某些具体案件的抗议一

---

〔1〕 这一概念由美国民意研究专家詹姆斯·史丁生提出，指民意对案件判决有一个可接受的范围，在这一范围内司法机关具有活动自由，而若判决结果长期持续脱离这一范围设定的边界，就会引发正当性的危机。参见 Christopher J. Casillas，Peter K. Enns and Patrick C. Wohlfarth，*How Public Opinion Constrains the Supreme Court*，Annual Meeting of the American Political Science Association，Boston，MA，August 28 – 31，2008，pp. 1 – 39.

〔2〕 卢志刚：《刑事司法回应民意机制的构建》，载《理论月刊》2012 年第 2 期。

〔3〕 参见于晓青：《司法裁判中的法理与民意》，载《法商研究》2012 年第 5 期；卜晓颖：《司法民意与法官的职业化思维》，载《南昌大学学报（人文社会科学版）》2011 年第 5 期。

直存在——近几年的例子包括马丁案、梁彼得案等——反映了在个案中的整合失效问题，但是在相关的社会科学研究中，研究者们又颇为一致地认为美国的法院系统（包括联邦法院和州法院）能够在宏观上与民意保持较高的一致性，特别是在联邦最高法院的判决中，法官通过一些特定渠道了解民意并以一种可以为法律和多数民众都接受的方式作出决定。[4] 基于这种认识，研究者们提出了多方面的建议，例如：学习美国的法庭之友制度，将其作为民意进入司法的渠道；以陪审团制度为模型改革完善现有陪审制度，以更好实现其沟通民意与司法的作用；设定相应规则避免民意对司法形成误导；等等。

这些以比较为基础而获得的结论具有一定的启发意义，但是也必须看到，仅有这种简单的比较和分析对于问题的认识和解决而言无疑是远远不够的。由于视角的限制，这些观点未能深入制度差异背后的社会环境中做进一步的探究，几乎完全忽视了具体制度和行动模式所赖以存在的社会条件，因此无法解释上述制度安排是否有可能为我国所借鉴，以及应当如何借鉴。在笔者看来，这种状况实际上反映出比较法学在当前所面临的挑战，即单纯的制度或现象上的比较在复杂问题的分析中能够起到的作用越来越小。相比之下，我们更应该采用比较法律社会学的视角，从相关社会基础方面——例如民意本身的生成机制、司法机关自身的活动特点以及司法在整个社会中的定位等——来分析为何在不同社会中司法对民意的整合程度存在差异，这些因素对于司法与民意关系的主题来说是隐蔽性的，但也具有更强的决定性，只有厘清这些问题，我们在相关研究中才能够得出更有现实性的结论。

二、司法民意的形成及其条件

司法决策有效整合民意的基本前提是对民意的认知。只有在特定案件中充分了解民众的意见与诉求，才有可能在决策中加以采纳和吸收。而民

---

〔4〕 相关文献可参见 Benjamin J. Roesch, "Crowd Control: The Majoritarian Court and the Reflection of Public Opinion in Doctrine", 39 *Suffolk University Law Review* (2006), pp. 379 – 423. Barry Friedman, *The Will of the People: How Public Opinion Has Influenced the Supreme Court and Shaped the Meaning of the Constitution*, New York: Farrar, Straus and Giroux, 2009, p. 2; Neal Devins, Nicole Mansker, "Public Opinion and State Supreme Court", 13 *University of Pennsylvania Journal of Constitutional Law* (2010), pp. 455 – 497; 何海波：《多数主义的法院：美国联邦最高法院司法审查的性质》，载《清华法学》2009 年第 6 期。

意认知又是一项极其困难的工作，因为民意本身就具有分散性、多元性等特点，如果没有一种恰当的方式，法院就很难从纷繁复杂的社会表达中去发现民意。

这种状况对于当代中国社会来说并不陌生，民意的不确定是造成司法整合困难的重要原因。从一般意义上说，民意的表现形态十分丰富，但目前对司法机关而言主要是以社会舆论（特别是网络舆论）的形式表现出来，换言之，司法机关主要是经由社会舆论来认知民众对于部分案件的意见和诉求。这反映了网络化时代民意表达的特点，也具有某些方面的优势，例如参与性强、覆盖面广、反应迅速等。但与此同时，以社会（网络）舆论作为民意的形成载体，对于司法审判来说也具有明显的缺陷：首先是内容的理性化程度不足。舆论的形成具有较强的自发性，没有明确的程序和实体上的约束，因而比较容易受到民众的情感、偏好和社会风气等主观因素影响。而且社会舆论常常不仅针对案件本身，还会扩散到与案件有关的其他因素上，例如在一些实证研究中，研究者发现民众的意见表达与涉案主体的身份和个案所折射的社会问题等因素密切相关，民众对个案背后的社会问题的关注超越了对案件事实和法律适用本身的关注。[5] 虽然这些民意表达对司法的公开和公正具有积极的作用，但不能否认此类表达容易与法律规定发生矛盾，因而难以为司法判决所吸纳；其次是代表性的模糊。基于网络发言匿名化的特点，司法机关对于网络言论基本无法判断其代表的群体。网络舆论的导向常常掌握在少数意见领袖手中，而大多数人并不具备改变舆论潮流的能力，因此，虽然舆论常常以代表全社会的面目出现，但实际上有可能仅仅是一小部分人的意见，这就可能导致以偏概全的问题；最后则是舆论的易变性。虽然舆论的形成代表了一定的重叠共识，但是其也容易受到细节因素的影响，当事人的一言一行都有可能导致舆论随之发生改变，这种不稳定的状态也增加了司法机关对其吸收融合的困难程度。总之，由于缺乏一种稳定的、制度化的民意形成机制，司法判决有效整合民意的效果受到了很大的影响。

相对而言，法庭之友意见（Amicus Curiae）作为美国司法领域的民意形成机制，具有更强的制度化色彩。从一般意义上说，法庭之友是指针对有

---

〔5〕 徐光华：《个案类型特征视阈下的刑事司法与民意——以 2005 年至 2014 年 130 个影响性刑事案件为研究范本》，载《法律科学（西北政法大学学报）》2015 年第 5 期。

疑问的事实或法律上的问题善意地提醒法院注意或向法院报告的主体，主要包括政府机构、社会团体、组织，特定的个人在法院允许的情况下也可以提交，各种不同的社会主体由此获得向法院表达意见的直接的途径。实证研究表明，这种意见基本上都会被法官阅读，而且法庭在判决书中引用其内容的趋势还一直在增加。[6] 在法庭之友之外，近年来也有法院在判决书中对民意调查数据进行引用以作为判决理由。[7] 虽然就目前的情况来说，民意调查数据尚未成为司法判决的一种正式理由，但它有可能在相对隐蔽的意义上对法官构成影响，使法官加强对自身原有观点的确信，或者促进他对自身观点进行修正。这两种民意形成机制的优点首先在于其代表性更强，法庭之友意见的来源虽然没有网络言论那么丰富，但是可以较为清楚地看出意见在社会成员中的分布情况，这主要是因为，在现代社会中，由于社会结构的复杂化和利益的区分化，意见必然呈现出越来越强的多元化倾向，而身份、地位、职业等因素的多元化也在一定程度上导致了人们在对待司法案件时的立场和态度的多元化，这就很难从某一个角度就可以观察到意见的全貌，而作为法庭之友意见主要提供者的社会团体或组织代表了具有特定信仰、行业、身份的人群，其意见本身就是对一部分社会成员的意见的整合，因而比个别化的意见更具代表性。民意调查数据则更为精准，能够从年龄、职业、性别、地域、种族等各个方面反映意见的分布情况；其次这些民意表现形式的理性化程度较高，无论是法庭之友意见还是民意调查数据，都有一定的程序性限制，可以在一定程度上排除非理性因素，因而具有较强的稳定性，不会因为一些细小因素的变化引发态度转变。基于这样的特点，法官在案件审判活动中可以较为准确地把握相关的意见和诉求，为实现判决对民意的有效整合提供了重要的条件。

经由上述对比可以得出一个基本的判断，那就是民意的形成机制越完善，司法整合民意的可能性程度就越高。也正因为如此，一些研究者提出应当借鉴法庭之友制度或采纳民意调查数据的方法，为民意进入司法提供

---

〔6〕 据研究者统计，1998 至 1999 年间，在联邦最高法院受理的案件中，收到法庭之友意见的案件比例高达 95%，参见 Jared B. Cawley, "Friend of the Court: How the WTO Justifies the Acceptance of the Amicus Curiae Brief from Non-Governmental Organizations", 23 *Penn State International Law Review* (2004), pp. 47–80.

〔7〕 Tracy E. Robinson, "By Popular Demand? The Supreme Court's Use of Public Opinion Polls In Atkins V. Virginia", 14 *George Mason University Civil Rights Law Journal* (2004), pp. 107–145.

一个稳定的渠道。这种建议的正确性显而易见，但是我们也不能认为这些制度或方法的引进能够即刻发挥效用，因为它们的运作都需要一定的社会条件支撑。就"法庭之友"而言，其意见的形成依赖于社会组织与团体的发展，在这一点上，美国社会中为数众多、分布广泛的各种团体和组织的存在为此提供了必要的基础。研究表明，向法院提交"法庭之友"意见的机构或组织中，不仅有商业组织、行业协会、大公司和专业协会，还有大量的公共利益组织、消费者团体、宗教团体和劳工组织，[8] 事实上，只有为数众多的社会团体积极关注并参与司法活动，司法机关才有可能获得足够多的、有代表性的意见。就民意调查数据而言，其前提条件更简单明确，那就是要有完善的、发达的民意调查机构和体系，只有具有公信力较强的民意调查机构，有足够的能力进行足够广泛的调查，才有可能得出较有代表性的数据，而在这一点上，美国也已形成一套较为完整的体系，有研究者指出："第二次世界大战后，美国的民意测验业走向兴旺，除盖洛普外，还有哈里斯、赛林格等六七家全国性专业公司。1978 年全国花在民意测验上的资金高达 40 亿美元。除去这些商业性的民意测验机构之外，在民意测验方面另有侧重于学术性的民意研究机构和民意资料中心也越来越多。三类机构各司其职，互为补充，构成了当今美国较为完整的民意测验业。"[9] 这些条件保证了民意以一种稳定的方式进入司法活动，以及当司法决策需要对民意进行考量的时候，可以较为便捷地获得相关资料。

从中国的现实情况看，在上述两个方面都还有一定的欠缺。首先是社会团体和组织不发达。这一方面表现在社会团体和组织的数量较少、代表性不强，各种类型的行业协会、工会多数具有官方或半官方性质，"有些从政府部门脱离出来的民间组织与原部门仍然是一个单位，只是挂了两块牌子。即使是民间自发成立的一些组织，在资金来源、工作安排上仍然难以摆脱政府的影响，难以成为真正独立的机构"，[10] 因而在意见表达上难以有效代表相关社会成员的实际状态。另一方面，即便存在一定数量的社会团体和组织，也还没有形成与司法机关意见交流的传递机制，对司法活动的

---

〔8〕 邱星美：《制度的借鉴与创制——"法庭之友"与专家法律意见》，载《河北法学》2009年第 8 期。

〔9〕 喻国明：《解构民意：一个舆论学者的实证研究》，华夏出版社 2001 年版，第 12 页。

〔10〕 何兰萍、齐龙：《社会团体的三个面向与社会管理职能的发挥》，载《理论与现代化》2012 年第 5 期。

参与程度不高，在这种情况下，司法机关在决策中较少接收到来自这些方面的意见。因此目前即便引入法庭之友制度，也缺少足够的意见内容作为支撑；其次我国的民意调查机制也不够完善，虽然有研究者指出中国曾是较早开展民意调查活动的国家，但最近几十年来仍处于重新起步的阶段，近年来虽然出现了一些新的调查机构，也开展了为数众多的社会调查，但仍存在着过分的趋利倾向、游戏化的选题倾向和缺乏专业沟通及专业交流等问题，[11] 绝大多数的调查机构都属于商业性运作的公司，主要为商业活动服务，缺少对社会问题进行持续、广泛关注的专门化调查机构，因此法官在司法决策过程中还难以通过此类数据便捷了解民众意见。由于这些问题的存在，司法机关也就只能依赖于代表性和客观性都相对不足的新闻媒体报道或网络舆论。从这个意义上说，要提升司法决策对民意的认知程度，需要社会团体的成熟完善，也需要民意调查机构的发展。

三、司法的主动性及其条件

在上面所论及的民意形成条件之外，司法机关及其工作人员的态度也非常重要。即使有社会团体或组织能够提供法庭之友这一类型的意见，法官如果不愿意加以接纳，同样也无法实现整合。反过来说，对民意的把握越提前、越全面，就越有可能进行理性分析与权衡，并将其有效整合进判决当中。因此也可以说，司法决策对于民意整合程度的高低，还取决于司法机关在决策时是否能够主动地考虑民意因素。

中国社会中司法决策对民意的整合程度不高与司法机关较为迟疑的态度有着密切关系。从政策要求上说，司法机关应该及时搜集、发现民意，并主动将这些意见和诉求纳入决定判决结果的整体考虑当中，从而保持判决与民众意见的融惯性，最高人民法院在2009年出台的《关于进一步加强民意沟通工作的意见》中就明确指出："（各级法院要）最大限度地了解和把握社情民意，……使民意成为司法决策的重要参考依据和检验工作成效的重要标准，使各项决策顺应群众要求，符合司法规律。"但是在实践中，司法机关对于涉案民意较少主动进行了解，也较少主动进行回应，在多数情况下都是等民意形成了较大压力之后才进行回应。这种特点在为数众多的案件中都可以被发现，无论是早期的黑龙江宝马撞人案，还是近年来发生的南京彭宇案、天津许云鹤案或云南李昌奎案，司法机关在民意形成初

〔11〕 王迪、童兵：《中国民意调查研究回顾》，载《当代传播》2013年第2期。

期都表现出不同程度的迟钝甚至冷漠。这种落差在刑事司法领域已经"导致刑事司法对民意的冷漠与敌意，反过来也加剧了民众对刑事司法的误解与怨恨，认为刑事司法专横、刑事法官专制"。[12] 虽然其中的一些案件在最后的判决中吸收了民众的意见，但是总体上体现出一定的被动性。这种状态给民意整合带来了一系列不利的后果：首先，由于对民意缺乏主动认知，容易造成判决与民意之间的落差。从现实来看，民意进入司法有两种途径：一是司法机关的主动认知，二是通过特定途径进行接收，而在当前民意进入司法尚无制度化渠道的情况下，这种主动性欠缺无疑会造成对民意的认知的欠缺，客观上造成了"漠视"的局面。其次，这种主动性的缺乏还会造成司法机关自身的困境。在实践中，曾出现司法机关在审判过程中忽视民意，而审判结束后由于判决结果与民意差距较大，引发广泛不满与批评的情况，而此时由于已作出判决，不可能修改结果以整合民意，特别是有些案件在二审宣判后遭到民意反对，就会陷入一种两难境地，即无论是接受还是不接受民众意见都将面临新的批评。

相较而言，美国的法院系统对民意整合采取了一种较为主动的态度。当然，这并不是说对所有对民意的吸收都是主动的，在一些具有争议的案件中，民意同样会形成巨大压力迫使法官作出妥协——例如，2016 年华裔警察梁彼得被控过失杀人后的全美华人游行。但从总体上进行观察，可以发现即便是对民意一贯持审慎态度的联邦最高法院，也对民意十分敏感，在许多问题未言明的情况下，法官以各种方式了解民意，甚至在一些案件中主动将民众意见当作判决形成的理由加以论证，例如在 Atkins v. Virginia 一案中，对于这个杀人犯智商低于 70 的特殊情形，联邦最高法院主动采用了民意调查的结果，该调查围绕"一个智力有障碍的杀人者是否应当判处死刑"展开访问，民意调查数据显示"在美国民众中对于判处一个智力有障碍的人死刑是错误的这样一种观念具有广泛的共识，即便他们支持死刑"。[13] 最高法院最后也未判处 Atkins 死刑。虽然这段论述在判决书中仅仅体现为一个注释，但是许多研究者都认为这反映了联邦最高法院的一种态度，将过去隐藏的对民意的重视公之于众。此外，在许多情况下最高法院也会邀请与案件议题有关的社会团体和组织提供法庭之友意见。而在州法

---

〔12〕 卢志刚：《刑事司法回应民意机制的构建》，载《理论月刊》2012 年第 2 期。

〔13〕 Atkins V. Virginia（00 - 8452）536 U. S. 304（2002）260 Va. 375，534 S. E. 2d 312.

院层面上，法官的这种主动性也表现得十分明显。这种主动性能够让法官在案件审理过程中而不是判决作出之后了解民意。此外，法官所表现出的这种态度，也可以起到鼓励民众向司法机关进行表达的作用，换言之，法院可以在主动获取民意的过程中对民意的表达方式和内容进行引导，使之更能够符合司法决策的需求。

从这样的对比中不难看出，司法机关回应民意的主动性越强，整合的可能性程度就越高。由此推导，如果要提高整合程度，就应该促使司法机关更为积极主动地发现民意、回应民意。在一些美国研究者看来，这种主动性与法官个人的倾向有关，中国也有不少学者持类似观点，并主张通过教育培训的方式提高法官对民意的重视程度。这种关注法官个体思想状况的"态度模型"（attitudinal model）虽然有一定的解释力，[14] 但是难以从整体上对这一现象进行说明。从深层次来看，这种主动性不仅仅与法官的态度有关，更与司法活动自身的结构有关：首先，这种态度受法官与民众之间的关系所影响，一些研究者认为美国法院系统中由民众选举的法官所做的判决能够更好地吸收民意，因为"与被任命的法官相比，选举产生的法官更为注意公众。因为他们服务于更小也更为同质化的选民群体，初审法官很可能比上诉法官与公众有着更为强有力的联系"。[15] 其次，判例法的体制决定了美国的法官在审判活动中不仅要适用法律，还要在必要时创制法律，在这种情境中对民意加以吸收整合也符合立法民主性的要求。最后，同时也是最重要的一点是，如果从法系的角度来观察，英美法系国家在这方面确实具有一种独特的优势，在这种被美国法学家达玛什卡称为"协作式"的程序模型中，法院具有较少的等级性和较多的开放性，司法决策不仅仅依赖于职业化精英的活动，"法院贯彻国家政策的任务也可以委托给私人去完成，这在为官方独揽精神所笼罩的系统中是很难实现的。英国和澳大利亚的公益诉讼或美国的私人检察官都是这种倾向的例证。各种各样的'法庭之友'被司法机构视为受欢迎的助手，而不是干扰官方例

---

〔14〕 Benjamin J. Roesch, "Crowd Control: The Majoritarian Court and the Reflection of Public Opinion in Doctrine", 39 *Suffolk University Law Review* (2006), pp. 379 – 423.

〔15〕 ［美］劳伦斯·鲍姆：《法官的裁判之道：以社会心理学视角探析》，李国庆译，北京大学出版社 2014 年版，第 81 – 82 页。

行程序顺利进行的捣乱者".[16] 在这种情况下，主动了解民意发展并在判决中以法律解释的方法加以吸收，不仅不是对法律立场的违背，反而是一种必要。

从这个角度来看，实现司法回应民意主动性的主要障碍不是法官的思维方式或个人偏好，而是司法活动结构性的制约。与美国相比，中国的状况更接近达玛什卡所描述的"科层式"司法结构所具有的特征，这种以欧陆法律为代表的模式在审判过程中不仅更重视作为法律精英和专家的职业法官的作用，而且官方程序具有较强的排外性，因而不愿容许民意作为一种干扰因素的进入。[17] 值得注意的是，自 20 世纪以来英美国家和欧陆国家不断进行司法改革，在一定程度上缩小了二者之间的差异，但是就中国而言，这一问题仍然体现得较为典型，司法活动不仅维持着科层式的结构，法院体系内部还有非常明显的行政化色彩，这不仅造成其习惯于以一种相对封闭的方式处理案件，使其在媒体和网络不断发展的社会条件下难以找到与民意进行互动的有效方式，也使少数司法机关的工作人员对于民意的重要性认识不足，甚至怀有一定的排斥心理。更重要的是，法院之间的等级和管理体制所共同形成的"上级"与"下级"之间在业务上的指导和责任上的追究，强化了法院在作出判决时更需要考虑上级法院的态度而不是民众意见的倾向。从制度安排上说，这并不符合《宪法》和其他相关法律的规定，也不符合最高法院自身的要求，但是这种结构及其相应"内部法律文化"的存在使得在现实中关注民意的必要性降低，在此种情况下简单地要求法官在个体行为上进行改变，当然也就难以取得预期的效果。

四、司法的自主性及其条件

最后一个问题涉及法院与外部社会的关系对民意整合的影响。一如我们所知，司法机关对民意的整合不仅仅是一种简单的吸收，而是一种基于自主性的、有选择的融合，即在考虑民众意见与诉求的正当性、合理性的同时，还要考虑这些诉求与法律的兼容度以及判决的连贯性等因素。但民意在某些情况下又是极具压迫性的，如果不具备一定的抵抗能力，则有可

---

〔16〕〔美〕米尔伊安·R. 达玛什卡：《司法和国家权力的多种面孔：比较视野中的法律程序》，郑戈译，中国政法大学出版社 2015 年版，第 82 - 83 页。

〔17〕〔美〕米尔伊安·R. 达玛什卡：《司法和国家权力的多种面孔：比较视野中的法律程序》，郑戈译，中国政法大学出版社 2015 年版，第 70 页。

能演变成"民意审判"或者"舆论审判"。因此，可以说对民意的无知、对民意的漠视和对民意的屈服都是司法决策整合民意的阻碍。

就当前的情况而言，我国司法机关对某些民意所引发的外部压力还缺乏足够的抵抗力。从制度安排看，我国《宪法》明确规定法院依法独立行使审判权，任何团体、组织或个人均不得干涉，这意味着，对于案件所引发的民意，司法机关有权决定是否采纳以及在何种程度上采纳，对于那些明显与法律相抵触的舆论，无论其形成何种压力都应坚决予以排除。问题在于现实中法院对于此种由民意积聚所形成的压力有时无法抵御，只能被迫接受其在程序或实体上与法不合的诉求。例如，在云南李昌奎案中，二审宣判后由于部分公众对死刑立即执行改为死刑缓期两年执行的决定不满，在新闻媒体和网络上逐渐积聚起强大的反对舆论，二审法院起初还以各种形式表达判决的正确性和合理性，试图引导舆论以获得理解，但是随着批评的强化，在终审决定作出后不久直接改判死刑立即执行，而改判理由仅仅是"事实认定清楚，法律适用错误"。当然，这种明显地受到舆论压制的例子并不多见，而且许多论者也认为在某些特殊情形下民意的强势介入有助于在实体上维护司法的公正性，因而不应完全否定。问题在于，这种情形不仅会损害司法的稳定性和权威性，而且无论如何也不可能成为司法有效整合民意的契机，因为在这些案件中，司法机关不是根据案情参酌民意，而是在几乎没有其他选择的情况下根据结果修改理由，显然无法将民众意见与法律解释和法律论证融为一体。也正是因为这些情况的存在，引发部分学者和法律实务工作者对民意的忧虑和警惕，造成司法活动与民意的进一步疏离。

与此相对，一些研究者指出了美国法院的自主性对于民意整合具有正面的意义。在一般情况下，民意最容易产生影响的是立法和行政部门，作为两个直接由民选产生的机构，立法机关的议员本身就需要扮演"民意代表"的角色，而立法也在一定程度上被视作民意的体现（虽然在立法过程中充满了政治博弈），而行政机关如果缺乏基本民意支持，不仅各项政策实施困难，而且会直接影响下一次选举的结果，因此，政府首脑也必须不断强调其施政措施对民众利益的关切和对民众意愿的尊重。在这种情况下，当针对某一个司法案件的民众意见或诉求较为强烈时，不仅有可能直接影响司法机关，也有可能经由立法和行政机关对司法机关产生压力。但是研究表明在实践中很少出现法院因政治压力而使得法院在判决中屈从民意的情况，例如，康奈尔大学的卡西拉斯等人在一项实证研究中，选取了 1956 至 2000 年审判季中，美国联邦最高法院在刑事程序、公民权利和经济事务等方面推翻下级法院判决的一批典型案例，将其判决结果与同一时期的公众情绪调查数据进行比较。他们发现，最高法院的判决在自由主义/保守主义立场上能够与民意保持一个较为稳定的均衡，而与其他因素，如政治、经济之间则不存在直接关系。例如，一个时期的经济状况虽然有可能对公众情绪产生影响，但是对法院判决的影响较小；政治潮流虽然有可能通过对法官个人意识形态的渗透而影响判决，但是这种影响通常需要很长时间进行积累，在较短时期内，不仅国家政治潮流会与民众意见相左，法院也常常会作出与这种潮流截然相反的判决。[18] 这一研究说明，虽然政治系统不断强调其与民意之间的关联性，但是由于政治活动的敏感性，所谓的政治潮流常常是由少数人推动的，追随政治潮流实际上有可能与未表明的民意相矛盾。只有保持对民意本身的洞察和对潮流的超脱，才有可能保持较高的整合程度。

在此种对比之下，可以得出另一个重要的判断：司法机关在应对民意的问题上自主性越强，整合的可能性程度就越高。其背后的原因在于，司法机关越是从立法和行政的笼罩中脱离出来，就越需要经由自身判决的合法性、合理性及可接受程度来维持机构的正当性与权威性，也越有可能抵御民意的不恰当影响。因此，要提高整合的水平，显然需要增强司法机关在审判活动中的自主性，减少外部干预。实际上，已经有相当多的学者提出，在处理司法与民意的关系时，需要采取各种措施以避免民意对司法审判的过度干预，即所谓的"民意审判"，尤为重要的是减少地方政府和部门以民意为名的介入。这种思路显然是正确的，但是与前面两部分提及的问题一样，这种自主性的形成，不可能只依靠法院人财物管理权的上收或者对干涉案件的情况进行登记这些简单的制度化操作方法来实现。美国的司法系统之所以有可能抵制因民意而引发的政治介入，不仅仅在于有三权分立的制度安排作为保障，更是因为有法律系统与其他社会系统的充分功能分化作为条件。实际上，从帕森斯到卢曼，功能主义的社会学家都在强调

---

〔18〕 Christopher J. Casillas, Peter K. Enns and Patrick C. Wohlfarth, *How Public Opinion Constrains The Supreme Court*, Annual Meeting of the American Political Science Association, Boston, MA, August 28 - 31, 2008, pp. 1 - 39.

现代西方社会的一个重要特征在于社会系统分化程度的提高，社会的各个领域以特定的功能为导向形成诸多特定的系统，这些系统有各自不同的运作方式，而是这些运作方式相对封闭，其他系统无法直接介入系统内部的活动，而只能够在外部形成"激扰"，从而实现系统的"自治"（autono-my）。[19] 这种表述虽然具有较强的理论化色彩，但是其指向却是极为现实的，只有在基本的社会结构上形成这种分化，法律作为一个系统才有可能真正按照自身的逻辑对民意进行整合，因为这种整合不仅要符合法律的一般程序，还要能够与法律解释和论证有机结合。没有一个稳固的基本立场和有力的运作机制，所建立的各种制度也有可能被外部力量所破坏。从这个意义上说，法律系统与政治系统的分化及其自治，是实现司法机关对民意进行有效整合的最基本，也是最核心的条件。

而这也正是当前我国面临的一个问题。总体而言，中国社会的系统功能分化仍处于起步阶段，各个社会系统在功能上仍然存在诸多交错，在运作上仍然存在诸多干涉，较为典型的体现就是政治系统与法律系统的边界不够清晰，政治系统的运作与法律系统的运作也没有明确的区分。这直接导致了两方面的后果：一是政治运作直接介入法律运作。基于分化不足，在政治系统与法律系统之间尚未形成一种基于自治性的互动关系，而是仍然存在一种领导与被领导的关系，当民意聚集到一定程度对社会稳定带来影响时，这种压力就会经由政治系统转化为对法律系统的一种压力，从而使法院被动接受民众诉求："'民意'所影响的并不是法院的审判，而是权力上层。或者说，'民意'是先影响权力，给权力上层造成合法性焦虑，由此启动权力上层对权力下层进行操控的程序，再由权力下层干预法院的判决。"[20] 这种情况在当前司法改革的环境中已经明显减少，但是其可能性仍然存在。二是法院承担了过多其他系统的功能。在当前的社会结构中，法院并不仅仅是一个纠纷解决机构，在传统功能之外，它还要承担由政治系统所赋予的化解矛盾、维护社会稳定、促进经济发展等一系列与社会管理有关的职责，这些职能虽然并没有直接要求法院重视民意，但是在间接上要求司法机关重视民意的发酵所可能带来的后果，因为如果对个案中的民

〔19〕　Niklas Luhmann, *Law as a Social System*, New York: Oxford University Press, 2004, p. 92.

〔20〕　部占川：《民意对刑事司法的影响考量——"能与不能""当或不当"之争论》，载《甘肃政法学院学报》2011 年第 4 期。

意处理不够妥当而引发新的矛盾或上访等情形，就意味着其所承担的功能没有实现，这不仅会损害法院整体工作的业绩，也会给法官带来一系列不利影响。也就是说，虽然政治系统不直接干预法院的判决，但是法院也会因为民意对于政治任务或目标所具有的意义而接受影响。在这种情况下，也仍然难以处理民意与法律之间的不一致问题，并在一些具体案件中导致了不恰当的回应。这说明，司法决策对民意的整合效果，有赖于社会系统功能分化水平的提升，使得法院能够在不受外力干涉的情况下，自主地对民意进行考量，并在法律可以接受的范围内将其转化为判决内容，这样才有可能既避免对民意的漠视，同时也不会导致对民意的屈从。

五、结语

比较的意义不仅在于发现差异，更在于启发我们发现差异背后的原因。就本文所讨论的主题而言，前面的比较分析说明：司法整合民意程度的高低，不仅仅与此前一直被强调的法官思维模式、民众在发表意见时的理性化程度以及是否有一个民意进入司法活动的渠道等因素有关，在这些因素的背后，还有更深刻的社会条件制约。这些条件与民意的形成、司法机关在面对民意时的主动性与自主性有关，主要表现为是否有成熟的社会团体或组织来作为民意的表达者或者是否有完善的民意调查机制满足对民意的认知需求、是否有协作式的司法体制来刺激司法机关整合民意的主动性，以及是否有成熟的社会系统功能分化来支撑司法机关在面对民意压力时保持基本的自主性。有必要指出的是，上述几项条件仅是基于现有分析研究而总结出来的，并不代表已经涵盖了所有相关方面，如果我们将比较的范围进一步扩展，也还有可能发现其他与之相关的因素或条件。

但是，这也足以说明，司法决策对民意整合程度的状况是多方面因素共同作用的结果，仅从某一个角度来进行分析可能有失偏颇。更重要的是，受限于这些基础性的条件，当前所面临的问题亦非简单的制度移植或改革可以解决，换言之，虽然我们需要不断地对制度进行改革和完善，但是也要注意到这种改革如果与社会条件不相匹配，也将难以获得预期的效果。当然，这种结论并不必然导向一种消极的态度，因为从某种意义上说，这些社会条件的发展与成熟也需要有意识地加以推动。例如，推动社会团体的发展以及在司法活动中的意见表达、在司法改革中进一步理顺上下级法院之间的关系、控制并减少政治系统对司法活动的介入并逐渐改革司法的功能定位等，这些改革涉及更为宏大的问题，并需要更宏观、更体系化的措施来刺激和推动，我们也注意到，新一轮司法改革中的一些内容与这些方面有关，有可能逐渐推动司法在整个社会结构中的位置变化并带来行为模式的转变。

中日"民众参与司法裁判"的表达与比较[*]

丁相顺^{**}

唐宋八大家之一的曾巩曾经说:"号令之所布,法度之所设,其言至约,其体至备,以为治天下之具。"[1] 法律或者法学是一门语言表达的学术。从语言角度研究法律是法学研究一个不可或缺的途径;法律及其活动又给语言学家提供了新的研究领域和丰富且有重要价值的语言资源。语言符号是包括法律在内的文化表征,异文化圈的碰撞和交融往往会产生表达符号的冲突、重叠以及融合。对语言表达的相通理解是文化交流的前提,对于法律表达的共识是法律得以承认、理解和适用的基础。一国法律文化表达的形成往往与其历史和文化发展有关。传统上,中国文化都属于汉字文化圈,形成了包括"律""令"等专有名词表达的汉字法律符号体系。自19 世纪中叶以来,汉字文化表达符号体系受到西方罗马字表达符号体系的影响。罗马字符号代表的西方文化和法律文化通过正当(通商)和不正当(武力)的方式开始楔入以汉字为主的语言符号表达体系中。中国开始通过积极或消极,主动或被动的方式,摄取西方外来文化,继受外来法律文化,建立本国法律表达体系。这一个过程表现出对罗马字语言表达符号的汉字转化。由于同属于汉字文化圈的日本对西方法律文化加以继受并进行符号

---

* 本文原刊于《中国应用法学》2017 年第 3 期,第 153 - 166 页,收入本书时有改动。
** 丁相顺,中国人民大学法学院教授,比较法教研室主任。
[1] 曾巩:《南齐书目录序》。

转化早于中国,这就为中国通过日本作为中间桥梁,快速接受以罗马文字为表征的法律文化提供了可能。中国在 20 世纪初叶开始变法的时候,高效地利用了与日本 "同文" 的文化表达符号共通性。近代以来,随着法律转型的展开,中国传统法律文化表达体系中楔入了大量的外来表达符号,出现了汉字的循环输入现象。二者比例如何?恐怕是一个复杂的现象,很难考证。由于当代中国法律语言表达符号体系是一百多年来法律发展的产物,从西方直接摄取和通过日本汉字法律符号吸收西法的路径,对罗马字和日本 "汉字" 法律符号分别继受的文化现象,深刻影响了当代中国法律文化符号表达体系的样态。本文拟通过中国和日本于 2004 年建立的民众参与司法的不同制度——日本的 "裁判员" 制度和中国的 "人民陪审员制度",以及对两种制度的不同的语言表达形式,来说明法律词语的形成和建构,在此基础上说明比较法视野下的法律概念创造。

一、"民众参与司法裁判" 的类型及其用语表达

(一) 民众参与司法的类型:陪审制与参审制

从世界范围来看,民众参与司法是近代资产阶级革命的产物。民众参与司法具有保证司法的民主化,促进纠纷的解决,使司法裁判能够反映社会常识和利于民众接受裁决结果等制度价值。正如学者所指出的那样,"世界各国的陪审制度主要有两种模式:一种是以英国和美国为代表的 '分工式陪审制度',即英美法系的陪审团模式;另一种是以法国和德国为代表的 '无分工式陪审制度',即大陆法系的参审模式。这两种模式的基本区别在于前者的陪审员和法官之间有明确的职能分工,而后者的陪审员与法官之间没有明确的职能分工"。[2] 陪审制在英文中一般表达为 "*Jury*",而参审制则表达为 "*Assessor*"。

一般认为,陪审制是英国在 13 到 18 世纪逐渐形成的由 12 名普通民众组成的 "陪审团" 进行审判的机制。这项制度在资产阶级大革命期间受到了极高的推崇,并为美国、加拿大、澳大利亚等判例法国家以及法国、日本等成文法国家所采纳或者吸收。并且,陪审制度成为英美法系国家重要的司法民主审判模式。法国在 1789 年大革命以后,开始吸收英国的陪审制度建立民众参与司法的审判模式。但法国的民众参与司法形式较英国做了

---

〔2〕 何家弘主编:《中国的陪审制度向何处去——以世界陪审制度的历史发展为背景》,中国政法大学出版社 2006 年版,第 1 页。

大幅度的改造，并且将其适用范围限定在刑事案件中。由于在适用中出现了一些问题，1932 年，法国开始对英国式的陪审制进行彻底的改造，规定了法官与陪审团相互合作的民众参与方式，形成了"参审制"的民众参与司法形式。[3]

陪审制和参审制的区别体现在民众的选任方式、审理中普通民众和法官的作用分担等方面。陪审制中，对于民众的选任一般是根据案件随机进行（Jury Pool）；而参审制则可以采取任命制、任期制度。在案件审理中，陪审制实行的是民众组成的陪审团和职业法官分别承担事实认定和法律适用不同功能的模式；而在参审制下，作为民众的参审员和法官享有大致相同的权利、义务，组成合议庭，共同承担事实认定和法律适用的任务。在上述区别中，庭审中民众与职业法官的作用分担方式是陪审制和参审制的实质性差异。

（二）中国民众参与司法裁判制度的形成

中国传统司法并不存在民众参与司法裁判的形式。清末变法之际，译介了大量的西学著作，特别是通过日本的媒介，介绍了许多以汉字表述的西方法律制度。陪审制便是其中之一。1903 年在中国翻译出版的日译著作《国宪泛论》中的《论司法官之三》，专门对陪审制度做了系统的介绍。

> "推寻陪审官所以设置之意，乃以任法司之分业也。夫天下之事，莫不贵有分业。如法司则须分其断定事情与调用法律，以俾之陪审官及法官两任之也。设置陪审官之制，实始自英国。……是以审判官者，乃使人民得与于司法，以司判决事情，泰西人称之为自由之一大根轴也。其制久已行于英国，欧洲大陆，未闻行之，是亦可谓制度史上之一奇话者。然观泰西史书，此制不传之于欧洲大陆，而独存于英国者，亦非无故。盖以罗马帝政之起时，废其古制，举判断事情与调用法律，俱归之法官一身。而欧洲大陆，则皆服行罗马新法，独有英国受其影响特鲜，故能保有罗马古制及日耳曼种族遗习也。及法国革命起，因亦行此制，其后普

---

〔3〕 熊秋红：《司法公正与公民的参与》，载《法学研究》1999 年第 4 期。晚近的研究参见何家弘主编：《中国的陪审制度向何处去——以世界陪审制度历史发展为背景》，中国政法大学出版社 2006 年版；施鹏鹏：《陪审制研究》，中国人民大学出版社 2008 年版。

鲁士、比利时诸国踵而行之，至今已往遍于欧美矣。"[4]

1906 年，沈家本等人主持修订的《大清刑事民事诉讼法》首次在法律草案中规定了陪审团制度，并且规定了陪审团的资格、责任、产生办法和具体程序等内容。这一草案确立的是英美实行的陪审制度模式。不过，由于张之洞等人以陪审制不适合国情等理由，反对在中国建立 "陪审制度"，该草案因此而流产。英美法上实行的陪审制并没有在清末成为中国的法律规定。然而在南京国民政府时期，于 1929 年曾公布《反革命案件陪审暂行办法》，规定在该法施行期间对反革命案件实行陪审制。民国学者评价该法说 "陪审制度，起源于英，其他各国，先后采用。其要旨在将法律之适用，任诸法官，而事实之认定，则公诸民众，实含有人民参与审判之意义。此为解决反革命案件而制定，规定在《暂行反革命治罪法》施行期间，法院受理反革命案件，适用陪审制"。这一办法的要点主要有：其一，陪审须经党部之声请，而非被告之权利；其二，陪审员仅限于党员；其三，陪审员额定为六人，以抽签决定；其四，陪审员当庭答复 "有罪" "无罪" "犯罪嫌疑不能证明"。由于这一办法主要目的在于镇压政治异己，并且实施时间甚短，并没有在中国的司法体系中固定下来。[5]

新中国成立后，1951 年颁布的《人民法院暂行组织条例》明确规定了人民陪审员制度。这是新中国最早关于 "陪审" 的法律。1954 年宪法更是对人民陪审员制度做了进一步肯定，在第 75 条中明确规定 "人民法院审判案件依照法律实行人民陪审员制度"，实行陪审制度成为我国宪法的一项基本制度。其后，由于政治形势的变化，法律秩序被破坏，人民陪审员制度在新中国成立之初并没有真正制度化。1978 年以后，随着民主和法制秩序的恢复，1979 年颁布的《人民法院组织法》重新强调了人民陪审员制度，"人民法院审判第一审案件实行人民陪审员制度，但是简单的民事案件、轻微的刑事案件和法律另有规定的除外"。1979 年制定的《刑事诉讼法》也坚持了这一制度。但是，1982 年的宪法取消了人民陪审员的制度规定。不过，人民陪审制度在其后修订的三大刑事诉讼法中仍然得到了坚持。1991 年颁布的《民事诉讼法》第 40 条规定："人民法院审判第一审民事案件，由审

---

〔4〕〔日〕小野梓：《国宪泛论》，陈鹏译，丁相顺勘校，中国政法大学出版社 2009 年版，第 269 页。原书于光绪二十九年（1903 年）由上海广智书局出版。

〔5〕 参见熊秋红：《司法公正与公民的参与》，载《法学研究》1999 年第 4 期。

判员、陪审员共同组成合议庭或者由审判员组成合议庭。合议庭的成员人数，必须是单数。"1996 年颁布的《刑事诉讼法》第 13 条规定："人民法院审判案件，依照本法实行人民陪审员陪审的制度。"对于人民陪审员制度，最高人民法院一直积极主张进行单独立法。2004 年 6 月，第十届全国人民代表大会常务委员会第十一次会议审议通过了由最高人民法院主持起草的《关于完善人民陪审员制度的决定》，并于 2005 年 5 月 1 日起正式施行。2015 年，中央全面深化改革领导小组通过了《人民陪审员制度改革试点方案》，经全国人大常委会授权，最高人民法院、司法部正在推进和实施《人民陪审员制度改革试点方案》。[6]《人民陪审员制度改革试点方案》降低了人民陪审员的条件，扩大了人民陪审员参审范围，"实行人民陪审员不再审理法律适用问题，只参与审理事实认定问题",[7] 以发挥人民陪审员富有社会阅历、了解社情民意的优势，提高人民法院裁判的社会认可度。

可见，在近代一百多年的法治发展过程中，自清末国人开始了解、推介 "jury" 制度开始，当代的人民陪审制度与清代法律变革者所理解的 "jury" 无论在内容还是在精神层面上都已经有了实质性的区别。从制度的本源来说，尽管在用语起源上人民陪审制度曾经受到外来影响，但中国当代人民陪审制度更主要的是近代民主主义革命的产物，是本土法律文化发展的结果。

（三）日本民众参与司法裁判的形式

日本最初对陪审制的介绍开始于幕府末期、明治初年。著名的近代思想家福泽谕吉在 1866 年出版的《西洋事情》中首次对 "jury" 作了介绍。福泽谕吉将参与庭审的非专业人士理解为 "在场人士"（立会ノモノ）。津田真道在 1868 年出版的《泰西国法论》中，将 "Juror" 翻译为 "断士""誓士"。柳河春三在 1864 年翻译的《知环起蒙》中则将其翻译为 "陪坐听审"。中村正直在 1873 年发表的《共和政治》中首次使用了 "陪审" 一词（たちあひ），但是读音与现在的读音并不相同。法国人伯阿索纳起草的《刑法草案》《治罪法草案》中正式使用了 "陪审"（ばいしん）一词，从此，陪审在日本法律文化表达体系中确定下来。日本在制定《明治宪法》

---

〔6〕 2015 年 4 月 24 日，最高人民法院、司法部以法〔2015〕100 号印发《人民陪审员制度改革试点方案》。

〔7〕《人民陪审员制度改革试点方案》第 3 条。

的时候，由于作为参考蓝本的普鲁士宪法中规定了陪审制，因此，也曾经引发了是否要明确规定陪审制度的讨论。但是，在大久保利通、木户孝允、伊藤博文等考察西方的海外使节团于 1871 年提交的报告书中，认为陪审制在日本很难实行，因此，明治宪法并没有规定陪审制度。虽然明治宪法没有规定陪审制度，但是，20 世纪初在大正民主运动的影响下，第 46 届日本国会于 1923 年通过了《陪审法》，并于 1928 年 10 月 1 日开始正式实施该法。这一陪审制度除了在名称上与英美 "jury" 内容一致以外，还在根本制度方面具有英美陪审制的特征："纳税 3 日元以上、超过 30 岁的男子，通过随机抽签的方式担任陪审员。12 名陪审员组成的陪审团决定犯罪事实，不参与法律适用。"[8]

《陪审法》颁布后，法律界内外曾经对该法寄予很大的希望。在立法当初，日本政府估计每年的陪审案件大约 2300 件，但该法施行当年只有 100 多个案件适用陪审制度，而且以后逐年递减。从 1928 年开始实施《陪审法》到 1943 年，总共有 484 件刑事案件使用陪审团作出了裁判结果，占刑事案件总数的 2%。其中，有 81 件被起诉的案件被陪审团认定为无罪，无罪率为 17%。由于在该法实施过程中大多数市民对参加刑事陪审采取消极的态度，不愿意担任陪审员，而且，市民普遍缺乏裁判的经验，往往凭感情和先入为主的观念进行审理，从而导致了一些明显的错案，引起了舆论的批评。20 世纪 40 年代以后，随着陪审制度本身出现的一些问题[9]和日本因发动侵略战争而使国内的局势恶化，1943 年，通过了《关于停止〈陪审法〉的法律》，从而宣告在审判中停止适用《陪审法》。

---

〔8〕 〔日〕浅古弘、伊藤孝夫、植田信宏、神保文夫编：《日本法制史》，青林书院 2010 年版，第 335 页。

〔9〕 这些问题包括：首先，限制陪审案件的范围，涉及治安维持的案件和选举案件不在陪审范围之列；其次，即使陪审员作出裁决，但如果该裁决不符合法官的意图，则法官可以多次要求进行重新陪审；最后，如果被告人要求实行陪审，当陪审团作出被告人有罪的判决结果时，要由被告人承担陪审的一部分或者全部费用。从制度设计上看，法官不过是陪审员的 "亲权者"，陪审员不过是法官的陪衬，陪审员无法凭借自己的判断和认识来认定事实。例如，法官对陪审员详细指示如何认定事实关系判断供述的可信性、被告人的辩解、勘验结果、证人证言与被告人供述的关联性等，陪审员对审判长的指示不得提出异议。这种指示其实是在归纳证据的基础上，直接影响陪审员的评议和判断。

二战以后，日本在美国占领军的主导下，被迫进行了司法民主化改革，[10] 在刑事审判中，尽管也出现了要求建立美国式的陪审制度的呼声，但最终仍然形成的是职业法官主审制的审判模式。20 世纪 90 年代以来，在日本泡沫经济破灭和放松行政规制的大形势下，日本社会开始出现从依靠行政指导制调整社会关系的"事前规制型"向以个人责任为基础的"事后检查型"转变。社会生活关系的复杂程度越来越高，激烈的市场竞争会出现大量的纠纷，这就需要有更加有效的司法救济，对法律职业的数量和质量提出了更高的要求。在日本社会变革的背景下，出现了很多来自民间，特别是来自在野法曹——律师界的改革呼声，要求司法摆脱官僚化的倾向，加强民众参与、民众监督，实现司法民主化。

2001 年日本提出的《日本司法制度改革审议会意见书》明确提出："在刑事诉讼程序中，应建立广大普通国民与法官共同分担责任、相互配合，主动地、实际参与决定审判内容的新制度。"主张引进国民参与刑事审判的制度，以强化刑事司法的国民性基础（国民参加司法），在刑事诉讼程序，让一般国民分担法官的责任，能够主体性、实质性参与刑事案件的审判。[11] 2004 年 5 月 21 日，日本国会正式通过了《关于裁判员参加刑事审判的法律》（《裁判员法》），以及与此相关联的《关于部分修改刑事诉讼法的法律》（《刑事诉讼法修改法》），并于 5 月 28 日公布。从而在制度层面上正式确立了新的民众参与司法形式——"裁判员"制度。[12]

（四）裁判员制度和人民陪审员制度的比较

1. 日本"裁判员"制度的特征

对于民众参与司法采取何种形式，长期以来日本一直存在着巨大的分

---

[10] 其突出表现在，日本宪法对司法裁判问题作了比较详尽的规定：不经法律规定的手续，不得剥夺任何人的生命或自由，或课以其他刑罚（第 31 条）；不得剥夺任何人在法院接受裁判的权利（第 32 条）；除作为现行犯逮捕者外，如无主管的司法机关签发并明确指出犯罪理由的拘捕证，对任何人均不得加以逮捕（第 33 条）；如不直接讲明理由并立即给予委托辩护人的权利，对任何人均不得加以拘留或拘禁。又，如无正当理由，对任何人不得加以拘禁，如本人提出要求，必须立刻将此项理由在有本人及其辩护人出席的公开法庭上予以宣告（第 34 条）。

[11] 日本司法改革审议会撰：《司法制度改革审议会意见书——支撑 21 世纪日本的司法制度》，2001 年 6 月 12 日，中译本参见《司法改革报告——日本司法制度改革意见书》，丁相顺译，法律出版社 2002 年版。

[12] 关于裁判员制度，参见［日］田口守一：《日本的陪审制——裁判员制度》，载《法律适用》2005 年第 4 期；丁相顺：《日本裁判员制度的背景、特征与实施》，载《法学家》2007 年第 3 期。

歧，其焦点是引进"参审制"，还是引进"陪审制"。在推进国民参与司法的过程中，以日本律师联合会为首的民间团体大力倡导引进"陪审制"，而最高法院以及法务省则采取了相对保守的姿态，倾向于引进大陆型的参审制度。最终，建立了国民与法官共同承担事实认定和法律适用的参审制方案。

裁判员制度在建构了参审制框架的同时，还带有明显的英美陪审制的色彩，主要表现在裁判员的选任方式方面。根据《裁判员法》的规定，裁判员的选任采取随机方式。尽管对裁判员的资格作出了一定的限制，但选任裁判员的根据是选民名单，这就决定了大多数的公民都可能成为裁判员，参与到刑事司法中来，使司法体现最广大民众的生活经验和法律意识。在裁判员的选任方法上，检察官以及被告人可以不经开示理由各自对四名裁判员候选人向法院提出不选任申请的规定，也是直接借鉴英美陪审制度建立起来的。此外，裁判员实行案件担当制，裁判员的任务随着案件审理结束而终止，而没有采取德国参审制度那样的任期制度，这也具有英美陪审制度的特征。更为重要的是，日本裁判员完全排除法律执业人员或者具有法律职业背景的人员参加，这实际上也是有别于大陆法系国家的参审制度。

2. 中国人民陪审员制度的特征

中国人民陪审员制度是一项具有中国特色的民众参与司法的方式。根据《关于完善人民陪审员制度的决定》的规定，人民法院审判社会影响较大的第一审刑事、民事、行政案件，应当实行陪审制；对于刑事案件被告人、民事案件原告或者被告、行政案件原告申请由人民陪审员参加合议庭审判的案件，人民法院也应当实行陪审制。但是，对于上述案件中适用简易程序审理的案件和法律另有规定的案件不实行陪审。在具体案件审理中，采取人民陪审员与职业法官共同审理案件，共同决定事实和法律的做法。"人民陪审员依照本决定产生，依法参加人民法院的审判活动，除不得担任审判长外，同法官有同等权利。"中国的人民陪审员要具备一定的资质，并且，人民陪审员的任命采取人民陪审员统一以基层人民法院院长提请同级人民代表大会常务委员会任命的方式产生，陪审员实行任期制。

但是，根据《人民陪审员制度改革试点方案》的制度设计，在人民陪审员的选任范围和承担功能方面将发生重要的变化。由于人民陪审员的选任条件降低，选任范围扩大，扩大了司法民主的空间。特别是，"实行人民陪审员不再审理法律适用问题，只参与审理事实认定问题"，[13] 由此可见，尽管人民陪审员的遴选范围扩大，但是其在司法裁判的功能则会减少。然而，这一改革方向并没有从根本上修正 2004 年《决定》所确立的人民陪审员制度框架。

3. "参审制"抑或"陪审制"

人民陪审员制度与裁判员制度的比较。作为民众参与司法的制度，中国的人民陪审员制度和日本的裁判员制度具有很多共性，具有司法民主化、监督司法、提高司法权威等方面的功能，在审理案件中，民众和司法裁判官具有大致相同的权利义务。但是，两国之间的制度无论从名称、选任方式、适用范围等方面都存在巨大差异。

（1）名称上，中国的民众参与方式叫做"人民陪审员制度"，而日本则叫做"裁判员"。由于日本法官的汉字用语是"裁判官"，与之相对，对于不掌握公权力又参与司法裁判的普通民众被称之为"裁判员"。日本的"裁判员"制度不同于二战期间日本搁置不用的"陪审"（ばいしん，Jury）制，不是旧制度的复苏，而是一项新的民众参与司法形式。同时，尽管中国的"人民陪审员"制度带有"陪审"字样，但从实质意义上来说，与英美的"陪审"（Jury）有着根本性的差别。

（2）从选任方式上，中国的人民陪审员需要具备一定的资质，在包括"一般应当具有大学专科以上文化程度"，并具备一定的法律知识。新的改革方案进一步放宽了担任人民陪审员的资格至"一般应当具有高中以上文化学历"。[14] 人民陪审员需要经过基层或者中级人民法院提名，由地方人大常委会机构任命，实行任期制。而日本的裁判员采取的是从选民名单中随机抽取的方式，担当案件结束，其参与裁判的任务也就完成。

（3）在适用范围方面，中国的人民陪审员制度适用于民事、刑事以及行政一审案件，而日本的裁判员制度仅仅适用于重大的刑事案件。日本裁判员制度适用范围较中国人民陪审员制度要窄。

通过上述比较，无论是人民陪审员制度，还是裁判员制度，实际上都不能完全等同于英美的陪审制，或者大陆法系国家的参审制。但是，从被遴选的普通民众在案件中承担的功能来看，两种制度更大程度上接近大

---

〔13〕《人民陪审员制度改革试点方案》第 3 条。

〔14〕《人民陪审员制度改革试点方案》第 1 条。

陆法系国家的参审制度——尽管中国的制度被冠以"陪审"二字。

二、民众参与司法制度在继受法框架下的表达

(一)继受路径与用语表达

法律语词的出现,表明了复杂的历史文化变迁过程。"陪审"一词的创设也是如此。"陪审"一词来自英文的"Jury","Jury、juror"是中国传统法律文化语境下没有的概念,汉语相应词汇空缺,因此汉译不得不创制新词。"'陪审''陪审员''陪审团'这一组词汇,非汉语固有,均舶自国外,这已是学界共识。共识之下,对于贩自哪里,却有不同认识。"由于学界较为常见的一种观点认为近代法律体系中的许多名词绝大多数都来自日文汉字或经日本转手传播过来的,因此,也有学者认为"陪审"一词也是直接援引自日本。[15]

但也有学者认为,近代以来,当西人向中国传介"Jury"这一用语时,也经历了一个从译语杂陈、莫衷一是到逐渐定型的过程。便在所难免地在向中国传播介绍 jury、juror 过程中出现过许多不同的译法,经历了一个译述纷纭、逐步定型的汉译过程。[16] "Juror"曾经先后被翻译为"有名声的百姓""副审良民""乡绅""批判士""衿耆""有声望者""陪审人员、陪审官、陪审人、陪审"等。[17] 1856 年,在香港出版由英人编译的英汉对译教科书《智环启蒙》介绍英国陪审制度,译者首次将英文"jury"翻译成中文"陪审""陪坐听审":"陪审听讼,乃不列颠之良法也。其例乃审思坐堂判事时,则有民间十二人,陪坐听审,以断被告之有罪与否。其十二人,宜听讼辞,辩证据,察诉供,然后定拟其罪之有无,上告审司,于是审司照法断案。"[18] 1892 年,英国来华传教士李提摩太(Timothy Richard)将英国在华人士哲美森(Sir George Jamieson)的《华英谳案定章考》译成中文,李氏将 jury、juror 译作陪审官、陪审人、陪审人员、陪审。"自 19 世纪 80

---

〔15〕 孙长永教授曾指出:"'陪审制'不是中文的固有词汇,而是日本人对英文'jury'的翻译,近代国人看着这仨字都认识,就直接拿回来了,因此可以说是一个'出口转内销'的文字组合。"参见孙长永:《普通民众参与刑事审判的理念和路径》,载施鹏鹏:《陪审制研究》,中国人民大学出版社 2008 年版,代序。

〔16〕 胡兆云:《晚清以来 Jury、Juror 汉译考察与辨误》,载《外语与外语教学》2009 年第 1 期。

〔17〕 参见胡兆云:《晚清以来 Jury、Juror 汉译考察与辨误》,载《外语与外语教学》2009 年第 1 期;段晓彦、俞荣根:《"陪审"一词的西来与中译》,载《法学家》2010 年第 1 期。

〔18〕 段晓彦、俞荣根:《"陪审"一词的西来与中译》,载《法学家》2010 年第 1 期。

年代始，陪审渐成 jury、juror 的词干主流汉译，'陪审''陪审员'等词始屡屡出现，至 20 世纪初已几成定译。沈家本等编订《刑事民事诉讼法》（草案）第四章第二节为'陪审员'，对陪审制度作了详细规定，'陪审员''陪审'词语在该法草案中多次出现。"[19] 因此，有学者认为，"没有确凿的资料可以证明'陪审'这一译名是模仿日本的结果，或者是通过日本的转手才传入中国。"[20] 但是，笔者认为，清末的"陪审"一词是在中文的文本中创设本身，并不能否定在这一用语定型过程中，受到日本汉字的影响。特别是在沈家本主持的清末变法的过程中，由于来自日本冈田朝太郎等法学家的参与，很可能加快了"陪审"这一用语在中国法学研究中的定型过程，也在客观上导致了中日两国法学界对"Jury"用语翻译的殊途同归。

值得注意的是，尽管在语词方面存在某些一致，但现行的"人民陪审员"制度并非来自清末和民国时期的"陪审"。"人民陪审员制度最早始于革命根据地时期，是我国司法制度的一项优良传统。"[21] "我国现行的人民陪审员制度近则源自苏联，远则来自西方国家。"[22] 从 20 世纪 30 年代初到 40 年代末，在中国共产党领导的"革命根据地""边区"和"解放区"，当时的工农民主政府、抗日民主政府和人民民主政府都实行了人民陪审员制度。人民陪审员主要由群众团体选举产生，也可以由机关和部队推选或者由法院临时聘请。例如 1947 年中国共产党领导的解放区政权发布的《关于各级司法机关暂行组织条例草案》中明确规定：各级司法机关审判案件，可以由人民代表及有关政府或群众代表陪审。这一时期，人民陪审员的产生主要有三种形式：一是由审判机关邀请陪审员；二是由民众团体选举陪审员；三是由机关、部队、团体选举代表陪审。人民陪审员同审判员组成人民法庭，在审理案件的过程中享有与法官相同的权力。这就是中国现行的人民陪审制度的雏形。[23] "中国自 1949 年以后，除'文化大革命'时代以外，似乎'一贯'重视司法审判的'人民性'。不仅传统的'判官'一

---

〔19〕 参见胡兆云：《晚清以来 Jury、Juror 汉译考察与辨误》，载《外语与外语教学》2009 年第 1 期。

〔20〕 段晓彦、俞荣根：《"陪审"一词的西来与中译》，载《法学家》2010 年第 1 期。

〔21〕 最高人民法院答问：《关于完善人民陪审员制度的决定》。

〔22〕 周永坤：《人民陪审员不宜精英化》，载《法学》2005 年第 10 期。

〔23〕 何家弘主编：《中国的陪审制度向何处去——以世界陪审制度的历史发展为背景》，中国政法大学出版社 2006 年版，第 267 页。

律改称'审判员',而且通过学习和借鉴苏联的法律建立了自己的'人民陪审员'制度。"[24] 因此,革命法制和苏联法制成为"人民陪审员"制度的来源,并非来自英美的陪审制。

由此可见,尽管一百年间一直使用"陪审"这样的语言表达符号,但由于制度形成的路径不同,符号表达所包含的内容实际上也发生了转换。

(二) 对"Jury"的表达与正名

汉字符号是象形文字,具有表义的功能。日本民众司法语境下出现的"陪审"和清末出现的"陪审",均是一种典型意义上的英美陪审制度,来自于"Jury",表现出外来继受的特点。从"Jury"的本来含义上,其是指"被召集起来,在审理证据的基础上,通过对有争议的事实问题作出裁定来协助法庭审理的一群非法律专业人员"[25] 从字面上来看,陪审一词本身具有"陪同审判"的含义,因此并不能完全表达其指代的制度(Jury)含义。孔子云:"必也正名乎! 名不正则言不顺。"对于"陪审"对"Jury"表达的歧义,中日两国的学界人士均早已有人指出。早在 19 世纪 80 年代,小野梓在《国宪泛论》中就指出:"夫所谓陪审官者,原译自英语之基优利(Jury)。译语似于原语,有所不合。盖原语之基优利,亦译自拉丁之基优利,原为设誓之义。故基优利,乃谓设誓以公正审断案件之职,实为实事之判官也。然东洋从未有此官职。译者以为此官在于法官之外,遂误以之为陪从法官,因以陪审官译之,实则不当之极,全与原语反对。"[26] 近年来,中国学术界也注意到了"陪审"一词表述名不副实的问题,认为"从制度的历史、运作程序和我国人民陪审员制度的相关内容,对比分析将"Jury"制度翻译为陪审团制度是不恰当的"[27] 有学者认为,"如果要'咬文嚼字'的话,从日文和中文的表达习惯来看,可能把'Jury'称为'民审团',把'Juror'称为'审判员'更为贴切"[28] 也有人认为"Jury 团如果仅仅是审

〔24〕 孙长永:《普通民众参与刑事审判的理念和路径》,载施鹏鹏:《陪审制研究》,中国人民大学出版社 2008 年版,代序。

〔25〕 《牛津法律大辞典》,光明日报出版社 1999 年版,第 494、496 页。

〔26〕 参见 [日] 小野梓:《国宪泛论》,陈鹏译,丁相顺勘校,中国政法大学出版社 2009 年版。

〔27〕 云凤飞:《试论英国 jury 制度的翻译问题》,载《山西农业大学学报 (社会科学版)》2012 年第 5 期。

〔28〕 孙长永:《普通民众参与刑事审判的理念和路径》,载施鹏鹏:《陪审制研究》,中国人民大学出版社 2008 年版,代序。

判，当然可以翻译为人民审判团或者民众审判团，问题是，它不仅审判，有时还起诉。所以，鄙人以为，Jury 干脆音义合译，叫做就里团或者究理团"。"Jury"具有同辈审理、集体独立决定、随机遴选的特点，可以顺理成章地翻译成"临时性公民裁判团""裁判团"。[29]

在这种对内正名的同时，还出现对外正名的需要。中国学术界和法律界在介绍人民陪审员制度的时候，一般将其翻译为"Jury System"。[30] 中国官方媒体在用英文介绍中国陪审制度的时候，同样使用的是"People's jury system"。[31] 由于英文表达对象的受众理解的"Jury"制度一般以英美类型的"陪审制"为当然前提，因此，这种翻译表达必然会引发误解。有学者在一篇杂文中就曾经做如下记述："不久前讲课香港，与《远东经济评论》专栏作家秦家聪先生谈天。他忽然问起大陆是不是要引进英美式的陪审团制度，看我有些诧异，他解释说，日前读新华社英文电讯稿，报道全国人大委员长李鹏在谈司法改革时，称应加强 People Jury System。我一下子反应过来，无需查原文，这里肯定是英文翻译出了个错误，把人民陪审制（People's Assessor System）译成了陪审团制度了。这真是'失之毫厘，差之千里'，因为此陪审非彼陪审，这是完全不同的两种制度。"[32] 因此，如何向英文表达体系国家的受众介绍和推介中国的人民陪审制就成为另外一个方向的正名。

（三）对日本"裁判员"制度的翻译与表达

与英文的"Jury"不同，"裁判员制度"是日本一项具有日本特色的民众参与司法形式，既不同于英美的"陪审制度"（Jury），也不同于法德等的"参审制度"，更不能与日本历史上曾经实施过的陪审制度混为一谈。由于这一概念在日文采取的是汉字表达形式，这对于同样使用中文的中国学术界来说，既带来便利，像裁判、裁判官等用语同样在中国汉字中使用，很容易为中国读者和学术界认知和接受；但是，同样的字形可能有不同的

---

〔29〕 陈盛：《"JURY"在美国宪法中的确切含义与翻译问题探究》，载《边缘法学论坛》2007年第2期，第67页。

〔30〕 例如，曹吴清发表在《广西政法管理干部学院学报》（2006年第2期）上的《从两大法系陪审命运看我国陪审》一文，就翻译为"Jury System in China and the Two Law System"。施鹏鹏博士的专著《陪审制研究》一书同样也翻译成"Studies on Jury System"。

〔31〕 "People's Jury System with Chinese Characteristics", *People's Daily*, September 6, 2007.

〔32〕 贺卫方：《恢复人民陪审员制度?》，载《南方周末》1998年10月23日。

背景和含义，因此也很容易出现误解。

从学术文献上来说，笔者曾经在采访日本早稻田大学刑事诉讼法教授田口守一先生的基础上，翻译发表过国内最早介绍这一学术动态的论文《日本的陪审制——裁判员制度》。[33] 之所以采用这样的标题，是由于裁判员制度是日本最新的民众参与司法的形式，需要准确介绍给中国读者；同时，在中国的语境下，人民更加熟悉"陪审"作为民众参与司法的制度形式。更主要的是，尽管在中国的语境中，"裁判"一词是指"法院依照法律，对案件作出处理"，但并不存在如日本语境下的"裁判官"用语。而作为名词的"裁判员"，则在中文的语境中有着特殊的含义，一般是指"在体育竞赛中执行评判工作的人，例如足球裁判员、国际裁判员等"。[34] 因此，裁判员制度最初介绍给中国读者的时候，根据接受对象的认知习惯，使用最相对应的上位概念，或者熟知的用语，具有知识介绍和转达的便利性。同样的做法，也被大众新闻媒体所采纳。当日本于 2009 年正式实施这一制度的时候，也得到了大众传媒的关注，很多报纸新闻都是将"裁判员"制度直接表达为"陪审团""陪审制""陪审团审判"制度等。[35] 这样的用语表达也可以被理解为这里"陪审"或者"陪审团"的用语已经被赋予更加广泛的含义，在逻辑关系上，成为包含狭义"陪审"和"参审"类型的上位概念，与"民众参与司法裁判"的用语表达相对应。

三、法学知识的继受、翻译与实质表达

中国法学界对于东洋亦或西洋法律文化的接触与认知，主要开始于清末。无论是出于被动修法，以废除不平等的领事裁判权的目的；还是主动变法，以实现图新自强的目的，了解、认识、消化、理解外来文化都是必不可少的。在这一过程中，对于新制度、新观念、新思潮，不通过那些先知先觉者的翻译、推介，是无法完成的。在此过程中，大量的新鲜法学用语被引进到了中国。可以说，近现代中国法学学术用语主要是建构在翻译

---

〔33〕 ［日］田口守一：《日本的陪审制——裁判员制度》，载《法律适用》2005 年第 4 期。

〔34〕 中国社会科学院语言研究所词典编辑室编：《现代汉语词典》（第 5 版），商务印书馆 2000 年版，第 124 页。

〔35〕 丁广宇编译：《日本陪审团制度将于 2009 年 5 月实施》，载《法制日报》2008 年 6 月 30 日；冯武勇：《日本陪审团制完成"处女秀"》，载新华网 http://news.xinhuanet.com/world/2009 - 08/08/content_ 11845101_ 1. htm，访问日期：2017 年 6 月 1 日。

的基础上，"正是翻译家造就了中国现代法学的知识基础"，[36] "中国法学的语言环境是一个外来语世界，外来语构成了中国法学的主要常用术语"。不同时期，中国接受法律知识的方向也有所不同。"19 世纪末期，大清是按照刚刚翻译成中文的日本法律起草本国法律；在国民政府期间，欧洲大陆国家法律的中文翻译本主导了法律的创制；在 1949 年至 1980 年期间，中华人民共和国的法学实际上都是苏联法学中文版本；在 20 世纪的最后二十年里，大量英文法律、法学著作翻译成中文，中国法律又出现了许多来自英文的外来语。"[37]

法学知识的转移和继受是通过翻译表达符号为媒介进行的，外来知识在本土化的时候，翻译是不可或缺的，这可以使那些本国的读者使用本国语言认识事物。但是，翻译本身往往也并不是可靠的，在翻译过程中出现的信息损耗、丢失乃至篡改，也比比皆是。由于法律是文化现象的一部分，与整个社会结构有着千丝万缕的联系，其可视性、即物性又较弱，属于用抽象概念构筑的符号性体系，这必然会带来在不同语言文化体系之间进行信息符号转化与传播的难度。

准确的概念表述将有助于对制度的准确理解和适用。但是，近代以来中国和日本法律继受的多样渠道，使得新制度的名词形成表现出多样性的特点。特别是，自 20 世纪初叶以来，中国的法律符号受到了来自罗马符号法律文化体系（西文和苏联）、中文符号法律文化体系（日本以及中文文化圈）的影响。法律用语符号来源的多样性，一方面反映出对外来文化多样化的理解与接受，但另一方面，这种多样性对于缺乏比较法知识背景的读者来说，很容易导致对于制度表达和理解的混乱。特别是，当读者根据自己对于某一概念的狭隘理解，来解读某一项新制度的时候，很容易出现先入为主的错误。例如，将日本目前实行的裁判员制度与二战以前实行的

---

〔36〕 方流芳：《翻译和中文词汇的创新》，载王健等整理：《法学翻译与中国法的现代化》，中国政法大学出版社 2005 年版，第 13 页。

〔37〕 方流芳：《翻译和中文词汇的创新》，载王健等整理：《法学翻译与中国法的现代化》，中国政法大学出版社 2005 年版，第 16 页。

"陪审制" 混为一谈,[38] 将人民陪审制度翻译表述为 "People's jury system" 等。

因此, 在继受法的框架下, 法律用语的表达往往无法单纯从形式方面达成一致, 也无法仅仅通过字面含义了解制度内涵, 必须透过形式表达看到用语形成的文化背景、制度要素以及所在国对这一问题的研究状况。只有超越用语本身, 才能对法律用语作出实质表达。实质表达就成为准确理解继受法律和继受对象的前提, 实质表达也应该成为中文表达和外文表达的基准。也只有这样, 才能逐步在不断的磨合过程中, 发现和接受最适合、最方便接受的用语。

基于实质表达的基准, 国内学者大都认为我国的人民陪审制度更加类似于大陆成文法国家实行的参审制, 甚至有学者提议 "在我国陪审制度改造的系统工程中, 有必要将'陪审员'改为'参审员', 将'人民陪审制'改为'人民参审制'。惟其如此, 才能词尽其义, 名实相符, 全面地改观我国正在蓬勃发展的大众参与司法、司法民主化的形象, 才能克服由字面含义不可避免地带来的'陪同审判'的消极观念, 才能使公众切实地参与司法审判之中, 发挥实际的有效作用"。[39] 有些研究者也意识到人民陪审制度与参审制度的相近性, 在翻译成英文时使用 "Assessor", 或者 Lay participation, 从而在一定程度上避免了因为语言转换而带来的理解错误。最近关于陪审制度的一些国际研讨会中, 一些组织者已经注意到中国人民陪审制度的实质性含义, 而将其翻译成为 "Assessor"。[40]

值得注意的是, 近年来中国的学术界越来越多地注意到日本裁判员制度的表达和特点, 开始像台湾学术界那样, 直接采用日文的汉字, 直接表述为 "裁判员" 制度。根据笔者的统计, 中国期刊网中关于日本裁判员制度的研究论文共有三十余篇, 其中二十余篇都开始使用 "裁判员" 用语。

---

〔38〕 刘宇晖:《价值多元化与我国人民陪审团制度的构建——基于英、俄、日陪审制改革的思考》, 载《河北法学》2012 年第 9 期。该文完全将目前实施的 "裁判员" 制度与二战前的陪审制混为一谈。认为 "在 1999 年召开的司法改革会议上, 就提议恢复陪审制, 2004 年, 日本正式颁布《陪审员法》, 2009 年 8 月 3 日, 东京地方法院由 6 名陪审员参与开庭审理案件,《陪审员法》正式实施, 标志着日本司法进入新时代"。这样的混淆在学术界经常看到。

〔39〕 汤维建:《论民事诉讼中的参审制度》, 载《河南省政法管理干部学院学报》2006 年第 5 期。

〔40〕 例如, 2011 年 4 月在湘潭大学举办的 "中美陪审制度论坛" 国际研讨会上, 会议组织者有意识地将研讨会题目翻译成 "Sino—U. S. Jury (Assessor) Symposium"。

可见，随着时间的经过和学术界的沉淀，使用"裁判员"这一用语来描述日本民众参与司法裁判的形式将会成为学术界的共识，从而在中文法学研究中创设了新的法律用语。

四、结语

清末变法以来，日本法文化在法学专门术语、成文法体系、法律解释方法、法律基本原则和制度等方面，对中国产生了很大的影响。一方面，由于两国都属于汉字表达符号体系，并且在历史上存在着日本继受中国律令制体系和中国近代以来继受日本六法体系的现象。汉字符号在两国法律文化沟通和交流中扮演了积极的角色，这成为构建中日共同法的重要基础。但另一方面，由于继受路径和过程不同、历史上存在的汉字符号循环继受的现象、两国汉字字形相同但发音互异以及日文中包含很多假名符号等原因，仅有汉字表达符号并不能构成中日共同法的交流基础。甚至由于汉字符号在两国文化表达中具有不同的含义，从而带来了理解和沟通上的障碍。而这种差别如果不细致甄别，则很难被体察，很容易造成误解。

由于制度产生环境的差异、制度表达形式不同、信息传递的渠道局限、比较法研究得不充分等因素，都可能影响完全、准确地理解把握某一制度的动态全貌。正如比较法学家观察到的那样，"我们能够看到语言并非中立的。它们在常常未被意识到的背景之外有力地运作；它们简化了复杂的现实，使其在我们自己的语境中和所偏好的方向上变得可控。这产生了这样一个疑问，即一种语言是否能适应另一种背景——不必然的是因为人类本质上的差异，而是因为人类选择和依赖语言的方式的差异"。[41] 可见，如何在了解外国法律和法律生成的基础上，选择最相适应的法律语言和表达形式，准确全面地传递该项制度的构成要素、形成过程、运作环境以及机制，是外国法知识能够为另一国法学界所认识的前提，也是就民众参与司法裁判这一主题开展更加深入的比较法研究的意义所在。

---

〔41〕〔法〕皮埃尔·勒格朗、〔英〕罗德里克·芒迪主编：《比较法研究——传统与转型》，李晓辉译，北京大学出版社 2011 年版，第 141 页。

第二编　比较司法治理

俄罗斯与欧洲人权法院二十年

——主权与人权的博弈*

王志华**

苏联解体是 20 世纪末最重大的世界历史事件。独立后的俄罗斯抛弃马克思、列宁主义意识形态，全面转向"西方"，第二次开启了发端于彼得一世而被十月革命中断了的融入"西方"之进程。在这一进程之中，最突出的表现莫过于 1996 年 2 月 28 日签署并于 1998 年 5 月 5 日对俄罗斯生效的《欧洲保护人权和基本自由公约》（下称《欧洲人权公约》或公约）和接受欧洲人权法院的司法管辖。[1]

二十年来，在欧洲人权法院方面，整体上收到针对俄罗斯的申诉一直居高不下，所作出的判决数量在 47 个成员国中也是遥遥领先，而且基本上都是判决俄罗斯违反公约的规定，要求俄罗斯执行判决并予以纠正。而在俄罗斯，一方面，在立法、司法和执法上努力作出调整以适应欧洲人权法院判决的要求；另一方面，也一直伴随着国家权力机构对欧洲人权法院作出的对俄罗斯不利判决的质疑和批评，时而予以抵制，尤其是那些较为敏感的案件，如判决俄罗斯政府赔偿尤科斯石油公司原股东 18.7 亿欧元一案，更是受到国家政要的谴责，指其判决不公，具有政治倾向性等。这似乎已

* 本文原刊于《中外法学》2016 年第 6 期，系国家社会科学基金重大项目"法律文明史"（批准号：11&ZD081）之子课题"苏联法研究"的阶段性成果之一。

** 王志华，法学博士，中国政法大学比较法学研究院教授。

〔1〕 См.: Петухова Н. Ю. Последствия возможного выхода России из - под юридикции Европейского Суда по правам человека. Евразийская адвокатура. 2015. No 5. С. 61.

经突破了俄罗斯的司法主权底线，因此在 2015 年 12 月 15 日颁布施行《俄罗斯联邦宪法法院法》修正案，规定"俄罗斯联邦宪法法院决议的效力优先于国际法院判决"，[2] 重申宪法至上原则，从而终结了欧洲人权法院判决在俄罗斯理论上畅行无阻的"黄金时代"，这也使人权与主权的博弈在俄罗斯有了"阶段性"结果，使欧洲人权法院判决未来在俄罗斯执行的命运进入了一个新的具有诸多不确定性的历史阶段。

本文拟对俄罗斯加入《欧洲人权公约》对俄罗斯立法和司法产生的影响、欧洲人权法院判决在俄罗斯的执行以及所存在的矛盾和冲突问题进行考察，旨在探讨国家主权与人权的边界以及俄罗斯在融入欧洲之路上到底能走多远。对于我国来说，虽然没有"欧洲"可以"融入"，但人权作为人的基本权利是否可以超越国家主权得到更高的超国家保护以及如何确定一国人权保护标准等，自然是一个值得探讨的问题。

一、俄罗斯贯彻"人权高于主权"原则的国内立法

苏联解体后的俄罗斯国家基本制度奠基于 1993 年 12 月 12 日经全民公决通过的现行《俄罗斯联邦宪法》。在这一国家基本法的绪言中即宣布"肯定人的权利和自由"作为普遍价值，并"意识到自己作为人类共同体的一部分"，以表明其融入人类共同体的决心，而具体的融入，首要的便是融入欧洲，设想成为与欧洲彻底消除裂痕、横跨大西洋、没有分界线的统一大欧洲的组成部分。[3] 因此在立法上，俄罗斯选择了与西欧各国通力合作，在人权问题上调整国内立法，包括宪法、刑法、诉讼法的相关条款，[4] 以符合《欧洲人权公约》规定的标准，并接受欧洲人权法院的司法管辖，全面贯彻"人权高于主权"原则。

（一）宪法让渡人权领域司法主权

俄罗斯执行欧洲人权法院判决的国内法依据首先来自宪法。根据联邦现行宪法第 15 条第 4 款的规定，俄罗斯联邦签署的国际条约为俄罗斯联邦法律体系的组成部分。如果俄罗斯联邦签署的国际条约所确定的规则与国

---

〔2〕 Вердикты КС РФ получили приоритет над решениями КСПЧ. Российская газета от 15. 12. 2015.

〔3〕 参见齐欣、刘清才：《乌克兰危机：俄罗斯与美欧的地缘政治博弈与战略对策》，载《黑龙江社会科学》2015 年第 4 期，第 27 页。

〔4〕 См.：К. А. Кирсанова. Россия и Совет Европы：20 лет вместе. Проблемы российского права. No 02. 2016. С. 22 – 23.

内法律规定不一致，则适用国际条约的规则。根据这一规定，俄罗斯联邦所签署的国际条约等同于国内法，构成国内法律体系的有机组成部分，而且其效力应高于国内法，在实践中应优先于国内法适用。

依照俄联邦宪法第 46 条第 3 款，"在穷尽国家内部法律救济手段之后，每个人都有权依照俄罗斯联邦所签署的国际条约的规定向保护人权和自由的国际组织提出申诉"。正是这一规定，俄罗斯联邦在人权问题上让渡了司法主权。而所谓的国际组织，包括或主要是指欧洲人权法院。这是欧洲人权法院获得俄罗斯司法管辖权的宪法依据。

主权原则是俄联邦宪法强调的基本原则之一。但在人权问题上，俄罗斯之所以能够让渡司法主权，无非是现代俄罗斯对世界承诺其建设法治国家和向欧洲先进法治国家"看齐"的决心，是对过往历史时期践踏人权和漠视民众意愿的否定。[5]

1992 年 5 月 7 日，俄罗斯外交部长在第 90 届欧洲理事会部长会议上表示，俄罗斯已经准备好批准《欧洲人权公约》，并像其他国家一样承认个人的申诉权和欧洲人权法院的强制司法管辖权，并按照公约规定"在俄罗斯全境的各级行政部门履行义务"。在之后俄罗斯宪法会议制定宪法的过程中，所有的参与者手上都配发了《欧洲人权公约》俄文译本，以使宪法有关人权保护的规定符合"国际规范"的相关规定。[6]

当然，宪法只是规定了国家立法和执法的基本方向，具体实施还要落实到各个专门立法以及部门法的具体规则和实际执行上。为此，俄罗斯针对各相关专门立法也根据公约的要求进行了相应的调整。

(二)《国际条约法》规定国际条约在国内优先适用原则

《俄罗斯联邦国际条约法》（1995 年 7 月 15 日第 101 号联邦法，下称《国际条约法》）第 5 条规定了俄罗斯联邦法律体系中国际条约的效力地位。除重申宪法将国际条约视为国内法律体系的组成部分和优先于国内法适用的规定之外，还规定"正式发布的俄罗斯联邦国际条约无需发布国内适用文件即可在俄罗斯联邦直接生效"（该条第 3 款）。此规定可以解释为，国

---

〔5〕 См.: Шайдуров И. В. Преимущественные права в российском гражданском праве. Научный журнал КубГАУ. № 09. 2014 г. С. 1.

〔6〕 См.: Д. Н. Бахрах, А. Л. Бурков. Конвенция о защите прав человека и основных свобод в российском законодательстве и практике рассмотрения административных дел. Журнал российского права. 2010. № 6. С. 67.

际条约的规定在俄罗斯联邦境内适用无需国内法的转化程序即可直接适用。

根据该法第 32 条第 1 款和第 2 款的规定，俄罗斯联邦总统和政府应采取相应措施保障俄罗斯联邦履行国际条约的义务。其他职能部门，涉及国际条约调整的事项，应当保障俄罗斯联邦国际条约义务的实际履行，行使俄罗斯联邦的权利，并有责任监督其他条约参与主体履行条约义务。这是关于履行条约义务的具体规定，负有义务的主体都必须遵照执行。

该法第 34 条规定，宪法法院解决那些未生效的国际条约或个别条款是否符合俄罗斯联邦宪法的问题。未生效的国际条约如果与宪法规定冲突，则不能生效，也不予适用。这里重申了俄罗斯宪法至上的原则，但只适用于那些尚未生效的条约或俄罗斯联邦在加入条约时声明保留的个别条款。而根据宪法的规定，批准条约是联邦议会（国家杜马和联邦委员会）的职权，经联邦议会立法（联邦法）程序批准的国际条约，宪法法院不应再审议是否违宪问题。但其个别条款是否适用，法律未明确规定。

（三）《欧洲人权公约》在俄罗斯的批准和生效

依照俄联邦宪法规定，涉及基本人权和自由事项的条约应经批准程序才能生效。《国际条约法》第 15 条第 1 款重申了这一规定。

俄罗斯于 1996 年 2 月 28 日即已签署《欧洲人权公约》，但一直未经议会批准生效。俄罗斯联邦议会于 1998 年 3 月 30 日发布《〈欧洲保护人权和基本自由公约〉及其议定书批准法》（联邦法第 54 号，下称《欧洲人权公约批准法》），同年 5 月 5 日对俄罗斯生效。[7] 之后又陆续批准了有关公约的一系列议定书，除第 6 议定书（关于废除死刑事项）的签署未经议会批准外，目前涉及公约共 14 个议定书均已对俄罗斯生效。根据宪法的规定，这一公约属于俄罗斯联邦签署的国际条约，其规定为俄罗斯法律体系的组成部分，应在俄罗斯全境生效并予以适用。

俄罗斯联邦法作出四项承诺：其一，俄罗斯联邦承认欧洲人权委员会（人权法院）有权受理任何个人、非政府组织或个人团体的申诉，如果能够确认他们作为俄罗斯联邦的受害者，公约及其议定书中所阐述的权利受到了侵犯，而且这一侵犯发生在这些条约文件对俄罗斯联邦生效之后。其二，在俄罗斯联邦违反这些条约文件条款的情况下，根据 ipso facto 并无需专门协议，俄罗斯联邦即承认欧洲人权法院在解释和适用公约及其议定书方面

---

〔7〕 Там же. С. 67.

的强制管辖权。其三，俄罗斯将根据公约要求调整国内立法，尤其是程序法，使其与公约规定的保护人权的相关标准相符。其四，公约对俄罗斯生效之后，《俄罗斯联邦预算法典》（下称《预算法典》）将规定增加必要的费用预算给司法系统和监禁系统、司法、检察和内务机关，用于司法审判增加的费用支出，使其完全符合俄罗斯联邦因参加公约及其议定书所承担的义务。

另外，俄罗斯对适用公约还作出了相应的保留和声明，目的在于调整国内法相关规定，使其与公约的相关规定相符。保留和声明事项涉及对犯罪嫌疑人的逮捕、拘留和羁押程序以及剥夺军人自由的纪律处分。同时规定这一保留的效力仅限于俄罗斯修订立法完全消除与公约规定不相符条款所需要的时间，而并非永久或无限期保留。

声明保留的还包括公约的第 1 和第 4 议定书，其中第 7 议定书于 1998 年 8 月 1 日对俄罗斯生效。而关于废除死刑的第 6 议定书，俄罗斯至今尚未批准，尽管实际上自 1996 年签署公约以后再未执行过一例死刑。[8]

（四）程序法上的规定

根据承诺，俄罗斯调整了相关国内法，使之与《欧洲人权公约》的规定相符。这些联邦法主要涉及程序法，包括《刑事诉讼法典》《民事诉讼法典》《仲裁程序法典》《行政违法行为法典》和《行政诉讼程序法典》的相关规定。欧洲理事会的专家直接参与了俄罗斯刑事和民事诉讼法典的制定。[9]

《仲裁程序法典》（2002 年 7 月 24 日第 95 号联邦法）第 13 条第 1 款规定，俄罗斯仲裁法院根据俄罗斯联邦宪法、联邦所签署的国际条约和其他联邦法以及规范性法律文件审理案件。国际条约作为国内法的组成部分，具有仅次于宪法的法律效力，各级法院在审理各类"刑民行"案件时必须遵守。

该法第 4 款还规定，如果国际条约确定的规则与国内法不一致，则适用国际条约的规定。这里再度重申条约优先适用原则。

根据该法第 311 条规定，仲裁法院应根据新的情节对判决已经生效的案件进行再审。而根据其第 3 款第 4 项规定，仲裁法院审理的具体案件，申请

---

〔8〕 А. Закатнова. Понятие о суде. Российская газета от 07 мая 2013 г.

〔9〕 См.：К. А. Кирсанова. Указ. Соч. С. 23.

人向欧洲人权法院提起申诉而被确定违反人权公约规定的情形属于新的情节，法院应当根据这一情况对案件进行再审。

《民事诉讼法典》（2002 年 11 月 14 日联邦法第 138 号）第 11 条第 1 款、第 4 款以及第 392 条第 4 款第 4 项与上述仲裁程序法的规定表述基本相同。

《行政诉讼程序法典》（2015 年 3 月 8 日联邦法第 21 号）第 15 条第 1 款和第 4 款虽然也规定了条约优先适用原则，但基于欧洲人权法院判决在俄罗斯的执行实践，该法对此作出了部分保留。按照其规定，如果国际条约确定的规则与规范性法律文件所规定的不一致，则适用国际条约的规则。

根据该法第 350 条第 1 款第 4 项规定，在法律文件作出之后出现的对于正确审理行政案件具有实质意义的情节可以作为重新审理案件的依据，其中包括欧洲人权法院作出的确定违反人权公约及其议定书规定的判决。

《刑事诉讼法典》（2001 年 12 月 18 日联邦法第 174 号）第 413 条规定了基于新的或新发现的情况恢复案件审理程序的依据，其第 4 款第 2 项规定，新的情况包括欧洲人权法院确定的俄罗斯联邦法院在审理刑事案件时违反了欧洲人权公约的规定，即适用与人权公约规定不符的联邦法和其他违反人权公约的情形。[10]

俄罗斯各级法院已生效的判决，如果被欧洲人权法院判决认定违反了公约的有关条款，则作为俄罗斯法院再审的依据。而且，这一程序是法定的、强制的，各级法院必须执行。

（五）关于俄罗斯法院适用欧洲人权法院判决的司法解释

除联邦立法外，俄罗斯联邦最高法院的司法解释也对俄罗斯法院适用欧洲人权法院判决问题作出规定。2013 年 6 月 27 日第 21 号《俄罗斯联邦最高法院全体会议关于普通法院适用 1950 年 11 月 4 日〈欧洲人权公约及其议定书〉的决议》首先阐明欧洲人权法院保护人权和基本自由活动的基本原则之一为其"补充性"。在此之前，最高法院曾对普通法院适用联邦宪法（1995 年 10 月 31 日第 8 号）和适用"普遍公认的原则和国际法规范和国际条约"（2003 年 10 月 10 日第 5 号）分别作出全体会议决议。

〔10〕 Гриненко А. В. Решения Европейского суда по правам человека и российское уголовно-процессуальное законодательство. "Международное уголовное право и международная юстиция", 2008. N 2.

　　根据俄联邦宪法第 46 条和 1998 年《人权公约批准法》第 1 条的规定，欧洲人权法院针对俄罗斯的终局判决中的法律观点对俄罗斯法院具有强制效力，必须遵照执行。不仅如此，即使是针对其他国家的判决也要参照执行（决议第 2 条）。

　　对于国内法与人权法院判决规定的关系，该决议规定，在法院适用俄罗斯联邦立法时应当参照人权法院判决的观点。但是，俄罗斯立法在保护人权和基本自由方面可以作出高于《欧洲人权公约》水平标准的规定。在这种情况下，法院必须适用俄罗斯联邦立法的规定（决议第 3 条）。

　　按照该决议规定，限制人权和基本自由只有在下列情形下才有可能：一是联邦法规定；二是更重要的社会合法目的，如为了保障社会安全、维护道德、其他人的权利和合法利益等；三是为民主社会所必需；四是国际条约的规定，如为追究刑事责任而进行引渡。但是，人权公约及其议定书中的某些权利和自由在任何条件下都不能受到限制，如免受酷刑和侮辱人格尊严或惩罚待遇权（决议第 5 条）。[11]

二、执行欧洲人权法院判决的制度保障

　　建设现代法治国家，以保障和发展人权为主要标志。俄现行宪法开篇即宣布，俄罗斯为"民主法治国家"（第 1 条），"人之权利和自由具有最高价值。承认、遵守和保护人与公民的权利和自由是国家的义务"（第 2 条）。

　　加入《欧洲人权公约》和接受欧洲人权法院的司法管辖，是俄罗斯决心加入"大欧洲共同体"所采取措施的重要组成部分。为了实现这一目标，俄罗斯在组织设施上也付出了诸多努力，成立了联邦总统人权委员会，通过立法建立人权全权代表制度，根据公约向欧洲人权法院派出法官和常驻法院政府全权代表，承担理事会会费，并定期出席欧洲理事会部长委员会会议，以便解决执行欧洲人权法院判决问题。这些措施和制度都为欧洲人权法院受理、审理针对俄罗斯联邦的申诉案件及其判决的执行提供了组织和制度保障。

　　（一）总统人权委员会

　　为了保障人权事业的发展，俄罗斯联邦总统于 1993 年成立了"俄罗斯

---

　　〔11〕　См.：Постановление Пленума Верховного Суда Россиийской Федерации от 27 июня 2013 г. 21 г. Москва. «О применении судами общей юридикции Конвеции о защите прав человека и основных свобод от 4 ноября 1950 года и Протоколов к ней». 5 июля 2013 г. в «РГ».

联邦总统人权委员会"（根据 1993 年 9 月 3 日总统令）。后经改革，改称"俄罗斯联邦总统公民社会发展和人权委员会"，是俄罗斯国家元首咨询机关，设立的目的在于保障总统实施其保护人与公民权利和自由的宪法职权。[12]

目前委员会下设 20 个常设委员会和若干临时工作组，其中伦理委员会最为重要。

根据 2011 年 2 月 1 日俄罗斯联邦第 120 号总统令批准的《俄罗斯联邦总统公民社会发展和人权委员会条例》，委员会的基本任务包括：定期向总统通报人与公民权利和自由在俄罗斯和国外的遵守情况；对俄罗斯联邦议会正在审议的法律草案进行鉴定，确定其是否符合公民社会发展、人与公民权利和自由保护目标，并根据鉴定结果拟定和提出相关建议；拟定并向总统提出保障和保护人与公民权利和自由的建议；促进建立保障和保护人与公民权利和自由的社会监督机制，并向总统提出相应建议；参与巩固公民社会、保障人与公民权利和自由的国际合作等（第 4 条）。

根据该条例规定，委员会在职权范围内开展工作，涉及的联邦相关部门必须配合执行。[13]

（二）人权全权代表制度

目前，世界上已有一百多个国家设置了人权代表制度。东欧各国的实践表明，该制度构建乃是将其作为国家权力和社会中介角色，在保护人权方面，能够促进公民和公职人员权利意识的发展与法治国家的建设。

在人权保护事业上，俄罗斯 1991 年 11 月 22 日发布的《人与公民权利和自由宣言》具有重要意义。1993 年宪法第 45 条和第 103 条规定了人权全权代表制度。第 45 条规定要保障国家保护人与公民的权利和自由，而第 103 条则赋予议会任免人权全权代表的权力。1996 年 1 月，俄罗斯提出加入欧洲理事会的申请，并承诺制定规范人权全权代表作用、活动和组织事项的法律。该法律通过之前，国家杜马各议员团即任命著名辩护人科瓦列夫（Сергей Адамович Ковалев）履行人权全权代表职责（1994 年 1 月 17 日

---

〔12〕 http：//president – sovet. ru/about/mission，访问时间：2016 年 10 月 30 日。

〔13〕 ПОЛОЖЕНИЕ О Совете при Президенте Российской Федерации по развитию гражданского общества и правам человека，http：//president – sovet. ru/about/standarts/official，访问时间：2016 年 7 月 15 日。

至 1995 年 3 月 10 日）。经过全部程序之后，《俄罗斯联邦人权全权代表法》于 1996 年 12 月 25 日经国家杜马表决通过，1997 年 3 月 4 日起正式生效。

该法规定了人权全权代表的法律地位、职权和任免程序，规定人权全权代表的独立性，不向任何国家机关和公职人员汇报工作。为了保障人权和贯彻人权保护的各项规定，该法还规定在各联邦主体也要设置人权代表机构。

从整体上讲，俄罗斯联邦人权全权代表制度在国家权力和社会之间起到了桥梁作用，因为它能够解决国家和个体利益冲突，在保护人权领域保持一种国家和社会之间的"力量平衡"。其工作基础是同各级权力机关的批判性合作，而职能始终是监督。

人权全权代表制度的基本目的在于促进人与公民的权利和自由在俄罗斯联邦的实现。为达到此目的，其基本任务是：恢复受到侵犯的权利和自由——改正对人的不公正待遇和恢复受到国家机关、地方自治机关、国家公职人员侵犯的人与公民的权利和自由；在立法方面，提出完善人与公民的权利和自由及其与普遍公认的原则和国际法规范相符的法案；提供人的权利和自由方面的教育信息以及保护的方式方法；对国家机关、地方自治机关和国家公职人员遵守人权和自由情况进行独立监督；向上述机关通报人权方面的法律规定；组织协调各机关行动，保障人与公民的权利和自由。

在俄罗斯，人权全权代表制度作为国家机关参与人权保障机制的全部四个环节：维护、保护、宣传和组织实施合格的法律援助。

人权全权代表的另一项重要任务是法律教育和启蒙。在俄罗斯，人的权利被侵犯，很重要的原因在于大家对权利知之甚少。人权全权代表的基本战略目的之一在于公民在面对与国家权力的关系时，能够更为清晰、准确和有尊严地捍卫自己的权利，而当局则不得不容忍和认可这些权利。[14]

人权全权代表每年定期编制《俄罗斯联邦人权报告》，总结俄罗斯人权发展状况和存在的问题，并向总统汇报。

（三）与欧洲人权法院建立联系机制和财政保障

作为《欧洲人权公约》成员国之一，欧洲人权法院有 1 名来自俄罗斯

---

〔14〕 См.: Федоров Алексей Дмитриевич. Роль и значение Уполномоченного по правам человека в Российской Федерации. Пробелы в российском законодательстве. № 01. 2012. С. 22 – 24.

的法官。审理针对俄罗斯的案件，无论是 7 人大法庭还是 3 人合议庭，俄罗斯的法官都为当然成员之一。

为了在欧洲人权法院审理案件时有效维护俄罗斯联邦的利益，1998 年 3 月 29 日，叶利钦总统发布第 310 号总统令，批准《俄罗斯联邦驻欧洲人权法院全权代表条例》，规定设立俄罗斯联邦驻欧洲人权法院全权代表职务（司法部副部长），并责成联邦总统国家法务管理总局负责保障全权代表的活动。

根据条例第 1 条的规定，全权代表由政府总理提名，总统任命，必须遵照国际法规范、俄罗斯联邦宪法、联邦法、总统令、政府决议开展活动，并配合国家相关机关的工作。全权代表的职能包括：在欧洲人权法院审理的涉俄案件中维护俄罗斯联邦的利益；研究法院作出的判决对于欧洲理事会成员国的法律后果，并考虑法院和欧洲理事会部长委员会提出的完善俄罗斯联邦立法和适用法律，以及俄罗斯联邦参加符合自身利益的国际条约和发展国际法的建议；保障促进联邦国家机关、地方自治机关、联邦主体机关能够执行欧洲人权法院的判决，恢复被侵害的申诉人的权利，按照判决向申诉人支付赔偿金，采取消除和（或）预防俄罗斯联邦违反公约规定的一般措施（条例第 4 条）。[15]

目前，俄罗斯联邦驻欧洲人权法院的全权代表机关下设四个部门（处）：刑事案件申诉审查处；民事案件申诉审查处；判例分析、判决组织和执行监督处；文秘处。

为了减轻欧洲人权法院审查诉俄罗斯案卷材料的巨大压力，从 2011 年 9 月 1 日起，俄罗斯法学会经相应遴选程序向欧洲人权法院派出的 20 位法律专家开始协助法院工作，从而使待审案件的数量在数月之内得以迅速减少。[16] 此后，还陆续有法律专家派出。这些专家的费用由俄罗斯国家司法

---

〔15〕 Указ Президента Российской Федерации от 6 июля 2010 года N 836 "О внесении изменений в Указ Президента Российской Федерации от 29 марта 1998 г. N 310" Об Уполномоченном Российской Федерации при Европейском суде по правам человека – заместителе Министра юстиции Российской Федерации "и в Положение, утвержденное этим Указом". Российская газета от 12 ноября 2010 г.

〔16〕 См.: Анатолий Иванович Ковлер. Жалобы против Российской Федерации в Европейском Суде по правам человека（предварительные итоги 2011 г.）. Российское правосудие. № 2. 2012. C. 6 – 7.

部承担。[17]

在欧洲人权法院还有一个俄罗斯处，有约 60 位法律工作人员，多于俄罗斯联邦驻欧洲人权法院全权代表机关的人数。[18]

1998 年 3 月 29 日第 310 号俄罗斯联邦总统令责令联邦政府拟定 2000 年及以后年份《联邦预算法典》草案，对在欧洲人权法院维护俄罗斯联邦利益和在欧洲人权法院作出相应判决的情形下对原告进行金钱赔偿所需费用支出作出专项规定。[19]

在欧洲人权法院受理并作出判决的案件中，差不多有 90% 的判决认定俄罗斯违反公约规定，应当向受害人支付赔偿金。2002 年共赔偿 35.3 万卢布；2004 年为 2140 万卢布；2006 年增加到 1.1 亿卢布。此后每年都有增加。

另外，俄罗斯每年还要向欧洲理事会缴纳会费，2007 年之前，每年约 2700 万欧元。2015 年欧洲理事会全体成员国会费总额为 3.73 亿欧元，俄罗斯缴纳 3220 万欧元。[20]

三、向欧洲人权法院指控俄罗斯

自《欧洲人权公约》对俄罗斯生效以来，欧洲人权法院收到的来自俄罗斯公民的申诉一直居高不下。"海量"申诉暴露了俄罗斯社会人权方面所存在的问题，也给欧洲人权法院造成了一定的困扰，甚至不得不调整规则以解决这一问题。

（一）向欧洲人权法院提出申诉的必要条件

向欧洲人权法院提出申诉，必须满足几个条件。首先，申诉对象必须仅限于人权公约或其议定书所保障的权利和自由。根据公约第 34 条的规定，法院可以受理任何一个自然人、非政府组织或个人团体的申诉，只要其能

---

〔17〕 Петр Орлов. Рука Москвы: 20 российских юристов отправлены в Европейский суд по правам человека. Российская газета. 04.04.2013 г.

〔18〕 См.: Москалькова Татьяна Николаевна. Проблемы исполнения постановлений Европейского суда по правам человека. http://www.zakonia.ru/site/131477/1471. 访问时间：2016 年 8 月 5 日。

〔19〕 См.: УКАЗ ПРЕЗИДЕНТА РОССИЙСКОЙ ФЕДЕРАЦИИ от 29 марта 1998 года № 310 "Об Уполномоченном Российской Федерации при Европейском суде по правам человека". 《 Российская газета 》 № 68. 08.04.1998.

〔20〕 См.: 20 лет членства России в Совете Европы: итоги, разногласия, судьба взносов в бюджет СЕ. http://tass.ru/politika/2691778. 访问时间：2016 年 10 月 31 日。

够证明其公约或其议定书中规定的权利或自由受到了来自公约成员国的侵害。申诉人无需必然是欧洲理事会成员国的公民，或者他所申诉国家的公民。法院所受理的申诉通常是自己本人直接受到了侵害，被称为直接受害人。其次，实践中欧洲人权法院也承认那些潜在的受害人，如果他能够证明违反公约的国家立法的适用会对他的权利构成威胁，公约所规定的权利将受到侵害。在这种情况下，申诉人必须指出立法条款的适用在何种情形下使他的权利存在受到侵害的危险。

欧洲人权法院在实践中认定，一个人可能因为他人权利受到侵害而使自己的个人权利受到侵害，从而成为间接受害人。所以，在特定的情况下，一个人提起侵犯其权利之诉并非因为直接受到了损失。这种情况一定是基于最亲近的关系，必须是其最近的亲人等受到了侵害。最通常的情况是，受害人因国家机关过错未对生命权予以应有的保护，结果导致其亲属受到精神伤害和物质损失。

申诉状必须在国家权力机关做出终局判决结束之后的 6 个月内提出，这一期限不能因特殊原因得以恢复。

申诉仅限于在国家批准公约之后发生的侵犯。对于俄罗斯联邦，这一日期是 1998 年 5 月 5 日。公约对俄罗斯生效之后的最初几年，欧洲人权法院收到许多涉及斯大林清洗、20 世纪 80 年代和 90 年代初发生事件的申诉。当然，这些申诉均基于这一时间效力的规定而被驳回。[21]

根据公约和人权法院细则的规定，提交欧洲人权法院的申诉仅限于国家承担责任的案件，针对私人和组织的申诉，法院不予受理。法院受理案件的条件是必须穷尽一切国内救济方法，首先是司法救济。[22]

对于俄罗斯，穷尽一切国内救济意味着：一是民事案件，如果一审在区法院审理，则应经 4 审，即两次再审（второй кассационной инстанции）之后的 6 个月之内提交欧洲人权法院；二是刑事案件，经上诉审（апелляционной инстанции）之后同时还要经再审程序；三是如果案件由仲裁法院审理，则经再审程序之后还必须经最高法院审理之后才能提交欧洲人权法院；四是如果案件按照俄联邦《行政违法行为法典》规则进行审

---

〔21〕 См.：Европейский суд：россияне против государства. Стенограмма проекта "публичной лекции Полит. ру", http：//polit. ru/article/2004/12/coure，访问时间：2016 年 9 月 13 日。

〔22〕 Доступ россиян к Европейскому суду хотят усложнить. Новая газета. 07. 07. 2007 г.

理，则应经二审程序后提交欧洲人权法院审理。[23]

在欧洲人权法院的审判实践中，受理申诉俄罗斯的案件主要来自俄罗斯联邦公民的申诉。但也有其他国家的公民，如乌兹别克斯坦和塔吉克斯坦公民的申诉，其申诉的理由是寻求庇护的外国公民被强行驱逐出境，从而侵犯了公约规定的人权。这些申诉一般都是俄罗斯国家作为唯一被告，例外的情况是俄罗斯作为第三方或申诉其他国家的共同被告。还有其他国家针对俄罗斯的申诉。这样的申诉有乌克兰申诉俄罗斯4起，格鲁吉亚申诉俄罗斯3起。[24]

(二) 针对俄罗斯的"海量"申诉

如上所述，自《欧洲人权公约》对俄罗斯生效以来，来自俄罗斯的申诉便一路攀升。根据欧洲人权法院的统计，来自俄罗斯公民的申诉，2001年为2490件，至2008年增加到10 146件，达到了各成员国整个提交申诉状的1/5。之后仍然呈上升趋势，至2010年达到顶峰的14 309件。在此之后略呈下降趋势，2014年降为8916件（其中2011年12 455件；2012年10 755件；2013年12 330件）。在欧洲人权法院所受理的案件中，总体上约有1/4是针对俄罗斯的。

至2012年底，欧洲人权法院受理来自俄罗斯的案件在各成员国中居第一位，共受理28 600件，约占所有受理案件的22.3%。受理案件的数量在2014年则下降到第三位。[25]

申诉状止升反降，2010年成为一个重要节点。其中原因包括如下四个方面。

第一，俄罗斯批准了公约第14议定书，极大地提高了欧洲人权法院受理申诉的效率。根据议定书的规定，1人独任法官替代3人合议庭有权决定对申诉是否受理。而3人合议庭则适用简易程序对所谓重复性"克隆"案进行快速审理，对损失不大的申诉直接判决驳回。另外，来自俄罗斯方面的法律专家协助法院对大量积案的整理，也有助于减少对俄罗斯的申诉数量。

〔23〕 После какой инстанции можно обращаться в Европейский суд по правам человека. Roseurosud. org，访问时间：2016年10月31日。

〔24〕 http：//hudoc. echr. coe. int/eng－press，访问时间：2016年10月29日。

〔25〕 Annual Report 2012 ЕСПЧ，2013（англ.）С. 150－157；Россия опустилась на третье место по числу жалоб в ЕСПЧ Интерфакс. 09. 04. 2014.

第二，新施行的程序规则提高了对申诉形式的要求，许多不符合形式要求的申请状没有进入审理程序。第14议定书强调了欧洲人权法院的"补充性"原则，并非国内法院的最后审级。来自俄罗斯的申诉往往将其视为较国内法院（最高法院）更高一级的监督审，而以向国内法院申诉的同样理由提出申诉。因此，在形式上即被挡在了欧洲人权法院的大门之外。这样的申诉差不多占到整个申诉数量的90%。

第三，也是非常重要的一个因素是，2010年4月30日第68号联邦法《俄罗斯联邦侵犯合理期限审判权或合理期限执行司法文书权赔偿法》（2010年5月4日生效；下称《赔偿法》）的颁布施行。该法是俄罗斯执行欧洲人权法院针对俄罗斯的第一个"指导性判决"——"布尔多夫诉俄罗斯案（第2号）"判决的直接后果。还在该法未生效之前，俄罗斯当局即着手对这类申诉签订和解协议，或申诉人"单方声明"当局准备与其和解，从而撤销了数百宗待审案件，或认定其未穷尽国内救济手段而不予受理。俄罗斯各法院亦积极响应，主动执行原生效判决。布尔多夫案（第2号）导致近1500个类似的申诉被冻结，这些申诉占到判决的40%。[26]

俄罗斯联邦司法部长科诺瓦洛夫（Александр Коновалов）2014年12月30日向《俄罗斯报》透露，欧洲人权法院最近两年收到的针对俄罗斯的申诉下降了四成，降到了第二十位。他提出的数据显示，2012年1月1日针对俄罗斯的申诉为40 300件，到2014年12月1日减少到9900件。[27] "我们认为，这种情况的发生也得力于俄罗斯在法律适用方面接近了欧洲的标准。"针对《俄罗斯报》"俄罗斯联邦是否为执行欧洲人权法院判决提供了保障"的问题，部长作出回应称，该项工作既通过最大限度地适用欧洲人权法院判决和研究其据以形成的法律观点，也通过修正俄罗斯立法和审判实务予以实施。俄罗斯承认欧洲人权法院在判决中指出的俄罗斯违反公约状况，根据其指导性判决改善监所条件，在2020年前实施发展刑事执行制度的构想，通过建立有效国内保护人权手段消除违反公约现象，解决结

---

〔26〕 См.：А. И. Ковлер. Правовые позиции Европейского Суда по правам человека（в свете постановлений, принятых в 2010 году по жалобам против Российской Федерации）. "Российское правосудие" № 2（58）2011. С. 17－22.

〔27〕 另据欧洲人权法院官方统计，2015年9月30日俄罗斯的待审案件为9250件，占待审案件总数的14%；乌克兰待审案件14 250件，占待审案件总数的21.5%；土耳其待审案件9150件，占待审案件总数的13.8%。载 http：//EuropeanCourt. ru，访问时间：2016年10月29日。

构性问题，包括向受害人支付拖延支付的赔偿款。[28]

第四，应当指出的是：一方面，2010 年以后向欧洲人权法院申诉俄罗斯的案件数量确实有所减少，这是俄罗斯方面执行欧洲人权法院判决、改善国内人权环境所取得的成就，应当肯定；另一方面，申诉的总量仍然可观，并未根本好转。上述《赔偿法》仅涉及金钱赔偿，对实物福利、政府补贴并不适用。欧洲人权法院后续收到的大量申诉案件很快暴露出这一问题。另外，基于羁押场所条件恶劣，侵犯被羁押人权利的现象并非一朝一夕所能改善。

欧洲人权法院通过对俄罗斯公民诉俄罗斯案件进行整理分析发现，申诉案件的居高不下与俄罗斯国家存在制度上或体制上的问题有关。这些问题主要包括：一是审理期限过长；二是监所条件差，不符合人权公约标准；三是判决拖延执行或不执行。科尔玛恰娃一案（Кормачева против России）本为普通民事案件，竟审理 5 年之久。[29]

人权法院认定，俄罗斯联邦国家权力机构不仅存在过错，而且存在结构性的问题，应当从制度上进行改革，否则申诉的数量就不会真正地降下来。因此，决定申诉俄罗斯案件数量减少的最重要因素还在于俄罗斯人权状况的根本改善。而这不仅需要俄罗斯职能部门的努力，还需要时间。

四、"指导性"判决解决结构性问题

由于针对俄罗斯的申诉案件一直居高不下和大量的"重复性"案件，欧洲人权法院采用特别程序作出"指导性"判决，在解决俄罗斯结构性问题的同时，也使得大量积案一并得以解决。

在 2015 年初，大概有 8500 个正在欧洲人权法院审理的案件属于由国内法某些领域功能失灵引发的所谓"重复性案件"。作出指导性判决的目的在于促使 47 个批准《欧洲人权公约》的成员国在国家层面上解决结构性问题；保障能够及时地对相关人员予以赔偿；帮助欧洲人权法院通过压缩同类案件，通常属于复杂的并要求认真研究的案件数量，从而更有效和快速地应对日益增加的压力。

---

〔28〕 См.：Петр Орлов，Борис Ямшанов. Александр Коновалов：об итогах года уходящего и перспективах наступающего. 30. 12. 2014. «РГ».

〔29〕 См.：Постановление ЕСПЧ от 29. 01. 2004 "Дело" Кормачева（kormacheva）против Российской Федерации（жалоба n 53084/99）По делу обжалуется длительность судебного разбирательства по делу. https://www. lawmix. ru/vas/130685，访问时间：2016 年 10 月 31 日。

截至目前共有三个典型的针对俄罗斯的"指导性"判决，即"布尔多夫诉俄罗斯案（第 2 号）"（Бурдов против России No 2）、"盖拉西莫夫等诉俄罗斯案"（Герасимов и другие против России）和"阿纳尼耶夫等诉俄罗斯案"（Ананьев и другие против России）。

另外，也有一些问题很严重但并不十分典型的案件判决，它们被称为"准指导性"或"半指导性"判决，如阿斯拉哈诺娃等诉俄罗斯案（Аслаханова и дригие против России），该案涉及对在北高加索实施的犯罪侦查不足的问题。本文略不详述。

（一）"布尔多夫诉俄罗斯案（第 2 号）"

在《欧洲人权公约》对俄罗斯生效之后的第 4 年，即 2002 年 5 月 7 日，欧洲人权法院对俄罗斯作出第一个判决，即"布尔多夫诉俄罗斯案"，法院判决俄罗斯联邦违反了公约的相关规定，应当赔偿申诉人的损失。布尔多夫因切尔诺贝利核电站发生事故而致残，退休后向社会保障部门领取退休金而被告知财政未拨款，无钱支付。他向法院起诉，法院判决社会保障部门支付其退休金，后者仍不执行。在几经周折之后申诉到欧洲人权法院。

但是，一如国内法院判决长期未得到执行一样，俄罗斯国内机构对欧洲人权法院的判决也是一拖再拖，不予执行。两年之后，他的权利仍然没有得到有效救济。于是，2004 年布尔多夫第二次向欧洲人权法院提出申诉。到 2007 年，这类案件占欧洲人权法院受理的来自俄罗斯所有案件的比例为40%。至 2009 年初，欧洲人权法院作出的关于俄罗斯当局未执行"针对政府的司法判决"的判决达两百多件。[30]

2009 年 1 月 15 日，欧洲人权法院对"布尔多夫诉俄罗斯案（第 2 号）"作出"指导性判决"。法院在判决中指出，针对相同原因起诉的案件作出"指导性"判决，乃是基于大量同类案件由体制问题造成，俄罗斯联邦甚至不采取任何有效措施以减少蜂拥而至的申诉。该案所发现的侵犯权利是与公约不符的审判实务，国家没有根据法律判决支付其债务，受害者不掌握有效的国内法律保护手段。欧洲人权法院要求俄罗斯联邦：一是在判决生效之时起的 6 个月内建立国内有效的法律保护手段或这些手段的配套措施，以保障快速和适当的恢复权利，其中包括依照法院判决确定的原来未执行

---

〔30〕 参见刘丽：《欧洲人权法院权利救济新举措——引导性判决程序评析》，载《哈尔滨工业大学学报（社会科学版）》2012 年第 3 期，第 41 页。

或拖延执行国内法院判决所应支付的损害赔偿；二是自判决生效之日起的 1 年之内，对于在"布尔多夫诉俄罗斯案（第 2 号）"判决之前法院收到的申诉和业已通告俄罗斯当局的全部案件，俄罗斯联邦应保障恢复所有因俄罗斯当局执行法院判决未支付或迟延支付债务的受害人的权利，包括支付损害赔偿金。[31]

针对这一判决，俄罗斯当局表示愿意对所有受害人支付赔偿。俄罗斯国家杜马讨论了司法体系存在的缺陷，承认某些一般性结构问题阻碍了司法程序的正常运行，建议立法机关注意简化司法程序立法的必要性。为此，立法机关通过了《赔偿法》，规定俄罗斯公民可以诉诸俄罗斯法院，请求对迟延执行针对俄罗斯国家的法院判决和超期审理予以赔偿。

《赔偿法》的颁布施行，对于缓解针对俄罗斯的申诉发挥了重要的作用。该法生效后的第一年针对法院判决执行的申诉从 40% 下降到 17%。[32]

在 2010 年 9 月 24 日作出的两个不予受理的案件（Nagovitsyn and Nalgiyev v. Russia è Fakhretdinov and Others v. Russia）判决中，欧洲人权法院指出，申诉人应当穷尽国内新的法律救济手段，即提示申诉人依据欧洲人权法院的上述"指导性"判决向国内法院直接申请执行。

（二）"盖拉西莫夫等诉俄罗斯案"

但是，迟延执行法院文书问题的解决并未因此画上句号。在 2012 年 4 月 17 日所作出的两个判决（Ilyushkin and Others v. Russia è Kalinkin and Others v. Russia）中，欧洲人权法院很遗憾地指出，当法院判决为俄罗斯国家设定特定义务时，俄罗斯对于拖延执行法院判决还是一如既往地未能建立起法律保护手段。法院认为，虽然在"布尔多夫诉俄罗斯案（第 2 号）"判决之后的 2010 年通过了专门的法律，但这一问题还是没有完全得到解决。因此，法院认为，在这种情况下只有一种选择，即权利人坚持捍卫自己受到侵害的权利，向法院提出申诉，并要求获得相应的赔偿。

问题的复杂性还在于，俄罗斯因"布尔多夫案（第 2 号）"判决而施行的《赔偿法》的效力仅为金钱赔偿，而不涉及实物。这样，以实物（福利）补偿为判决内容的执行又成为焦点问题。2014 年 7 月 1 日"盖拉西莫夫诉

〔31〕 См.：Москалькова Татьяна Николаевна. Проблемы исполнения постановлений Европейского суда по правам человека. http：//www. zakonia. ru/site/131477/1471，访问时间：2016 年 8 月 5 日。

〔32〕 Российская газета. № 94. 04. 05. 2010.

俄罗斯案"即旨在解决这一问题。该案所暴露出的结构性问题包括：一是
执行关于实物上（如提供住房、房屋装修服务、残疾人汽车、签发行政文
件等）的各种福利，二是国内法院的判决执行期限拖延时间过长。法院指
出，对于这些申诉，俄罗斯立法没有规定有效的保护手段。法院援引此前
超过 150 个案件的判决强调，该案显示，与此类问题有关的结构性问题在俄
罗斯仍然继续存在。

　　法院确定的措施是：在 1 年之内该案成为终局判决之前，俄罗斯应与欧
洲理事会合作，采取有效法律保护措施，对于未执行或迟延执行法院关于
给予各种实物福利的判决能够保障相应的和足够的补偿。至于尚处于审理
状态的 600 件类似案件，法院判决指出，俄罗斯应当在终局判决之后的 2 年
内，对在该盖拉西莫夫案判决作出之前递交欧洲人权法院的申诉人以及后
续的为法院认定的申诉人予以赔偿。

　　最后，法院决定最多暂行停止两年对涉及此类未执行或迟延执行实物
福利案件补偿判决的审理。[33]

　　（三）"阿纳尼耶夫等诉俄罗斯案"

　　另一个典型的针对俄罗斯的"指导性"判决涉及违反《欧洲人权公约》
第 3 条，即非人道待遇、酷刑、侵犯人格尊严权等。这在俄罗斯公民最初对
俄罗斯的申诉中即已出现。

　　欧洲人权法院针对俄罗斯的第二个判决是"卡拉什尼科夫诉俄罗斯联
邦案"（Калашников против Российской Федерации）。他患有严重的皮肤
病，在马加丹卫生条件极差和人员拥挤的监室内关押了 4 年时间。在该案的
判决中，欧洲人权法院认定被羁押人数月被非人道关押在人数众多的监所
之内，没有通风，厕所与居住部分没有隔开，就在吃饭的桌子旁边。法院
2002 年 7 月 15 日判决俄罗斯联邦违反了公约第 3 条，侵害了申诉人的"人
格免受侮辱权"。[34] 2002 年 12 月 10 日，俄罗斯联邦政府发布执行欧洲人权
法院判决之第 1727 - p 号令，规定当年第 4 季度从联邦政府储备基金中向申

---

〔33〕 См.：К. А. Кирсанова. Россия и Совет Европы：20 лет вместе. Актуальные проблемы
российского права. № 02. 2016. С. 24.

〔34〕 Калашников против Российской Федерации（Жалоба N 47095/991）. Российская газета от
17 октября 2002 г.

诉人卡拉什尼科夫支付 8000 欧元作为精神损害赔偿和诉讼费用的支出。[35]

　　欧洲人权法院在此之后又作出八十余个类似判决，都涉及监所的面积和设施以及关押的人数问题。根据当时的统计，尚有 250 多宗根据充分的涉及监所羁押条件的申诉等待审理。上述案件暴露了俄罗斯现实当中存在的羁押场所环境恶劣和超期对涉嫌犯罪者进行羁押，即惩罚体系问题。

　　在另一指导性案例——"阿纳尼耶夫等诉俄罗斯案"的判决中（2012 年 1 月 10 日作出判决，当年 4 月 10 日生效），欧洲人权法院确定俄罗斯当局侵犯了申诉人《欧洲人权公约》第 3 条和第 13 条所规定的权利，并且，俄罗斯联邦存在结构性（即体制性）问题，非人道和侮辱人格尊严的羁押条件和不存在有效免受侵犯的国内保护手段。欧洲人权法院要求俄罗斯当局在判决生效后 6 个月内拟定行动计划，为了消除欧洲人权法院发现的违反公约的情形，应建立符合指导性判决要求的法律保护预防性措施和赔偿支付手段。

　　在"阿纳尼耶夫等诉俄罗斯案"判决的结论部分，欧洲人权法院指出，非人道和侮辱人格的羁押条件在俄罗斯的许多地区监所都有发现。这些侵犯人权的情况都很相似：物理空间不足，监所过于拥挤，空间狭小，卧室床铺不够，光线不足，通风条件差，缺少正式的厕所。法院得出结论，这些违反公约的现象并非个别事件或者是偶然巧合，这是俄罗斯惩罚体制不健全所致。[36]

　　对于上述判决，俄罗斯方面采取了积极配合的态度。为了保障相互配合和协调一致地执行欧洲人权法院的指导性判决而成立了跨部门工作组，组成人员包括最高法院、检察院、调查委员会、司法部、财政部、内务部、联邦惩罚执行局和联邦法警局的代表。

　　为了规范指导性判决的执行组织工作，2010 年 10 月 14 日第 1772 号俄联邦政府令批准发布了《俄罗斯联邦 2020 年前刑事执行体系发展构想》（2012 年 5 月 31 日文本）。上述构想旨在完善刑事执行体系，通过综合解决

---

〔35〕 Распоряжение Правительства РФ от 10 декабря 2002 г. N. 1727 -p. https：//www. lawmix. ru/expertlaw/157494，访问时间：2016 年 10 月 31 日。

〔36〕 См.：Мария Сучкова. Обзор постановления ЕСПЧ Ананьев и другие против России. Фонд "Общественный вердикт". www. Publicverdict. org. 访问时间：2016 年 10 月 29 日。

存在的问题，使其完全与指导性判决的结论相符。[37]

五、"忍无可忍"的判决

2004 年 5 月 19 日欧洲人权法院就商业巨头"古辛斯基诉俄罗斯案"（Гусинский Против России）作出判决，要求俄罗斯政府向古辛斯基支付88 000 欧元作为"精神损害赔偿"，从而引起俄罗斯政府的抗议。

在此之前，欧洲人权法院并非第一次判决俄罗斯国家侵犯人权。与以往不同的是控告人身份非同一般，此次判决的内容与普京政府当时正在实施的打击商业寡头的国内政策未免抵触。俄罗斯一方面要履行国家保护人权的承诺，需要执行欧洲人权法院的判决，承认政府侵犯了人权；另一方面又要在国内推行从商业寡头入手打击犯罪的经济政策。对这次判决的最终态度检验普京政府实施国内政策和人权国际保护的决心，是国家主权与人权在具体实践当中的一次较量。[38] 俄罗斯政府方面认为这一判决具有政治倾向性，要求当时古辛斯基所居留的希腊政府将其引渡回俄罗斯，但遭到拒绝。

以古氏一案为开端，欧洲人权法院针对俄罗斯的判决一直争议不断。"马尔金诉俄罗斯案"（Konctantin Markin V. Russia）让俄罗斯考虑"退让的限度"，[39] 而"尤科斯石油公司股东诉俄罗斯案"（Neftyanaya Kompaniya Yukos v. Russia）则令俄罗斯当局"忍无可忍"，终于以一个法律修正案将俄罗斯与欧洲人权法院乃至整个欧洲理事会的关系置于濒临破裂的边缘。

（一）"马尔金诉俄罗斯案"

马尔金（Констатин Маркин）诉前是一名现役无线电侦查员，于 2005年 9 月 30 日和妻子离婚，同日他们的第三个孩子出生，经过协商由马尔金独自抚养三个孩子，前妻支付相应的抚养费。由于现行俄罗斯国内立法没有给予男性军人享有 3 年育婴假（产假）的权利，2005 年 10 月 11 日他向上级申请育婴假遭到拒绝，屡次诉讼无果之后，于 2006 年 5 月 1 日向欧洲人权法院提出申诉请求。

---

〔37〕 Ольга Шепелева. Страсбург указал на системные проблемы содержания в российских СИЗО. https：//www. gazeta. ru/comments/2012/01/11_ a_ 3959397. shtml，访问时间：2016 年 10 月31 日。

〔38〕 参见王志华：《俄罗斯迈上融入欧洲之路——主权向人权让步》，载《法制日报》2004 年6 月 24 日，第 11 版。

〔39〕 См.：Валерий Зорькин. Предел уступчивости. «Российская газета», 29 октября 2010 г.

2010 年 10 月 7 日欧洲人权法院作出判决，认定俄罗斯违反《欧洲人权公约》。法院在判决书中指出，毋庸置疑，无论是男性公民、女性公民还是女性军人都享有育婴假的权利。拒绝给予申诉人育婴假是依据两个理由的结合，也就是军人的地位和性别。欧洲人权法院首先审理的问题在于，在涉及给予育婴假的问题上，是否有对男女区别对待的客观而合理的依据。法院提及男女平等是当今欧洲理事会各成员国的基本追求目标之一，只有在援引正当的原因时，性别的区别对待才被认为符合《欧洲人权公约》要求。俄罗斯宪法法院将给予男性、女性军人育婴假的不同待遇的理由解释为母亲在教育孩子中尤为重要的社会角色，并不能使欧洲人权法院信服。欧洲人权法院指出，同孕假、产假以及孕、产假补贴这些应该在分娩结束初期给予母亲机会恢复，以及按照愿意用母乳哺育婴儿的福利不同，育婴假以及育婴补贴是处于下一阶段，是用来给家长机会留在家里亲自照料婴儿的。意识到母亲和父亲同婴儿的关系是有区别的，法院认为至少涉及该阶段照顾孩子的角色，父母双方处于平等地位。法院承认，基于军人在涉及国家安全中的特殊地位和作用，各国国内立法对军人的权利有所限制是正当的，与《欧洲人权公约》的规定并无矛盾之处。但是，仅就父母与子女关系方面，男女应当同等对待，没有合理而客观的理由排除男性军人获得育婴假而女性军人享有该休假。法院判定这一区别对待等同于性别歧视，因此构成对《欧洲人权公约》第 14 条以及相关法条第 8 条的违反。至于 40 万欧元的精神损害赔偿请求，欧洲人权法院认为，申诉人破格被给予育婴假（实际是两年多）也收到了当局的物质补助，据此法院认定承认违反公约本身就是对申诉人精神损害的公正补偿，因此不予支持。[40]

该判决在俄罗斯国内引起了轩然大波，国内舆论首次公开批评欧洲人权法院的判决。时任宪法法院院长的佐里金（Зорькин Валерий Дмитриевич）于 2010 年 10 月 29 日在《俄罗斯报》上发表《忍耐的限度》一文，谴责在该案中欧洲人权法院干涉俄罗斯的内政，针对俄罗斯的判决具有政治针对性。

佐尔金在文章中指出，欧洲人权法院以严苛的法律标准对待俄罗斯宪

---

〔40〕 См.: Константин Маркин против России（жалоба № 30078/06）. Постановление от 22 марта 2012 г.〔Большая Палата〕. Информационный бюллетень по прецедентной практике Европейского Суда № 150. Март 2012 года.

法法院的判决。2009 年 1 月 15 日，俄罗斯宪法法院在判决中认定：根据联邦法律规定，照顾孩子至三岁的育婴假只授予女性军人而没有给予男性军人（只能享受短时间假期），这并不违反宪法规定的男女平等原则。考虑到俄罗斯军职的条件和特性，特别是考虑到与宪法第 38 条第 1 款所保护的母亲和与儿童有关的女性在国家中的社会地位问题，欧洲人权法院在判决中认定给予女性军人育婴假而不给予男性军人这样的权利"缺乏合理依据"是不能令人信服的。问题在于，国家在具体的案件中具有优先权，从尊重家庭生活的角度看，公约第 8 条只是最抽象的规定，而不是具体的针对性，更不具有排他性。

佐尔金在文章中强调，在国家层面，国内当局能够更好地了解本国的社会需求，这意味着原则上当局处于优先的地位，不同于考量什么是公共利益的国际法院。这就是国家主权原则的普遍意义，也是欧洲人权法院应当遵守的原则。在类似的情况下，欧洲人权法院通常尊重立法者的政治抉择，如果这样的抉择不会明显"缺乏合理依据"的话。但令人遗憾的是，欧洲人权法院作出在实现尊重家庭生活权利方面的歧视性结论的法律依据是认为将女性作为教育孩子的主要主体构成性别歧视，因而批判地看待俄罗斯宪法法院的关于女性与母亲角色有关社会地位的结论。

佐尔金最后指出："我们让步的限度是维护我们国家的主权、制度和国家利益。这是我们的宪法义务。这样的保护绝不是狂妄、闭关自守。""欧洲人权法院的每一个判决不只是司法行为，还是政治行为。但判决是为了保护公民权利和自由以及我国发展的时候，俄罗斯永远都会毫不迟延地执行判决。但是，当斯特拉斯堡法院的某些判决从公约本身出发都值得质疑，而且还涉嫌干涉内政和基本的宪法原则时，俄罗斯有权建立不受这种判决侵害的保护机制。因此，应当通过宪法视角解决宪法法院和欧洲人权法院判决的相互关系问题。"他甚至主张俄罗斯要同欧洲其他国家一样"努力保护国家主权，保护《欧洲人权公约》不受不公正、受质疑的判决的侵害"。[41]

就俄罗斯与欧洲人权法院的关系而言，佐尔金的上述观点无疑能够代表俄罗斯官方的主张。

---

〔41〕 См. : Валерий Зорькин. Предел уступчивости. 《 Российская газета 》, 29 октября 2010 г.

（二）"尤科斯石油公司股东诉俄罗斯案"

如果说欧洲人权法院"马尔金"一案的判决挑战了俄罗斯当局"忍耐"的底线，那么，"尤科斯公司"一案的判决结果则已经令其"忍无可忍"。

尤科斯石油公司总裁、俄前首富霍多尔科夫斯基 2003 年因涉嫌诈骗、偷税、侵吞公款、洗钱等罪名两次获刑。2013 年 12 月 25 日经普京签发总统令被赦免获释。

2006 年 8 月 1 日，尤科斯石油公司被莫斯科仲裁法院认定破产，其资产被拆分给俄罗斯石油公司等国有企业。

在第一个刑事案件判决作出之前，霍多尔拉夫斯基就向欧洲人权法院递交了诉状。2011 年 5 月，欧洲人权法院在审理之后认定，他的个人权利受到侵害，但对案件本身具有政治性的理由没有认定。[42]

2009 年 1 月 30 日，欧洲人权法院受理了尤科斯公司股东对俄罗斯的申诉。尤科斯公司股东请求法院认定俄罗斯当局的行为违法，侵犯了公约规定的公正审判权和财产权条款，申请人要求赔偿其损失 980 亿美元。[43]

俄罗斯政府对此案非常重视，不惜重金聘请国际知名律师团队，包括英国著名律师 Michael Swainston。2011 年 9 月 20 日法院做出判决，部分支持了诉讼请求。法院认为，俄罗斯当局计算公司应纳税赋没有错误，侵犯公司股东财产权在于没有给公司足够的时间缴纳补充税款。而在程序上侵犯了公司公正审判权，没有给公司足够的时间了解一审案件材料（43 000 页材料只给辩护方 4 天时间）。其他审级未发现违反现象。赔偿数额没有确定，当时双方都从各自的角度认为自己是胜利的一方。[44]

欧洲人权法院于 2014 年 7 月 31 日作出判决，要求俄罗斯政府向尤科斯石油公司部分股东支付 18.66 亿欧元（约 25 亿美元）的赔偿。俄罗斯联邦司法部 2014 年 10 月 29 日向大审判庭递交了复议申请，但被驳回（2014 年 12 月 15 日）。[45]

---

〔42〕 ЮКОС ликвидировали неизбирательно. https：//www.gazeta.ru/politics/2011/09/20_ a_ 3774445.shtml，访问时间：2016 年 10 月 30 日。

〔43〕 "ОАО Нефтяная компания ЮКОС против России"（жалоба N 14902/04）.

〔44〕 Дмитрий Казьмин, Полина Химшиашвили. Суд занял обе стороны. //Ведомости, 21.09.2011, № 177（2943）.

〔45〕 ЕСПЧ отклонил жалобы Минюста РФ на компенсацию акционерам "ЮКОСа". "Газета Комерсантъ" от 16.12.2014.

向欧洲人权法院发起的诉讼中包括了 5.5 万名尤科斯石油公司的前股东，他们总计寻求 379 亿美元的赔偿。这些股东中有多家美国养老保险基金和其他机构，它们在尤科斯石油公司共有六十多亿美元的投资。虽然判决中给出的赔偿数额远远未能达到原告方的要求，但是对刚刚被美国和欧盟实施强硬制裁的俄罗斯而言无疑是一次不小的打击，其意义远超这些判决的赔偿数额。法院要求俄罗斯政府在 6 个月之内就赔偿资金的分配问题提出实施计划。[46] 屈服于欧洲人权法院的这一判决或类似判决，无疑会有损于现政权在国际上的"高大形象"和在国内的政治权威。

有道是：是可忍，孰不可忍！这一判决似乎突破了俄罗斯的"容忍"底线。判决一经宣布，俄罗斯当局就称其为政治性判决，对俄罗斯是不公正的，并公开宣称拒绝执行。

2016 年 10 月初，俄罗斯司法部申请宪法法院审查欧洲人权法院针对俄罗斯赔偿尤科斯公司股东巨额赔偿是否符合根本法的规定，也就是质询执行欧洲人权法院判决的可能性。[47]

对俄罗斯政府而言，同样棘手的还有海牙国际仲裁法院的仲裁。

2005 年 2 月 3 日，尤科斯石油公司三个原股东向海牙国际仲裁法院提出申请，要求俄罗斯赔偿其损失 1000 亿欧元，依据就是俄罗斯签署的《能源宪章条约》。俄罗斯方面担当此责的为副总理舒瓦洛夫，聘请国际法律服务公司 Cleary Gottlieb Steen & Hamilton（CGSH）和 Baker Botts，律师费高达 2700 万美元，而在此期间共支出 3700 万美元给专家、律师和法院。2009 年 11 月 30 日，海牙国际仲裁法院同意受理并进行了实质审理。[48]

2014 年 7 月 28 日，海牙国际仲裁法院判决认为，俄罗斯动用国家机器对尤科斯石油公司实行了全面的攻击，目的是促使其破产，没收其财产，从而违反了《能源宪章条约》的规定。基于以上事实的认定，仲裁法院判决俄罗斯于 2015 年 1 月 15 日前向股东支付 500 亿美元赔偿金。3 名仲裁员

---

〔46〕 Максим Иванов, Анна Занина, Анна Пушкарская. Компенсации ЮКОСу не сошлись с Конституцией. РФ хотят защитить от ЕСПЧ верховенством российского права. "Газета Комерсантъ" от 16 июня 2015.

〔47〕 Наталья Козлова. Проверка на законность. "Российская газета" от 13 октября 2016 г.

〔48〕 Игорь Терентьев. На деле ЮКОСа Россия уже потеряла более 1 млрд рублей. РБК（30 июля 2014）, http://www.rbc.ru/economics/30/07/2014/570420069a794760d3d405e7，访问时间：2016 年 10 月 30 日。

意见一致，其中包括 1 名俄罗斯政府方指定的仲裁员在内。[49]

俄罗斯当局自然不承认判决的有效性，随即向海牙当地法院提出撤销之诉。而尤科斯公司原股东在获得裁决之后便在多个国家启动冻结俄罗斯国家财产程序，英国、丹麦等国家甚至根据当地法院判决暂时冻结了部分俄罗斯国家财产，包括查封银行账户。

2016 年 4 月 20 日，海牙地区法院判决撤销仲裁法院的判决，理由是仲裁法院对其所审理的案件没有管辖权。俄罗斯虽然签署了《能源宪章条约》，但还没有得到批准生效。对俄罗斯政府来说，这一判决无异于雪中送炭，可以暂时松一口气，俄罗斯财政部长称这一判决是"公正的"。但是，这一判决还不是终审判决，还可以上诉，终审为荷兰最高法院，它只是暂时中止了世界各地冻结俄罗斯国家财产的程序，而尤科斯股东正在积极上诉，俄罗斯当局还不能高枕无忧。[50]

六、质疑与批评

俄罗斯司法部长在前述答读者问中指出，欧洲人权法院针对个别案件的判决，如"卡坦等诉摩尔达维亚和俄罗斯联邦案"（"Catan and Others Против Молдавии И Российской Федерации"）和支付"尤科斯"公司的赔偿问题，都超出了法院的职权范围，严重地背离了其先前的判例。这些判决依据的制度性错误给俄罗斯的未来承认带来了很大的问题。[51]

如上所述，自欧洲人权法院在 2002 年针对俄罗斯作出第一份判决之时起，来自俄罗斯官方的质疑声就一直没有停止过。

2007 年，俄罗斯联邦宪法法院院长佐尔金表示，"欧洲人权法院替代了最高法院、仲裁法院和部分宪法法院，执行着国内审级的功能，这与其性质是矛盾的，也不符合其目的"，他以俄罗斯联邦宪法法院院长的身份公开表示要求改变俄罗斯最高法院审理案件的结构体系，并进而转变欧洲人权法院本身对其自身功能的看法。[52]

---

〔49〕 《Суд в Гааге обязал Россию выплатить ＄50 за ЮКОС》. 28 июля 2014. http：// www. bbc. com/russian，访问时间：2016 年 10 月 30 日。

〔50〕 См.：Ярослав Николаев. Силунов назвал справедливым решение суда в Гааге по делу ЮКОСа. "Российская газета" от 20 апреля 2016 г.

〔51〕 См.：Петр Орлов，Борис Ямшанов. Александр Коновалов: об итогах года уходящего и перспективах наступающего. 30. 12. 2014. 《РГ》.

〔52〕 Доступ россиян к Европейскому суду хотят усложнить. Новая газета от 7 июля 2007 г.

2010 年 5 月 17 日，俄罗斯外交部对欧洲人权法院大法庭判决"科诺诺夫诉俄罗斯案"作出回应，认为俄罗斯联邦"在对判决及其法律后果进行全面评估之后得出了相应的结论，其中有针对建设我们未来与欧洲人权法院的关系，也有与欧洲理事会整体的关系"，都是负面的。[53]

同年 5 月 21 日，俄罗斯国家杜马发表声明表示，欧洲人权法院判决"不仅可能成为危险的司法判例和变更对第二次世界大战事件的法律态度，而且还尝试启动重新审议纽伦堡审判"。该声明获得与会国家杜马议员的一致通过（443 票赞成）。[54]

俄罗斯司法部 2010 年 5 月 28 日声明："欧洲人权法院适用国际法公认的原则和规范的观点让人深感遗憾。与此同时，甚至欧洲人权法院判决文本本身也未能解释苏联人民同法西斯侵略者进行斗争的解放使命。"俄罗斯联邦总统梅德维杰夫解释欧洲人权法院判决时说，应当"重新审议先前的判决，这绝对是一场政治表演"。[55]

与此同时，宪法法院院长佐尔金和总统梅德维杰夫表示，俄罗斯未向欧洲人权法院让渡可以变更俄罗斯立法的那一部分主权。他们强调，在确定欧洲人权法院的职权界限时必须基于以下方面，即欧洲人权法院对俄罗斯的司法管辖权乃是基于对《欧洲人权公约》的批准。佐尔金指出，俄罗斯不应执行欧洲人权法院那些严重违背俄罗斯宪法的判决。[56]

2011 年，国家杜马收到意图使俄罗斯联邦宪法法院封闭欧洲人权法院判决的立法议案，该议案受到了欧洲理事会秘书长托尔比约恩·亚格兰（Thorbjørn Jagland）的批评。[57]

针对 2014 年底欧洲人权法院决定要求俄罗斯向尤科斯公司原股东支付 18.7 亿欧元义务的判决，俄罗斯司法部发表声明，称该判决不能按照法律

〔53〕 Заявление МИД России в связи с оглашением 17 мая с. г. постановления Большой палаты Европейского Суда по правам человека по делу В. М. Кононова // МИД РФ, 17 мая 2010.

〔54〕 Госдума обвинила Страсбургский суд в пересмотре итогов Второй мировой войны, Lenta. ru (21. 05. 2010).

〔55〕 Медведев: Решение Страсбургского суда по делу Василия Кононова — политическое. // Интерфакс. 28 мая 2010.

〔56〕 Варерий Зорькин. Предел уступчивости // Российская газета № 5325 (246), 29 октября 2010.

〔57〕 Смирнов С. Настоятельный Совет Европы Gazeta. ru.

逻辑解释。[58]

2015 年，部分国家杜马议员请求宪法法院评估认定和执行欧洲人权法院判决的可能性，以及那些与宪法规定和宪法法院观点冲突的判决。申请人援引尤科斯案和安丘格夫和格拉特科夫案（禁止所有被剥夺自由的服刑人员参加选举）。宪法法院经过听证程序后认定，"俄罗斯可以按照特别程序不履行（欧洲人权法院）加给它的义务，如果回避执行是避免违反宪法基本原则的唯一方式"。宪法法院强调，俄罗斯联邦宪法规定了《欧洲人权公约》规定的所有人权，还有超出这一范围的人权，包括符合安全和卫生条件要求的劳动权、社会保障权等。这说明俄罗斯人权标准高于欧洲人权法院的要求，存在着高水平的人权保护。也就是说，俄罗斯在人权保护方面没有问题，在立法上不需要按照《欧洲人权公约》的标准进行调整，司法上也无需欧洲人权法院的判决予以纠正，从而为俄罗斯拒绝执行欧洲人权法院判决提供了理论基础。[59]

七、《宪法法院法》修正案与"违宪审查"

就在欧洲人权法院作出有关尤科斯判决之后不久，部分国家杜马议员便联名向联邦宪法法院就上述俄罗斯《公约批准法》《条约法》及各程序立法中关于适用国际条约的条款提出违宪审查质询。2015 年 7 月 14 日，以宪法法院院长佐尔金为审判长和其他 17 位宪法法院法官组成合议庭对该质询案进行公开审议。参与审议的还有国家杜马议员团代表、联邦委员会、联邦总统常驻宪法法院全权代表。宪法法院裁决认为，欧洲人权法院对于俄罗斯国内法院具有补充性，保护人权和自由首先应是国内的普通法院和宪法法院，而宪法法院是宪法监督的最高机关。虽然欧洲人权法院的判决也是俄罗斯法律体系的组成部分，但遵守国际法原则和让渡部分司法主权并不意味着放弃主权和宪法制度的基础。因此，宪法的至上性和优先性应予坚持。最后法院裁定，国家杜马议员团提出质询的立法条款并不违宪，只是在适用中应当遵守宪法至上原则，国家相应机关（包括联邦总统、政府和立法机关）在执行欧洲人权法院判决时，如认为其与俄罗斯宪法原则相悖，则可诉诸联邦宪法法院进行违宪审查。如果联邦宪法法院经审议认为

---

〔58〕 Россия сочла предвзятым решение ЕСПЧ об отказе в пересмотре компенсации ЮКОСу // Интерфакс. 16 декабря 2014.

〔59〕 КС разрешил России не исполнять решения ЕСПЧ // Интерфакс, 14. 07. 2015.

判决违宪，则不予执行。[60]

但是，联邦宪法法院的一纸裁定尚不足以彻底地解决欧洲人权法院判决在俄罗斯的执行问题。国家杜马在向宪法法院提出质询的同时，也开始启动《宪法法院法》修订程序，并很快获得通过，于 2015 年 12 月 15 日颁布施行。该法重申了上述宪法法院裁定中的相关规定，强调在俄罗斯国内宪法至上、主权至上原则。

应当指出的是，与官方的观点不同，俄罗斯社会对这一问题也有不同的声音和看法。他们一般是律师、学者、退休法官等。

许多法律实务工作者和学者认为，这一法律的出台表明，俄罗斯司法制度在人权保护问题上正在倒退。新的法律使得俄罗斯能够无视欧洲人权法院的判决，对宪法法院作出的不开庭审理或拒绝执行欧洲人权法院判决的裁决将无处申诉。令人遗憾的是，该法甚至不给生效前欧洲人权法院的判决重审的机会。这一切无疑是对"法的原则的嘲弄"。俄罗斯这样做，是拒绝让自己的立法实践与国际人权标准保持一致。这会使俄罗斯的立法状况恶化。

俄罗斯国家经济高等学院的伊里亚·沙勃林斯基（Илья Шаблинский）教授没有这么绝对和悲观，他在接受美国之音采访时表示：虽然该法对欧洲人权法院判决的执行会构成一种障碍，但"我们暂时还不知道，国家机关会在多大程度上利用这种可能性诉诸宪法法院"。在欧洲人权法院，俄罗斯公民的申诉案件数以千计，针对俄罗斯国家违反公约的判决也会接连不断，涉及判决执行的俄罗斯国家相关职能部门不可能每个判决都向宪法法院提出审议申请，只能选择性地对那些原则上不欲执行的判决进行"违宪审查"。总体而言，新法对俄罗斯公民是"更为有害的"，对于俄罗斯宪法所确立的人权和自由保护机制也是有害无益的，因为它会"妨碍作出那些恢复公民权利的判决"。但是，这一机制可能要等待很久才会施行，未来如何发展，作出准确判断还为时过早。[61]

而基于事态的紧迫性，俄罗斯当局采取了积极的行动。2016 年 4 月 19

---

〔60〕 См.: Олег Анищик. 0 - 2 Постановление Конституционного Суда РФ об исполнении Постановлений ЕСПЧ. "Российская газета" от 27 июля 2015 г.

〔61〕 Виктор Васильев. Россия, ЕСПЧ и «насмешка над правом». 15 декабря 2015 года. http://www. golos - ameriki. ru, 访问时间：2016 年 10 月 30 日。

日，俄罗斯宪法法院即作出第一例相关判决：宣布部分不予执行欧洲人权法院于 2013 年 7 月 14 日对"安丘哥夫和格拉特科夫诉俄罗斯案"（Анчугов и Гладков против России）的判决。宪法法院认为，俄罗斯现行宪法第 32 条规定的剥夺在押犯人，尤其是重罪犯人的选举权是公正的，俄罗斯不会修改立法以符合欧洲人权法院的人权标准，但可以就轻罪犯人在具体案件的判决中加以明确是否享有选举权。[62] 俄罗斯《生意人报》发文认为，这一判决也为拒绝执行轰动一时的尤科斯案判决提供了很好的理由和依据。[63]

2016 年 10 月初，俄罗斯司法部申请宪法法院审查欧洲人权法院针对俄罗斯联邦向尤科斯石油公司股东支付巨额赔偿款一案的判决是否符合根本法的规定，也就是质询执行欧洲人权法院判决的可能性。[64] 虽然俄罗斯宪法法院还没有就此案作出判决，但其结果可想而知。

通过对整个上述事件及其背景进行分析可知，俄罗斯当局所采取的行动已超出一般立法和司法的范畴，而不啻为政治策略或智慧的运用。

八、余论——人权与主权的博弈

2016 年 2 月 28 日是俄罗斯签署《欧洲保护人权公约》20 年纪念日，虽然当日在莫斯科与法国斯特拉斯堡两地都举行了纪念活动，但仪式非常简单，气氛凝重，组织者完全没有 20 年前加入公约时的那种热情，对前途充满忧虑。大家都明白，俄罗斯与欧洲人权法院、欧洲理事会或整个欧洲的关系至此为止又一个时代结束了，或者说一个新的时代又开始了。虽然这个新时代与冷战时期的对立不可同日而语，但方向却是一致的，双方的关系不是越走越近，而是相反，越走越远。究竟有多远，还是个未知数。

融入欧洲或者西方在俄罗斯有着深远的历史渊源。众所周知，俄罗斯在历史上曾受蒙古统治达两个半世纪之久，这给其民族性格、精神和文化传统都打上了深深的烙印。只是在 17 世纪末，彼得一世率先推行脱亚入欧

---

〔62〕 Постановление Конституционного Суда Российской Федерации от 19 апреля 2016 г. N 12 – П "по делу о разрешении вопроса о возможности исполнения в соответствии с Конституцией Российской Федерации постановления Европейского Суда по правам человека от 4 июля 2013 года по делу" Анчугов и Гладков против России "в связи с запросом Министерства юстиции Российской Федерации". Российская газета от 5 мая 2016 г.

〔63〕 См.: Анна Пушкарская. Решение ЕСПЧ—ни в жизнь. В Конституционный суд поступило первое обращение Минюста. Газета "Коммерсантъ" №16 от 02. 02. 2016, С. 1.

〔64〕 Наталья Козлова. Проверка на законность. "Российская газета" от 13 октября 2016 г.

政策，从而开启了融入欧洲的进程。但是，这一进程并不顺利，从开始的那一天起，反对之声就不绝于耳，并在各种社会思潮的冲击下，终于在1917 年十月革命后中断。在实行了七十余年的社会主义制度之后，又通过反思而再度接续这一进程，应该说，其力度和决心并不亚于彼得一世时期施行的各项措施。当然，这一新的进程同样磕磕绊绊，并不顺利。

由于民族文化传统和地缘政治等问题丛杂交错，并非一朝一夕所能解决，尽管俄罗斯当局付出诸多努力，实践层面仍然显得力不从心，困难重重，与欧洲人权法院的要求仍然距离遥远，发生矛盾和冲突势所难免。

塞缪尔·亨廷顿在其《文明的冲突与世界秩序的重建》一书中将苏联解体后的俄罗斯视为一个"无所适从的国家"，认为苏维埃时期"通过采用西方的意识形态和运用它来向西方挑战，俄国人在某种意义上比历史上的任何时期都更加接近西方，并更加密切地与西方缠绕在一起。尽管自由民主的意识形态与共产主义的意识形态差别很大，但在某种意义上，双方讲的是同一种语言。共产主义和苏联的崩溃结束了西方和俄罗斯之间的这种政治——意识形态的相互作用"；"俄罗斯人不再表现得像马克思主义者，而开始表现得像俄罗斯人，俄罗斯与西方之间的鸿沟扩大了。自由民主与马克思、列宁主义之间的冲突是意识形态上的冲突，尽管它们之间有重大的差别，但它们都是现代的、世俗的，并公开赞同最终要实现自由、平等和物质富裕的目标。一个西方的民主主义者可以与一个苏联的马克思主义者进行思想上的争论，但他不可能与一个俄罗斯的东正教民族主义者这么做。"也许，这种趋势的标志是彼得·萨维茨基思想的再度流行，即他曾于20 世纪 20 年代论证说："俄罗斯是一种独一无二的欧亚文明。"[65]

应当指出的是，俄罗斯加入《欧洲人权公约》并接受欧洲人权法院的司法管辖，这一"枷锁"是俄罗斯自愿给自己套上的。权力受到限制当然感到不便，何况又是"外来"的，尤其是来自发达的"自以为是的西欧"！受到骄傲的俄罗斯的抵制是必然的，只是或早或晚。

因此，俄罗斯虽然在 20 世纪 90 年代初出于政治考虑施行融入欧洲的政策，但基于本身民族性和历史积累的问题，总是显得与欧洲各国格格不入，加之不少知识阶层人士对于自身民族特殊性或"优越性"的自我认知，在

---

〔65〕 ［美］塞缪尔·亨廷顿：《文明的冲突与世界秩序的重建》，周琪、刘绯、张立平、王圆译，新华出版社 2002 年版，第 150 – 152 页。

与欧洲的价值认同上始终犹疑不定，更加深了彼此之间的隔阂。正如爱沙尼亚议员克里斯金娜·奥尤兰德（Кристийна Оюланд）所说的那样："莫斯科总是要在禁烟俱乐部里做一名吸烟者。"[66] 而在欧洲方面，虽然欢迎俄罗斯加入欧洲大家庭俱乐部，希望俄罗斯在制度和思想上作出改变，但对其能否改变始终疑虑重重，不相信俄罗斯与西欧人不甚协调的"鞑靼面孔"能够在短期内变得慈眉善目。俄罗斯在克里米亚并入俄罗斯和乌克兰危机事件上所起的作用，又一次验证了俄罗斯仍然是美国和西欧各国地缘政治上的强有力对手或敌人，而非盟友。[67] 北约东扩是出于欧洲整体防务安全的目的。而俄罗斯将克里米亚视为国家南部门户，同样是为了自身安全要极力抑制北约东扩。这种矛盾冲突在短期内还无法消除。

可见，俄罗斯融入欧洲或者欧洲接受俄罗斯与其融为一体还是一个漫长的过程，或者永远不能。这从欧洲理事会与俄罗斯 20 年风雨飘摇的关系和欧洲人权法院判决在俄罗斯的命运上也可看出部分端倪。

为了与欧洲各国共享一个广阔的国际舞台，俄罗斯曾作出极大努力，俄罗斯 4 位国家领导人（总统、政府总理、联邦委员会主席和国家杜马主席）拟定和签署了一个完善俄罗斯立法和法律适用的详细计划，并在加入之前提交给了欧洲理事会。这在俄罗斯是史无先例的。受欧洲理事会和欧洲人权法院判决的影响，俄罗斯在整个法律制度上都作出了积极调整。例如，检察官将批捕权转给法官，这是为了符合《欧洲人权公约》第 5 条第 3 款的规定要求；所有俄罗斯现行法典都经过了欧洲理事会的审查；在欧洲理事会倡导下，俄罗斯的律师地位得到极大提高；羁押场所的条件得以改善；制定通过了证人保护法；宪法中增加了有关加强议会监督的条款；自 1996 年起实际上未适用死刑；等等。[68]

在保护人权方面，俄罗斯与欧洲人权法院和欧洲理事会表面上并不存在分歧。在国家层面，"人权高于主权"原则在立法上的表现尤为突出。来自俄罗斯的欧洲人权法院的法官科夫列尔认为，"人权高于国家利益和超越国界"，这是欧洲取得的主要法律思想成就，坚持"人权高于主权"的立场

---

〔66〕 Анна Пушкарская, Санкт–Петербург. Отношения России со Страсбургским судом. 15. 02. 2016. http：//kommersant. ru/doc/2916090，访问时间：2016 年 10 月 30 日。

〔67〕 参见钱文荣：《乌克兰危机对国际地缘政治的深远影响》，载《和平与发展》2014 年第 4 期，第 88 页。

〔68〕 См.：К. А. Кирсанова. Указ. Соч. С. 24.

并不妨碍他作为一个俄罗斯的"爱国者"。[69]

但是，并非所有的俄罗斯人都秉持这样的理念，尤其是涉及执行欧洲人权法院判决的各职能部门，对具体个案是否侵犯了人权往往看法不一，对个别案件判决的公正性或中立性也表示怀疑。而在这样的时候，强调主权原则便成为不二选择。正如俄罗斯宪法法院院长佐尔金所言，欧洲人权法院的每一个判决都不仅仅是法律文件，也是政治文件。当这些判决对国家有利时，俄罗斯永远都会无条件地执行。"但是，当那些斯特拉斯堡法院的判决背离人权保护公约的本质，尤其是那些直接涉及我国的主权和宪法基本原则时，俄罗斯便有权制定保护机制免受这些判决的损害。"[70] 而欧洲人权法院针对尤科斯石油公司股东一案正是这样的判决。

尤科斯石油公司曾经由俄罗斯大亨霍多尔科夫斯基拥有，身为普京总统坚定反对者的他曾使用个人财富资助多个反对党。这也许是他被判刑和造成尤科斯石油公司破产的真正原因。霍氏在重获自由之后，并没有遵守其不再涉足政治的诺言。虽然目前居住在瑞士，不敢回国，但在国际上以更坚决的态度继续坚持他的反对派立场，批评普京"搞独裁统治"，并开始与普京领导的俄罗斯政府打官司。在获得上述欧洲人权法院判决之后，便在世界各地寻求冻结俄罗斯国家财产，以期获得判决的执行。在经过一系列大动作之后，普京并没有从根本上消除这个潜在的挑战者。霍氏在欧洲人权法院寻求的不仅仅是个人权利的保护，对他来说，那更像是一个政治舞台。[71] 普京现在可能才真正地意识到，大的麻烦也许还在后头。

在 2014 年 8 月 14 日与国家杜马政党议员团会面时，普京表示，欧洲人权法院的许多针对俄罗斯的判决都是政治性的。因此，如果这样继续下去，俄罗斯有可能脱离欧洲人权法院的司法管辖。只是，"现在这一问题还没有被提上议事日程"。[72] 这一表示表明了俄罗斯的当下意愿：暂时不想或不便脱离欧洲理事会和欧洲人权法院的司法管辖，但也不再继续维持此前矛盾

---

[69] См.: Леонид Никитинский. Избранный от России в состав судей Европейского суда по правам человека Анатолий КОВЛЕР, "Права человека выше национальных интересов". Новая газета, № 34, 10. 05. 2007.

[70] См.: Валерий Зорькин. Предел уступчивости. «Российская газета», 29 октября 2010 г.

[71] 参见安替：《商人的"俄国梦"》，载《21 世纪商业评论》2014 年第 1 期，第 31 – 32 页。

[72] Антон Филимонов. ЕСПЧ: нужен ли он России и зачем. 24 сентября 2014 г. http://www.garant.ru/article/565493/#ixzz4CUajKxIy，访问时间：2016 年 10 月 30 日。

重重的互动关系。

按照公约和理事会规约的规定，不执行欧洲人权法院判决，负有监督执行之责的欧洲理事会部长会议即应采取相应措施，对于拒不执行者，最后的制裁措施是开除出理事会。

对于俄罗斯修订《宪法法院法》强调宪法至上和具有最高法律效力以对抗欧洲人权法院判决的一系列措施，欧洲理事会议会（PACE）主席布拉索（Anne Brasseur）表示：斯特拉斯堡法院的判决对每个《欧洲人权公约》成员国都具有强制效力，俄罗斯目前是未执行判决最多的国家，有近 1500 个判决没有得到完全执行，而许多判决都涉及严重侵犯人权或复杂的结构性问题。"除了执行判决，没有其他选择，因为这会动摇公约的基础。"[73]

2015 年 1 月 28 日，欧洲理事会在确认俄罗斯议会代表团权能的同时，继续中止其行使表决权至 4 月，并禁止其参加理事会的领导机构。俄罗斯代表团则将此中止效力延长至年底作为回应。俄罗斯代表团团长布什科夫（Алексей Пушков）表示，俄罗斯退出欧洲理事会已经被提到议事日程，将在 2015 年底对这一问题进行审议，具体视政治形势发展而定。[74]

面对俄罗斯的忽然转向，欧洲理事会方面当然不希望其完全退出，但又不能无视俄罗斯蔑视欧洲人权法院判决和理事会决议的权威，遂陷入两难境地。

欧洲理事会秘书长亚格兰屡次表示希望俄罗斯不要退出欧洲理事会，并保持对话状态，因为"欧洲与俄罗斯彼此需要"，谁也离不开谁。[75] 保持对话是解决问题的基础。但是，就目前而言，如何解决俄罗斯与欧洲人权法院的关系所出现的问题，何时能够解决，谁的心里都没谱。也可以说，俄罗斯与西方的关系在进入 21 世纪之后，又开始了一个新的前途未卜的时期。这对整个世界格局都会产生深远的影响。

那么"人权高于主权"原则呢？相信俄罗斯在未来仍然会坚持，但其热情可能会大为降低，尤其是与欧洲理事会和欧洲人权法院合作方面。欧

---

〔73〕 П. В. Краснова. Перспективы создания Евро – Азиатского суда. Научные записки молодых исследований. № 6. 2015. С. 57.

〔74〕 См. : Россия решила покинуть ПАСЕ до конца года. http: //vz. ru/news，访问时间：2016 年 11 月 1 日。

〔75〕 Генсек Совета Европы Турбьёрн Ягланд："Россия и Европа нужны друг другу". Еженедельник "Аргументы и Факты" № 25 22/06/2016.

洲人权法院仍然可以针对俄罗斯作出判决，而是否执行，俄罗斯要自己说了算。甚至有人提议要建立"欧亚人权法院"取代欧洲人权法院，以满足俄罗斯现行宪法第 46 条第 3 款规定的俄罗斯公民诉诸国际人权机构保护其受到侵害，而在俄罗斯不能得到应有救济的权利。[76]

欧洲受阻而转向"东方"寻求人权保护，不能不说这是俄罗斯人颇具想象力和创造力的想法。

---

〔76〕 П. В. Краснова. Указ. Соч. С. 58–59.

互联网宪法政治的生成、演化与挑战

——迈向司法治理[*]

余成峰[**]

一、作为当代世界秩序隐喻的互联网

互联网已然成为当代社会的精神象征物。20 世纪 80 年代以来，全球范围的信息化重组进程，正将历史推进到一个新的发展阶段。根据研究统计，全球的生物信息是 10 万尧字节，而技术元素的信息则是 487 艾字节，虽然总数还不如生物信息，但呈指数级增长。其中，计算机数据每年净增 66%，是其他一切制造品的 10 倍以上，这种爆炸式增长正使整个地球被裹挟在知识与信息越来越致密的互联网络之中。[1] 当代全球信息网络是一个由 10 亿台中央处理器组成的超级有机体，其中包括难以计数的储存设备、信号处理器、信息流通渠道和分布式通信网络，以及围绕于这一网络的全部服务设施、芯片和设备——包括卫星、服务器、扫描仪、二维码、传感器等。这样一台超级虚拟计算机，其所有晶体管数量高达 10 万万亿支。每一秒有10 亿比特信息通过，每一年数据量接近 20 艾字节。另外，还包括 27 亿部手机、13 亿部固定电话、2700 万台数据服务器和 8000 万台掌上电脑。整个网络约有 1 万亿网页，每一个网页链接 60 个网页。[2] 这一切的总和，无

* 本文是中国法学会比较法学研究会 2016 年度"中国比较法学"研究课题的结项成果之一。

** 余成峰，北京航空航天大学法学院、人文与社会科学高等研究院讲师。

〔1〕 参见〔美〕凯文·凯利：《科技想要什么?》，熊祥译，中信出版社 2011 年版，第 69 页。

〔2〕 参见〔美〕凯文·凯利：《科技想要什么?》，熊祥译，中信出版社 2011 年版，第 332 页。

疑就是当代法律全球化核心的技术性和物质性根基，也构成了互联网作为一个封闭自主运作系统的宪法化进程的物理性基础。

民族国家的领土疆界正在失效，信息不再受主权边界的有效控制，这种全面互联的信息网络深刻改变了传统的社会与政治模式，当代的法律、金融与贸易体制也随之改变。更为深刻的变化，也是极易被忽视的，则是这一超越主权管控范围的、愈益呈现全球化封闭运作的互联网系统，正在进入一个自主的宪法化演进过程之中。[3] 这类似于 16 世纪以降，伴随中世纪天主教神权普世秩序的崩溃，由地域性领土国家所开启的重构人类政治空间的宪法化进程。以美国革命和法国革命的宪法结晶为标志，全球空间秩序开始进入威斯特伐利亚体系的领土分化模式，以主权领土和民族国家认同为分界线的国家宪法化进程，主导了时至今日的世界政治—法律秩序基本形态。[4]

互联网政治的意义不只是哈贝马斯意义上的网络公共领域的建构，更是作为一种秩序生发的形态和隐喻意象，指示了某种在二战之后承担拯救民族国家功能的秩序生发形态。各种超国家、跨国家、亚国家组织和全球化网络及其功能系统，通过多层次、多中心、多节点的契约和产权关系，形成了一个包围民族国家的全球多元法律秩序。民族国家秩序危机在二战中总爆发，并在冷战时期的帝国对峙中持续呈现；但与此同时，战后孕育的大量去中心化的自发全球秩序体系，例如贸易、金融、投资法律机制，特别是全球互联网系统，更是提供了指数级意义上的秩序增量维度。它们填补了民族国家秩序的真空地带，通过填补民族国家秩序辐射的空白，通过全球空间尺度的秩序查漏补缺，以及逐步的秩序替代，从而提供了超越单一民族国家与国际秩序体系的多元选项。这些秩序的生成方式，基本是多中心的、去中心的、普通法式的，其秩序溢出部分当累积到一定程度，

〔3〕 See Mark Poster, "Cyberdemocracy: Internet and the Public Sphere", *Internet Culture* (1997), pp. 201 – 218; Christian Fuchs, "The Internet as a Self – Organizing Socio – Technological System", 12/3 *Cybernetics & Human Knowing* (2005), pp. 37 – 81; Lawrence Lessig, "Reading the Constitution in Cyberspace", 45 *Emory L. J.* (1996), p. 869; Timothy S. Wu, "Cyberspace Sovereignty: The Internet and the International System", 10 *Harv. J. L. & Tech.* (1996), p. 647.

〔4〕 See John W. Meyer, et al., "World Society and the Nation – State", 103/1 *American Journal of sociology* (1997), pp. 141 – 181; J. Samuel Barkin, "The Evolution of the Constitution of Sovereignty and the Emergence of Human Rights Norms", 27/2 *Millennium – Journal of International Studies* (1998), pp. 229 – 252.

则进一步刺激民族国家法律作出相应的调整、吸纳和回应。所以，二战后全球法律秩序的重构，不只是表面上的基于大屠杀记忆的道德主义或新自然法转向，拯救民族国家秩序的重要力量来自例如 WTO、IMF、投资争端解决机制等超国家和跨国家法律体系的建构。由这些全球化的多中心的司法性秩序，重新塑造了民族国家和国际法秩序。国际秩序既认可、保卫、巩固这些多中心秩序要素，而且也往往能通过反对为多中心秩序进一步自我演化和调整提供契机。民族国家在这个过程中不断学习和调试，从而深刻改变了传统的国家形态与国家理论。我们今日的世界秩序绝不是哈特和内格里所谓的"帝国"，既不是"民族国家"，也不是"帝国"，而是指向一种新型的政治法律结构，或可称之为"帝国网络政体"。

经典帝国体系是辐辏式的中心—边缘政体结构，而帝国网络政体则没有真正的中心和顶点。在这种全球政体结构里，甚至美国也不是真正的世界秩序中心。实际上，不断自我演化的超逸于民族国家的世界秩序动力是借助美国的肉身，利用美国宪制结构特殊柔软的身段来推动这种网络政体秩序的扩展。而之所以依然使用帝国概念，除了再一次说明民族国家概念的理论与实践的双重失效，还因为这个世界性网络秩序依然存在中心—边缘的差序结构，并且其作为秩序组织原则仍在发挥作用，尽管已不是唯一和支配性的作用。美国特殊的政法制度结构，特别使其具有学习能力来内化、同化与传播这种秩序原则，也使其自身深度内嵌到这种网络体系之中，从而遮蔽了美国秩序背后更为深层的网络化秩序原则。在这个意义上，互联网时代下宣称所谓的网络主权本身就是一个伪命题，正如在网络法时代，国家法的种种制度变革与条文解释已不具备揭示未来全球社会法律演化动态的能力。

二、互联网宪法政治与国家宪法政治的异同点

互联网系统宪法与民族国家宪法自主演化的相似性在于：一方面，它们都因应于当时所处的世界和社会分化的范式转移，社会结构和社会语意的巨大转型，构成了宪法化进程启动的内在动力；另一方面，宪法化进程的启动，也是因应于这一时代和社会大转型的挑战。可以看到，紧接牛顿时代所出现的霍布斯、洛克等政治哲学家的系列讨论，都是针对当时工业文明的转换对政治—法律体系的挑战。当时所出现的宗教战争以及各国爆发的内战，实际上都与背后一系列的政治、经济和社会变化直接相关。简而言之，民族国家宪法是从中世纪的层级式社会分化形态向现代的功能性

社会分化形态转型的产物。[5]

中世纪宪法建立于教士—贵族—平民的等级性分化结构之上，从而形成"等级会议—三级会议"的宪法结构，它符合中世纪天主教普世秩序的想象，预设了托马斯·阿奎那的神法—自然法—人法的天主教神圣秩序构想。[6] 而这一秩序构想的特征在于宗教、政治、经济、法律等领域的相互缠绕，并由宗教神权赋予其顶点和中心的神圣权威性保证。此后的人文复兴运动、宗教改革运动、近代启蒙运动的产生，既是对这一神圣秩序的反叛，也隐含了这一神圣秩序自我松动的迹象。特别是新教改革运动所推动的信仰自由心证和民族国家对宗教精神事务的干预，带来了中世纪神圣秩序与领土分化世俗秩序之间的剧烈冲突，两套秩序的内在张力，通过领土国家的社会分裂和暴力冲突形式集中反映出来，并体现为"正义—和平—秩序"等法律语意冲突形式。在这一转型过程中，中世纪神权秩序的正当性基础受到了冲击，等级会议宪法不再能够有效整合新兴的民族国家秩序，资产阶级不再满足于由教士和贵族所垄断的法律特权，以及由此形成的社会排斥结构。而与此同时所形成的国家理性（ratio status），仍然有待于一种新的政治—法律哲学论证来进行驯服，它必须面对正在迅速崛起的"第三等级"（西耶斯）所提出的普遍制宪权挑战。[7]

霍布斯在面对这样一个"一切人对一切人"的战争状态下，试图解决这种混乱的自然状态，从而提出社会契约论的思想，希望通过社会政治秩序正当性的重新建构来实现政治和平。经由洛克、卢梭、普芬道夫这一思想谱系的展开，最终形成了对民族国家世俗法律秩序构建的思想指导，其

---

〔5〕 See Niklas Luhmann, "Differentiation of Society", *Canadian Journal of Sociology/Cahiers Canadiens de Sociologie* (1977), pp. 29 – 53; Niklas Luhmann, "Globalization or World Society: How to Conceive of Modern Society?", 7/1 *International Review of Sociology* (1997), pp. 67 – 79.

〔6〕 See John Greville Agard Pocock, *The Ancient Constitution and the Feudal Law: A Study of English Historical Thought in the Seventeenth Century*, Cambridge University Press, 1987; James M. Blythe, "The Mixed Constitution and the Distinction between Legal and Political Power in the Work of Thomas Aquinas", *Journal of the History of Ideas* (1986), pp. 547 – 565.

〔7〕 See Jr Harvey C. Mansfield, "On the Impersonality of the Modern State: A Comment on Machiavelli's Use of Stato", *The American Political Science Review* (1983), pp. 849 – 857; William Hamilton Sewell, *A Rhetoric of Bourgeois Revolution: The Abbé Sieyes and What is the Third Estate?* Duke University Press, 1994.

终极成果的典型成功代表则是美国宪法。[8] 这一宪法模式有效回应了现代社会系统的功能分化趋势，通过政治国家—市民社会的对立构造实现了政治系统与经济系统的分离和耦合，通过国家宪法的创设实现了政治系统与法律系统的分化和耦合。宪法基本权利体系的构建，则保证了不同社会空间自主性的展开，并实现了在民族国家范围内的去政治化—再政治化张力的平衡，社会涵括的自由—平等化进程通过综合化基本权利体系的不断扩展得以推进。[9]

当代互联网系统自主空间的生成，同样预示了世界社会分化形态的潜在转变。互联网其实已经不仅仅是一种技术，而且是我们当代一种区别于工业文明的新型文明的象征。互联网是作为当代世界秩序演变，作为世界秩序潜在革命性变化的精神象征物，凸显其重要性。正像牛顿时代和霍布斯时代以机器为时代象征物，互联网则是当代政治法律秩序演变的精神象征物。对这种象征物的理解和分析，如果继续沿用工业时代的政治与法律概念进行分析的话，就会出现许多错误。在这样一个急剧变动的时代背景下，我们整个政治和宪法的概念实际上面临一种危机并有重构的需要。如果说，现代国家宪法因应了功能式分化社会的内在要求，因为中世纪神圣帝国秩序及其宪法形态所代表的等级式社会分化不再有效，从而推动了一种新的宪法形式的产生与演化。那么，今日互联网技术所导致的全球空间与时间结构的重新调整，实际也正在侵蚀近代建构的民族国家法律体系及其法理基础，甚至正在改变现代性所预设的社会系统功能分化逻辑。[10] 当代诸多疑难案件的密集出现与传统人权保护的内在困境，都预示了民族国家宪法在全球化、私有化、数字化转向潮流中所面临的不适。这使当代互联网系统遭遇和近代宪法生成时相似的历史挑战。但是，与此同时，今天我们所面临的问题实际上又不简单等同于霍布斯所面临的困境，在笔者看来，至少有三个方面的重大变化。

---

〔8〕 See Richard Bellamy, "The Political Form of the Constitution: The Separation of Powers, Rights and Representative Democracy", 44/3 *Political Studies* (1996), pp. 436 - 456.

〔9〕 See T. H. Marshall, *Citizenship and Social Class*, Pluto Press, 1987.

〔10〕 See Steffen Roth, "Fashionable Functions: A Google Ngram View of Trends in Functional Differentiation (1800 - 2000)", 10/2 *International Journal of Technology and Human Interaction* (2014), pp. 34 - 58.

三、告别霍布斯时代的利维坦国家哲学

第一个方面是空间结构的变化，也就是说，17 世纪建立的威斯特伐利亚民族国家体系已经受到冲击，传统工业社会和福特主义生产依托于民族国家和传统国际关系的空间结构，依赖于民族国家市场经济、议会政治、政党政治和司法独立的政治—法律框架，这一切都配合于 18 世纪工业革命的历史进程。今天，我们可以看到全球媒介的广泛传播，金融资本、知识资本和信息资本的全球流动，已经突破了原来的领土分化的逻辑，这是空间逻辑上的变化。[11]

第二个方面是时间结构的变化，在工业社会，时间的预期和规范的预期相对来说比较静态，比较稳定。但是我们当代时间的概念已经发生了很大的变化，不确定性、动态性以及有关过去、现在和未来一种非常灵活的、自我反身性的时间概念，在不同的领域，在资本运作的领域，在法律运作的领域，在媒介运作的领域，在政治运作的领域，时间概念的变化都已在其中出现。[12]

第三个方面是社会秩序的基本单元，已经从过去的个人和主体转向匿名的系统，在霍布斯时代，社会政治法律秩序是建立在个人的主体之上。现在，我们却发现不同的系统已经逐渐成为一个自成一体的独立运作体系，对于这样一个独立运作的系统个人的心理感受、个人的情感、个人的物质需要，只是偶尔被不同的系统所考虑，只是作为系统的环境而存在，如果简单套用传统法律主体和主观权利所依托的诉讼请求权，已难以真正做到"为权利而斗争"。不同匿名的魔阵、匿名的母体、匿名的 MATRIX，构成了当代社会的基本秩序单元。互联网系统、经济系统、宗教系统、医疗系统、科学系统，它们只是在各自内部封闭运作的基础上认知个体的感受，个人的利益和需求，不会直接转化为系统自身运作逻辑的转变。[13]

所以，上述三点变化，实际上对于我们当代宪法秩序构成了非常严峻的挑战，我们传统的宪法理论、传统的政治理论，都在这些变化面前遭遇

---

〔11〕 See Jesper Tække, "Cyberspace as a Space Parallel to Geographical Space", *Virtual Space* (2002), pp. 25 - 46.

〔12〕 以上详细参见余盛峰：《全球信息化秩序下的法律革命》，载《环球法律评论》2013 年第 5 期。

〔13〕 可以详细参见 [德] 贡塔·托依布纳：《魔阵、剥削、异化：法律社会学文集》，泮伟江、高鸿钧等译，清华大学出版社 2012 年版。

困境，这三个变化，也正是和互联网技术的迅速发展紧密相关的。它们既是互联网技术发展推动的结果，同时这种变化也使得互联网系统进入了更为快速发展的轨道，互联网恰恰是作为这种时代秩序展开最好的体现和象征。

四、民族国家政治宪法的时代不适症

所以，面对这些新型变化，霍布斯的政治—宪法解决方案已经不再可行，如果继续试图套用民族国家政治宪法，试图通过议会立法、司法独立、行政集权来解决互联网系统自身的运作问题，多数时候会发现越管越糟糕，也就是出现所谓的规制悖论问题。[14] 甚至，互联网系统自身构筑的"代码即法律"，会使其在技术设计的层面，就将国家法律和宪法的规范效力阻挡在外。[15] 政治议会出台的法案或者司法系统作出的判决，由于不能真正进入不同社会系统的自我运作逻辑当中，最后可能使得监管的情况越来越糟糕。面对这种局面，我们就必须承认当代社会正在经历的深刻变化，不同系统——包括政治系统、法律系统、互联网系统、金融系统——的独立运作逻辑，是我们当代对宪法和政治重新想象和进行设计时，必须要直面的现实。如果不能直面这个现实，很多法律解决方案都会适得其反。民族国家宪法统辖主权领土范围内一切规范性事件的历史预设已经消失了。

此处可以举一个例子。2008 年金融危机发生后，欧美国家的不少学者和政治家提出很多解决方案。例如，要求取消投资银行家的奖金或者要求提高金融产品的质量，加强国家或跨国金融监管等。但是，这一系列考虑和制度设计，最后都发现不能解决根本问题。因为，这些制度设计，最终还是希望能够约束资本家的贪婪本性或者进行道德上的批判，试图通过国家政治法律对社会个体的外围监管来解决这个问题。也就是说，传统的国家宪法设计（黑格尔的国家—市民社会—家庭秩序体系），预设了政治宪法能够确保市民社会"需求的体系"与国家公共普遍性的协调，因为黑格尔时期的"政治经济学"被成功限制在主权领土范围之内，不同社会系统的

〔14〕 See Cass R. Sunstein, "Paradoxes of the Regulatory State", *The University of Chicago Law Review* (1990), pp. 407–441.

〔15〕 See Lawrence Lessig, "Code is Law", *The Industry Standard* (1999), p. 18; Lawrence Lessig, "Law Regulating Code Regulating Law", 35 *Loy. U. Chi. L. J.* (2003), p. 1; Orin S. Kerr, "Are We Overprotecting Code: Thoughts on First-Generation Internet Law", 57 *Wash. & Lee L. Rev.* (2000), p. 1287.

功能分化，仍然可以寄托于一个具有全社会代表性的"政治国家宪法"来保证其公共性的实现。[16] 但是，当代社会系统实际上已经多数脱离于主权领土的分化逻辑，而呈现为全球空间尺度范围的运作。因此，这些传统的宪法设计和法律监管措施，实际已难以处理"金融危机"难题，因为它已难以介入一个逐渐在全球范围内封闭自我运作的金融系统。

因此，目前在欧洲已经出现了一种新的讨论方式，即所谓的纯货币改革。[17] 它的基本思路，就是认为要解决金融系统本身的问题，必须要首先搞清楚金融系统自身的运作逻辑。所谓的纯货币改革，就是意识到在一个全球化的条件之下，原来由国家中央银行垄断货币发行的可能性已经消失了。因为大量的商业银行、影子银行的出现，借助金融交易的跨境操作、实时变化、衍生交易，实际上已使其获得事实上的货币发行权，这是金融危机发生的根本性原因，而只有进入金融系统内部代码的运作，根据"中央银行"无法垄断货币发行的问题，针对全球金融系统货币符码的运作特点，设计出相应的政治法律方案，才能解决这个问题。简单作个类比，"中央银行"实际类似于民族国家政治宪法系统中的"最高法院"，也就是说，要介入这一金融系统的运作，就必须通过"中央银行"这个中介管道输入，它是法律系统与金融系统的结构耦合地带，也正如"最高法院"是法律系统和政治系统的结构耦合地带。当然，这一思路仍然局限于民族国家的问题解决思路，因此，在全球尺度上，法律系统与金融系统的结构耦合，是否需要一个全球中央银行的创设呢？

实际上，这个问题与当代互联网的相关讨论也有直接相关性。因为，我们往往也希望对互联网系统进行外围的监管或者对互联网中的个体参与者进行法律控制，不管是传统的审查许可或者分类许可方式，都是希望通过国家权力和国家法律，对商业互联网的从业者进行道德规训和外部的法律规制，实际上，研究已表明这些规制措施的效果往往都不太理想。这一

---

〔16〕 See Zbigniew Andrzej Pelczynski（ed.），*The State and Civil Society：Studies in Hegel's Political Philosophy*，CUP Archive，1984；Shlomo Avineri，*Hegel's Theory of the Modern State*，Cambridge University Press，1974.

〔17〕 See Poul Fritz Kjær, Gunther Teubner and Alberto Febbrajo, *The Financial Crisis in Constitutional Perspective：The Dark Side of Functional Differentiation*，Hart Publishing Pty Ltd.，2011；Gunther Teubner，"A Constitutional Moment – The Logics of 'Hit the Bottom'"，in Poul Kjaer and Gunther Teubner（eds.），*The Financial Crisis in Constitutional Perspective：The Dark Side of Functional Differentiation*，Hart Oxford，2011.

规制困境的发生逻辑，实际上正和国家宪法难以处理全球金融危机的挑战是一致的。

这里可以再举个例子。在互联网领域讨论中非常重要的原则，就是互联网中立性原则（net neutrality）。[18] 所谓中立性，就是指所有主体都应具有自由、平等的权利进入互联网系统，互联网系统作为人工共同体财产（artificial community asset），应该保证所有主体都能自由和平等地涵括其中。在互联网诞生之初，这样一个中立性原则，是通过互联网自身的技术架构设计来实现的。互联网架构最初的设计，本身在技术上就保证了所有主体都可以自由、平等地进入。但是，随着整个商业互联网资本力量的扩张，我们发现，这样一个中立性原则已经受到了很大的挑战。新的数字工具可以区分不同的应用等级，在不同条件下提供不同的互联网服务，网络运营商可以区分不同用户等级，向付费最多的用户授予最高等级优先权时（"接入排名"，access tiering），网络中立性原则已经受到了互联网高度资本化趋势的冲击。包括谷歌操纵搜索算法，或者网络运营商切断网络等行为，以及百度的垃圾广告搭车行为等，都已经改变了互联网系统诞生之初的中立性保证。因此，在这里，原先由技术所支持的互联网中立性原则，现在就需要一种互联网系统的基本权利体系的生成来提供额外的法律保护与救济。

在国家宪法层面，这从属于反歧视和言论自由的基本权利，这种基本权利需要在互联网系统中进行再特殊性的转化，至少需要通过合同法上的契约义务来保证："接入规则应当确保所有媒介用户原则上享有相同自由。"

对于互联网系统的这种内在演化逻辑，如果我们简单地站在国家监管的角度或者说简单地站在法律批判的角度，都无助于问题解决和权利救济。要解决问题，必须通过互联网系统自身的政治和宪法设计来弥补不足。例如，通过把中立性原则转化为互联网合同法上的契约原则，来保证不同法律主体进入的平等性。互联网中立性原则，在当代条件下如果要继续维系，就必须根据整个互联网系统的运作和演化逻辑进行重新设计。也就是说，传统国家宪法已经不能有效导控互联网系统的特殊治理需求，如果继续停

---

〔18〕 See Nicholas Economides and Joacim Tag, "Network Neutrality on the Internet: A Two - Sided Market Analysis", 24/2 *Information Economics and Policy* (2012), pp. 91 - 104; J. Gregory Sidak, "A Consumer - Welfare Approach to Network Neutrality Regulation of the Internet", 2/3 *Journal of Competition Law and Economics* (2006), pp. 349 - 474; Nicholas Economides, "Net Neutrality, Non - Discrimination and Digital Distribution of Content through the Internet" 4 *ISJLP* (2008), p. 209.

留在政治国家—市民社会的分析框架之上，将实际已经自我治理的互联网简单视为一个去政治化的纯粹技术领域，就会将实际正在发生的社会排斥和权力压制阻挡在有效的法律救济和政治表达渠道之外。

五、数字化、资本化与全球化对国家宪法秩序的挑战

所以，关键的问题是，传统的政治和宪法理论如何应对当前三种主要趋势——数字化、资本化和全球化——所带来的挑战？[19] 由全球化导致的空间变化、生产方式和生产关系的变化、时间概念的变化，都来自于一个巨大的新变量，即互联网的出现及其迅速发展。我们已经不能像霍布斯时代那样，通过民族国家宪法试图解决主权领土范围的一切社会权力和权利冲突的问题，当代宪法理论，必须同时应对国家政治之外的跨国家运作的新型社会系统力量。传统宪法理论在互联网时代已经有点捉襟见肘。

试图通过民主国家和民主政治，通过一个固定领土国家之内的议会政治、民主政治、党派政治，通过政治系统的集中输出，来解决各大社会系统出现的不同问题是很难行得通的。经济也想管一下，教育也想管一下，互联网也想管一下。事实证明，这些不同的社会子系统已经形成其自身一套独特的运作逻辑，国家政治宪法和国家政治权力的渗透，事实证明，大多是失效的。[20]

不同社会系统的代码，已经不能直接相互翻译和输入。在这种情况下，实际正出现一种新的发展状况，即在全球以及民族国家范围内，出现不同社会系统自身的宪法化趋势，包括 WTO 宪法、世界金融宪法、媒体宪法、互联网宪法、体育宪法、科学宪法、贸易宪法等概念，都已经在西方法律思想界引发了许多讨论。[21] 在不同的封闭运作的社会子系统内部，它们会逐渐内生出一套这个子系统自身的内在宪法。在这样一个演化过程中，可能也会同时形成全球片段化的子系统之间的宪法化网络结构。在这样一个网络化的演进过程中，不同系统的宪法秩序会相互激荡与干扰，在这个互动、激扰和结构耦合进程中，会逐渐形成一套新的世界宪法秩序。这一全

---

〔19〕 See Gunther Teubner, *Constitutional Fragments: Societal Constitutionalism and Globalization*, Oxford University Press, 2012.

〔20〕 See Thomas B. Nachbar, "Paradox and Structure: Relying on Government Regulation to Preserve the Internet's Unregulated Character", 85 *Minn. L. Rev.* (2000), p. 215.

〔21〕 See Gunther Teubner, "Constitutionalising Polycontexturality", 20/2 *Social and Legal Studies* (2011), pp. 209 – 220.

球网络化的宪法运动进程，也正与互联网的当代秩序隐喻形成了一种时代呼应。

六、互联网宪法政治的四大命题和挑战

限于篇幅，在这里，笔者试图提出四个框架性的分析纲要供方家作进一步的讨论。

第一，互联网宪法政治的发展，要处理的第一个问题就是如何寻找互联网人民和互联网公民的问题。也就是说，互联网宪法的未来演化及其正当性证成，以及互联网系统的"民主"根基，有赖于互联网系统的"We the People"的发现。这也是互联网系统立宪时刻能够发生的前提条件。也就是说，需要在商业资本和政府力量之外，寻找到新的可持续的能够支撑互联网公共领域发展的商业模式和非商业模式，来保证政治性的公共批判性功能和自由公开表达功能在互联网领域的扩展和实现，也就是说，需要发现新的多元化的社会力量来构筑互联网系统的"公共领域"，来支撑或者重新发现互联网系统的"我们人民"。[22] 这比单纯强调互联网传播的新闻职业伦理、抽象的言论自由权利和数字权利、在道德层面批判商业资本更为急迫。换言之，我们今天面对的一个正在迅速崛起的新政治空间——互联网空间，实际上已迫切面临如何构造互联网系统的制宪权问题。[23] 如果说，在互联网系统诞生的早期，因应于一种"片段式"的"部落化"自然状态，现在实际上已经进入类似于中世纪的封建秩序结构，不同的互联网商业资本与金融资本已逐渐形成一种等级性的互联网封建化生态结构，根据不同的互联网身份和财产特权结构，形成一种封建化的等级分化形态，并形成一种新的互联网社会涵括—排斥结构。因此，我们需要在互联网系统中"发现人民"，寻找"第三等级"，来对逐渐"教士化"和"贵族化"的互联网系统进行"制宪权"意义上的革命性再造。

---

〔22〕 See Barry Wellman, et al. , "Does the Internet Increase, Decrease, or Supplement Social Capital? Social Networks, Participation, and Community Commitment", 45/3 *American Behavioral Scientist* (2001), pp. 436 – 455; Lincoln Dahlberg, "The Internet, Deliberative Democracy, and Power: Radicalizing the Public Sphere", 3/1 *International Journal of Media & Cultural Politics* (2007), pp. 47 – 64; Michael Margolis and Gerson Moreno – Riano, *The Prospect of Internet Democracy*, Ashgate Publishing Ltd. , 2013.

〔23〕 See Richard Davis, *The Web of Politics: The Internet's Impact on the American Political System*, Oxford University Press, 1998; Lincoln Dahlberg, "The Internet and Democratic Discourse: Exploring the Prospects of Online Deliberative Forums Extending the Public Sphere", 4/4 *Information, Communication & Society* (2001), pp. 615 – 633.

第二，是互联网代码自我执行的悖论问题。在互联网系统，其特殊的内在悖论是，立法、行政、司法这三种权力功能的配置，在电子手段的自我执行这里是三位一体的。[24] 我们都知道，所有古典政治哲学家都已经发现了三权合一会带来专制结果的规律。因此，必须通过联邦制、三权分立以及司法独立等政治法律技术来分配和疏导权力管道。实际上，如果互联网系统内部的经济和政治利益实现封建化结盟，再借助互联网代码的"三权合一"，就会形成技术专制的可能，就会从最初互联网黄金时代的无政府主义自然状态，转变为奥威尔式的 1984 互联网极权主义。解决这个问题，就必须在互联网宪法设计上进行一些想象性的探索，要建立一种类似于三权分立制衡、联邦制、司法独立、司法审查的法律—技术框架结构，重新设计互联网的治理权力和基本权利的对抗格局，这也可以从古典时期的国家宪法演化成就那里寻找灵感。简言之，要从互联网系统的三权合一，走向三权分立制衡的可能性。目前的互联网名称与数字地址分配机构（ICANN）仲裁委员会，对包括有关功能和地域代表制、互联网分权结构、域名分配方面的司法权、互联网自主的基本权利标准（专属于互联网系统的言论自由标准和隐私权保护标准、信息公开权利）等的讨论，已经在这个方向上作了不少理论探索。[25]

第三，借用美国宪法学家布鲁斯·阿克曼（Bruce Acerman）的概念，即区别于议会一元民主的二元民主论构想。[26] 二元民主论，如果要沿用在互联网系统，就要区分出两种政治空间，一个是互联网制度化、组织化的政治空间，另一个是互联网的自发政治空间，要区分出这两种空间，并对其进行分离，使得这两种政治空间形成一种对抗和制衡的可能性。当前的

---

〔24〕 See Lawrence Lessig, "Limits in Open Code: Regulatory Standards and the Future of the Net", 14 *Berkeley Tech. L. J.* (1999), p. 759; Tim Jordan, *Cyberpower: The Culture and Politics of Cyberspace and the Internet*, Psychology Press, 1999; Vaios Karavas, "Force of Code: Law's Transformation under Information – Technological Conditions", 10 *German L. J.* (2009), p. 463.

〔25〕 See A. Michael Froomkin, "Wrong Turn in Cyberspace: Using ICANN to Route around the APA and the Constitution", *Duke Law Journal* (2000), pp. 17 – 186; Hans Klein, "ICANN and Internet Governance: Leveraging Technical Coordination to Realize Global Public Policy", 18/3 *The Information Society* (2002), pp. 193 – 207; Milton Mueller, "ICANN and Internet Governance: Sorting through the Debris of 'Self – Regulation'", 1/6 *info* (1999), pp. 497 – 520.

〔26〕 See Bruce A. Ackerman, "The Storrs Lectures: Discovering the Constitution", *Yale Law Journal* (1984), pp. 1013 – 1072; Walter Dean Burnham, "Constitutional Moments and Punctuated Equilibria: A Political Scientist Confronts Bruce Ackerman's *We the People*", *Yale Law Journal* (1999), pp. 2237 – 2277.

挑战在于，既有的社会系统之中，只有政治系统和经济系统演化出了卓有成效的制度化、组织化空间与自发性空间的分离与张力。政治系统建立在国家制度化政治（如立法、行政、司法、外交）与社会自发政治（如选举、参与、审议、运动）的分离和张力之上；经济系统建立在"企业"（看得见的手）与"市场"（看不见的手）的分离和张力之上。互联网系统的自发政治空间要能对其组织化政治空间形成控制、监督和影响力，实际就类似于社会公民运动（公共舆论）对国家日常政治的影响力，以及市场调控（价格）对企业投资决策的影响力。也就是说，既要有议会的民主、制度化的民主，也要有大众的民主、社会的民主；既要有企业的经济、组织化的经济，也要有市场的经济、价格化的经济。而在互联网领域，就是既要有组织化的制度性互联网民主，也要有不局限于代码制度化运作的互联网自发民主。只有形成这两个互联网空间的分离和对抗，才能使互联网系统的民主潜力获得现实化。[27] 其难度则在于，如何在传统的政治系统和经济系统之外，超越传统的政治国家和市场经济非此即彼的涵摄模式，通过法律系统的介入，推动互联网系统内部这两个政治空间的生成和演化？

第四，则是互联网系统宪法的构成性功能和限制性功能的分离和合一的问题，这看起来比较抽象，但如果借用波兰尼在《大转型》中提出的核心命题，也是我们整个现代性自 19 世纪自由主义发展过程中始终需要解决的一个难题，即资本逻辑在自我发展过程中，由经济系统自身的无限扩展所带来的内在毁灭趋势，面对这种历史挑战，就需要形成社会自我保护的反向机制。[28] 因此，从自由主义模式到福利国家模式的发展，其实正是要防止经济资本吞噬一切其他社会空间的威胁。这种宪法化的历史"双重运动"，反映在互联网系统，则会变得更为复杂，因为它所面临的危险不仅是来自外部资本的影响和政府权力的控制。互联网系统的技术代码的自我运作和扩张，就存在吞噬其他一切社会空间的可能性，因此它必然面临如何在其自身运作中寻找反制性力量的问题，以避免由自身过度扩张所引发的自我毁灭趋势，它必须把这种反制性力量内化为互联网系统的反身限制性

〔27〕 See Christoph B. Graber, "Internet Creativity, Communicative Freedom and a Constitutional Rights Theory Response to 'Code is Law'", in Sean Pager and Adam Candeub (eds.), *Transnational Culture in the Internet Age*, Edward Elgar Publishing Ltd., 2012, pp. 135 - 164.

〔28〕 See K. Polanyi, *The Great Transformation: The Political And Economic Origins Of Our Time*, Beacon Press, 2001.

功能的一种宪法化形式。

近代政治在其系统分出和历史生成的过程中，也即"政教分离"的历史时刻，伴随政治系统与宗教系统的分离，政治系统不断获得扩张，这正是政治系统"自我构成性"历史运动逻辑的展现。而在这个演化过程中，由于政治权力的不断扩张，政治专制程度不断加剧，"国家理性"因此开始遭遇一个"反制性"和"对抗性"的历史运动进程，例如三权分立、基本权利、司法审查、议会民主、政党政治的出现，实际共同构成了政治系统演化过程中的"自我限制性"宪法化形式。"构成性"和"限制性"的"双重运动"推动了社会子系统宪法化进程的实现。因此，当代的互联网系统，也很有可能会面临同样的宪法"双重运动"的演化趋势。这样一种自我限制性的系统约束机制，将由哪些社会力量、社会动力和社会结构来支撑和发动，也即互联网系统"反制性力量"的发现，将是未来互联网政治宪法讨论中需要关注的重大问题。[29]

寻找互联网系统的"我们人民"、重构互联网系统的三权分立制衡、形成互联网系统的二元对抗政治空间以及互联网系统的宪法化双重运动，这四个问题，将是未来有关互联网政治和互联网宪法研究绕不过去的四大基本问题。只有在考虑互联网宪法政治演化的这四大基本变量的前提下，很多更为技术化的法律讨论，才能有更基本的价值指向和理论支撑作为基础。

七、迈向司法治理的互联网宪法政治

互联网宪法秩序的生成，主要将会围绕司法争端解决机制的造法功能而展开。互联网世界的统一立法代议机构，由于互联网系统自身的去中心化特征，同时又受限于目前民族国家所极力主张的互联网主权治理现实，因此很难在短期内获得突破的可能性。与此同时，基于"全球行政法"的秩序生成模式，又缺乏在各种互联网纠纷出现的时候予以中立化救济的正当性。

在目前的互联网世界秩序生成中，由于在全球层面缺乏来自民主代议

〔29〕 See Hubertus Buchstein, "Bytes That Bite: The Internet and Deliberative Democracy", 4/2 *Constellations* (1997), pp. 248 - 263; Hauke Brunkhorst, "Globalising Democracy without a State: Weak Public, Strong Public, Global Constitutionalism", 31/3 *Millennium - Journal of International Studies* (2002), pp. 675 - 690; John Palfrey, "End of the Experiment: How ICANN's Foray into Global Internet Democracy Failed", 17 *Harv. JL & Tech.* (2003), p. 409; Kenneth L. Hacker, and Jan van Dijk (eds.), *Digital Democracy: Issues of Theory and Practice*, Sage, 2000.

中心自上而下的正当性赋予，它就更加依赖自下而上的开放、参与和透明度。但关键是，这种名义上的市民社会自下而上的参与，在全球层面，更多其实也不是互联网公民个体的意志表达，而是跨国企业、利益集团等组织化主体的利益要求，"全球行政法"的正当性赤字，在这种私人利益化政治表达的格局下，并没有得到实质性的改进。而针对这种民主正当性赤字，一个可能的出路就是继续深化互联网宪法权利话语的全球沟通以及超国家、亚国家的各种互联网司法争端机制及其分层分级结构的建立。

这些司法争端解决机制已在实践中得到孕育并迅速发展。世界知识产权组织在受理有关国家顶级域名的争端案件中，通常就会通过互联网域名与数字分配机构（ICANN）组织指派的相关审查小组来作出决定，而这一决定，通常则由各国的域名管理机构来最后执行。这种超越主权国家的司法争端解决机制已经超越了传统的政治国家中心为视角的司法权概念，而是在互联网系统与民族国家政治系统权力并峙的意义上去重新探索和设计互联网系统治理权力的构造。

这些正在孕育和生发的互联网司法"防御权"机制，实际也为不同国家的公民、企业与机构提供了一个新的法律救济渠道，从而使法律救济不再局限于民族国家的司法救济管道。而且，这一全球化的互联网系统司法防御权的实施，形式也会非常多样，既带有行政治理的特点，也具有规则创制的功能，同时也采取了中立化、技术化借助实践中具体纠纷救济的普通法演化的方式，稳步推进互联网系统规则体系的完善。它既可能适用全球法，也可能采用不同的国内法；它的争端解决对象，既可能是两个主权国家之间的纠纷，也可能是私人机构与国家机构之间的矛盾，当然也可能是私人之间的利益摩擦。这就大大超越了传统国家司法的概念，从而也为我们重新理解司法权在构造现代世界宪法中所扮演的真正角色提供了一个重要窗口。

由于互联网世界的行政治理缺乏国家行政法意义上的宪法框架规范，这就使其决策正当性面临许多质疑，特别是当互联网行政规制机构的相关决定对当事人造成损害之时，当事人具有哪些途径可以获得救济保护。对这个问题的回答，显然不同于国家法的相关情况。当事人是否可以直接向国家法院提起申诉？在国家法院和互联网世界的司法仲裁机构之间，究竟应当建立怎样的制度关系？

托伊布纳通过"法—不法"（legal – illegal）的二元代码机制对全球法

现象作出了一种新的理论诠释。[30] 对于"法律"的识别，已不能通过奥斯丁、霍布斯，也不能通过哈特、德沃金或富勒的法律定义进行。因为这里不只是存在国家法，还有大量异阶序的、去中心化的法律秩序正在崛起，因此，只要是能够在既定的社会沟通领域内观察到"法—不法"的二元代码逻辑，就可以判定它具有"法律"的运作特征。而这里托依布纳所提示的"法—不法"沟通机制，其实际的担纲者正是各种类型的司法争端解决机制。

如何在互联网系统的组织化正式机制和自发性非正式机制之间形成一种良性的互动演化关系，仍然是悬而未决的难题。只有在私人性自发秩序和官方正式秩序之间形成一种相互平衡的关系，才能真正推动全球治理的良性发展。而这两者之间的中介和串联机制，可能也主要将由相关的司法争端机构来承担。即使互联网系统的全球治理由于技术和市场快速变动的原因，先天决定了公共的官方秩序无法与非正式的自发秩序保持同步性，但由于这些已经超逸出民族国家主权管控的互联网系统力量，已经对不同国家公民的自由与平等造成了实际的广泛影响，对全球公众已带来了潜在的风险，因此这就必然要求在公共性的正式组织化机制方面作出有效的回应。全球治理尽管始源于私人性的自发秩序，但它也必须朝向"公共性"和"公法"的发展维度。这就需要我们在互联网系统的司法争端解决机制的改革中充分注入互联网公共领域的价值要素。

可以看到，互联网系统的规则生成，绝不是韦伯意义上的官僚理性法，而是更接近于开放和灵活的欧盟专家委员会模式，一种欧盟意义上的开放协调模式。托伊布纳的策略其实就是将法律实践从有关法律道德性和日常立法政治的视野，转移到具有相关特定运作代码和专业性的社会子系统领域，而不直接触及有关政治国家—市民社会的传统法律理论框架。这样一种"司法化"策略，实际也回避了互联网系统法律的民主正当性问题，特别是对于作为一种公法形式的全球治理而言。

当代的全球治理结构主要是由各种自身具有"内部公共性"的规制机

---

[30] See Gunther Teubner and Peter Korth, "Two Kinds of Legal Pluralism: Collision of Transnational Regimes in the Double Fragmentation of World Society", in Margaret Young (ed.), *Regime Interaction in International Law: Facing Fragmentation*, Oxford University Press, 2010; Gunther Teubner, "Global Bukowina: Legal Pluralism in the World – Society", in Gunther Teubner (ed.), *Global Law Without a State*, Dartsmouth, 1996, pp. 3 – 28.

构创制的，它们具有自己的宪法化结构，遵循自己的"公法"，服从于自身运作的"公共性"逻辑。这其中的一些机构已经演化出类似于国家的功能组织，互联网系统的司法争端机制正是其中的典型。而由这些不同的全球规制机构之间产生的法律冲突，也会逐渐具有类似传统国际法和国际私法冲突的性格。只不过，这些全球治理的"公共性"逻辑显然将不同于传统国家法的"公共性"逻辑，从而也会冲击并改变我们传统的国家宪法理论。

在互联网空间，传统的人群聚集政治参与和表达机制不再适用，相反，通过去中心化、去地理化的各种创制机构，同样可以实现一种"去领土化"的社会契约同意理论的建构。由此所形成的"电子联邦主义"[31] 可以通过各种独立的网络接入提供商来实现，并绕过基于领土分化的民族国家的直接管控。而且与波斯特的设想可能大为不同，未来这一政治功能的承担将不再也不能继续主要由大型网络公司来扮演，而必须创制更多中立化和具有利益独立性的司法机构来承担这个使命。互联网宪法的崛起，并不是出自一个处于顶端和中心的政治权威的设计，而是将由不同独立的系统运作者作出的规制决定，以及不同独立的网络用户对于加入哪个网络社区的即时决定所共同推动形成。而从中产生的大量纠纷和矛盾，则为互联网法律的不断生成，提供为"不得拒绝裁判"的司法机构以继续完善和发展互联网法律的内在演化动力。

互联网宪法政治并不是宣告了传统领土化法律原则的过时，最为关键的是，由于各种超国家、亚国家、跨国家政治与法律空间的开拓，要求我们发展出一种宪法理论，来将那些实际已经在进行法律创制，以及受到这些法律创制实际影响的人群和团体纳入新的政治—法律框架之中。

---

[31] David G. Post, "The 'Unsettled Paradox': The Internet, the State, and the Consent of the Governed", 5 *Indiana Journal of Global Legal Studies* (1998), p. 539.

司法治国之后

——《司法治国：英国法庭的政治史》结语[*]

　　在回溯了中世纪后期到近代早期的英国故事之后，一个疑问仍然存在：这个司法治国的故事结束了么？如果故事已经终结，我们今天回溯它的意义又何在？如果它仍在当下延续，它又在何处？今天的司法治国与历史上的故事又有何关联？在最后的结语，笔者并不追求全面的总结，而试图探寻一个司法治国"之后"的故事。

一、政治现代化中的司法

　　对于中世纪政治的性质，一直以来存在两种看法。一种观点主张将中世纪政治完全视作"前现代"的传统政治的范畴，将现代的起点放在 16 世纪之后的欧洲。但也有许多学者认为，从 12 世纪开始，欧洲的政治现代化进程已经开启，以英国和法国为代表的早期现代国家已经开始孕育现代政治的一些基本构成要素。[1] 用斯特雷耶的话来说，即"现代国家的中世纪

---

* 本文为笔者所著《司法治国——英国法庭的政治史（1154－1701）》（法律出版社 2015 年版）一书结语部分的节选。
　　** 于明，华东政法大学法律学院副教授。
　　〔1〕 参见［美］哈斯金斯：《12 世纪的文艺复兴》，夏继果译，上海人民出版社 2005 年版；［法］布洛赫：《封建社会》（下卷），李增洪、侯树栋、张绪山译，商务印书馆 2007 年版；［美］伯尔曼：《法律与革命——西方法律传统的形成》，贺卫方、高鸿钧、张志铭、夏勇译，中国大百科全书出版社 1993 年版；J. Strayer, *On the Medieval Origins of the Modern State*, Princeton University Press, 1970；［英］迈克尔·曼：《社会权力的来源》（第 1 卷），刘北成、李少军译，上海人民出版社 2002 年版。

起源"。[2]

这些观点的分歧，很大程度上来自于不同学者对于政治现代化的理解不同。在政治学或社会学的理论中，"现代化"的含义从来是模糊不清的。自中世纪后期以来出现于西方社会的"城市化、工业化、世俗化、普及教育和新闻参与"等现象都可能被归于"现代化"的范式之中。[3] 因此，要理解中世纪的西欧是否出现了某种"现代政治"或"现代国家"的要素，就需要首先界定所谓"政治现代化"的内涵。依据亨廷顿的概括，政治现代化大致由三方面内容构成：

首先，现代化要求权威的理性化，即以单一的、全国的政治权威来取代传统的、多元的、地方性的政治权威。权威的理性化意味着现代主权观念的诞生，现代国家的对外主权不受他国干预，中央政府的对内主权不被地方权力所左右。其次，政治现代化还包括"划分新的政治职能并创制专业化的机构来执行这些职能"。[4] 在这一过程中，司法、军事、行政等一些特殊职能的领域逐渐从原来综合的政治领域中被分离出来，并设立有自主权的、专业化的机构来实施这些职能。最后，政治现代化还意味着政治参与的扩大，尤其是底层民众对于政府的广泛参与，即我们今天所说的民主化进程。

依据这样一个定义，现代政治与传统政治的区别，就在于权威理性化、结构离异化和大众参政化这三种现象的逐步呈现。当然，需要注意的是，这里所谓的"现代"与"传统"仍然只是一些理想型概念。在现实政治中，我们很难找到一个纯粹的政体，完全具备这三种要素或完全不具有。事实上，现实政体更多是介于理想型的"传统政体"与"现代政体"之间的混合政治。比如，即便在今天的西欧和美国的高度发达的政体中，我们仍然会看到"地方性政治"与"熟人政治"的巨大影响。而在之前讨论的中世纪英格兰，中央王室法庭的"集权化"与法庭的"专业化""职业化"，都已达到了较高水平。

因此，在这个意义上，我们有理由将中世纪的英格兰视作早期现代国

---

〔2〕 J. Strayer, *On the Medieval Origins of the Modern State*, Princeton University Press, 1970.

〔3〕 B. Lerner, *The Passing of Traditional Society*, Free Press, 1958, p. 15. 转引自〔美〕亨廷顿：《变化社会中的政治秩序》，王冠华等译，上海人民出版社 2008 年版，第 25 页。

〔4〕 〔美〕亨廷顿：《变化社会中的政治秩序》，王冠华等译，上海人民出版社 2008 年版，第 27 页。

家的典型。尽管它并不具有理想型"现代国家"所具备的统一的政治权威、成熟的专业机构与全社会范围内的大众参与，但不可否认的是，在权威理性化与结构离异化方面，英格兰的政治现代化已远远走在欧洲各国前列。由中央巡回法庭与地方治安法庭共同完成的治理"跨地方化"，以及具有自主性的普通法职业阶层所带来的"超人身化"，都在不同层面上开启了英国的政治现代化进程，并取得了相当的成就。尽管以大众教育普及和言论表达自由为基础的大众参政化在英格兰还远未出现，但在这一时期巡回法庭和四季法庭中，我们仍然可以看到乡绅阶层甚至底层民众对于英格兰基层司法的参与程度的不断提升。[5]

在这个意义上，我们也重新理解了司法在早期政治现代化中所扮演的关键角色。首先，在权威理性化方面，在大规模现代立法机构诞生之前，从"王廷"中走出的各种法庭成为了将中央权威延伸到地方的有效载体。通过中央王室法庭的运作与各种巡回法庭的派出，通过与各种地方法庭、领主法庭的管辖权竞争，中央王室的权威逐渐取得了对于各层级的封建性与地方性权力的胜利，从而建立起中世纪欧洲最强大的中央集权制度。与此同时，这种"司法"的权力集中，还具有"低成本"的优势。无论是"一身二任"的巡回法官，还是建立在与地方乡绅阶层亲密合作基础上的治安法官，都同样贯彻了低成本的权力策略，更为语境化地回应了中世纪政治所始终面对的资源供给不足的难题。

其次，在结构离异化方面，从综合性"王廷"不断分离出的各种专业化的法庭，构成了贯穿政治职能分工与专业化机构生成的一条主线。有如前述，在中世纪的各种政治职能中，司法与财政是最早从综合性的政治事务中分立出来，并最早形成了专业化的永久性机构。用斯特雷耶的话来说，"高等法院与财税部门远在外交和国防部门之前"[6] 这些专业化的法庭，也构成了整个中世纪后期到近代早期的英格兰政治治理的"中心地带"；司法成为"政治权力的核心形态"[7] 在法庭走向"专业化"的同时，法庭

---

〔5〕 英格兰乡绅阶层和底层民众对于基层政治的参与，还可参见 A. B. White, *Self - Government at the King's Command: A Study in the Beginnings of English Democracy*, Minneapolis, 1933.

〔6〕 J. Strayer, *On the Medieval Origins of the Modern State*, Princeton University Press, 1970, p. 27.

〔7〕 〔美〕安德森：《从古代到封建主义的过渡》，郭方、刘健译，上海人民出版社 2001 年版，第 156 页。

的从业人员——法官——也日益"职业化",形成了具有较高准入资格的法律职业阶层,以及与之相配套的以"技艺理性"和"普通法心智"为核心的职业意识形态。这种对于职业资格与职业伦理的强调,也同样符合亨廷顿所谓"结构离异化"的另一个侧面,即"官位和权力的分配更多地根据实绩,选贤任能,摒弃阿谀奉承,使庸碌之辈无进身之阶"。[8] 在这个意义上,英格兰的法庭与法律职业,构成了中世纪后期与近代早期政治现代化与"超人身化"的典范。

正是在英格兰的历史经验中,我们看到了司法治国的典型形态,看到了法庭与司法在早期现代国家的形成与治理中可能扮演的关键角色。同时,透过英格兰的历史所呈现出的司法治国的图景,又并非所谓政治现代化的"单线"演进;相反,其中充满了各种对抗、转折与意外,各种前现代的传统交织在一起。在王室的"控制"与地方的"自治"之间,在司法的"自主性"与对王权的"依附性"之间,都存在着深刻的矛盾与冲突。尽管法庭与司法在今天的国家治理中已经不具有中世纪政治中的核心地位,但其中所隐含的基本问题却依然存在,并且依然左右着我们对于司法与政治理论的理解。因此,本书所讨论的英国版本的司法治国的故事就不仅仅是一种历史的陈迹,而可能依然影响着当代世界的司法与宪制,并可能对于当下的制度变革仍具有智识意义。

二、司法治国的衰落:欧陆与英国

但司法治国仍然衰落了。不仅是在欧洲大陆,即便是在作为典型的英格兰,司法治国也只是一个远去的理想。有如前述,在 1701 年以来的英国,议会作为绝对主权者的地位已经确立,法庭与司法作为国家治理技术的主要载体已经失去往昔的意义。但这一衰落的过程仍然值得回顾。也只有在此基础上,我们才能理解司法治国对于现代政治的意义,及其在当下语境中重生的可能。

在西方政治现代化的版图中,欧陆、英国与美国构成了三种截然不同的类型。尽管欧陆与英国的道路看上去大相径庭:前者依赖于绝对主义的君主权力,而后者是国会作为主权者的胜利,但事实上两者在很大程度上分享了共同的本质,即它们都共同拒绝了中世纪以来的"混合政体"与

---

〔8〕 〔美〕亨廷顿:《变化社会中的政治秩序》,王冠华等译,上海人民出版社 2008 年版,第 27 页。

"司法治理"，而倒向了"主权至上"与"立法理性"的现代政治架构，所不同的仅仅是主权者的身份。而相比之下，美国的政治现代化恰恰是最不彻底的，最大程度地保留了中世纪的传统，尤其是作为中世纪政体总结的"都铎宪制"，并在当下仍然接续着司法治国的故事。[9] 因此，要理解司法治国在近代的衰落及其演变，我们首先要回到 17 世纪以来的欧陆与英格兰。

（一）欧陆：从"司法"到"立法"

近代的欧洲大陆，勾勒出政治现代化的经典路线图。自 17 世纪以来，权威理性化与结构离异化成为不可阻挡的趋势。法国的路易十四（Louis XIV, 1643 – 1715）、西班牙的腓力四世（Philip IV, 1621 – 1665）、普鲁士的腓特烈二世（Friedrich II, 1740 – 1786）、奥地利的约瑟夫二世（Joseph II, 1765 – 1790）等一大批欧陆君主都不遗余力地推进集权化与科层官僚体系的建立。这个时代是主权国家建构的时代，也是绝对主义的时代。正是借助绝对君主的力量，欧洲大陆彻底摒弃了中世纪以来的"混合政体"与"司法治理"，建立起现代主权国家的政治架构。[10] 尽管专制王权最终随着民主化时代的到来而终结，但它所代表的"立法主权"却不曾改变，只不过由新的主权者——人民选举的议会——所取代。

在从"司法理性"到"立法理性"的过程中，以近代早期的法国最为典型。在中世纪的国家治理中，以法庭为核心的治理是欧陆的通行做法。当国王开始寻求权力集中时，主要依靠自下而上的"上诉"制度，以及作为中央王室法院的巴列门（Parlement）的建构。通过上诉制的确立，矫正了曾经把司法权封建化的进程，重新将统一的因素导入司法组织之中。[11] 而借助高度技术化的管辖权争夺，以巴黎巴列门为中心的王室法院也逐渐实现了将王权扩展到王国内每个地方、每个人的目标。[12] 但在进入 17 世纪后，随着新一轮国家建设的开启，这样一种被动的、以司法为中心的治理模式不再适应新的绝对主权国家建构的需求，逐渐让位于以立法权或执行

---

[9] ［美］亨廷顿：《变化社会中的政治秩序》，王冠华等译，上海人民出版社 2008 年版，第 80 – 81 页。

[10] 参见 ［美］安德森：《绝对主义国家的系谱》，刘北成等译，上海人民出版社 2001 年版。

[11] ［法］布洛赫：《封建社会》（下卷），李增洪、侯树栋、张绪山译，商务印书馆 2007 年版，第 203 – 204 页。

[12] 陈颐：《立法主权与近代国家的建构：以近代早期法国法律为中心》，法律出版社 2008 年版，第 18 页；或参见 J. H. Shennan, *The Parlement of Paris*, Cornell University Press, 1968.

权（或行政权）为核心的更为积极主动的治理。

从路易十四时代开始，国王开始垄断立法权，并逐步借助统一立法进一步整合国家；同时，国家治理的多数职能都由司法官员转由新兴的行政官僚掌控。"权贵们丧失了经济和军事的自主权，转变为受制于国王的官吏"。[13] 传统的由贵族所掌握的司法机构（巴列门）逐渐丧失了行政权力，国王以及财政大臣、国务秘书等新兴的官僚攫取了正在增长中的国家权力。到路易十四的时代行将结束时，一个立法主权至上的新的统治方式已经确立；尽管这一治理模式之后也曾遭遇大革命的洗礼，但就像托克维尔所说，大革命不仅不曾摧毁这个"旧制度"，而且进一步强化了这一机制。[14] 在这个意义上，以法国为代表的欧陆各国的政治现代化，最典型地展现了那个曾经的司法治国的衰落，近代主权国家的建构近乎一致倒向以立法主权为核心的现代政治架构。

（二）英国："都铎宪制"及其结束

紧随其后，是曾经作为司法治国典型的英格兰。

中世纪以来的司法治理，经过长期发展，最终成熟于16世纪的都铎时代。从亨利八世开始，宗教改革的开张、枢密院的设立、治安法官的加强以及各种特权法庭的发达，都在不同程度上强化了英国王权与中央集权，重新塑造了民族国家的认同，大大增强了王室和行政机构的权力。因此，有学者甚至认为在都铎时代的英格兰，已经出现了一种"专制君主制"（autocratic monarchy），或"绝对主义君主制"（absolutism monarchy）。

但又有很多学者认为，都铎时代的王权仍然是一种"有限君主制"（limited monarchy）。这一时期的王权虽然较之前的时代大大强化，但仍然受到来自议会与普通法法庭的各方面的束缚。这一时期形成的"王在议会中"（king in parliament）的传统，更是将国王与议会形成了一个紧密的整体。用亨利八世的话来说，"国王如同首脑，两院议员如同躯干四肢，我们连在一起，组成国家"。[15] 在这个体制中，国家的主权归属依然是模糊不清的；它既不属于国王，也不属于议会，而属于国王（君主制）、上院（贵族制）与

---

〔13〕 ［英］迈克尔·曼：《社会权力的来源》（第1卷），刘北成、李少军译，上海人民出版社2002年版，第642页。

〔14〕 ［法］托克维尔：《旧制度与大革命》，冯棠译，商务印书馆2010年版，第49页。

〔15〕 G. R. Elton, *Studies in Tudor and Stuart Politics and Government*, Vol. 2, Cambridge University Press, 1983, p. 270.

下院（民主制）共同构成的"混合政体"。此外，在英格兰版本的"混合政体"中，除国王和议会外，普通法法庭也被视作是一个既制约国王又制约议会的独立的权力中心；从而形成了一个不同于亚里士多德的三元"混合政体"的多中心主义宪制结构。[16]

也正是在这个意义上，尽管 16 世纪的"都铎宪制"构成了迈向现代主权国家的关键过渡，但它在本质上仍然被视作是"中世纪"的。即便在伊丽莎白时代的政府，无论王权如何强大，英国政治的要义仍然是保持"中世纪基本因素的连续性"。[17] 都铎王朝所带来的各种改革与变化，仍然未能打破"封建制度的基本原则"，"甚至连封建政治结构也未能动摇"。[18] 在都铎时代的政治观念中，英国宪制中的各组成部分仍然是一个和谐的有机体；"基本法"来源于古代的传统而非立法者的创制；无论是王权，还是国会，本质上都是"司法"性质的；不仅国王的本质是"最高的法官"，国会在很大程度上仍然只是一个"最高法院"。[19] 在这些带有明显中世纪痕迹的思想与实践中，显然没有给一位至上的"绝对主权者"留下空间——无论这个最高主权者是国王，还是国会。

依据欧克肖特（M. Oakshott）的区分，这种以"司法"为核心的"都铎宪制"，很大程度上是中世纪以来的"怀疑论"政治的产物。这种"怀疑论"政治在人类历史上源远流长，它拒绝那种认为人类是完美的幻想，对于人类前途抱有谨慎的不自信。因此，怀疑论者总是倾向于"节省"地使用权力，拒绝依据事先构建的蓝图去纠正或干预人类的活动，因此总是倾向于将治理活动停留在"司法"活动之上。在"怀疑论"之下，中世纪英国对于政府的理解只是法庭与司法，只是以适当的压力来维持秩序。"它不会把我们引向天堂，却使我们免于地狱之苦；它未向我们指明真理，却使我们免于愚蠢之灾。"[20] 而所谓的英国国会，直到 17 世纪，也不过是一个

---

〔16〕 ［美］戈登：《控制国家——从古雅典至今的宪政史》，应奇等译，江苏人民出版社 2008 年版，第 271 页。

〔17〕 A. L. Rowse, *The England of Elizabeth*, Macmilan, 1951, p. 262.

〔18〕 S. B. Chrimes, *English Constitutional History*, London：Oxford University Press, 1953, pp. 121 – 123.

〔19〕 C. H. McIlwain, *The High Court of Parliament and Its Supremacy*, Yale University Press, 1910, p. 386.

〔20〕 ［英］欧克肖特：《信念论政治与怀疑论政治》，张铭等译，上海译文出版社 2009 年版，第 54 页。

"最高级别的法庭"。而后来被认为是"立法"的职能，只是来源于司法职能履行过程中的一种略微的延展。在这个意义上，都铎时代的英国，仍然没有摆脱中世纪的"怀疑论"，政治的本质仍然是"司法"，而非"立法"。

但这种"怀疑论"的政治色彩在 17 世纪的宪法冲突中逐渐褪去。首先对中世纪的司法政治发起挑战的是斯图亚特的君主。詹姆斯一世在《自由君主制之真正法律》中明确提出布丹式的君主主权观，主张一种绝对的不可分割的主权，宣称"国王创制法律而非法律创制国王",[21] 反对中世纪以来的"混合政体"与"司法治理"。在今天看来，詹姆斯的主张不过是现代主权理论的神学表达，"中世纪政治与现代政治的必要过渡",[22] 也颇符合欧陆的历史潮流，但在英格兰却遭到了爱德华·柯克等古代宪制主义者的反对。可最终的结果，却并非是古代宪制的胜利或普通法法律人的成功。相反，在 17 世纪的宪法冲突中，无论是斯图亚特的绝对君主制，还是都铎传统的混合君主制都宣告失败，柯克主张的"普通法至上"与法院作为独立权力中心的主张也同样落空。在对抗"王权至上"的过程中，最终胜出的是"议会至上"的主张；国会最终取代国王，也取代王在议会中的混合体，成为国家的最高主权者。[23]

在这个意义上，英国的光荣革命同样是一次"信念论"政治的胜利。中世纪的"怀疑论"及其司法治国理念被抛弃，"国会"取代"法庭"成为国家政治的中心。或者更准确地说，国会不再只是一个最高的法庭，而第一次成为一个现代的立法机关——"它不再仅仅是宣布法律的机构，而成为创制法律的机构。"[24]"基本法至上"与"混合政体"的中世纪传统在英国遭到了与欧洲大陆一样的失败，"机构至上"的现代政治架构及其背后的"信念论"政治哲学，取得最终的胜利。在这个新的政体中，国会作为最高的主权者，不再仅仅满足于消极的秩序维持，而试图为人类的未来设

〔21〕 James I, "The Trew Law of Free Monarchies", 载［英］詹姆斯：《国王詹姆斯政治著作选》（影印本），中国政法大学出版社 2003 年版，第 62 页。

〔22〕 J. N. Figgis, *The Divine Right of Kings*, Hardpress Publishing, 1922, p. 271.

〔23〕 C. H. McIlwain, *The High Court of Parliament and Its Supremacy*, Yale University Press, 1910, p. 354.

〔24〕 C. H. McIlwain, *The High Court of Parliament and Its Supremacy*, Yale University Press, 1910, p. 96.

计宏伟蓝图，以人为创制的法律去指引人的行为，追求更完美的生活。[25]
而在这一"信念论"的政治中，总是存在一个至高无上的主权者，在欧陆
是国王，在英国则是国会。

三、延续与复兴：美国故事

但就在欧陆与英格兰走向立法主权的同时，在大洋彼岸，新诞生的美
国却在很大程度上延续了都铎时代的英国宪制以及作为宪制核心的司法治
国的传统，并且在 20 世纪依然不断影响世界各国的宪制选择。在这个意义
上，司法治国的故事从未消失，仍然潜藏在现代国家治理的深层结构之中。

在美国宪制的诸多历史渊源中，中世纪传统被认为是关键的一支。用
亨廷顿的话来说："16 世纪的英国政治制度的主要成分，恰恰是当它在母国
被摒弃时被移植到新世界的，并在那里生根，获得了新的生命。这些成分
本质上是都铎时代的那一套，因此明显带有中世纪的烙印。"[26] 麦基文
（C. H. Mcllwain）在讨论美洲殖民地之所以选择和英国分裂的原因时也认
为，"美国殖民者显然还高度地保留着英国都铎时代的传统"；"殖民地与母
国的决裂很大程度上是由于相互间的误解，而误解主要又基于这样一个事
实：国会把旧观念清除出了英国本土，而殖民地却仍然保留了这些旧观
念"。[27] 在美国独立战争前后有关宪制问题的讨论中，殖民地的革命者在很
大程度上是在为英国本土已然没落的"混合政体"辩护，反对的恰恰是
"光荣革命"后确立的"议会主权"的新宪制。

美国宪制对于中世纪传统的延续，首先体现在对"立法主权"的拒斥。
在欧洲大陆与英国，人只能宣布法律而不能制定法律的"怀疑论"被一扫
而空，主权者享有不受限制的立法权的"信念论"被奉为最高的政治原则。
但在美国的宪制中，中世纪以来的"混合政体"学说却仍然盛行，绝对主
权或立法至上的观念虽然存在，却并未取得支配地位。事实上，殖民地最
初选择反对英国统治的基本依据，即在于否定国会拥有任何形式的"立法
主权"。就像波拉德（A. F. Pollard）指出的，"美国革命的深远意义就在于

---

〔25〕 ［英］欧克肖特：《信念论政治与怀疑论政治》，张铭等译，上海译文出版社 2009 年版，
第 35 页。

〔26〕 ［美］亨廷顿：《变化社会中的政治秩序》，王冠华等译，上海人民出版社 2008 年版，第
81 页。

〔27〕 C. H. McIlwain, *The High Court of Parliament and Its Supremacy*, Yale University Press, 1910,
p. 386.

否认一切主权"，"这些观念是美国的，但它们从前却是英国的，它们是中世纪思想体系的一部分"。[28] 与英国的"议会主权"不同，美国所能接受的主权观念是"人民主权"。但与作为一个"机构"的议会相比，人民的概念却是模糊不清的；除了批准宪法等少数例外，人民极少"出场"。换言之，一切权力来自于人民，但这并不等于一切权力由人民行使。[29] 人民只是主权的拥有者，只是一种在具体政治行动中不能显现的"拟制性"宣示。[30] 因此，在美国宪制中的主权，仍然并非绝对与唯一；尽管名义上属于人民，但在行使时却被"分散"于各种分立与制衡的机构之中。

在权力结构方面，美国宪制也同样不同于"光荣革命"后的英国，而更接近于中世纪英格兰的"混合政体"。有如前述，尽管出现了法庭的专业化，但直到都铎时代的英国，各种法庭与政府机构的职能依然存在混合性。一个法庭常常行使多种职能，而一种职能又常常由多个机构分担。这一混合的权力结构同样被美国宪制所继承。尽管存在国会、总统与法院的机构分立，但任何机构都不独享立法、行政和司法中的任何一种权力。在美国宪制中，洛克所主张的那种将立法权完全授予议会的主张被拒斥，而更多接受了孟德斯鸠所尝试的将立法权分别授予代表三种传统的不同机构的做法。就像我们今天在美国宪法中所看到的，贵族制的参议院、民主制的众议院和君主制的总统，在立法的过程中仍然扮演着激烈对抗、互有胜负的竞争性角色；而在大洋彼岸的英国，贵族院与国王在立法中的功能几乎形同虚设。因此，在这个意义上，与其说美国宪法是建立了一个分权的政府，不如说是一个由各个独立机构分享权力的政府。[31]

这种权力的"混合"，不仅体现于立法权的分散，还表现为司法与其他政治权力的混同。在中世纪的欧洲，无论是法国的巴列门，还是英国的国会，都同时承担着立法与司法的职能，甚至部分的行政职能。但在"大革命"与"光荣革命"之后，法国巴列门最终退出历史舞台，并在司法权与

〔28〕 A. F. Pollard, *Factors in American History*, Macmillan, 1925, p. 39.

〔29〕 M. N. Sellers, *American Republicanism: Roman Ideology in the United States Constitution*, New York University Press, 1994, p. 24.

〔30〕 Edmund Morgan, *Inventing the People: the Rising of Popular Sovereign in England and America*, W. W. Norton & Company, 1989.

〔31〕 R. E. Neustadt, *Presidential Power: The Politics of Leadership*, John Wiley, 1960, p. 33.

行政权之间划出清晰的界线；[32] 而英国国会逐渐从高等法庭演变为至上的立法机构。尽管国会在很长时间内仍然担任最高法庭，但其主要功能无疑是立法性的，并且确立了国会立法权对于法院的绝对权威。无论国会的立法多不合理，法院都无权拒绝或宣布其无效。而在美国的宪制中，法院及其司法权的"尊荣"依然如故。司法审查权的确立，不仅意味着法院可以拒绝那些它们认为不符合宪法的立法，而且还获得了对于宪法的解释权；换言之，拥有一种可能是更高的"立法权"。这种由法院垄断宪法解释权并要求其他机构服从的主张，被一些法律人称为"司法至上"（judicial supremacy）的传统。尽管"司法至上"在实践中受到来自总统和国会的挑战，但本身已然成为美国宪制结构的显著特征。[33] 在这个意义上，与英国的法庭完全臣服于主权者权威不同，美国的法庭仍然在国家的政治治理中扮演着关键角色；"司法治国"的故事也仍然在当下延续。

甚至不仅是延续。在当下世界的政治格局中，就像许多学者观察到的，"司法"导向的治理模式似乎又呈现出复兴之势。从 19 世纪后期开始，在17、18 世纪的欧陆与英国曾盛极一时的"立法主权"又遭遇了来自多方面的挑战。随着大工业社会与垄断经济的到来，贫富分化、阶级冲突、高度风险、环境污染等各种问题接踵而至，形式理性化的法典越来越难以应对日益复杂的社会治理，议会也难以承担日益繁重且特殊化的立法任务，从而使得更灵活、高效的行政机构成为社会治理的核心，各种行政立法与行政裁量权的扩张使得传统"立法主权"日渐衰微。[34] 但与此同时，行政权的膨胀也带来了很多问题。对于行政效率的单向度追求，也往往构成对民主决策与法治程序的威胁，因而同样遭致很多批评。因此，面对立法权的困境和行政权的危险，司法治理开始重新回归国家治理的中心地带。[35] 用桑托斯的话来说，正是由于"国家的民主特征（和立法机关相连）和福利（和执行机构相连）特征的双重失败，导致了国家合法性的中心发生脱位，

---

〔32〕 J. H. Shennan, *The Parlement of Paris*, Cornell University Press, 1968.

〔33〕 关于司法至上的形成及其在历史上与总统权的竞争，参见［美］威廷顿：《司法至上的政治基础：美国历史上的总统、最高法院及宪政领导权》，牛悦译，北京大学出版社 2010 年版。

〔34〕 桑托斯将这一问题称为组织化资本主义时代的问题，参见［葡］桑托斯：《迈向新法律常识：法律、全球化和解放》，刘坤轮译，中国人民大学出版社 2009 年版，第 54 - 62 页。

〔35〕 关于从立法治理到行政治理再到司法治理的历史过程的分析，参见高鸿钧等主编：《英美法原论》，北京大学出版社 2013 年版，第 11 页。

从立法机构和执行机构转向司法机构"。[36]

司法治国的回归，也被学者视作全球法律的"美国化"。[37] "时隔3个世纪之后，美国制度中的某些因素又悄悄返回了其欧洲发祥地。"[38] 尤其是作为美国宪制核心的司法审查制度和"司法至上主义"在20世纪后半期开始大规模地在欧洲"反殖民"。欧洲的司法审查，既包括德国和意大利等国的宪法法院模式，即所谓"欧洲模式"；也包括北欧国家和希腊、瑞士的一般法院审查模式，即所谓"美国模式"。即便是奉行"事前审查"的法国宪法委员会，也在2008年改革后也逐渐转变为事实上的"宪法法院"。与此同时，发端于美国的司法能动主义和政治司法化也同样在欧洲大行其道，法国、比利时、荷兰、德国、希腊、西班牙等国的法院在政府权限争议、腐败官员指控、国家滥用权力、基本人权保护等方面都发挥了积极能动的作用。[39] 即便在奉行"议会主权"的英国，随着英国加入欧盟与《欧洲人权公约》，法院已经在事实上获得了"在欧盟法范围内的审查议会立法的权力"；[40] 1998年的《人权法案》也赋予法院解释法律与宣告抵触的权力。因此有学者认为，这一法案意味着"政治权力从立法和行政部门向司法部门转移，法院在重大的政治争论中掌握方向盘"；[41] 甚至有学者认为这是"司法主权"时代的来临。[42]

四、司法治国的限度

也正是在司法治国的复兴中，对英国传统的讨论呈现出特殊意义。

一方面，这意味着司法治国的故事从未结束，并仍然可能在当代宪制

〔36〕 〔葡〕桑托斯：《迈向新法律常识：法律、全球化和解放》，刘坤轮译，中国人民大学出版社2009年版，第414页。

〔37〕 M. Shapiro, "The Globalization of Law", 1 *Global Legal Studies Journal* (1993), p. 61.

〔38〕 〔美〕亨廷顿：《变化社会中的政治秩序》，王冠华等译，上海人民出版社2008年版，第110页。

〔39〕 关于20世纪末以来的欧洲司法改革，参见〔葡〕桑托斯：《迈向新法律常识：法律、全球化和解放》，刘坤轮译，中国人民大学出版社2009年版，第393－394页。

〔40〕 何海波：《司法审查的合法性基础——英国话题》，中国政法大学出版社2007年版，第173页。

〔41〕 K. D. Ewing, "The Human Rights Act and Parliamentary Democracy", 62 *Modern Law Review* (1999), p. 79. 转引自何海波：《司法审查的合法性基础——英国话题》，中国政法大学出版社2007年版，第250页。当然，因为英国又面临"脱欧"的情势，另待观察。

〔42〕 A. L. Young, "Judicial Sovereignty and the Human Rights Act 1998", 53 *Cambridge Law Review* (2002).

中扮演重要角色。因此，对历史上的司法治国所带来各种问题的讨论，也就并非"闲坐说玄宗"，而同样对于现代国家治理问题的解决具有现实意义。而另一方面，对于历史的回顾，还可能使我们对于当下"司法治理"甚或"司法主权"的话语与实践保持冷静与客观；在看到其"优越性"的同时，也要清醒意识到司法治国本身的限度，以及强调司法话语的背后所可能遮蔽的问题。

在道德共识缺乏与文化多元的现代社会，司法治理具有明显优势。凭借专业性与技术性，司法治理可能将原本极端冲突的政治或文化问题转化为法律的技术问题，从而在很大程度上达到"去政治化"的效果，以减少激烈的政治冲突带来的社会动荡。[43] 同时，法庭作为看上去更"中立"的第三人形象，以及法庭所遵循的"看得见"的程序，也有助于当事人和社会公众接受裁判的结果，从而尽快给社会纠纷一个可接受的"终点"。[44] 尽管过于强调"程序"可能导致效率的降低，但只要是"不太严重的低效"，还可能对社会争论起到一种"冷化"作用，从而无形中降低社会矛盾的激烈程度。最后，司法的手段较之立法和行政更加"隐蔽"，在司法包装下的政治改革，可能在一定程度上降低改革的阻力。尤其是对于那些民主并不充分的国家，法庭与司法可能降低政治制度的负担，同时扩大公众的承受力与容忍度。[45] 司法制度，尤其是以程序为中心的法庭技术，越来越成为现代政治的"蒙眼布"与"晚礼服"。[46]

在此基础上，司法治国终得复兴；并随着全球化的到来，迅速成为强势的政治话语，深刻影响世界各国。但同时也应看到，这一复兴历程，实际已在很大程度上偏离了传统司法治理的路径与轨迹。在今天的司法话语中，司法已不再是中世纪政治所呈现的消极治理，而是越来越趋向积极、能动的治理模式。事实上，即便在延续司法治国传统的美国，司法的政治

---

[43] Ran Hischl, *Towards Juristocracy*: *The Origins and Consequences of the New Constitutionalism*, Harvard University Press, 2004, pp. 169 – 176.

[44] ［美］夏皮罗：《法院——比较法上和政治学上的分析》，张生、李彤译，中国政法大学出版社 2005 年版，第 52 页。

[45] ［葡］桑托斯：《迈向新法律常识：法律、全球化和解放》，刘坤轮译，中国人民大学出版社 2009 年版，第 423 页。关于司法治理的优点，参见高鸿钧等主编：《英美法原论》，北京大学出版社 2013 年版，第 12 页。

[46] 参见冯象：《正义的蒙眼布》，载冯象：《政法笔记》，江苏人民出版社 2004 年版，第 156 – 157 页。

功能也同样经历了由消极走向积极的过程。在最初的美国宪制中，司法部门尽管获得特殊的尊荣地位，但仍然从属于"混合政体"的共和政治理想之中。[47] 但从 20 世纪后期开始，司法部门逐渐在与立法权、行政权的较量中获得了较强势的话语与地位，借助对公民自由和权利保护赢得对宪法解释权的垄断，从而逐渐将"司法至上"由理论变为现实。[48] 而在司法治国的当代复兴中，美国版本的更为积极、能动的司法治理同样占据绝对优势地位，成为世界法律全球化与"美国化"的一个重要侧面。

但这一强势版本的司法治理，本身却隐藏着诸多问题。即便在美国，对于能动的司法治理或"司法至上"的批评也一直存在。联邦最高法院在沃伦时代取得的许多"民权革命"的成果，尽管为法院赢得了信任和权力，但在实践中却可能遭致来自立法部门、行政部门以及社会层面的阻力，导致最初所追求的社会变革的理想落空，[49] 以至于成为一种"空洞的希望"。[50] 同时，政治的司法化固然可以借助"中立"的司法形象和法律话语来缓和、冷却各种政治冲突，但如果司法过渡介入政治，又不可避免导致司法政治化的难题。当党派化的政治与情感过多影响到法院的运作时，其判决本身应有的"中立性"与"说理性"都将受到质疑和挑战。正如福山指出的，"法院主导的政府"已经构成美国政治走向衰败的重要原因；行政职能不断被司法化，成本高昂的诉讼爆炸式增长，决策和执行的效率却不断走低，司法的制衡功能已完全走向它的反面。[51] 最后，当这种强势版本的司法治国脱离美国的司法文化，被移植或输出到政治后发国家或地区

---

〔47〕 20 世纪之前美国司法审查的性质及其之后的转变，参见强世功：《司法审查的迷雾——马伯里诉麦迪逊案的政治哲学意涵》，载强世功：《立法者的法理学》，生活·读书·新知三联书店 2007 年版，第 263 – 277 页。

〔48〕 ［美］威廷顿：《司法至上的政治基础：美国历史上的总统、最高法院及宪政领导权》，牛悦译，北京大学出版社 2010 年版。

〔49〕 沃伦时代表面上赢得的权利，无论是学校的种族融合、穷人的法律援助，还是刑事被告权利的保护，最终的结果都可能极大偏离最初的理想。参见［美］波斯纳：《联邦法院：挑战与改革》，邓海平译，中国政法大学出版社 2002 年版，第 348 – 349 页。

〔50〕 G. N. Rosenberg, *The Hollow Hope: Can Courts Bring about Social Change?*, University of Chicago, 1993.

〔51〕 Francis Fukuyama, "The Decay of American Political Institutions", *The American Interest*, Dec. 08, 2013.

时，往往可能引发"激烈司法"[52] 或加剧政治冲突的负面效应。

也恰因问题的存在，重温司法治国的中世纪故事就有了另一层特别的意涵。有如前述，无论是中世纪的司法治国，还是都铎时代的混合政体，以至于美国早期的宪制，事实上都带有深厚的"怀疑论"色彩，因而更多倾向于以被动解决纠纷的司法作为政治治理的核心。[53] 然而，在 20 世纪后期开始形成的现代版本的司法治国中，我们却更多看到司法对于政治和社会的主动介入，并试图凭借法庭和司法的力量积极推动社会的变革。这样一种强势版本的司法治国无疑在很大程度上背离了中世纪以来的"怀疑论"传统，倒向了以"议会主权"与"立法至上"为代表的"信念论"政治。在"司法至上"与"立法至上"这两者之间，所不同的只是主体的身份，却几乎分享相同的本质。

相比之下，中世纪的英国宪制与美国建国所继承"都铎体制"中蕴含的那个"消极版本"的司法治国，可能更契合于司法治理技术的本质，也因此构成了一种在当代语境中仍然值得被重视的选择。在中世纪的司法治国中，我们看到的是一种接近于"自生自发"的自然秩序演进。尽管这种自发秩序在今天已无法获得（在当时也未必真的存在），但其中所蕴含的经验主义的治理模式对于今天却仍然具有启示意义。尤其是对于那些在当代世界广泛存在的、以美国经验为摹本的"整体性""前瞻性"的司法改革，古典的司法治国构成了一种善意的提醒，可能启发我们更多地关注被移植本土的内在需求和实践效果。同时，英国历史的经验也提醒我们，法官的职业化会带来更加"中立"的司法，但这并不意味着"司法至上"必然是一个好的选择。在一个缺乏相应制度保障与"不成文宪法"支撑的条件下，简单移植现代美国版本的司法治国，反而可能导致司法权威的削弱以及国家治理能力的整体弱化。本书前述 17 世纪英国革命的司法故事也同样表明，法官过于主动地介入到重大宪政争端与派系斗争之中，不仅无力化解政治纷争，还可能导致法官与司法应有的中立地位的进一步丧失。

总之，在现代国家的治理格局中，司法治理已经成为一个无法回避的

---

〔52〕 在欧洲司法改革中，法院对于备受瞩目的政治案件的明确介入引起了很多关注，但这种司法却对老百姓的日常司法并无助益。参见［英］桑托斯：《迈向新法律常识：法律、全球化和解放》，刘坤轮译，中国人民大学出版社 2009 年版，第 394 页。

〔53〕 ［英］欧克肖特：《信念论政治与怀疑论政治》，张铭等译，上海译文出版社 2009 年版，第 115 页。

重要问题，法庭与司法技术在宪制体系中的位置也逐渐从边缘回归中心，越来越成为现代政治秩序赖以维系的制度基础与"掩饰"策略。[54] 然而，在这一历史进程中，我们不应只看到现代美国版本的司法治国或司法至上，还应当将历史的视野放长，返回到中世纪与近代早期的英格兰，重温那个曾经存在了数个世纪并且当下仍具生命力的司法治国的古老故事。这不仅是因为它构成了当代司法治理的源头与前身，更因为它的自发性与原生态，可能更真实、丰富地展现司法治理技术的复杂面相，也更多地蕴藏了解决当代问题的答案与可能。

---

〔54〕 参见冯象：《政法笔记》，江苏人民出版社 2004 年版，第 168－173 页。

论指导性案例的效力

——兼论过渡时期的法理学研究方法论 *

泮伟江 **

一、导论

在最高人民法院进行的所有改革措施中，2010 年推出的案例指导制度改革并非其中最重大的改革，反而是其中相对比较小的一项改革。[1] 就其推出以来的实际运行效果而言，所谓的"指导性案例"不过是在最高人民法院现有的司法解释体系中增加一种效力相对模糊和较低的以"案例"形式呈现出来的"指导细则"而已。[2] 但与 2010 年以来所有其他更为重大和根本的司法改革措施相比，案例指导制度所受到的来自整个法学界主动的关注和评论，可能却是最隆重和热烈的。早在该项制度正式颁布之前，法

---

　* 本文原刊于《清华法学》2016 年第 1 期，第 20 - 37 页，是司法部中青年课题"指导性案例效力问题研究"（课题编号 13SFB3005）的研究成果，收入本书时有修改。

　** 泮伟江，法学博士，北京航空航天大学法学院副教授，副院长。

　〔1〕 对照 2013 年十八届三中全会和 2014 年十八届四中全会出台的相关司法改革措施，这一点尤其明显。案例指导制度改革的障碍并非各种既得利益层面的，而是思想和认识上的各种障碍与束缚。

　〔2〕 陈巍等：《案例指导意欲何为？——新法学·读书沙龙第七期"案例指导制度讨论纪要"》，载《法学方法论论丛》2013 年第 1 期，第 307 - 311 页。

学界已经围绕着该项改革的可能性方案与意义展开了热烈的探讨，[3] 在该项制度颁布后，指导性案例已经成了法学研究的一个热得发烫的问题。[4]

本文深入分析了围绕着指导性案例效力问题的各种理论争论，试图指出，作为一项改革措施，案例指导制度的出台恰恰是对中国现有司法体制之弊端深刻反思的结果。它对如下这个陈旧却强大的"法源观"提出了根本性的挑战，即"依法裁判意味着，除非法律明确授权，否则司法先例不能成为独立法源"。然而，这一点在案例指导制度改革中是隐含的，而不是明示的。甚至，关于指导性案例效力问题的相关规定，还有意地想掩盖这一点。与此同时，在理论研究层面，即便是对案例指导制度提供最强有力支持的两种理论，即"事实上的拘束力说"与"准法律权威说"，都忽略或回避了制度改革背后的根本理论问题，将主要的工作重点放在了案例指导制度与既有体制逻辑的兼容性上。然而，对一项改革措施而言，其终极的正当性，乃在于此项改革措施对旧体制的"病症"而言是"对症下药"的。相比之下，改革措施与旧体制的兼容性问题是第二位的。

由此带来的一个结果是，案例指导制度改革既开放了未来司法改革的可能空间，同时又使得这个被激活的空间有被重新关闭的风险。有学者形象地将此种风险概括成："一个功能上无效的东西却收获改革的红利"，"用新的东西来维持旧的东西，通过改革来维持不改革"的"新瓶装旧酒"，[5]

---

〔3〕 2005 年最高人民法院颁布《二五改革纲要》中提出建立案例指导制度，该制度就引起了法学界的广泛关注和热议。相关的讨论诸如周佑勇：《作为过渡措施的案例指导制度》，载《法学评论》2006 年第 3 期；刘作翔、徐景和：《案例指导制度的理论基础》，载《法学研究》2006 年第 3 期；刘作翔：《我国为什么要实行案例指导制度》，载《法律适用》2006 年第 8 期；张骐：《试论指导性案例的指导性》，载《法制与社会发展》2007 年第 6 期；傅郁林：《建立判例制度的两个基础性问题》，载《华东政法大学学报》2009 年第 1 期；奚晓明：《建立以案件审理为中心的案例指导制度》，载《河北法学》2007 年第 3 期。

〔4〕 例如冯文生：《审判案例指导中的"参照"问题研究》，载《清华法学》2011 年第 3 期；陈兴良：《案例指导制度的法理考察》，载《法制与社会发展》2012 年第 3 期；陈兴良：《我国案例指导制度功能之考察》，载《法商研究》2012 年第 2 期；张骐：《再论指导性案例效力的性质与保障》，载《法制与社会发展》2013 年第 1 期；陈巍等：《案例指导意欲何为？——新法学·读书沙龙第七期"案例指导制度讨论纪要"》，载《法学方法论论丛》2013 年第 1 期；牟绿叶：《论指导性案例的参照效力》，载《当代法学》2014 年第 1 期；雷磊：《法律论证中的权威与正确性：兼论我国指导性案例的效力》，载《法律科学》2014 年第 2 期。除了大量法学理论层面的讨论之外，更值得注意的是从事部门法研究的学者对最高人民法院公布的具体指导性案例的追踪性研究。

〔5〕 周林刚语，参见陈巍等：《案例指导意欲何为？——新法学·读书沙龙第七期"案例指导制度讨论纪要"》，载《法学方法论论丛》2013 年第 1 期，第 343 页。

这最终将在更深层面掏空改革的正当性基础。

本文尝试在法的基本理论层面对既有的主流"法源理论"提出挑战，强调立法和司法在制度上的两分，并不必然意味着"除非法律明确授权，否则司法裁判不能成为独立法源"。同时进一步强调指出，"同案同判"原则乃是司法的本质属性，因此必然要求司法"先例"在司法裁判中发挥某种构成性的功能，此种构成性的功能必然要求"先例"具有某种实质性的法源地位。本文因此认为，相对于最高人民法院的许多其他改革措施，案例指导制度鲜明地传达出最高人民法院对"同案同判"作为司法之基本原理和内在结构的探索和领悟。但这种探索和领悟仍然是过于微弱和谨慎的，需要通过法学理论层面的论辩给予肯定和鼓励。

因此，本文不是一篇简单地为案例指导制度进行辩护或者对其进行批判性反思的文章。本文的主要工作是，在"认知理由"与"政策工具"两个层面分别对案例指导制度进行相对独立的观察，在"认知理解"层面阐释案例指导制度所隐含的"同案同判"原理的重要性，并在基本理论层面确认其作为司法基本性质与内在结构的地位，在"政策工具"层面则批评最高法院的保守性，指出现有改革措施虽是一个不错的开局，但毕竟没有贯彻"同案同判"的司法原理，因此仅仅在"过渡性措施"的意义上具备语境中的合理性。就此而言，在认知理解层面，本文为案例指导制度改革做了一个坚定的辩护，同时在政策工具层面又对案例指导制度改革的保守性提供了严厉的批评。最后，本文以案例指导性制度为例，探讨了过渡时期法理论论辩对于观察、理解和评价法政策措施的重要性，探讨了过渡时期法理学研究的一般方法论问题。

二、认知理解与政策工具的层次区分：方法论的初步交待

正如前文所揭示的，恰恰由于案例指导制度在"政策工具"和"认知理解"两个层面所呈现出来的不同面貌和效果，因此自该项改革措施公布以来，在司法实务界和法学理论界，得到了完全不同的反馈。相对于法学界而言，司法实务界对指导性案例的态度相对冷静和务实得多。许多法官都在质疑案例指导制度的现实作用——在他们看来，案例指导制度既没有对他们的工作提供更大的帮助和便利，同时也流于形式。[6] 司法实务界和法律理论界对指导性案例的这两种内冷外热的态度，促使我们区分出"认知理解"和"政策工具"两个层面的观察视角，并将其作为观察、分析和评价案例指导制度的基本理论框架。

理想的改革措施，最好是能够实现政策工具与认知理解两个层次的统一。认知理解层次的突破往往构成了整个改革的基础，而政策工具层次的具体措施则是认知理解的贯彻和落实。但是在特殊的改革语境下，政策工具层次和认知理解层次却又可能发生错位和偏差。这是因为，最终决定和影响政策工具选择的因素，除了认知理解层面上对要解决之问题的分析，对现有体制弊病的认识、对改革目标的准确理解和定位等因素外，还涉及可选政策工具的范围、决策者所处组织之结构与样态、[7] 意识形态的限制、相关利益方的争夺与斗争等其他各种因素。即便有了清晰的认知理解，最后也未必就能够选择最直接有效的政策工具。由于各种现实的阻力，政策工具层面更容易做出各种各样的妥协和牺牲。通常所谓的"心有余而力不足"，大致可以用来形容认知理解与政策工具两个层次的偏离和背反。[8]

迄今为止关于案例指导制度的各种分析，都是在假设政策工具与认知理解相一致的前提下进行的。这些分析都预设了，案例指导制度改革的各项具体措施，都直接表达和充分贯彻了最高人民法院对相关问题的理解。他们在此基础上对案例指导制度进行了观察、描述、理解和评价。然而，真实的世界比这个要复杂得多。尤其是，晚近三十多年中国的司法改革，乃至于整个中国改革，都是一种渐进式的改革，在某种程度上既是观念变迁和认知进步的结果，同时也是在旧的体制和结构中局部推进的改革，是一种各种力量精妙平衡的结果。因此，观念的革新和认知的进步，未必总能够直接导致期待中的改革措施的完全实现。而我们在评价一项改革措施

---

〔6〕 参见陈巍等：《案例指导意欲何为？——新法学·读书沙龙第七期"案例指导制度讨论纪要"》，载《法学方法论论丛》2013年第1期。作者本人参与的关于案例指导制度的各类讨论会中，许多法官都提出了类似的观点。

〔7〕 刘忠：《规模与内部治理——中国法院编制变迁三十年》，载《法制与社会发展》2012年第5期。

〔8〕 哪怕就连德沃金也承认："对法律实践的更全面的研究必须注意到立法者，警察、地方检察官，主管福利的官员，学校的董事长和许多多多的其他官员，还要涉及诸如银行家、经理、公会负责人之类的人物。这些人虽然不是政府官员，但他们的决定对同胞们的合法权利也有影响。" Ronald Dworkin, *Law's Empire*, Harvard University Press, 1986, p. 14.

的成败得失，也必须兼顾认知理解和政策措施两个层面的标准，并且要处理好这两个层面之间的关系。例如，有时候，由于改革是朝向正确方向的，反映了认知理解层面的正确认识，但短期内在政策工具却难以完全贯彻认知理解层面取得的成果，也并没有取得应有的效果，甚至短期内还带来某种混乱和不适应，但我们并不因此就否定了该项改革措施的意义与重要性，而是通过对认知理解层面原理的追溯进一步深化和调整改革措施。反过来说，政策措施对认知理解的偏离并不总是坏的。在某些情况下，政策措施的突破往往给认知理解层面的思考提供了新的路径和视野。

当然，本文的旨趣并不仅仅是强调改革本身的复杂性。许多社科法学的研究已经充分揭示和强调了此种复杂性。[9] 相对而言，本文希望进一步指出，司法改革的具体措施与一般的法政策之间又存在着实质性的区别。一般的法政策，主要是指通过某项法律规则的制定，对当前比较突出的某类社会问题进行回应，从而事实上改变了某些具体的法律关系和利益关系。与此相反，司法改革所指向的并不是一般的社会领域和利益关系，而是指向法律体系自身内部的运作。因此，相对于一般法政策的"回应性"特征，司法改革措施意义的法政策具有"反思性"特征。由此带来的一个重要结果是，司法改革的诸多政策措施，"认知理解"层面对"政策工具"的规定性影响更强。一般的法政策，"政策工具"突破"认知理解"的限度，由于社会本身的自主性与复杂性，往往能够产生某种意想不到和别开生面的"制度创新"的效果。但由于法律系统在现代社会承担了特定的"确保普遍性规范预期"的功能，[10] 此种功能负担对法律系统，尤其是对司法体制产生了强烈和不容更改的内部规定性，从而使得此种突破司法内在机理的"制度创新"基本不可能发生。因此，司法改革的措施，就像宇宙空间站的高度精确化作业一样，对理论层面的科学原理的依赖性要远远高于一般的法政策措施。

因此，案例指导制度的正当性与合理性，只能在过渡性的维度下才能够被证立。许多社科法学的研究有意呈现出诸种改革措施的复杂性，却都否定和忽略此种过渡性特征，从而在一种静态的分析框架中对该项改革措

---

〔9〕 刘忠：《规模与内部治理——中国法院编制变迁三十年》，载《法制与社会发展》2012 年第 5 期。

〔10〕 〔德〕卢曼：《法社会学》，宾凯译，上海人民出版社 2013 年版，第 79－140 页。

施进行观察、研究和评价。由此带来了一系列的范畴错误。尤其严重的是，由于改革措施的过渡性和暂时性，往往导致改革措施仅仅具有语境中的合理性。此种语境中的合理性导致改革措施自身呈现为某种"不规则形状体"的特征。当忽略了该"不规则形状体"特征的过渡性和暂时性时，他们就会将其永恒化，将具体时空语境下的合理性偷换成本质的合理性，从而凝固和冷冻了改革自身所蕴含的时间性和动力学的因素。[11]

　　与他们相反，本文认为，对于理解和评价过渡时期的一项改革措施而言，认知理解层面的因素仍然占据着更为重要的地位。[12] 即便改革的过程本身是复杂的，关于"司法是什么"等基本理论的争论仍然是关键性的，仍然在改革的过程中占据了非常关键和不可忽略的地位。用主流的话语来说，"解放思想"对于改革事业的推进仍然具有关键的意义。

三、指导性案例"事实上的拘束力"

　　《关于案例指导工作的规定》第 7 条规定指导性案例具有"应当参照"的效力，这难免让人想起大陆法系上诉法院判决所具有的那种"事实上的拘束力"。尽管两者的制度背景不同，但由于我们事实上继受了大陆法系的成文法传统，因此也不妨将指导性案例的此种"应当参照"的效力与德国法上诉法院判例的"事实上的拘束力"特性联系起来，进行某种"互文性"的理解和研究。事实上，许多学者都用了德国法中的"事实上的拘束力"的概念来概括指导性案例的此种"应当参照"的效力，以至于这几乎成了关于指导性案例效力问题的主流理论。

　　首先需要澄清的是，所谓指导性案例"事实上的拘束力"，并非意味着指导性案例乃是从"事实"之中产生某种规范拘束力，而是说，指导性案例"在事实上是有拘束力"的。其中，"拘束力"是一种最终实现的"效果"。用"事实上的拘束力"这个概念来解释指导性案例"应当参照"的效力属性，其逻辑是这样的：一方面，这否认了指导性案例的法源地位："应

---

　　〔11〕 也可参照德沃金在《法律帝国》中关于礼貌问题的分析。在这部分分析中，德沃金指出，对待礼貌问题，我们应该看到每一项礼貌制度都蕴含着某些原则和功能作为其"功用"（point），当我们将这些"功用"联系起来，并以这些"功用"来评价和发展礼貌时，在礼貌的传统之中就蕴含了某种意义（meaning）。而这些意义问题，对于观察、理解、适用和评价礼貌而言，具有关键意义。Ronald Dworkin, *Law's Empire*, Harvard University Press, 1986, pp. 46 – 48.

　　〔12〕 笔者认为，此种立场响应和贯彻了德沃金在《法律帝国》中对"理论争议"与"事实争议"之区分，以及对"理论争议"问题重要性的强调。参见 Ronald Dworkin, *Law's Empire*, Harvard University Press, 1986, pp. 3 – 6.

当参照"中的"参照"表明指导性案例并不具有法源上的拘束力。尽管如此，另一方面，通过修饰"参照"的"应当"这个词汇，它事实上却表明指导性案例具有类似于法源上的拘束力的"事实上的拘束力"。这一点非常类似于德国法中上诉法院判例的"事实上的拘束力"。例如，拉伦茨就认为，虽然德国法中上诉法院的判例并不具有法源的地位，因此不具有规范上的拘束力。但通过上诉制度等制度性设置，上诉法院的判例仍然具有某种类似于法源上的"事实上的拘束力"。[13] 当然，由于中国司法的基础结构与德国司法的基础结构存在着某些实质性的差异，因此并不能照搬照抄德国法的"事实上的拘束力"概念来理解指导性案例的事实上的拘束力。例如，中国并不存在德国法的"事实审"与"法律审"的区分，[14] 又例如指导性案例并不是最高司法机构通过庭审而确定的，[15] 而德国最高法院的案例所具有的"事实上的拘束力"与这些案例的生成机制是紧密联系在一起的。

因此，在解释通过何种制度性的构造和设置来实现指导性案例具有"事实上的拘束力"时，中国学者们又添加了某种中国特色的内容：指导性案例的"应当参照"效力中的"应当"，并非通过司法裁判内在结构正常运作而产生之客观效果，而是通过借用最高人民法院作为最高司法行政管理机构的地位和权力，通过各种法院考评等行政措施和手段从"事实上"实现之效果。因此此处的"应当"，本质上是一种作为事实存在的"内部命令"。[16]

但是，那种通过法院考评和司法管理方面的负面评价方式来影响法官裁判的做法，与案例指导制度改革的旨趣其实是相违背的，是一种行政化的方式和措施，并不符合司法裁判的性质。它承认并正当化了如下的实践和惯例：中国司法裁判机制的运作，在某种程度上是以"权力"的逻辑建构起来的，这也就意味着上级法院与下级法院的关系在很大程度上是一种

---

〔13〕 ［德］拉伦茨：《法学方法论》，陈爱娥译，商务印书馆 2004 年版，第 302 页。

〔14〕 关于审级制度的原理及其重要性，可参见傅郁林：《审级制度的建构原理》，载《中国社会科学》2002 年第 4 期。

〔15〕 对这一点的揭示，可参见宋晓：《判例生成与中国案例指导制度》，载《法学研究》2011 年第 4 期；郑智航：《中国指导性案例生成的行政化逻辑》，载《当代法学》2015 年第 4 期。

〔16〕 胡云腾、于同志：《案例指导制度若干重大疑难争议问题研究》，载《法学研究》2008 年第 6 期，第 10 页；胡云腾等：《〈关于案例指导工作的规定〉的理解与适用》，载《人民司法》2011 年第 3 期，第 36 页。

行政意义的"指导"与"被指导"的关系。如果下级法院的判决被上级法院推翻和驳回，各种对法官的业务考核机制就可能形成对法官的某种"惩罚"和"规训"。因此，下级法院在适用法律时，尽量与上级法院的裁判保持一致，其背后的原理并非司法意义的同案同判，而是法官考核与惩戒制度的作用下尽量不违背上级法院意志的"预测学"和"信息学"。例如，最高人民法院可以绕开审理程序，直接通过各种"指示"和"命令"对下级法院的具体裁判结果进行干涉和指导，而下级法院在疑难案件的审理中，也不愿意进行创造性的法律解释工作，形成对上级法院的"指示"和"命令"的依赖和等待心理，就是此种"预测学"与"信息学"最明显的体现。[17]

四、指导性案例的"准法律权威性"

显然是考虑到了"事实上的拘束力说"的此种困境，有学者试图通过拉兹的权威理论和阿列克西的论证理论，通过指出最高人民法院指导性案例之"准法律的权威性"，说明指导性案例的规范性，而非仅仅具有某种"事实性拘束力"的效果。[18] 例如，在《再论指导性案例的性质与保障》一文中，张琪对前引胡云腾的话作了细腻的分析，指出：指导性案例本身具有的"正确的决定性判决理由"表明了其指导性案例的说服力，"经最高审判组织确定认可的程序安排"则表明了其权威性，"前者是'理由产生权威'。后者则是一种制度权威"。[19]

张琪承认，指导性案例所蕴含的这种"正确的决定性判决理由"与"最高审判组织确定认可的程序安排"之间是有内在矛盾的，这是一种理性权威与制度权威之间的内在矛盾。但张琪却认为，此种矛盾在实践中未必总是导致冲突，很可能也会形成互相补充的效果，形成"犹如太极阴阳两

---

〔17〕 有法官与作者交流该问题时曾经指出，最高法院的"司法批复"也可以被下级发愿创造性地当作对抗地方政府干预司法裁判的"挡箭牌"，从而发挥化腐朽为神奇的促进司法独立裁判的效果。即便如此，这只是"批复"的意外功效，而非批复的标准"功能"。

〔18〕 就此而言，虽然张骐和雷磊提出权威与正确理由之二元论明确标榜自己的规范性，以区别于"事实性拘束力"所说的"事实性"，但并不足以替代该理论，仅仅起到了对该理论的补充和修补的作用。

〔19〕 张骐：《再论指导性案例效力的性质与保障》，载《法制与社会发展》2013 年第 1 期，第93 页。

半共同发挥作用"。因此，张骐认为指导性案例具有一种"制度支撑的说服力。"[20]

张骐试图纠正"事实上的拘束力说"中对现有司法行政体制的依赖性，从而补充最高人民法院指导性案例基于自身的权威性和规范性。例如，张骐所理解的指导性案例的制度性权威因素，主要是指指导性案例是"经最高审判组织确定认可的程序安排"。这里有两个要点：首先是指发布指导性案例的主体是最高审判组织，因此具有发布主体的权威性；其次是指指导性案例的确定和发布程序，也保障了指导性案例的程序正当性，程序正当性也可以被转化成某种权威性。两个要素都强调了指导性案例生成的渊源，因此都强调了指导性案例的法源地位和权威性。

类似的思路也体现在雷磊的系列论文中。雷磊分析了最高人民法院所拥有的法律解释权，指出最高人民法院颁布的指导性案例乃是对法律条文之运用的一种解释形式，因此确实在最高人民法院的职权范围之内，讨论决定"指导性案例"的最高人民法院审判委员会也确实拥有相关的权限。就此而言，指导性案例确实具有制度所赋予的某种合法性的权威性。[21]

张骐和雷磊都正确地强调了指导性案例的权威性因素，因此也正确地揭示出指导性案例区别于"事实性拘束力"的某种规范性属性。这是很了不起的发现。但问题是，在张骐和雷磊的"权威＋正确性"的二元框架中，仍然遗留着"司法管理体制＋正确性"的二元叠加结构的痕迹。这意味着，指导性案例的效力来源于立法，而非来源于司法内在机制自身。雷磊在区分"制度性权威""事实性权威""说服性权威"时，也体现了类似的思路。[22]

就理论的自洽性而言，先例当然也可以被看作是某种相对于"立法"而言的"次等权威"，从而在现有的权威体系之中赢得某种次等席位。但如果两位学者的理论抱负仅仅是试图为案例指导制度在现有的体制中寻找某种存在的正当性，谋一张"座椅"，则其效果无异于又再次强化了中国司法

---

〔20〕 张骐：《再论指导性案例效力的性质与保障》，载《法制与社会发展》2013 年第 1 期，第 94 页。

〔21〕 雷磊：《法律论证中的权威与正确性：兼论我国指导性案例的效力》，载《法律科学》2014 年第 2 期，第 47 页；雷磊：《指导性案例法源地位之再思》，载《中国法学》2015 年第 1 期，第 279－286 页。

〔22〕 雷磊：《指导性案例法源地位之再思》，载《中国法学》2015 年第 1 期，第 275－276 页。

解释的命令的性质与正当性。例如，我们可以质问，在诸如司法解释和指导性案例等这些事情中，最高人民法院究竟是作为"最高审判主体"还是"最高司法行政机构"或是"经授权的次级立法主体"而发挥作用？这里的程序正当性究竟是一种立法程序的正当性，还是司法程序的正当性？

就此而言，张骐和雷磊的解释，虽然纠正了"事实上的拘束力说"的问题，但实质上却很吊诡地继承了官方解释的保守性。根本原因，还在于张骐和雷磊都过于关注指导性案例的规范性，而为了规范性，又过于迁就指导性案例与既有规范层级体系的适应性。这就使得二人的学术旨趣和观察角度，迁就"政策工具"层次的保守性，而相对地看不到"认知理解"层次的突破性。他们尤其看不到，无论是审判委员会的讨论通过还是最高人民法院指定"司法解释"的权威，对于案例指导制度而言，都不过是对"既有权威"的"创造性借用"而已。该项制度真正的意义，在于指导性案例相对于"批复"所体现出来的"案例性"，尤其是，通过"应当参照"的矛盾表达，将此种"案例性"的指导"内化"到各下级法官日常司法实践推理之中。

反过来看，"事实上的拘束力说"虽然存在重大缺陷，却鲜明地表示最高人民法院试图将案例性的推理方式内化成法官日常司法推理的构成性要素，这其实强调了"同案同判"原则对于司法而言的构成性意义。此种对同案同判的原则本身的强调，仍然透露和坚持着案例指导制度的某种改革含义。尤其是，在"事实上的拘束力说"的推理逻辑中，经由指导性案例之"案例性"和"指导性"所共同体现出来的"同案同判"原则是第一位的，而司法行政管理体制乃是第二位的和辅助性的。从认知层面来看，这是很了不起的创见。也是"事实上的拘束力说"相关论述的前提和出发点。因此，"事实上拘束力说"的问题并不在于对同案同判的原则的坚持，甚至也不是他们对指导性案例"事实上的拘束力"之"事实性"的强调，而在于他们错误地解释了指导性案例的此种"事实上的拘束力"及其"事实性"。

五、积极的和消极的"事实上的拘束力说"

自休谟提出事实与规范的二分，指出从事实之中并不能推导出规范以来，事实与规范的二分法已经被人们接受为标签化常识。因此，诸如"事实上的拘束力"等似乎明显违背休谟定律的概念，就显得是一种毫无价值的自相矛盾。[23] 但是，正如哈特在《法律的概念》中指出的，在不同的语境中，不同的概念往往具有不同的含义。因此，要了解概念的具体含义，还必须将该概念与适用的具体语境联系起来进行理解。有些看似荒谬的概念，在某些具体的语境之中，却能够传达出某些特殊的含义。[24] 而卢曼也曾指出，我们往往可以通过某概念在具体语境中所对应概念的考察和澄清，理解某个具体概念在具体语境中的具体含义。例如，在社会学的语境之中，有时候"规范"概念对应的就不是"事实"，而是"认知"。[25]

如果我们遵循哈特所提示的此种语言分析的路径，便可以发现，所谓指导性案例之"事实上的拘束力"，其中"事实上"一词的主要含义，也可以被解释为"指导性案例的效力根据，并非来自于立法的明确授权"。或者说，此种"事实上的拘束力"理论所要突破的，就是万事都要经过授权的陈旧理论——连法律适用过程中对法律之具体含义进行解释，都要经过立法明确授权。此种在中国语境下扩大化的法源理论过于强调法律的命令性质，而忽略了法律独立于命令的那种体系自主性。例如，英格兰普通法判例所具有的先例效力，也主要不是来自于某种"立法权威"的授权，而更可能是历史地和内在地形成的，因此也是一种"事实上的拘束力"。立法权威对普通法先例效力的事后追认，更像是一层规范性伪装。[26]

"事实上的拘束力说"所蕴含的指导性案例之事实性的这个层次的理解，很可能是正确的，也是符合司法本质和规律的。因此，我们可以将"事实的拘束力说"中关于事实的理解分成两个层次：一个层次是消极层次，即"事实上的拘束力"中"事实"的含义仅仅指的是"指导性案例的效力并不来自于立法权威的授权，而是另有来源和根据"；另一个层次是积极层次，即在消极含义的基础上，进一步指出指导性案例效力的具体来源和根

---

〔23〕 ［英］休谟：《人性论》（下），关文运译，商务印书馆 1980 年版，第 509 页。

〔24〕 ［英］哈特：《法律的概念》，许嘉欣、李冠宜等译，法律出版社 2006 年版，"前言"第 2 页。

〔25〕 泮伟江：《法学的社会学启蒙》，载《读书》2013 年第 12 期。

〔26〕 对此，哈特也曾做过分析。在哈特看来，在英国，立法的效力高于判例，并不意味着判例的效力来源于（derivation）立法。否则，就容易形成一种错误的观念，即"所有的法律基本上或事实上（即便是默许地）都是立法的产物"。所以，"在英国的法体系中，成文法优于习惯法与判例，因为习惯法和普通法皆可以被成文法剥夺其法律的地位。但是，它们的法律地位（尽管可能有些不确定）并非来自立法权默然的行使……"参见 ［英］哈特：《法律的概念》，许嘉欣、李冠宜等译，法律出版社 2006 年版，第 95 页。

据是什么。

我们看到，对"事实上的拘束力说"的积极层次的解释是失败的。其失败的根本原因，是将指导性案例效力的具体来源和根据的问题与指导性案例效力的制度性保障问题混淆了。张骐和雷磊都正确地指明了这一点。他们于是尝试追溯指导性案例的效力的规范性根源——在中国法律的现有体制中寻找。当他们这样做的时候，他们也就连带地否定了消极版本的"事实上的拘束力说"。但是对某种特定的积极层次解释的失败，并不必然导致对与此相关的消极层次的解释也是失败的。对某种特定积极解释的拒绝，也并不必然导致对消极解释的全盘否定。

立法是否必然是唯一的法源？对许多学者而言，这或许已经是一种不言自明的真理。对他们来说，这还关涉法治这个基本原则。但确实也有学者对此表示怀疑。例如，哈特就不这么认为。对哈特来说，法源的多样性是现代法律的一个主要特征。法源的多样性可以通过他的"承认规则"理论进行解释。[27] 又例如，加拿大法理学者塞勒（Roger A. Shiner）也不这么认为。塞勒将如下两个要素定义为严格制度化的法源的两个核心特征：首先，法律规则存在的条件，是法律制度活动所产生的功能；其次，法律规则拘束力的正当化，乃是对这些存在条件满足的结果。[28] 也就是说，是法律系统或者法律制度自身内部的运作和活动，使得作为法源的法律规则之存在成为可能。一旦此种条件得到满足，法律规则的拘束力就是当然的。

在哈特与塞勒的法源理论视野下，立法性法源的唯一性就被打破了。立法与司法的划分，只不过是法律系统内部运作的一个装置，也是法律系统内部运作的结果。法律系统内部运作的特性决定了，除了立法这个法源之外，还可能有判例这个法源。而判例这个法源很可能也是严格制度化的法源！更重要的是，如果立法和判例都是法律系统运作的结果，那么立法和判例作为法源的地位是平等的，是互相独立的两个平行的法源。

当然，一旦我们试图证明判例是立法之外的一种独立的法律渊源，其实就已经突破了消极版本的"事实上的拘束力说"，而进入积极版本的"事实上的拘束力说"的证立过程。这意味着，虽然我们可以在论证层次上区分消极版本与积极版本的"事实上的拘束力说"，但两者本质上仍然是内在

---

〔27〕 ［英］哈特：《法律的概念》，许嘉欣、李冠宜等译，法律出版社2006年版，第95页。

〔28〕 Roger A. Shiner, *Legal Institution and the Source of Law*, Springer, 2005, p. 2.

的相关的。如此一来，关键问题也就显露出来：要证明消极版本的"事实上的拘束力说"，关键还得看是否能够提供一种可靠的积极版本的"事实上的拘束力说"。

六、同案同判可能是司法的构成性义务吗?

先例是否有可能构成一种独立的法源呢？要回答这个问题，就必须对什么是法律、什么是法源、什么是司法等基本理论问题有所领悟。本文认为，隐含在案例指导制度改革背后的消极意义的"事实上的拘束力说"不但已然指向了这些问题，同时也对这些问题的思考提供了有益的方向性指引。要辨别和接收消极意义上的"事实上的拘束力说"所蕴含的此种进一步探索的指引，就不能仅仅参考立法者给出的公开解释，还必须将该制度放到中国司法改革的整体历史图景中进行观察。

我国现行司法解释体制的一个根本性特征在于，法官日常的法律解释并不被当作是"法律解释"，而仅仅是"法律适用"。法律解释被看作是一种"法律解释权"，从而在名义上排除了法官裁判案件过程中对法律规范进行"解释"的可能性，而排他性地将法律解释的"权力"赋予立法机关和最高司法机关。[29] 而最高人民法院运用的此种"法律解释权"，首先是一种相对于全国人大及其常委会之立法权和立法解释权的补充性立法权力，其次则是对法官具体个案审判的解释工作进行介入和指示的权力。[30]

最高人民法院主导的司法解释体制是在特殊国情下出现的一项特殊制度。20 世纪 70 年代末 80 年代初，"文革"结束，恢复法制，当时我国司法人才匮乏，大量的司法工作者都未经正规的法律专业教育，其中很多是复

---

〔29〕 关于中国法律解释的此种操作性基础的描述和评论，参见张志铭：《法律解释的操作分析》，中国政法大学出版社 1999 年版，第 220 – 259 页。

〔30〕 此种法律解释体制根源于 1981 年《全国人民代表大会常务委员会关于加强法律解释工作的决议》中的具体规定，以及《法院组织法》第 33 条"最高人民法院对于在审判过程中如何具体应用法律、法令的问题，进行解释"的规定。这些规定构成了中国整个法律解释制度的基础。1997 年和 2007 年，最高人民法院两次颁布《关于司法解释工作的若干规定》，对最高人民法院的司法解释权力进行了规范。根据 2007 年的《关于司法解释工作的若干规定》，最高人民法院行使的司法解释权可分成四种形式，即"解释""规定""批复"和"决定"。其中，真正涉及法律解释活动的，主要是"解释"和"批复"，前者更像是一种补充性的立法权力，而后者则直接回答下级法院关于个案的请示，更像是"行政权"的行使。"决定"是 2007 年新增的司法解释形式，更像是"解释权"的分化，类似于法规的修改。"规定"则主要承载了最高人民法院改革和规范司法审判工作的功能。

转军人。[31] 相对而言，最高人民法院的司法人才储备比较富足，业务能力较强。同时，由于当时特殊的国情，社会主义的法律体系并未建立完全，全国人大奉行"宜粗不宜细"的立法原则，大量已创立的法律都带有很强的原则性。这给全国各级法院法官的日常审判工作带来很大的困难。因此，通过最高人民法院垄断性地行使法律解释权，对全国人大制定的各种法律进行补充性和细则性的规定，同时通过批复的方式对地方各级法院的法官的裁判工作进行业务和专业上的指导，客观上推动了中国法治建设的进步，满足了当时审判工作的需要。[32]

但是，随着三十多年的法治建设，我国已经初步形成了比较完备的法律体系。随着法学教育的进步和成熟，尤其是司法考试等制度的确立，我国司法从业人员的专业素质已经有了根本性的提高。同时，随着司法观念的更新，以及社会复杂性的提高，出现了大量的新型案件，形成了"案多人少"的局面。[33] 虽然通过司法"解释"的方式对全国人大的法律条文进行补充性和细则性规定仍然有一定的必要性，但通过"批复"的形式解决全国 3500 家法院每年一千五百多万件案件[34] 的司法裁判过程中遭遇到的司法解释难题，对最高人民法院来说本身就是一个极大的挑战。同时，"批复"确实容易干涉地方法院的独立审判和国家的审级制度，从而形成"审者不判，判者不审"的局面。对"批复"等司法解释方式进行改革，尽量减少"批复"等司法解释形式，探索新的"指导"方式，从而既减轻自身的负担，同时也释放司法的活力和创造性，应该是最高人民法院今后改革的一个内在诉求。

从另外一个方面来说，判例一直是包括最高人民法院和地方各级人民

---

〔31〕 贺卫方：《通过司法实现社会正义——对中国法官现状的一个透视》，载贺卫方：《司法的理念与制度》，中国政法大学出版社 1998 年版，第 1 - 84 页。

〔32〕 柳经纬：《当代中国私法进程中的民商事司法解释》，载《法学家》2012 年第 2 期，第 85 - 99 页。

〔33〕 例如，2009 年时任最高人民法院院长王胜俊在最高人民法院工作报告中说道："2008 年全国各级法院审结案件数是 1978 年的 19.5 倍，在数量大幅增长的同时，案件类型更加多样，处理难度越来越大，案多人少的矛盾日趋突出。"

〔34〕 最高人民法院院长周强在 2015 年的最高人民法院工作报告中提供了如下数据："最高人民法院受理案件 11 210 件，审结 9882 件，比 2013 年分别上升 1.8% 和 1.7%；地方各级人民法院受理案件 1565.1 万件，审结、执结 1379.7 万件，结案标的额 2.6 万亿元，同比分别上升 10.1%、6.6% 和 15.7%。"

法院特别感兴趣的指导形式。在指导性案例之前，最高人民法院，包括各省市的高级人民法院，其实一直在发布和出版各种形式的有名和无名的案例，已经形成了一个层次非常丰富的案例体系。例如，最高人民法院自1985 年开始以公报的方式公布经过最高人民法院审判委员会讨论通过的案例。此外，最高人民法院每年还通过出版书籍的方式，制作《审判案例要览》《最高人民法院案例选》等，一直也很有权威性，是下级法院审理案件时的重要参考。除此之外，最高人民法院的各具体审判庭，例如行政庭就编写过《中国行政审判案例》《行政执法与行政审判》等。除了最高人民法院之外，各省、直辖市和自治区等高级人民法院，甚至一些中级人民法院和基层法院，也通过各种形式编写了自己的案例。与最高人民法院 2010 年公布的指导性案例一样，它们都没有法律明确规定的法律渊源的效力，却具有一定的权威性和指导性。因此，许多人都难免要问：2010 年最新出台的指导性案例，与此前最高人民法院自己公布的公报案例与各种案例汇编以及各地高级法院公布的案例之间，究竟是何种关系？[35]

　　指导性案例与此前全国各级法院出台的各种案例，最大的区别就是《关于案例指导工作的规定》第 7 条的规定："最高人民法院发布的指导性案例，各级人民法院审判类似案件时应当参照。"与最高人民法院的"批复"相比，指导性案例不是"法释"字号的，因此不具有正式法律渊源的效力。[36] 但与其他各种案例相比，具有正式法律渊源地位的《关于案例指导工作的规定》（法释字号的）又规定它"应该"被"参照"。此外，最高人民法院 2015 年出台《关于案例指导工作的规定实施细则》，其中第 11 条规定案件承办人员"应在裁判理由部分引述指导性案例的编号和裁判要点"，"公诉机关、案件当事人及其辩护人、诉讼代理人引述指导性案例作为控（诉）辩理由的，案件承办人员应当在裁判理由中回应是否参照了该指导性案例并说明理由"。正如有学者指出，这意味着，指导性案例并非仅仅是一种"只具有理性教导和思维引导意义"的"参考性案例"，乃是一种

〔35〕 陈巍等：《案例指导意欲何为？——新法学·读书沙龙第七期"案例指导制度讨论纪要"》，载《法学方法论论丛》2013 年第 1 期，第 307－308 页。

〔36〕 这一点最早是最高人民法院田朗亮法官揭示出来的。参见陈巍等：《案例指导意欲何为？——新法学·读书沙龙第七期"案例指导制度讨论纪要"》，载《法学方法论论丛》2013 年第 1期，第 303 页。

"实践型指导"，具有"超越单方愿望和意志"的特征。[37]

两相比较，我们至少可以得出结论，最高人民法院试图加强"案例"在审判"指导"过程中的作用。相对于"批复"而言，案例式的指导更像是一种间接的指导。此种间接式的指导，既需要法律教义学的中介，同时也给下级法院提供了某种"比照""类比"和"解释"的空间。换句话说，最高人民法院希望指导性案例能够突破此前纯粹参考和借鉴的地位，变成整个司法裁判和司法推理的内在的构成性要素。

相对于这个目的，案例指导制度的各种措施，不过是为达到此种改革目标的具体措施和手段而已。就政策工具意义而言，当手段不足以实现目标时，手段就必须被调整，或者通过手段的使用实现目标后，手段也不再具有存在的价值。因此，对案例指导制度改革来说，更重要的是要澄清和理解案例指导制度所要实现的政策目标。相对于这个政策目标而言，案例指导制度本身具有过渡性和工具的临时性的特征。

所以，对于指导性案例而言，最关键与核心的问题，并非是指导性案例是否具有法源的地位、指导性案例的"应当参照"效力在法理学的意义上性质为何等问题。与此相对，正确的提问应该是："同案同判"原则是否是司法内在的构成性义务？案例式的"比照""类比"和"解释"是否是法官日常司法推理中的基本结构和框架？此种案例式的司法推理结构对法官的日常司法推理与实践而言，是否具有某种"内在构成性义务"的特征？如果这些问题的答案是肯定的，则如下的问题就变得重要起来：指导性案例是否能够有效地实现和促进了上述的改革目标？

这些问题才是隐藏在案例指导制度改革背后的真问题——真正的理论争议问题。如果关于案例指导制度的观察和评论抛弃了这些真正重要的理论争议问题，而仅仅关注指导性案例是否具有规范拘束力等"事实问题"，就错失了该项改革的真正意义。

幸运的是，并不是所有人都错失了这些真正的理论问题。例如，在已有的学术论辩中，陈景辉的《同案同判：法律义务还是道德要求》一文清晰地意识到了这个关键性的问题，因此值得被认真对待。尤其难得的是，陈景辉在这篇文章中相当精准地提出了"标准意义的司法究竟为何"的问题，并且将这个问题与"同案同判"原则联系起来进行讨论：要证立指导

---

[37] 冯文生：《审判案例指导中的"参照"问题研究》，载《清华法学》2011 年第 3 期。

性案例的"事实上的拘束力"，就必须证明"同案同判是不可放弃的司法要求"。[38] 而所谓的"同案同判是不可放弃的司法要求"，从法官的角度来看，就意味着"同案同判"原则对法官而言，构成了某种必须要遵守的司法义务。而这恰恰是最高人民法院"应当参照"的表述试图实现的效果。

为了说明"标准意义的司法"究竟意味着什么的问题，陈景辉提出了医疗活动的例子：例如，对于医疗活动而言，"医生有救死扶伤的义务"是医疗活动的构成性义务，而"医生因动用医院的资源应向病人收取费用的义务"就不是。[39] 原因是，前者对医疗活动而言是不可放弃的，而后者则可以。那么，"同案同判"原则之于司法，究竟是类似于"医生有救死扶伤的义务"之于医疗活动，乃是一种医疗活动的"构成性义务"，还是如"医生因动用医院的资源应向病人收取费用的义务"之于医疗活动，乃是一种医疗活动的弱的意义的非构成性义务呢？

陈景辉站在经典法源论的视角，认为同案同判并不构成司法活动的构成性义务，其论据是，如果在司法裁判活动中，同案同判原则是可以被打破的，则它就必然不是构成性的义务，而只能是弱的意义的某种道德性义务。例如，在成文法国家，当先例发生错误时，如果裁判待决案件的法官认识到先例错了，那么即便他们通过异同比较的技术承认待决案件与先例之间是类似案例，仍然可以推翻先例，作出与先例完全不同的判决。[40] 这意味着，"同案同判"原则并非是不可放弃的。如果同案同判原则在司法裁判过程中是可以被放弃的，那么它就不是司法的构成性原则。陈景辉因此将"同案同判"原则理解成一种"外在价值"，无论其被解释成通常意义的"正义"还是德沃金的"整体性"原则。[41]

在陈景辉的论证中，存在着一个范畴错误是，它用"不可放弃性"为

---

〔38〕 陈景辉：《同案同判：法律义务还是道德要求》，载《中国法学》2013 年第 3 期。

〔39〕 陈景辉这个例子的指向是清晰的，其基本判断也是正确的，但不够精确。实际上，医疗活动的本质，乃是医生在现有的有限专业技术和技术资源条件下，通过正常的医疗程序和科学方法，对病人的病情进行诊断和干预的活动。并不是任何救死扶伤的活动都可以被当作医疗活动。例如，通过某种宗教净化仪式或祈祷仪式，试图实现救死扶伤的活动就不是医疗活动。反过来说，只要医生对病人的诊断符合正当的诊断程序，并且在方法和判断上符合医学的基本规范，那么即便没有达到救死扶伤，医生所进行的此类活动也可以被视为医疗活动。参见陈景辉：《同案同判：法律义务还是道德要求》，载《中国法学》2013 年第 3 期。

〔40〕 ［德］拉伦茨：《法学方法论》，陈爱娥译，商务印书馆 2004 年版，第 302 页。

〔41〕 陈景辉：《同案同判：法律义务还是道德要求》，载《中国法学》2013 年第 3 期。

标准来界定内在构成义务的特征，但在具体论证过程中，却又将"不可放弃性"混淆为"不可凌驾性"。[42] 然而，对于像诸如司法裁判这样具有高度组织性和不断持续性的活动而言，"不可放弃性"是一个有弹性的标准，既可能是指作为组织运作基本原则的不可放弃性，也可以作为组织运作结果意义的不可放弃性。而不可凌驾性仅仅是组织运作结果意义的不可放弃性，也是其中要求最高的一个标准。例如在执行安乐死、堕胎等医疗活动中，医疗活动的目的并非"救死"或"扶伤"，而是结束患者或胎儿的生命。这意味着，在这些医疗活动中，救死扶伤的义务都是可被"凌驾"的。但人们很难否认这些活动不是医疗活动，救死扶伤并不因此就不是医疗活动的构成性义务了。因为人们能够忍受在某种特殊情况下对救死扶伤原则的凌驾，却无法忍受医疗活动全面地放弃救死扶伤的内在原则。

又例如，在实际的司法审判过程中，即便是陈景辉所认同的那种具有明确"法源"地位的成文法规则，也有可能被"原则"所打破，从而失去其法律效力。但这并不意味着，"法官受法律的约束"这一法治的基本原则就是一个"可以放弃的司法要求"。德沃金早已经相当雄辩地指出了这一点。[43]

因此，如果说法律义务的特征在于它在任何情况下的不可凌驾性，则某事物的内在构成性义务未必就是此种不可凌驾性，而仅仅是作为组织运作基本逻辑的不可放弃性。因此，司法"这个事物"的内在构成性义务，与司法裁判必须遵循的法律义务，二者是性质不同的两种义务。

陈景辉对"同案同判"原则的理解是"结果意义的"——通过对个案裁判之结果的观察，来衡量同案同判原则是否被凌驾了。如果同案同判原则在某个具体个案裁判过程中被凌驾了，则意味着同案同判原则不再是"不可放弃的司法要求"。与此相反，我们将同案同判原则看作是法官在个案裁判中的一种实践推理的规定性的结构和程序。这意味着，在法官的日常司法推理实践中，"法官们特别有义务给予过去的判决以所谓的'万有引力'"。[44] 法官在个案裁判过程中，必须借助于这个规定性的基本结构进行

〔42〕 陈景辉：《同案同判：法律义务还是道德要求》，载《中国法学》2013 年第 3 期，第 51 页。

〔43〕 ［美］德沃金：《认真对待权利》，信春鹰、吴玉章译，中国大百科全书出版社 1998 年版，第 30－70 页。

〔44〕 Ronald Dworkin, *Law's Empire*, Harvard University Press, 1986, preface, p. viii.

推理和裁判，如果法官在日常司法裁判实践中全面地放弃了此种内在规定性，则人们就会怀疑：这还是司法吗？

这同时也意味着，作为司法的一种内在的构成性的规则，同案同判原则与各种外在的道德原则是不一样的。各种外在的道德原则，往往是偶然地介入到某个具体个案裁判中，对该个案裁判发生影响，但在日常的司法裁判的多数过程中它都不具备像同案同判原则那样的普遍规定性。拉兹恰恰是在这个意义上，批评德沃金的道德原则就像外国法的规则一样，并不是内在于法律体系之中的。[45] 至于陈景辉对同案同判原则"空洞形式性"的指责，下文将在正面论证同案同判原则作为司法内在构成性义务时，作出更全面的回应。此处略作回应的是，在普遍承认法律规则存在阴影地带的今天，依法裁判原则在同样意义上不也是一种空洞的形式？

七、同案同判与司法的性质

当然，上述的论证仍然是一种消极性的论证——它回应了对同案同判的某种指责，但并没有具体说明同案同判原则之于司法裁判活动的具体意义。也就是说，我们仅仅是论证了同案同判确实可能是司法裁判之"不可放弃的要求"，却未正面地论证为何同案同判确实是司法的内在构成性义务。要实现这一点，我们就必须正面的讨论司法裁判的性质问题。尽管如此，我们也要感谢陈景辉的观察与思考，因为他的观察和思考，开启了关于指导性案例的此种认知理解维度的理论性论辩。这是非常可贵的。

暗含在陈景辉论证中的一个基础性的判断是：司法裁判的本质就是"在个案中正确地适用法律规范"。[46] 而我们则指出，在"个案中正确地适用法律规范"仅仅是司法裁判希望达成的目标。也许还存在着其他各种可能的在个案中正确适用法律规范的方法、程序和过程。例如，行政机关正确地适用法律规范的方法、程序和过程。因此，要说明司法的本质，我们还必须指出，什么是司法所"特有的"正确适用法律规范的方法、程序和过程。本文认为，通过同案同判原则所表示出来的那种先例式推理的方法、程序和过程，就是司法所特有的方法、程序和过程。这正如医疗活动所遵

---

〔45〕 Joseph Raz, "Legal Principles and the Limit of Law", 81/5 *Yale Law Journals* (1972), p. 844.

〔46〕 陈景辉在文章中虽然没有明确界定"依法裁判"的具体含义，但通过上下文依然可以看出，他所理解的"依法裁判"意味着"立法"与"司法"的分离，因此依法裁判意味着：司法作为法律适用机关，对成文的立法条文的解释和适用。这也就意味着，立法构成了唯一的法源，而先例只有在立法明确授权之下才可能拥有法源的地位。

循的特有的那一套方法、程序和过程界定了医疗活动的性质一样。如果我关于司法本质的此种判断是正确的，那么同案同判原则所表示出来的一整套方法、程序和过程，就是司法裁判的本质性内容。

要清晰地认识司法裁判活动的性质，首先就必须正确地理解立法与司法的关系问题。在国内主流的关于司法的定义中，立法与司法乃是一种绝对不平等的关系：司法乃是通过立法而被规定的，司法仅仅是对立法的一种适用。因此，司法不存在任何独立于立法的特性。我们所作的修正性定义则提供了司法的某种独立于立法的内在规定性。在这个关于司法的定义中，虽然司法仍然被界定为对立法规范的某种适用，因此仍然保持了立法的优先性，但司法已经在立法之外，获得了某种独立的"支点"。在这个意义上，立法之适用仅仅是作为司法活动试图实现的某种目标，对司法活动构成了约束。

然而问题在于，"对立法规范的适用"甚至既不是司法活动所要实现的唯一目标，也不是其最终的目标。例如，除了正确适用法律之外，纠纷解决也是司法裁判活动的某种目标。又例如，作出正当的个案裁判，也是司法活动的目标。相对于这些目标，"解释和适用法律的目标"显然仅仅是一种中间性目标。或者，我们可以综合司法的这几个目标，将司法的目标概括成"通过解释和适用立法（legislation）的方式作出正当个案裁判，据此解决纠纷"。而所谓裁判，按照系统理论的语言来说，就是作出合法/非法的判断。

在这样一种关于"司法"的描述中，立法性规则（legislation）在司法实践推理的重要性在于，由于承认了立法性规则的法源地位，从而使得司法裁判与其他纠纷解决的过程区别出来——它的特殊优势在于，使得司法过程"不再依赖于下面这样的问题，即某件事情是何时或者如何开始的，以及某件事情是何时以及如何终止的。例如，具有关键性问题的并不是法律争讼何时开始，或者谁开启诉讼。最关键性的问题只能是，谁处在合法情境或者非法情境之中"。[47] 也就是说，通过将"立法性法源"设置成司法实践推理的起点，从而切断了司法所处理的纠纷的时间面向，将其转化成了合法/非法面向的考量。

如果我们进一步考虑自耶林"利益法学"以来所指出的立法的局限性

---

[47]　[德]卢曼：《社会中的法》，李君韬等译，五南图书出版公司2009年版，第258页。

和滞后性，以及司法裁判的不可拒绝性，则立法与司法之间的关系就显然更为复杂。如果说，法律规则的适用仅仅是一个简单套用的过程，那么成文法规则下同案同判也是一个简单的事情。只要成文法规则不改变，法官就必须按照成文法规则进行裁判，因此同案同判也自然得到了实现。困难之处在于，成文法的具体含义往往是抽象的，在个案裁判过程中，往往是需要进一步解释和澄清的。成文法规则含义的多种解释可能性，大大地提升了法律解释的自由度，从而增强了同案不同判的可能性。总而言之，由于立法存在漏洞（由于人类理性的有限性，这几乎是必然的）和抽象性特质，司法在个案裁判过程中，创造性的判断几乎难以避免。[48] 在这个意义上，司法裁判获得了独立于立法的第二个独特性。这第二个独特性进一步驱逐和边缘化了立法在司法定义中的规定性。

如果说，旧法源理论将立法当作司法裁判的根据，预设了司法裁判乃是一种无需任何"决断"的适用过程的话，则现代司法理论早已经推翻了此种陈旧学说。更重要的是，由于"禁止法官拒绝裁判"原则的存在，司法必然要遭遇某些从未遭遇的新鲜语境，从而必须在立法的规定性之外，独立地对这些难以裁判的事情做出决断。决断意味着存在其他的选择可能性，因此构成了两个甚至多个选择的路径。一个决断往往同之后的某种状态和事件联系在一起，并且连接着之后更进一步的决断。如果不做出决断，这些状态、事件和进一步的决断就不会存在。当然，决断并不能完全决定或者预见这些后续的事件和决断，而仅仅是在有限的范围内对它们产生了影响。所以，后续的状态、事件和进一步的决断在原则上是不可预见的。决断只有在"无法做出决断"成为原则时，才能够出现。也就是说，决断总是在左右为难、缺乏现成答案的情况下才有可能存在。反之，则决断根本就不存在，所谓的决断则不过是对事先已经决定好的东西的"实现"而已。这意味着，对根本上难以裁决的事项进行裁决，是内在于司法过程之中的，并因此对司法过程构成了根本的规定性。[49]

需要注意的是，法官独立地对这些难以裁断的案件进行裁断，并不意

---

〔48〕 ［英］哈特：《法律的概念》，许嘉欣、李冠宜等译，法律出版社 2006 年版，第 119 – 125 页。

〔49〕 ［德］卢曼：《社会中的法》，李君韬等译，五南图书出版公司 2009 年版，第 337 – 358 页。

味着法官的此种裁断就必然是恣意的。法律系统如果要承担法律系统的独有功能，即维持社会交往的"一般性规范预期"，就必须保持某种最基本的内在同一性，因此必须对此种恣意进行限制。当法官遭遇到此种根本性困境时，它至少可以诉诸两个资源，通过对这两个资源的观察和分析，为裁决提供参考和帮助。一个资源就是立法，另外一个资源则是过去的判决。对立法规则的观察主要是通过对立法之"客观目的"的提炼而实现。例如，拉伦茨在《法学方法论》中提出的，通过对成文法规则进行价值导向的思考，从而对司法裁判做出指导；[50] 或者如考夫曼所提倡的，将判例的类比关系"类比"到成文法规范与事实的关系中，从而对裁判进行指导。[51] 但立法由于"仰赖于一些关于非常不确定的未来的、不确定的假设"，[52] 因此是有缺陷的。与此相对，对于过去做出的案例，通过在"相等/不相等的观点下进行的对比，似乎可以满足这项功能"。[53] 也就是说，同案同判，是法律系统保证自身内在同一性最基本的方式。与此相比，立法反而是突破法律系统内在同一性、迅速适应变化的主要方式。就此而言，同案同判就构成了司法裁判在遭遇疑难案件时所运用的最基本的"观察图式"，相对于此，立法者则只不过是"为此观察图式提供了更新的检验素材"而已。[54]

　　因此，必须承认司法独立于立法的意义和结构——而这个结构可以被概括成同案同判原则。反过来说，立法因素内在于司法之定义之中，这件事情大概可以通过如下这个表述得到澄清：立法是作为司法的某种特定的限制性条件而被内在地设置在司法之中的。因此，立法对司法的影响，也不是决定与被决定的关系，而是某种活动的某种限制性条件与该种活动之间的关系。反过来说，不但立法能够作为司法的某种限制性条件而内在地被设置在司法之中，司法其实也可以，甚至必须被作为某种限制性条件被内在地设置在立法之中。[55] 这尤其体现在，法律在创立的过程中，就必须

---

〔50〕 ［德］拉伦茨：《法学方法论》，陈爱娥译，商务印书馆2004年版，第94–111页。

〔51〕 参见［德］考夫曼：《类推与"事物本质"：兼论类型理论》，吴从周译，学林文化事业有限公司1999年版。

〔52〕 ［德］卢曼：《社会中的法》，李君韬等译，五南图书出版公司2009年版，第265页。

〔53〕 ［德］卢曼：《社会中的法》，李君韬等译，五南图书出版公司2009年版，第266页。

〔54〕 ［德］卢曼：《社会中的法》，李君韬等译，五南图书出版公司2009年版，第266页。

〔55〕 Niklas Luhmann, "Die Rückgabe des zwölften Kamels", in *Die Rückgabe des zwölften Kamels*: *Niklas Luhmann in der Diskussion über Gerechtigkeit*. Hrsg. Gunther Teubner, Lucius & Lucius, Stuttgart 2000, S. 4 ff.

考虑其可适用性的问题。富勒在《法律的道德性》中提出的法治的八项原则，并将其看作是法律的内在道德性。[56] 从立法与司法的关系角度看，也可以看作是承认法律的可适用性构成了立法的内在制约性，从而也就意味着承认司法构成了对立法的某种内在制约性。

因此，立法和司法的关系恐怕并不是决定和被决定的关系，而是一种互为条件、互相制约和互相补充的关系。这也可以被法律发展的历史所证明：从历史的角度看，相比于立法，司法的历史要更远古和悠久。在现代大规模的实证性立法出现之前，最早作为司法的此种内在条件和制约的是衡平法。主要是由于衡平法无法满足法律快速变迁的需要，立法装置才被发明出来。因此，立法的主要功能是满足司法判准之快速变化和修改的需要。这在现代社会尤其重要。用法的社会系统理论的语言来说，司法优先于立法，犹如合法/非法二元代码优先于作为分派此二值代码的准则（其实就是法律系统的编码程序）。[57] 恰恰是司法的此种二值代码化的功能迫令式地运作，对整个法律系统产生了规定性的作用，其实也就是定义了法律系统，从而使得法律系统将自己与环境区分开来。

八、附论：兼谈过渡时期的法理学研究

指导性案例"应当参照"的效力究竟是何种意义的效力？此种效力是一种法律效力吗？如果从中国现有的法律解释体制的逻辑出发，我们大致可以勉强地同意，它具有法律性质的效力。但如果我们结合中国司法体制结构中法官的日常司法实践，却发现它"事实上"并不具有法律的效力。借用"事实上的拘束力说"的说法，我们不妨称之为"事实上的没有拘束力"。最高人民法院相关决策者希望在不改变既有司法审级结构的前提下，通过某种中国特色的考核体制使得此种"事实上的没有拘束力"变成"事实上拥有拘束力"。但要实现这一点非常困难，而且即便真的实现了，是否能够坚持该项制度改革的"初衷"，仍然是很有疑问的。指导性案例在各级法官的日常司法实践中的"事实上没有拘束力"，也大大地打击了仅仅从立法权威性的角度来论证指导性案例规范拘束力的思路。因为当所有的指导性案例普遍地在事实上缺乏拘束力时，指导性案例的规范有效性，就是很

---

〔56〕 ［美］富勒：《法律的道德性》，郑戈译，商务印书馆 2005 年版，第 55 – 111 页。

〔57〕 ［德］卢曼：《社会中的法》，李君韬等译，五南图书出版公司 2009 年版，第 196 – 236 页。

值得被怀疑的。[58]

这些困难都提示我们，在观察指导性案例的效力问题时必须放弃将最高人民法院等改革的决策者看作是一种"质子"般的缺乏内部复杂性的机构的假设。[59] 我们必须承认，最高人民法院在改革措施的决策过程中，本身是有着内部复杂性的决策主体，同时也在一个既有体制的复杂结构和环境中进行决策。这导致最高人民法院在推出改革措施时，往往形成认知理解和政策工具两个层面的断裂和落差。具体到案例指导制度改革的问题上，我们便可以观察到，尽管最高人民法院的改革意图是清晰的，但最高人民法院关于该制度的公开表述却又试图掩盖此种改革意图。在"政策工具层面"，最高人民法院采取了最保守的措施。例如，它很谨慎也很模糊地规定指导性案例具有"应当参照"的效力。同时，从政策制定者事后对该制度的解释来看，强调此种"应当参照"的效力乃是一种"事实上的拘束力"。[60] 恰恰是此种"有意"的"模糊"，给法官的日常司法实践和司法推理带来了很多的困扰。

最高人民法院的此种复杂的，甚至有些自相矛盾的政策立场和表达，与最高人民法院在整个司法改革过程中扮演的独特角色是很有关系的。最高人民法院长期扮演我国司法改革实践的政策制定者的角色。相对而言，由于我国特殊的审级制度，最高人民法院作为终审法院的功能反而是不显著的，这构成了我国最高人民法院与西方国家最高法院的最大区别。[61] 这意味着，最高人民法院推动改革的主要工具，就是带有行政权性质的各种政策性工具。最高人民法院能够运用的司法性工具，是很有限的。在承担

---

〔58〕 需要注意的是，此处"实际的拘束力"与法理学通常谈论的"实效性"之间，存在着某些细微而关键的区别。通常谈论的"实效性"往往是在结果的意义上谈论人们是否事实上遵守某个法律规范。而此处的"事实上的拘束力"则更侧重法律系统内部是否设置了必要的程序和结构，在法律系统内部贯彻法律规范的拘束力。如果法律系统内部缺乏此种必要的结构和装置，则谈论法律规范与道德规范的分离就没有任何意义。因此，此种事实上的拘束力是法律实证性的关键。早期法律实证主义者强调法律的"强制"，不过是贯彻此种法律实证性的工具之一，法律系统当然还存在着其他各种贯彻此种法律效力的工具。对这一点的认识和领悟，导致了以凯尔森和哈特为代表的后期法律实证主义者与早期法律实证主义者的分野。

〔59〕 刘忠：《规模与内部治理——中国法院编制变迁三十年》，载《法制与社会发展》2012 年第 5 期。

〔60〕 胡云腾、于同志：《案例指导制度若干重大疑难争议问题研究》，载《法学研究》2008 年第 6 期，第 10 页。

〔61〕 傅郁林：《审级制度的建构原理》，载《中国社会科学》2002 年第 4 期。

这个角色时，最高人民法院既要"懂政治"，将司法权置入我国整体的政治结构中进行考虑，与执政党的意识形态和方针政策保持一致，同时又要"懂专业"，理解到司法机制发展的内在规律，从而推动司法体制的自我更新和发展。此外，最高人民法院还要审慎地观察当下中国法治建设的客观实际，因地制宜，同时更要注意与理解司法改革发展的目标导向与发展趋势，从而在政策制定过程中形成理想与现实、规范与事实的平衡，逐步地推动我国司法机制的改革与发展。

与张骐和雷磊的系列论文一样，本文试图为最高人民法院的案例指导制度改革提供某种基本法学理论层面的支持和回应。但张骐和雷磊的支持和回应，尽管将传统的法律渊源论和效力观软化为拉兹的法律权威理论，并因此给"基于正确理由的说理和论证"提供了某种可能性与开放空间，但仍然受经典法律渊源理论和效力观束缚过深，因此对指导性案例"应当有效"的解释显得相对保守，对最高人民法院的改革旨趣的支持力度仍显薄弱。尤其是，他们虽然承认了法官拥有基于正确理解而进行解释的空间，但并不承认指导性案例在法官的日常司法推理实践中占据一种构成性的地位。本文将案例的比对式推理看作是法官日常司法推理的两种最基本的结构之一，因此案例在法官日常的实践推理中，本来就占据着某种基本的构成性地位。最高人民法院的案例指导制度，试图强化指导性案例在司法实践推理中的此种构成性地位，乃是在新的形势下试图使得"司法回归司法"的重要制度性努力。此种努力可以得到基本法律理论有限而批判性的理解和支持。笔者也因此认为，案例指导制度在被推出来以后，受到法学理论界的热烈回应和严肃讨论，根本原因即在此。但与其说这是一种直接和全面的支持，不如说这是一种带着宽容和善意期待的支持。

因此，真正要实现"司法回归司法"的目标，还是需要有落实原则问题的进一步的改革措施来推进。例如，重新建构审级制度，通过健康的司法审级制度自然生成具有真正"事实上的拘束力"之先例。但无论如何，这是最高人民法院在现有可选的政策工具库中的一次艰苦卓绝的努力，也是朝向正确改革方向的第一步。这种通过旧的工具来实现新抱负，自己革自己命的改革勇气和努力，是很值得被严肃对待和热情鼓励的。

由此，本文也反思过渡时期法学理论研究与法律改革之间的联系。换个角度说，这也是法学基本理论研究与法政策学研究之间的关系。过渡时期，推动各种法律改革的法政策，由于既要考虑既有的政策环境和条件的约束，同时也要考虑到法律自身内在运作规律的需要，因此往往呈现为一种"不规则的形状体"。事实上，作为当代中国法律改革的主要决策者和推动者，最高人民法院本身就是这样一种不规则的形状体。而最高人民法院《关于案例指导工作的规定》第7条关于指导性案例"应当参照"的规定，也是这样一种不规则的形状体。通过将一种历史的视野引入法学理论研究中，本文指出，此种不规则性源于事情本身的过渡性。而此种过渡性，必须要放在历史的语境中，通过对在此种"事情的性质与意义"的逼问下才能够显现出来。

例如，就指导性案例"应当参照"的效力属性而言，我们就必须认识到：相对于中国既有的法律体制而言，在既有的法律渊源体系中增加一个效力模糊的法律渊源层级和类型，意思不大。案例指导制度改革最大的特点不是法律渊源类型和层次的增加，而是法律渊源性质的变化——指导性案例相对于此前的所有或明或暗的法律渊源形式，其最大的不同在于它的"案例性"，即它试图通过某种先例式的比对和推理，实现同案同判的效果。而此前所有的法律渊源形式，都是试图通过某种命令的方式实现同案同判的效果。"指导性案例"的"案例性"相对于"批复"的"命令性"，意味着最高人民法院希望通过一种相对比较间接的方式实现对下级法院日常司法审判和实践推理过程，从而实现最高人民法院的司法行政管理功能和通过审级制度和裁判机制实现的政策制定功能的分离。如果这样一个改革的逻辑能够顺利展开和不断深化，则最高人民法院能够在政策工具之外获得某种全新"司法工具"，甚至将来能够通过找回"终局性裁判权限"这一最高人民法院之为最高人民法院的核心权限与功能，从而通过"司法工具"的运用，间接地对"政策制定"发挥影响。

这一点是描述、观察、理解和评价"指导性案例"这个"事物"的根本点。对指导性案例的所有观察、理解和评价，都必须基于这个透视点。

哈特曾经在其代表作《法律的概念》一书中论及在特殊条件下现代法律体系的此种过渡性特征。[62] 的确，就像人的一生可以分成童年、少年、成年和老年一样，法律体系的发展，也可以是具有时间性的。经典的法学理论主要是研究成熟时期的法律形态。成熟时期的法律形态虽然也有可能

---

〔62〕〔英〕哈特：《法律的概念》，许嘉欣、李冠宜等译，法律出版社2006年版，第114 - 117页。

随时间的消逝而缓慢变老，但由于这个过程的缓慢性而很被难察觉到，正如壮年时期的人往往不容易觉察老之将至一样。人们最热衷探讨的，仍是成熟法律体系的形态和特征。但对于像中国这样一些处于发展和转型时期的国家和地区而言，重新发现法律的时间性，尤其是法律的过渡性，相当重要。将中国的法治建设和法律实践重新还原到某种具体的历史处境中，注重发现特殊历史处境中法律体系的不成熟性和过渡性，并且对此种不成熟性和过渡性表示某种同情之理解，或许是当代中国法理学研究的某种"智识的成熟"。当然，真正的"智识成熟"意味着，我们既承认和正视此种改革与实践的不成熟性与过渡性，但同时并不因此就陷入"存在即合理"的陷阱之中。因为，过渡性的概念，恰恰是以对成熟形态之标准地位的承认为前提的。

对案例指导制度效力问题的研究和观察，为我们理解转型时期法学理论的研究问题提供了重要的范例。我们能否正确而冷静地评价案例指导制度，这依赖于一个重要的前提条件，即我们用来观察、研究和评价案例指导制度的这个分析框架和标准究竟是怎么样的。如果我们的分析框架和标准有问题，那么我们用这个分析框架和标准进行分析和研究得出的结论和评价，就一定是有问题的。因此，无论你的结论是指导性案例有效力还是无效力，相对于结论本身而言，你根据何种分析框架和标准得出该结论是更为重要的。对任何一项具体改革措施的分析、研究和评价，都必须建立在一个好的分析框架和标准的基础之上。

就此而言，过渡时期法学理论研究就应该区分出两个层次，即"认知理解的层次"和"政策工具的层次"。前者是法理论的层次，后者则是法政策学的层次。两个层次的评价标准是不一样的。

在过渡时期，法政策学层次的分析有其特殊重要的合理性。法政策学的层次更侧重现实问题的解决，同时也更注重既有的各种体制性和政治性约束。在当代中国的语境之中，相对于具体问题之解决而言，它更注重意识形态和政治层面的"安全性"，以确保不触碰各种红线，不过分地引发各种"既得利益"的反弹。因此，在法政策学的层面，特别需要考虑各种时间、地域、社会心理、意识形态约束等具体问题，寻求各种利益敏感点的平衡。这是特别需要政治智慧的。因此，虽然任何具体政策措施的出台和贯彻，都是为了解决某些具体问题的，但由于问题本身的复杂性，有时候具体问题得到了局部的解决或者缓解，也可能被视作成功。有时候甚至为了问题的解决，又不得不用一些"不得已"的方法来解决。在法政策学的层面，这些都是有可能的，也是合理的。

但是法政策学研究，尤其是具有反思性的法政策学研究，都必须以清晰和严肃的法理论的研究为前提才是有益处的。即便是常规时期，法理论的研究和论辩也不能被限制在"政策"的领域和维度，而必须深入到"原则"问题之中，并且通过对"原则"问题的追问突破政策维度和实证法的局限。[63] 在过渡时期，法理论虽然需要对政策维度的措施和妥协保持某种充分的"同情和理解"，但同样不能过度迁就政策维度的考虑，甚至以政策维度的考虑为"指挥棒"，变成了为政策合理性做辩护的婢女。

俗话说，"良好的开头是成功的一半"。然而，很多时候，随着时间的流逝，充满政治智慧的开局最后并没有转化成最终结果意义的成功。如果说，良好的开局在于妥协的政治智慧为改革争取了某种时间和空间，围绕着改革所进行的持续性的高质量的探讨，尤其是对改革过程中深层次的基础理论问题的揭示和阐明，则为改革提供了进一步的动力与正当性。否则，成功的开局就有可能在耗尽人们所有的热情与想象力之后，重新被旧体制所悄悄地征服，从而真正变成了"一个功能上无效的东西却收获改革的红利"，"用新的东西来维持旧的东西，通过改革来维持不改革"的"新瓶装旧酒"，[64] 从而在更深层面掏空改革的正当性基础。观察案例指导制度改革正式推行五年以来的发展轨迹，更让人担心这一点。通过对案例指导制度改革所激活的诸多事关司法本质的原则问题的论辩，也许能够改变这一点。本文若能对此种理论论辩的复兴提供些许刺激，则任务也就实现了。

---

〔63〕 〔美〕德沃金：《认真对待权利》，信春鹰、吴玉章译，中国大百科全书出版社 1998 年版，第 40－48 页。

〔64〕 周林刚语，参见陈巍等：《案例指导意欲何为？——新法学·读书沙龙第七期"案例指导制度讨论纪要"》，载《法学方法论论丛》2013 年第 1 期，第 343 页。

论指导性案例的裁判规则提取*

王万旭**

一、引言

最高人民法院 2005 年发布的《人民法院第二个五年改革纲要》提出："建立和完善案例指导制度，重视指导性案例在统一法律适用标准、指导下级法院审判工作、丰富和发展法学理论等方面的作用。"可见，建立案例指导制度首要任务就是统一法律适用标准，以此来指导下级法院的审判工作。对于指导性案例的指导效力，2010 年 11 月 26 日最高人民法院发布的《关于案例指导工作的规定》第 7 条规定："各级人民法院在审判类似案件时应当参照。"

建立案例指导制度的目的在于统一法律适用标准，但由于我国是成文法国家，案例的先例拘束力没有法律上的制度依据。因此，围绕指导性案例在我国是否具有法源地位，如何对下级人民法院的裁判活动发挥指导作用以及类似性判断等问题，学界展开了大量有意义的议论。通过对这个时期学说的整理发现，以上诸问题的研究多以理论层面的探讨为主，通过系统的案例研究来探讨其规范形成规律的文章少之又少。本文意图打破这种局面，通过比较大陆法系国家判例法的形成机制，为我国指导性案例的深入研究做出些许基础性工作。

* 本文是中国法学会比较法学研究会 2016 年度"中国比较法学"研究课题的结项成果之一。
** 王万旭，法学博士，长春理工大学法学院讲师。

笔者通过整理学说还发现，以最高人民法院为首的审判实务界存在着轻案情事实而重抽象裁判法律原则的倾向。指导性案例的意义在于统一法律适用，但指导性案例从本质上属于个案，如何保持抽象法律规范与个案之间的平衡，是本文重点考察的对象。

二、指导性案例的定位、效力以及本文的立场

（一）指导性案例的定位

关于指导性案例的定位，学界大致存在三种不同的主张。不同主张的核心在于指导性案例是否具有作为法源的地位。本文以法源性的有无为基准，将学界的主张大致整理为以下三种学说。

1. 法源性否定说

持这一立场的代表如最高人民法院大法官胡云腾与北京市高级人民法院法官于同志。他们主张：我国的指导性案例不同于西方的判例法，它是在我国现有法律框架下进行，以遵循现有法律为前提。所以，指导性案例的形成和运用不属于立法范畴，其在本质上是一种法律适用活动和制度，以服从法律和司法解释为前提，不具有成文法的规定性，没有超越立法[1]。在这一认识的前提下，该学说针对指导性案例与司法解释的关系，认为二者之间存在密切的关系，指导性案例因其解决的是全国范围内具有普遍性意义的案件，而对这些案件的总结与提炼可以形成规范意义上的法律适用规则，具体指导全国各级法院的审判工作。因此在我国，在法律适用层面，以成文司法解释为主，以指导性案例为辅[2]。

2. 法源性肯定说

持这一立场的主张者认为，案例指导制度是我国当前解决审判不统一问题的一条途径，但在司法实践中往往被忽视，被忽视的原因在于其不具有法律效力[3]。换句话说，最高人民法院的制度设计思路存在着自身的矛盾：最高人民法院的意图是在不触及现行立法体制的情况下，通过案例指导制度解决实践中存在的类似案件判决差异过大的难题。问题是，一方面，

---

〔1〕 胡云腾、于同志：《案例指导制度若干重大疑难争议问题研究》，载《法学研究》2008 年第 6 期，第 8 页。

〔2〕 胡云腾、于同志：《案例指导制度若干重大疑难争议问题研究》，载《法学研究》2008 年第 6 期，第 9 页。

〔3〕 陆幸福：《最高人民法院指导性案例法律效力之证成》，载《法学》2014 年第 9 期，第 98 页。

指导性案例实际上对案件判决具有约束力，另一方面，指导性案例又在名义上没有法律效力。其结果是导致指导性案例被忽视的命运。因此，要克服这种名实分离的状况，只有赋予指导性案例以法律效力才可以得到根本解决。[4]

3. 准法源说

持这一立场的主张者针对学界对指导性案例的法源地位以及参照适用的争议状况，从法源的理论基础出发，提出法源的双层构造概念，即一个完整的法源理论构架应包括两个层面：法源实质论与法源分量论。[5] 在此基础上主张者对我国的指导性案例进行分析，指出：在我国，指导性案例被赋予功能正当性、规范正当性与实践正当性，而将这三方面结合在一起，就可以认为指导性案例已经获得了某种法源的性质，只是此种法源性质无法与制定法相比，其制度性权威需要附属于制定法，因而称之为"准法源"；[6] 从指导性案例的规范拘束力来说，指导性案例具有规范拘束力，但其拘束力又是弱的，因为司法规范可以基于形式理由或实质理由而偏离指导性案例。[7]

从结论上看，主张者将指导性案例定位于具有法源地位，即我国的指导性案例是基于附属的制度性权威并具有弱规范拘束力的裁判依据，其处于法律、司法解释等典型法源与其他案例等非法源之间。值得注意的是，主张者亦指出，在我国，法源与准法源、准法源与非法源之间的边界是流动的，因为制度权威性取决于规范性浓度。当某些渊源一再被运用和接受时，它就不断积累起了权威性。[8]

（二）指导性案例的"指导"效力

我国建立案例指导制度的宗旨在于统一法律适用标准，指导法院的审判工作。指导性案例具有的"指导效力"，是理论界和实务界共通的认识。但是，基于我国的实际情况，如何理解指导性案例的"指导效力"，则存在多种不同的见解。按照指导性案例所发挥的实际功能为基准，可以将这些

---

〔4〕 陆幸福：《最高人民法院指导性案例法律效力之证成》，载《法学》2014 年第 9 期，第 100 页。

〔5〕 雷磊：《指导性案例法院地位再反思》，载《中国法学》2015 年第 1 期，第 273 页。

〔6〕 雷磊：《指导性案例法院地位再反思》，载《中国法学》2015 年第 1 期，第 279 - 286 页。

〔7〕 雷磊：《指导性案例法院地位再反思》，载《中国法学》2015 年第 1 期，第 286 - 287 页。

〔8〕 雷磊：《指导性案例法院地位再反思》，载《中国法学》2015 年第 1 期，第 289 页。

见解大致分为"指导效力说""参照效力说"与"说理效力说"。[9]

1. 指导效力说

主张这一立场的代表者为最高人民法院大法官胡云腾与北京市高级人民法院法官于同志。他们首先强调了案例指导制度应立足于我国的立法及司法现实，指出：指导性案例在我国没有法律上的强制约束力，但具有事实上的拘束力。在此基础上，本级和下级法院必须充分注意并顾及指导性案例，如果明显背离指导性案例所确立的法律原则和精神并造成裁判不公，将面临司法管理和案件质量评查方面得到负面评价的危险。也就是说，案件可能依照法定程序被撤销、改判或再审改判。简言之，指导性案例的事实上的拘束力，就是通过法院内部审判管理机制，对法官课以一种对指导性案例的注意义务，并通过法院内部的监督规则加以保障。[10]

对于指导性案例能否作为判决理由在之后的个案中被援引的问题，此说采用了两分法：如果指导性案例是经最高人民法院审判委员会讨论并发布的，其效力相当于司法解释，法官可以在裁判文书中将其作为法律适用的依据直接引用；如果指导性案例没有经过最高人民法院审判委员会的讨论发布，则不得在裁判文书中将其作为法律适用的依据引用，但可以作为说理的依据引用。[11]

2. 参照效力说

持这一立场的代表者为王利明教授。对于 2010 年 11 月 26 日最高人民法院发布的《关于案例指导工作的规定》第 7 条"各级人民法院在审判类似案件时应当参照"的含义，王利明教授认为，对于待判案件，只要存在类似的指导性案例，法官就"必须"参照。因为若法官可以自由决定是否援引指导性案例，则指导性案例制度就失去权威性，变得形同虚设。指导性案例的"应当参照"表明：其一，指导性案例具有权威性，它是由最高人民法院依照法定程序制定并发布的，一经颁布，就对包括最高人民法院在内的全国法院产生约束力，所有法官在遇到类似案件时都应当参照。其

---

〔9〕 此分类方法，参见王利明：《我国案例指导制度若干问题研究》，载《法学》2012 年第 1 期，第 76 页。

〔10〕 胡云腾、于同志：《案例指导制度若干重大疑难争议问题研究》，载《法学研究》2008 年第 6 期，第 10 - 11 页。

〔11〕 胡云腾、于同志：《案例指导制度若干重大疑难争议问题研究》，载《法学研究》2008 年第 6 期，第 11 页。

二，指导性案例不能作为法官裁判的依据，但可以在判决书中的说理部分直接援引。并且，参照的内容不是指导性案例的全部内容，而是其判决理由部分。[12]

如果在类似案件情况下，法官应当参照而没有参照，当事人是否可以此为由提起上诉或再审，以及上级人民法院能否因此对下级人民法院的判决予以改判？对此王利明教授认为，由于法律已经对上诉和再审程序作了明确规定，故不能将未参照指导性案例作为上诉和再审的启动原因。但法官在类似案件中，拒绝参照指导性案例进行裁判，就必须给出充分的理由说明其不予采纳的理由。[13]

3. 说理效力说

持这一立场的代表者是吴建斌教授。针对指导性案例通过法院内部指导机制以及错案追究制度而形成的强大事实约束力，吴建斌教授对其不经立法程序的规则形成机制本身表达了担忧。[14] 为了论证对指导性案例自身正当性的怀疑，吴教授以 2000 年以来最高人民法院公布的 41 个公司纠纷案件进行整理分析，并对两个新的指导性案例的缺陷进行了详尽的分析。分析的结论印证了对指导性案例的正当性的怀疑，并主张在公司纠纷领域，我国的指导性案例的定位应限定在说服性，而非由最高人民法院钦定拘束力。[15] 需要注意的是，这一主张的范围限定于公司裁判纠纷案件，并非适用于全体法律适用体系。[16]

（三）本文的立场

1. 指导性案例的定位

关于指导性案例的定位，也就是我国的指导性案例是否具有作为法源的地位，本文站在法源性否定说的立场。笔者认为，指导性案例在我国现

---

〔12〕 王利明：《我国案例指导制度若干问题研究》，载《法学》2012 年第 1 期，第 76 - 77 页。

〔13〕 王利明：《我国案例指导制度若干问题研究》，载《法学》2012 年第 1 期，第 77 页。

〔14〕 吴建斌：《公司纠纷指导性案例的效力定性》，载《法学》2015 年第 6 期，第 56 页及同页注。

〔15〕 吴建斌：《公司纠纷指导性案例的效力定性》，载《法学》2015 年第 6 期，第 58 页以下。

〔16〕 吴教授在论文的结语部分援引 2015 年发布的《〈关于案例指导工作的规定〉实施细则》，认为《细则》明确要求后案参照指导性案例的裁判要点并在裁判文书说理部分予以援引，实际上是对先前立场的调整，指导性案例说服力效力受到重视。从结论上看，最高人民法院的此一立场转变与自己的主张不谋而合。吴建斌：《公司纠纷指导性案例的效力定性》，载《法学》2015 年第 6 期，第 63 页。

有的法律体系中，其功能在于统一法律适用标准，作为司法解释的进一步细化，其本质属于法律适用机制的一部分，不具有法源的地位。同时应该看到，指导性案例虽不具有法源的地位，但其是通过最高人民法院经过缜密遴选、讨论并发布的，而且指导性案例的适用是通过法院体系以内部强制力保障实施的，因此指导性案例具有事实上的约束力是毋庸置疑的。

需要留意的一点是，在我国的指导性案例制度的论述中，学界一部分意见强调指导性案例的"中国特色"，强调其是"中国特色案例指导制度"，以区别于西方国家的判例法。[17] 笔者认为，在描述我国指导性案例的特征时，对比英美法的判例制度或者大陆法系的判例法来进行比较法的考察是必要的，仅以"中国特色"来"包装"我国的指导性案例制度则过于武断。对此，以下结合比较法稍做赘言，以便更清晰地理解我国的案例指导制度。[18]

作为大陆法系国家的代表，日本以成文法为其法律渊源，判例在法律上虽不具有法源的地位，但在裁判实践中形成了判例法，并在审判实践中发挥着事实上的拘束力。对比我国将指导性案例定位于统一法律适用机制，日本通过最高法院在审级上的地位，直接通过法解释与适用的统一，达到了强化判例的拘束力的效果。在这点上，中日两国并没有大的区别。也就是说，中日两国都是通过法院系统的司法行政力量来达到统一法律适用的目的。但对比日本的判例法形成特征，我国又显然具有自己独特的性格。这些独特之处主要体现在以下两个方面。

首先，我国独特的审级制度造成的影响。审级制度是判例在日本得以拥有事实上法源地位的一大要因。日本的审级制度采用三审终审制，一个案件通常都可以上诉至最高法院。下级法院法官作出的判决如果违反最高法院的判例，当事人当然可以要求上诉至上一级法院以求改判，上一级法院在多数情况下会遵循最高法院的先例。若上一级法院仍然作出不同于先

---

〔17〕 例如，最高人民法院大法官胡云腾与北京市高级人民法院法官于同志撰文指出，我国的指导性案例制度和西方国家的判例法是有很大区别的，案例指导工作始终要在法律框架下进行，以遵循现行法为前提。所以，我国的案例指导制度不可能属于立法范畴，其作用在于正确解释和适用法律，其本质上仍是一种法律适用活动和制度。胡云腾、于同志：《案例指导制度若干重大疑难争议问题研究》，载《法学研究》2008 年第 6 期，第 8 页。

〔18〕 以下论述参考徐行：《現代中国における訴訟と裁判規範のダイナミックス（4）》，载《北大法学论集》第 64 卷第 2 号，第 706 页以下。

例的判决，则当事人可以上诉至最高法院，最高法院基本上会予以改判或者发回重审。如此一来，下级法院的法官即使以新的见解作出了不同于先例的判决，该判决也大多会被上级法院予以变更。因此下级法院的法官若没有十足的自信，遵循先例作出判决是比较稳妥的。[19]

与此相对，由于我国的审级制度是四级二审制，大部分案件一审在基层人民法院或者中级人民法院，终审法院就成了中级人民法院或高级人民法院。也就是说，我国法院审理的案件绝大多数都不会上到最高人民法院；相应地，案件也不可能得到最高人民法院的审判意见。这与日本法上案件最终都可以上诉至最高法院并接受最高法院裁判的原理相去甚远。换言之，在我国，最高人民法院不可能通过裁判实现法解释与适用的统一。作为对策，最高人民法院只能以司法解释的形式达到统一法律适用的目的。

其次，我国裁判机制造成的不利影响。这种不利影响来自法院系统的内部和外部。从内部来看，我国法院系统的错案追究机制和请示制度对法官创新是一种扼杀，甚至会影响到法官对于指导性案例的正确理解。就错案追究机制而言，其固然可以在一定程度上保障指导性案例的拘束力，但同时会抑制法官参加以案例进行法创造的积极性。法官的裁判活动要受到上级的监督，若被评价为错案，该法官的利益将受到影响。如此一来，为了规避风险，法官就失去了以创新精神进行裁判活动的动力。再加上法院内部请示制度的存在，实质上等于剥夺了法官积极参加法形成的能动性。

外部的不利影响来自法院所在地的党组织、政法委以及上级人民法院的一些指示。如果说来自法院内部的指示对指导性案例的先例拘束性影响不大，那么来自外部的指示则可能会影响到指导性案例的正当性。在日本，经最高法院反复确认的判例，其事实上的法源性会超越法实务界，形成一种社会规范而被广泛接受。[20] 相比之下，我国显然不是这种状态，即使从外部来的指示违反了作为先例的规则以及法理，法官往往也只能遵照判案，其结果是导致指导性案例的先例拘束力受到损害。

2. 指导性案例的"指导"效力

关于我国指导性案例的"指导"效力，本文赞同"参照效力说"。指导性案例既然具有事实上的拘束力，就应该赋予其权威性，下级人民法院在

〔19〕 ［日］五十岚清：《法学入门》（第3版），悠悠社2007年版，第70-71页。
〔20〕 ［日］中野次雄：《判例とその読み方》（三訂版），有斐阁2009年版，第12页。

处理类似案件时应当参照适用。问题是，如何参照？下级人民法院如果不参照适用会产生什么样的后果？依"指导效力说"，如果下级人民法院的判决明显背离指导性案例所确立的法律原则和精神并造成裁判不公，将面临司法管理和案件质量评查方面得到负面评价的危险，案件可能依照法定程序被撤销、改判或者再审改判，并可能与法官的目标管理考核相挂钩。[21]

笔者认为，该说主张的法律效果不妥。该说的逻辑在于最高人民法院公布的指导性案例是"绝对正确的"，因此下级人民法院必须无条件遵从。但从指导性案例实施以来的评价来看，至少在商事裁判领域，其正当性已经受到质疑。[22] 因此，笔者赞同王利明教授的观点，由于法律没有将未参照指导性案例作为上诉和再审的启动原因，故不能以此为由撤销、改判或再审改判。但法官在类似案件中，拒绝参照指导性案例进行裁判的，应当在判决书中说明其不予采纳的理由。

3. 问题的提出

指导性案例之所以对各级法院具有参照意义，在于其本身具有一定的典型性，法院作出的判决对类似案件具有参照、借鉴意义，并在一定程度上表现出当时的政策倾向。但这并不是说指导性案例具有先天的"绝对正确性"。按照"指导效力说"，指导性案例"大多是最符合法律条文与精神的标本判决，违反指导性案例的判决不是违反了指导性案例确立的所谓裁判规则，而是违反了指导性案例所适用的法律原则与精神"。这里，"指导效力说"包含了两方面的内容：一是指导性案例近乎绝对正确，二是指导性案例超越了个案规则范畴，其指导价值在于所确立的抽象法律精神。笔者认为这是值得商榷的。

首先，指导性案例是否具有"绝对正确性"？从常识来说，绝对正确的事物是不存在的，法学领域亦然。就我国已公布的指导性案例而言，在商事裁判领域，指导性案例的正当性受到很大质疑。在现阶段，如何保证指导性案例的正当性，以及当指导性案例出现缺陷时如何纠正，是最高人民法院亟需解决的问题。

其次，与前一问题相关联的，就是如何正确认识指导性案例的指导意

---

〔21〕 胡云腾、于同志：《案例指导制度若干重大疑难争议问题研究》，载《法学研究》2008年第6期，第11页。

〔22〕 吴建斌：《公司纠纷指导性案例的效力定性》，载《法学》2015年第6期，第58页以下。

义以及如何评价指导性案例的问题。由于我国独特的审级制度与裁判机制，案例指导制度虽然在形式上被称为"中国特色"，但实质上仍然力图追求与判例法同样的效果。因此，对于指导性案例的"个案特性"就必须予以充分尊重，各级法院法官在参照指导性案例时就有必要借鉴大陆法系判例法的裁判规则提取方法，而不是只注重抽象出来的法律原则。例如，指导性案例的主要事实、导致法官作出先例判决的直接依据、如何区分判决理由中的"主论"与"旁论"、个案的"射程"范围等，都是正确认识指导性案例的直接途径。只有如此，才能在根基上保证对指导性案例指导性的正确认识，同时就间接地保障了指导性案例的正当性。

遗憾的是，学界的大多数论文局限于粗线条的法理探讨，以传统大陆法系的判例分析方法对指导性案例进行基础研究的文章凤毛麟角。本文意在打破这一局面，通过传统大陆法系判例法的研究手法，对我国的指导性案例予以分析，以期抛砖引玉，为深入探讨我国案例指导制度尽一点微薄之力。囿于专业所限，本文的案例限定于商法领域。

三、指导性案例的"指导方式"——以大陆法系判例研究为视点

（一）日本的判例

关于指导性案例与待判案件的指导关系，我国学界存在三种不同的观点。第一种观点认为：指导性案例的"指导性"来源于对案例提炼的规则或要旨，指导性案例的指导效力只能体现在"裁判规则"或"裁判要旨"上，指导性案例中的其他内容例如案件事实、证据、理论评析等不可能具有指导意义；第二种观点则与第一种观点相左：如果脱离指导性案例的整体内容而单纯地参照裁判理由或裁判规则，会因为裁判理由的僵化而导致断章取义，因此，指导性案例的整个裁判内容，包括裁判理由、裁判要旨以及理论评析等内容均具有指导意义；第三种观点认为：从判例的产生机制看，产生指导性效力的不可能是裁判的具体内容，而只能是在指导性案例中具体化的规范。因此，指导性案例中具有指导性的部分，就是判决中所确立的法律观点或法律论证。[23]

最高人民法院发布的指导性案例的判决文书的内容结构包括：裁判要点、相关法条、基本案情、裁判结果、裁判理由。其中，"裁判要点"是指

---

〔23〕 观点的整理参考胡云腾、于同志：《案例指导制度若干重大疑难争议问题研究》，载《法学研究》2008 年第 6 期，第 12 页。

导性案例发布机关对该判决的法律论的提取，实践中对理解案件的指导作用具有重要参考价值，但"裁判要点"毕竟是发布机关对案件判决理由的"再加工"，并不能等同于个案的先例拘束力。"相关法条"与"裁判结果"毫无疑问与该案件的先例拘束力无关。因此，真正对案件的拘束力具有决定作用的只能是作为案件主要事实的"基本案情"与导出裁判结果的"裁判理由"。换句话说，指导性案例中的"基本案情"与"裁判理由"是构成个案指导效力的两个必要要素，缺一不可。

基于以上立场，第一种观点主张的"指导性案例的'指导性'来源于对案例提炼的规则或者要旨"，显然是不妥的。第二种观点主张的"指导性案例的整个裁判内容，包括裁判理由、裁判要旨以及理论评析等内容均具有指导意义"，则内容过于宽泛而缺乏针对性。而第三种观点主张的"具体化的规范"，即判决中所确立的法律观点或论证，仍然是粗线条的，并没有明确区分"导致案件判决结果的主要事实"与"法官在'裁判理由'中的抽象法律论"。

日本作为大陆法系的代表，判例在其法律体系中不具有法律上的拘束力，但在事实上具有先例拘束力，被认为是事实上的法源的一种。作为事实上的法源，日本判例法的形式主要表现在最高法院的判例集上。但判例集上只有判决文书，如何理解并对待判例集上的判例便具有重要的意义。判决文书的内容比较简单，由结论部分的"主文"与导出结论过程的"理由"组成。"主文"相当于我国的"裁判结果"，"理由"则包括事实认定、对于该事实的法解释与适用以及导出结论的说理过程。在"理由"部分中包含了先例拘束力的判例法，但通常"理由"部分相当详细，究竟何处具有作为先例的拘束性则并不明确。

在"理由"中处于特别重要地位的是判决的"主论"与"旁论"。判决文书中具有先例拘束力的部分称为"主论"，其他部分则不具有先例拘束力，称为"旁论"。进一步讲，"主论"是对判决结论起决定作用的理由；与案件结论无关的法官的说理部分称为"旁论"，其对以后的判决不具有拘束力。需要注意的是，本来"旁论"并不具有作为先例的拘束力，但其往往载于"判决要旨"中，对其后的判决起到先例的作用。日本判例法的这一暧昧之处也提醒我们，我国的指导性案例从本质上属于个案，其指导意义不能超越个案。对抽象裁判规则的提取，也必须找出案件主要事实与导出判决结果的直接理由，并确定该案的"射程范围"，以对后来类似案件的参照适用限定必要的范围。[24]

（二）我国指导性案例评析——最高人民法院指导案例 15 号

1. 基本案情

本案名为"徐工集团工程机械股份有限公司诉成都川交工贸有限责任公司等买卖合同纠纷案"。法院认定：合同债务人的股东实际上与另外两个关联企业的实际控股股东为同一人，三个公司之间人员、业务、财务高度混同，假如让无力清偿欠款的合同债务人独立承担清偿义务，则债权人的债权几乎无法收回。原审法院以关联公司人格混同损害债权人利益为由，依据《民法通则》以及《合同法》的相关规定判决其承担连带清偿责任。就原告起诉时应当承担共同侵权责任的 9 位自然人股东，原审法院以无共同侵权的事实根据为由予以驳回。

2. 裁判要点

上述两个关联公司上诉后，江苏省高级人民法院终审裁定驳回上诉，维持原判，同时对裁定依据和理由作了重大调整。最高人民法院归纳的裁判要点有二：一是关联公司的人员、业务、财务等方面交叉或混同，导致各自财产无法区分，丧失独立人格，构成人格混同；二是关联公司人格混同，严重损害债权人利益的，关联公司相互之间对外部债务承担连带责任。

3. 裁判理由

生效判决认为："三公司虽在工商登记部门登记为彼此独立的企业法人，但实际上人员混同、业务混同、财务混同，已构成人格混同"，"客观上削弱了川交工贸公司的偿债能力，有滥用公司独立人格以逃废债务之嫌"，"损害了债权人的利益，违背了法人制度设立的宗旨，其危害性与《中华人民共和国公司法》第 20 条规定的股东滥用公司法人独立地位和股东有限责任的情形相当。为保护债权人的合法利益，规范公司行为，参照《中华人民共和国公司法》第 20 条的规定，川交机械公司、瑞路公司应当对川交机械公司的债务承担连带清偿责任"。

4. 评析

本案中，法院认定：合同债务人股东实际上与另外两个关联企业的实际控股股东为同一人，三个公司之间人员、业务、财务高度混同。本案的

---

〔24〕 日本判例法的介绍，参见［日］五十岚清：《法学入门》（第 3 版），悠悠社 2007 年版，第 72 页以下。

裁判结果是：三个关联公司对涉案合同债务承担连带清偿责任。从本案的事实认定部分可知，导致三个关联公司承担连带清偿债务的直接、主要理由在于三者的共同侵权行为，即三者的法人人格混同状况在客观上削弱了公司的偿债能力，损害了债权人的利益。此为本案判决理由中的"主论"部分。

而本案判决理由中的"旁论"部分，显然是二审法院法官对关联公司"人格混同"情形下承担连带责任的法律论。二审法院在裁判理由中援引《公司法》第 3 条第 1 款，强调了公司财产独立与独立承担责任的公司法原则，并援引《公司法》第 20 条第 3 款（公司人格否认的法理），对违反公司财产独立的三个关联公司课以连带清偿责任。需要注意的是，虽然本案的裁判理由部分以大量笔墨论述"财产混同"公司的法人格否认责任，但三个关联公司承担连带责任的直接原因在于三者的共同侵权行为，并非依据《公司法》第 20 条第 3 款作出判决。

最高人民法院之所以将本案作为指导案例予以公布，是因为最高人民法院看重了"旁论"部分的裁判规则：关联公司之间财产混同，则应当对债权人承担连带清偿责任。最高人民法院意图通过将本案发布为指导案例，对法人格否认制度的适用做扩大解释。然而，本案的法律依据并不是《公司法》第 20 条第 3 款，从本质上讲，本案并没有抽象出《公司法》第 20 条第 3 款的扩大适用规则，充其量只是关联公司共同侵权责任的一种情形。

四、再论指导性案例的裁判规则提取——最高人民法院指导案例 15 号的展开

（一）最高人民法院一系列判决的检讨

2005 年我国公司法修改时引入了国外判例法中确立的公司人格否认的法理，虽然理论界标榜该法理是"世界上最明确地规定了公司法人格否认的法理"的立法，[25] 但以高度抽象的文言表述该法理本身就存在巨大的难点：适用该法理的案件事实关系包罗万象，如何以抽象的要件概括之？特别是以财产混同为代表的"法人格的混同"，理论上如何将其纳入公司人格否认的框架内？因为从我国《公司法》第 20 条第 3 款适用的司法实践来看，股东对公司法人独立地位以及有限责任的"滥用"指的是主观滥用，而"财产混同"在本质上并不包含滥用的主观因素，仅指股东财产与公司

---

〔25〕 王保树、崔勤之：《中国公司法原理》，社会科学文献出版社 2006 年版，第 48 页。

财产在外观上难以区分的状况。如此一来，如何将以财产混同为代表的"法人格的混同"纳入《公司法》第20条第3款的体系之内，就成了理论上的难点。换言之，在财产混同问题上，亟待权威机关对《公司法》第20条第3款的扩大适用给出明确说法。

与理论界的混沌不清形成鲜明对照，裁判实务界尤其是地方法院对待此问题则大胆得多。自2005年公司法修改后，各级地方法院就陆续依据《公司法》第20条第3款对财产混同问题作出肯定性判决。

例如，福建省高级人民法院2007年1月4日判决（2006）闽民终字第504号中，针对被告公司的著作权侵权行为，原告主张：被告公司的法定代表人在公司商品销售主页上将6个个人账号与公司账号并行使用，并指示交易方将款项直接汇入其个人账户，遂主张该法定代表人对公司债务承担连带清偿责任。一审法院认为，公司的法定代表人将其个人账号在公司的主页上公开并作为资金结算账户使用，其行为应视为公司行为，相关的法律责任应由公司承担。原告不服提起上诉。

二审福建省高级人民法院认为，股东个人的账户、资金与公司的账户、资金混同，使公司利益与股东个人收益无法区分，对于股东的责任，应依据《公司法》第20条第3款的规定，判决其承担连带赔偿责任。[26]

纵观这一时期法院判决书的判决理由部分可以发现，法院虽然依据《公司法》第20条第3款对"财产混同"这一类型作出肯定的判决，但判决的说理部分比较简单，大多没有进行详细的论述。对此状况，学界与实务界期待最高人民法院能对公司人格否认的适用作出进一步的解释，遗憾的是，颁布后的《公司法司法解释（二）》并未对此作出回应。

其实最高人民法院本有机会通过行使自身的审判权，对"法人格混同"状况下《公司法》第20条第3款的扩大适用作出具有指导意义判决，却由于种种原因未能实现。但这并不妨碍我们通过考察最高人民法院的一系列判决，去推测最高人民法院在此问题上立场的转变过程，以便更好地理解指导案例15号的内涵。

---

〔26〕 类似的案例很多。例如，河北省辛集市人民法院2007年5月28日判决（2007）辛民初字第20004号、上海市第一中级人民法院2008年12月8日判决（2008）沪一中民四（商）终字第1430号、雨湖区人民法院2009年1月4日判决（2008）雨法民二初字第269号、邢台市中级人民法院2009年5月15日判决（2009）邢民二终字第80号、洛阳市涧西区人民法院2009年10月20日判决（2009）涧民一初字第283号等。

案例一：四川泰来装饰工程有限公司等与中国信达资产管理公司成都办事处借款合同纠纷上诉案（2008）民二终字第 55 号。

1. 事实概要

1999 年 10 月 18 日，上诉人（一审被告）四川泰来装饰工程有限公司（以下简称装饰公司）、四川泰来房屋开发有限公司（以下简称房屋公司）、四川泰来娱乐有限责任公司（以下简称娱乐公司）与中国银行成都市蜀都大道支行（以下简称中行蜀都支行）签订债务重组协议，对装饰公司原在中国银行成都市分行信托部的逾期贷款 2200 万元进行债务重组。约定：由装饰公司向中行蜀都支行承担全部贷款及欠息；三被告共同承诺用娱乐公司在四川中国酒城股份有限公司（以下简称中国酒城）内开发的西南名商会所项目形成的各种资产和权益作为上述借款的抵押物。三被告还分别向中行蜀都支行出具保函，并委托装饰公司办理相关手续。以上借款到期后，装饰公司仅履行了部分还款义务，中行蜀都支行向三被告发出了催收通知。2004 年 5 月 17 日送达的催收通知载明，装饰公司尚欠借款本金 1991 万元，利息 14 173 340.44 元。2004 年 6 月 25 日，中行蜀都支行与原告信达成都办签订债权转让协议，将案涉债权全部转让给信达成都办。

2007 年 1 月 22 日，信达成都办向四川省高级人民法院起诉称：中行蜀都支行与装饰公司的借款关系真实合法，装饰公司应履行还款义务。装饰公司、房屋公司、娱乐公司资产混同、主体混同，实为同一主体，房屋公司与娱乐公司依法也应当对装饰公司债务承担连带责任。

2. 一审判决

四川省高级人民法院经审理认为，本案借款合同合法有效。装饰公司在借款到期后仅归还部分借款本金，构成违约，应承担逾期还款的违约责任。装饰公司、房屋公司、娱乐公司股权关系交叉，实际均为沈氏公司出资设立，沈华源作为三公司的董事长，对公司拥有绝对的控制权。三公司在同一地址办公、联系电话相同、财务管理人员在一段时期内相同。沈华源以其对公司的控制权，利用公司独立人格来逃避债务，违背了法人制度设立的宗旨，违反了诚实信用和公平原则，故装饰公司的债务应由娱乐公司和房屋公司承担连带清偿责任。三被告不服一审判决提起上诉。

3. 二审判决

最高人民法院认为，根据原审查明的事实表明，装饰公司、房屋公司、娱乐公司表面上是彼此独立的公司，但各公司之间已实际构成了人格混同。

该行为违背了法人制度设立的宗旨，违反了诚实信用和公平原则，损害了债权人利益。原审法院判令装饰公司的债务应由娱乐公司和房屋公司承担连带清偿责任并无不当。

4. 评析

本案中，最高人民法院判决三被告公司承担连带责任的依据在于关联公司相互之间形成人格的混同，这种状况违背了法人制度设立的宗旨违反了诚实信用和公平原则。但不可否认的是，判决的实质依据乃是借用了公司人格否认的法理。至于为什么没有在判决书中直接适用该法理，最高人民法院在本案评析中写道："只不过，在对人格混同的关联企业进行法人人格否认时，并不能够简单地套用《公司法》第 20 条的规定。《公司法》第 20 条所规定的股东滥用公司法人独立地位和股东有限责任以逃避债务的情形实际上只是滥用公司法人格行为的一种。由于滥用公司法人格而可得适用法人人格否认的行为实则包括两类，除却上述股东利用公司法人格规避法律义务和契约义务的行为之外，另一类行为便是公司法人格的形骸化。……遗憾的是，我国公司法尽管引入了法人人格否认，但对于公司法人格形骸化这一类行为却未有涉及，以致找不到人格否认适用于关联企业人格混同的具体条文。在审判实践中，公司法要对人格混同的关联企业实行人格否认，只能依据民法基本原则准用法人人格否认理论，而不能直接适用《公司法》第 20 条。"

可见，最高人民法院之所以未能借行使自身审判权对人格混同的公司人格否认作出扩大适用的规则突破，根本原因在于最高人民法院认识到该法理存在的理论瓶颈：在传统理论上，公司人格否认的适用包括股东利用公司法人格规避法律义务等"滥用"行为以及以人格混同为代表的"公司法人格形骸化"行为，股东对公司法人独立地位以及有限责任的"滥用"指的是主观滥用，而"财产混同"在本质上并不包含滥用的主观因素，仅指股东财产与公司财产在外观上难以区分的状况。要对传统理论进行突破，我国《公司法》第 20 条第 3 款的理论构造显然成为无法逾越的障碍。从本案判决中看出，最高人民法院对此的立场是谨慎的。

案例二：梁清泉与襄樊豪迪房地产开发有限公司、雷鸣委托合同及撤销权纠纷案（2009）民二终字第 97 号。

1. 事实概要

上诉人（一审原告）梁清泉交付给被上诉人雷鸣（一审被告）2800 万元，委托其办理购买龙溪磷矿和 4200000420571 的采矿许可证的"两延"事务，但雷鸣在取得 2800 万元之后，并未用于完成委托事务，而是用于自己开办公司、购买土地，原告遂请求雷鸣、豪迪公司返还现金及利息。

2. 一审判决

湖北省高级人民法院审理认为：雷鸣利用其对豪迪公司的绝对控制，无偿转移个人财产到豪迪公司，而将全部债务留给自己，导致豪迪公司资产与雷鸣的个人财产无法区分，已经构成财产混同。因雷鸣个人资产与豪迪公司资本混同，既无法保证公司贯彻资本维持和资本不变的原则，又无法确定股东个人资产与公司资产的区别，进而影响到公司、股东对外承担清偿债务的物质基础。故豪迪公司之法人人格形骸化，已经成为股东雷鸣即豪迪公司，豪迪公司即雷鸣的情形。且因其资产混同已经造成债权人利益无法得到实现。豪迪公司作为雷鸣的一人公司，因雷鸣将大量资产无偿转移至豪迪公司，以逃避个人债务，导致公司资产与股东个人财产无法区分，损害了债权人梁清泉的合法权益，故豪迪公司应对雷鸣的个人债务承担连带责任。

需要注意的是，一审法院判决豪迪公司对雷鸣的个人债务承担连带责任的依据，是《民法通则》及《合同法》所确立的公平、诚实信用原则以及《公司法》确立的法人财产独立原则，而非《公司法》第 20 条第 3 款。

3. 二审判决

最高人民法院否定了豪迪公司的连带责任。其认为，豪迪公司系有效成立，其与湖北省襄樊市土地储备供应中心、金泰公司签订的土地使用权出让合同已经生效，该三块土地的使用权归属豪迪公司所有。原审法院根据《中华人民共和国公司法》第 20 条和第 64 条的规定，认定豪迪公司与雷鸣财产混同，并否定豪迪公司的独立法人人格的证据不足。无论豪迪公司是否为一人公司，均不影响其具有独立的法人人格。公司与股东是不同的民事主体，公司财产独立于股东的自有财产，即使公司接受了股东的财产，也不构成公司对股东的债务承担共同责任的理由。当股东的债权人依法受偿时，可申请法院强制执行股东对公司所享有的股权。故原审法院判令豪迪公司与雷鸣共同承担雷鸣的个人债务不当，应予纠正。

案例三：四川通信服务公司与四川金融租赁股份有限公司及中国建设

银行成都市金河支行、四川金租实业有限公司借款担保纠纷案。

1. 事实概要

1999 年 3 月 19 日建行金河支行与金租实业公司签订借款合同，建行金河支行按照合同约定履行了自己的义务，金租实业公司未能按期偿还借款本息。一审四川省高级人民法院审理认为：鉴于金租实业公司无独立的从业人员，其公章、财务专用章、法定代表人印鉴也由金融租赁公司工作人员交与通信公司保管，金租实业公司已无完全控制其资金的能力，且作为金租实业公司开户行的金融租赁公司拒绝向法院提交相关证据，金融租赁公司应当承担举证不能的民事责任，故金融租赁公司对造成金租实业公司未能按期偿还借款本息负有责任，应与金租实业公司共同偿还建行金河支行借款本息。值得注意的是，判决金融租赁公司承担共同清偿责任的依据是《民法通则》第 90 条，《合同法》第 206 条、第 207 条，《担保法》第 18条、第 31 条。当事人提起上诉。

2. 二审判决

最高人民法院认为："金租实业公司和金融租赁公司在人员、财产、业务上形成了混同。金融租赁公司作为非银行金融机构，为规避有关金融政策关于融资的限制，将金租实业公司作为其融资的工具，由金租实业公司代其向建行金河支行申请借款并支付购货款。根据诚实信用原则和权利不得滥用原则，金融租赁公司应当对该笔贷款承担偿还责任。"

本案中作为二审的最高人民法院表达了谨慎的态度。最高人民法院在本案的评析中指出："理论界现存在一种倾向，即简单地将财产混同、业务混同和人员混同（组织机构的混同）视为滥用法人人格的行为，并在出现几种混同情形时不加任何条件地要求股东承担无限责任。我们认为，不论是哪种混同，仅仅是为某些股东滥用法人人格提供了方便，或者说是一种表象，至于其是否滥用了法人人格，不能简单地以混同来认定，而应视其在具体法律关系中是否利用混同之方便，以牺牲法人利益为代价，将法人作为其牟取个人利益的工具。只有股东确实实施了滥用法人人格的行为，才可适用法人人格否认制度追究其责任。"

案例四：宁波绣丰彩印实业有限公司与浙江杭州湾汽配机电市场经营服务有限公司等合同纠纷再审案（2012）民提字第 208 号。

1. 事实概要

孙跃生在 2007 年 11 月 9 日至 2008 年 6 月 30 日期间向绣丰公司大量借

款，为偿还借款，双方约定，由机电公司（孙跃生为股东之一）以其3处房产向绣丰公司"以房还债"，孙跃生对此承担连带责任。后机电公司派生分立为机电公司、投资公司与汽配公司。绣丰公司起诉法院请求机电公司、投资公司、汽配公司履行房地产转让协议，孙跃生承担连带责任。

2. 原审判决

一审慈溪市人民法院认为，孙跃生代表机电公司与绣丰公司签订房地产转让协议，虽然协议中机电公司的印章经鉴定与其在工商部门登记的印章不一致，但由于该印章系机电公司的法定代表人孙跃生所盖，孙跃生亦以机电公司的名义向绣丰公司出具了委托书一份，委托书载有机电公司授权一得公司处理诉争房地产、签署转让协议、收取转让款等事项，孙跃生也在该委托书上签名，绣丰公司有理由相信孙跃生作为机电公司法定代表人身份签订了房地产转让协议。因此，孙跃生代表机电公司与绣丰公司签订房地产转让协议系其作为机电公司法定代表人的职务行为，故机电公司与绣丰之间的房地产转让协议成立。机电公司在房地产转让协议订立后派生分立出投资公司和汽配公司，投资公司和汽配公司应对机电公司在房地产转让协议项下的债务承担连带责任。

机电公司不服慈溪法院一审判决，向宁波市中级人民法院提起上诉。宁波市中级人民法院认为，机电公司上诉要求确认房地产转让协议无效等上诉请求理由不足，不予支持。遂判决驳回上诉，维持原判。

机电公司不服宁波中院二审判决，向浙江省高级人民法院申请再审。

浙江省高级人民法院在对一、二审的事实予以确认后认为，孙跃生的代表行为不构成我国《合同法》第50条规定的有效代表行为。鉴于事后机电公司或其分立后承受权利义务的公司均未对其行为进行追认，该代表行为无效，转让协议对机电公司并无法律约束力。绣丰公司的诉请理由不足，该院不予支持。绣丰公司不服浙江高级人民法院再审判决，向最高人民法院申请再审，请求撤销浙江高级人民法院再审判决，改判支持绣丰公司一审的诉讼请求。

3. 再审判决

最高人民法院认为，在房地产转让协议对机电公司没有约束力的情况下，孙跃生应就其无权代表行为承担相应的责任。本案中，机电公司资产分割时本应将房产分配给原股东一得公司，孙跃生却通过新设投资公司，转移诉争的两套房产和其他财产至投资公司名下，并安排投资公司将第

012083 号房产用于偿还孙跃生欠案外人的债务，从而逃避债务，严重损害债权人绣丰公司的利益。投资公司由孙跃生持 90% 股权、其女持 10% 股权，公司资产与孙跃生个人资产混同，实际为孙跃生控制的工具公司，根据《中华人民共和国公司法》第 20 条第 3 款的规定，投资公司应对孙跃生的债务承担连带责任。

本案是最高人民法院适用《公司法》第 20 条第 3 款，判决公司与其控股股东资产混同进而对一方债务相互承担连带责任的为数不多的判决。值得注意的是，判决书中虽出现公司与其控股股东之间"资产混同"字样，但从本案判决书前后行文来看，公司对其控股股东的个人债务承担连带责任的依据在于，该股东转移公司资产至自己名下以逃避个人债务。至于二者之间资产混同的表述，则不构成公司人格否认的单独要件，充其量只是判断控股股东支配公司的一个要素。

（二）小结

最高人民法院指导案例 15 号发布于 2013 年 1 月 31 日，从最高人民法院提炼的裁判要旨的表述看，似乎是财产混同下公司人格否认的扩张适用规则。然而，通过检索指导案例 15 号人民发布前的最高人民法院自身的判决，可以发现最高人民法院的立场缺乏连贯性。案例一四川泰来装饰工程有限公司等与中国信达资产管理公司成都办事处借款合同纠纷上诉案中，最高人民法院之所以没有适用《公司法》第 20 条第 3 款而将依据放在公平、诚实信用等民法一般原则上，是因为法院意识到了我国《公司法》第 20 条第 3 款理论构造的矛盾之处，以财产混同为代表的"法人格混同"行为无法融入我国的公司法体系。也正因如此，最高人民法院采取了谨慎的态度，将问题留于日后解决。

案例二很好地体现了最高人民法院的谨慎立场：虽然一审法院认定了股东与公司间形成了法人格的形骸化并判决股东承担连带责任，但二审中最高人民法院以维护法人的独立性为由否定了一审判决，其谨慎之立场显露无疑。案例三与案例一如出一辙：法院认定了股东与公司间的法人格混同，但在适用法律上采取了谨慎的态度，适用公平、诚实信用等民法一般原则。案例四虽出现"财产混同"等字眼，并首次适用《公司法》第 20 条第 3 款作为判决依据，但判决股东承担责任的依据却不是财产混同，而是股东转移公司资产至自己名下以逃避个人债务的"法人格滥用"行为。

从最高人民法院一系列判决立场的发展脉络看，指导案例 15 号的公布有些耐人寻味。因为指导案例 15 号的裁判要旨与之前最高人民法院的立场并不自然衔接，甚至有自我否定之嫌。究其原因，是该案例对法人格混同详细的阐述，抑或各级地方法院的实践先行？个中原因不得而知，但可以肯定的是，指导案例 15 号也没有抽象出法人格混同情况下公司人格否认规则的扩大适用。

五、结语

作为最高人民法院，在设计案例指导制度时存在着一种倾向，就是轻视个案的主要事实以及在此之上形成的裁判规范，力图通过个案体现出一定政策倾向的法律原则。[27] 诚然，由于我国独特的审级制度以及请示、错案追究等裁判机制的存在，统一法律适用的目标只能通过自上而下的方式进行，而指导性案例作为司法解释的漏洞补充功能，需要赋予其一定的事实上的拘束力。这种拘束力的保障应该在充分尊重个案的前提下进行，否则就会架空指导性案例本身，使其成为异化的司法解释。

---

〔27〕 胡云腾、于同志：《案例指导制度若干重大疑难争议问题研究》，载《法学研究》2008 年第 6 期，第 11 页。

教育领域平权行动的法律变迁

——美国联邦最高法院对行政政策的诠释与限定[*]

吕亚萍[**]

众所周知，美国平权行动是应对美国历史上曾经存在的种族隔离与种族歧视问题，而特别制定的公共政策。20 世纪 60 年代以来，美国要求实现种族平等的民权运动高涨，随着民权运动在全美展开，作为对美国社会现实情境的官方回应，1964 年美国国会通过了《民权法案》，1965 年林顿·约翰逊总统继肯尼迪总统提出"平权行动"一词之后，发布第 11246 号行政令，要求各公共机构主动采取平权行动，保证本机构不再存在种族歧视。根据这一行政令的要求，所有受到政府资金资助的公共机构，都必须采取平权行动，对少数族裔采取相应的照顾措施。由此，平权行动作为一项意图矫正美国社会的种族歧视及其造成的社会结构性分层的政策，开始对少数族裔在高等教育和就业上给予一些优待政策。

根据美国现行的法律，与教育领域平权行动相关的规则包括：1964 年《民权法案》第 6 章关于公立教育机构或联邦资助的教育项目中的歧视的条款；宪法第十四修正案的法律平等保护条款和第五修正案正当程序条款对公民生命、自由和财产等方面的平等保护要求，以及一系列承认此类项目合法的联邦司法先例。换言之，从由不同层级的法律规范组成的结构性法律依据来说，教育领域平权行动至少与以下法令、法案以及宪法规范相关：

本文是中国法学会比较法学研究会 2016 年度"中国比较法学"研究课题的结项成果之一。
** 吕亚萍，法学博士，中国人民公安大学讲师，哈佛大学访问学者。

第一，约翰逊总统发布两项要求实施"平权行动"的行政令。1965 年与 1967 年，约翰逊总统发布的第 11246 号与第 11375 号行政令，要求公共机构和联邦承包商采取"平权行动"，以确保自己的业务范围内不再发生基于种族、肤色、宗教信仰、国籍出身以及性别的歧视行为。

第二，1964 年《民权法案》的相关规定。《民权法案》第 6 章规定禁止联邦资助项目中有任何歧视发生，其中第 601 条规定，在合众国中，任何人都不得因其种族、肤色或民族而被排除，或禁止参与接受联邦资助的活动和项目，或被拒绝获取由联邦资助的项目所带来的好处，或者在联邦资助项目中受到歧视。

第三，美国宪法的相关规定。首先，宪法第十四修正案规定，州政府不得在其管辖范围内拒绝给任何人提供法律的平等保护。其次，联邦政府实施的平权行动，将受到宪法第五修正案之正当程序条款中所包含的法律平等保护内容的约束。这两条宪法修正案在联邦与州两个层级，给予平权行动政策以法律依据，同时施以法律约束。

鉴于美国的司法审查制度，所有的公共政策与政府行为都必须接受法院的司法审查，才能确立其合法性。平权行动涉及对美国公民的基于种族的区别对待，因此，与之相关的政策都必须接受一系列与歧视有关的法律的审查。因此，自 20 世纪 70 年代以来美国实施平权行动政策的历史，也是联邦最高法院通过司法审查，在宪法层面明确平权行动政策在宪法第十四修正案项下的法律地位与规范结构的过程。

一、平权行动理念的发端：格里格斯诉杜克能源公司案

（一）法律平等的开启：从"隔离但平等"到终结种族隔离

1896 年普莱西诉弗格森案的判决，成为美国宪法史上仅次于德雷德诉斯科特案的污点。联邦最高法院在该案多数意见中宣布了关于法律平等保护的"隔离但平等"法理，成为美国法律史上不平等与不公正社会状况的标志，然而这个案件也涵括了走向法律平等之社会变革的种子。哈兰大法官在该案少数意见中发出预言式的先声。其一，美国宪法应当是"肤色无涉"（color - blind），不应根据肤色对美国公民进行区分。这一条法理宣布了一体适用的、形式的法律平等主义，在后来的历史中常常被反对平权行动的学者所援引。其二，美国宪法的最终目标是，消除美国社会的种姓制度，这意味着在美国曾经存在奴隶制的历史背景下，宪法必须采用"肤色

着意"（*color - conscious*）的救济手段来瓦解存在于美国社会中的种姓障碍。[1] 这两者之间天然构成了关于形式主义法律平等与平等的实质主义解释之间的张力，也构成了两大对立阵营关于"宪法上的平等"的共同的法律理论之源，这也导致对宪法第十四修正案法律平等保护条款的形式主义解释与实质主义解释两条路径的张力与矛盾伴随着每一个与该条款相关的案件。

当然，哈兰大法官的反对意见并没有立时发挥作用。他发出的"隔离本身就意味着不平等"的呼声，成为 19 世纪末的历史回响，"隔离但平等"的法理统治了美国社会半个多世纪之后，联邦最高法院对种族隔离问题的态度才发生转变。1954 年，布朗诉托皮卡教育委员会案推翻了普莱西案的判决，宣布"隔离但平等"原则违反宪法第十四修正案的法律平等保护，并且认为隔离的教育设施从本质上来说就是不平等的，种族隔离伤害了黑人孩子的自尊。

从该案的核心判决来看，布朗案的裁决是形式主义的，它要求法律不分肤色、种族，公立教育设施对所有公民保持开放；而布朗案论理中援引社会科学证据，证明种族隔离给黑人孩子的自尊受到伤害，从而在本质上不可能平等，从这一社会科学论据要求终结种族隔离的结论，其平等法理则是实质主义的。一方面，根据瑟古德·马歇尔大法官的观点，要让白人给黑人提供一样好的学校，那么唯一的办法就是把这所学校也变成白人的学校，换言之，形式平等要求相同的资源分配与享有。另一方面，该案的判决依据，则来自于社会科学证据证明种族隔离造成了黑人小孩的污名化。根据其法理，人们禁不住要追问：假设黑人小孩并未由于污名化而表现出自卑，那么隔离本身是否并非不平等？[2] 根据这个案件的逻辑，我们也需要追问：法律平等，是形式主义的外在分配要求，还是实质主义的功利主义结果要求？法律可否用于社会变革？这些问题，纠缠着布朗案的判决，使之成为美国宪法上半个多世纪以来的争议话题，褒贬不一。

无论如何，布朗案都因其终结种族隔离的正面意义，成为美国宪法史上最重要的案件之一。在布朗案以宪法判决的形式宣布了平等的承诺之后，

---

〔1〕 *Plessy v. Ferguson*, 163 U. S. 537 (1896).

〔2〕 ［美］布莱斯特、列文森、巴尔金、阿玛：《宪法决策的过程：案例与材料》，陆符嘉、周青风、张千帆、沈根明译，中国政法大学出版社 2002 年版，第 817 页。

人们开始关注五十多年的制度性隔离所造成的社会后果。换言之，制度性隔离的历史造就了两大种族之间事实上的隔离，他们生活在同一城市不同的街区，享有不同的公共资源与政治权利，导致法律上的平等成为无法照进现实的梦想，仅为一纸具文。因此，制度性隔离结束后的社会隔离也应当进入法律关注的领域。1960年代，法律上的隔离正式解除之后，民权运动的主要议题便致力于实现美国社会种族之间的实质性平等。

法律平等的理想不能停留于文字上的承诺，布朗案更深远的法律意义在于宣告，规制社会生活的法律必须体现社会生活对于某些基本正义价值的需求，宪法原则必须直面其平等理想与事实不平等之间的反差。反种族歧视的民权运动演变为要求移除社会各领域所有的种族障碍与限制时，法律平等的要求也从教育机会的平等更进一步深入到经济、社会的平等，宪法上关于平等的基本法理开始出现反思性的转向。

（二）平权行动观念的诞生：格里格斯案与"差别性种族影响"

然而，长达半个世纪法律上的种族隔离，已经给美国社会造成了深远的影响，造成了美国社会阶层与种族之间的结构性耦合，仅有布朗案与《民权法案》的反歧视与法律平等要求，不足以对这种社会现实造成全面的触动。1971年，联邦最高法院受理格里格斯诉杜克能源公司案，[3] 最高法院在该案中为歧视设定的最新法律定义，为改变少数族裔长期生活于底层的社会现实提供了真实的契机。

杜克能源公司每年都会给某些技术岗位的员工培训与升职的机会，条件是需在这些技术岗位上工作满一定的期限，由于这些岗位传统上都由白人担任，导致培训与升职的机会实际上只向白人开放。而黑人传统上在该公司只能担任清洁工一类的服务性岗位，要求他们在技术岗位上有几年工作经验才能得到培训与转岗，等于完全剥夺了他们离开服务岗位进入技术岗的可能性。因此，格里格斯等人提起诉讼，认为自己在培训与升职过程中受到了歧视。这个案件的重大意义在于，它给联邦最高法院重新解释歧视的法律定义提供了历史性的契机。

1964年《民权法案》第6章规定，任何美国公民都不得因其种族、肤色、民族出身……在受联邦资助的机构中受到歧视。在格里格斯案之前，美国宪法上关于歧视的性质存在两种法律与文化概念，两种都是模拟侵权

---

〔3〕 *Griggs v. Duke Power Co.* （401 U.S. 424, 1971）.

法上由故意到过失再到严格责任的法律构造来界定的。最初的歧视概念包括歧视个体的故意、歧视行为以及造成的伤害后果，换言之，最初的歧视定义都是以恶意、意图或者主观状态为检验标准。根据这一标准，原告在诉讼中想要胜诉，必须证明被告受到仇视原告所属群体的动机的驱使。这就导致许多案件因需要寻求诸多环境证据确认被告的主观状态，在事实调查阶段就出现无法逾越的障碍，最后以原告败诉告终，以反歧视为目的的法律也因此在司法程序中被彻底架空，无法真正实施。因此，在民权倡导者的努力之下，歧视的法律定义开始抛弃对歧视故意的探寻，而只要求有证据证明个体受到不同对待，并因此受到损害，从而出现了歧视的第二种法律定义，它要求有因其种族而伤害某个体的目的或动机，这一目的或动机可从特定行为中推断出来，否认少数族裔的同等对待，就意味着有歧视的动机。换言之，歧视的第二种定义侧重对少数族裔的同等对待。歧视的第一种法律定义向第二种定义的转变，在司法上就是将证明恶意存在与否的举证责任从原告向被告转移，从而增加了原告赢得诉讼的概率。[4]

歧视的这两种传统定义排除了对不同群体中的个人的差别待遇，要求对所有人平等对待。只要是一项同时适用于所有种族的规则或标准，就不是歧视。因此，如果雇主实施一项对所有种族一体适用的录用标准，而这项标准实施之后，甄选的雇员却只剩下白人，却完全排除掉少数族裔应聘者，那么即便是一体适用的标准，也很有可能会令某些试图改变社会现实的法律失效。鉴于 1964 年《民权法案》改变种族之间的事实隔离与黑人受到事实上的歧视的立法目的，在一定意义上，歧视的传统定义可能实际上发挥了取消 1964 年《民权法案》的作用。

格里格斯案的出现，为改变歧视的传统定义提供了契机，使得美国可以根据自身的社会经济事实，形成了"歧视"的第三种法律概念。这个案件的典型意义在于，它的不同审级适用不同的歧视定义，对案件做出了截然不同的判决。而这个案件也就成为见证美国"歧视"法律定义转变的转折性案件。

承审格里格斯案的联邦地区法院适用的是歧视的恶意动机定义，而第

---

〔4〕 Alfred W. Blumrosen, "Strangers in Paradise: Griggs v. Duke Power Co. and the Concept of Employment Discrimination", in Paul Burstein (ed.), *Equal Employment Opportunity: Labor Market Discrimination and Public Policy*, Aldine De Gruyter, 1994, p. 110.

四巡回上诉法院则采纳了歧视的同等对待定义，然而这两种定义都无法使过去的歧视模式所造就的、处于从属地位的那一代黑人得到救济，从而"冻结"了产生于过去普遍存在的对少数族裔的歧视，并且还固化了少数族裔处于从属地位的社会经济现状。[5] 首席大法官沃伦·伯格执笔联邦最高法院的一致意见，他在法院意见中写道，凡是起到冻结以前的歧视实践所造成的现状的行为，都是不正当的。学历要求与测试成绩在很大程度上排除了少数族裔的任职资格，只留下了白人，这导致《民权法案》通过之前的一代黑人都被冻结在过去的受歧视模式中。这种对不同群体效果相反的测试的最终结果是单方面排除少数族裔雇员，这就证明，同一行为标准对多数群体和少数族裔有着完全相反的效果。根据普通法上的事实自证原则（Res ipsa loquitur），学历与测试"不论是为了歧视目的设立的，还是它有这样的实际效果"，对不同种族群体的影响相反这一事实本身就构成了歧视。由此，格里格斯案根据结果而非动机、效果而非目的，重新界定了歧视的法律定义，从而使就业歧视领域一直适用的主观检验标准转向了全新的客观结果标准。歧视的第三种定义，即差别性种族影响法理（disparate racial impact rationale），从此取代了歧视的前两种传统定义。

　　格里格斯案的法律影响在于：其一，该案的法理从宪法上确认了对群体利益保护，歧视是群体本位的行为，通过歧视行为乃针对原告所属群体而确立，不仅仅是针对单个个体的孤立的行为，处于某一特定群体的每位个体，都对被歧视的情境拥有法律上的利益。换言之，歧视，是对作为一个群体的少数族裔有不利影响的行为。自此，个人主义与群体本位之间的张力伴随着法律平等保护的每一个与种族相关判例与理论争议而如影随形。其二，差别性影响法理以客观化的结果标准替代了主观性的动机标准，将歧视定义为与某一机构活动无关的排除性实践。一方面，由于大多数的机构的诸多实践都有可能是排除性的，相对于白人，排除了很大比例的少数族裔；另一方面，纵然这些机构当前的实践不再具有排除性，但是它曾经在历史上公开实行过种族歧视，因而当下实践则有可能具有"冻结"歧视造成的现状的后果，因此，所有的机构都必须全面审查自身的实践，找到并校正存在于自身的制度及其惯性的歧视性效果。根据以上双重的法律构造，平权行动（affirmative action）的基本观念开始形成，全国各公共机构为

[5] *Griggs v. Duke Power Co.*, 420 F. 2d 1237 (4th Cir. 1970).

了使自己的雇佣实践符合法律规定，也开始采取各种形式的平权行动措施。[6]

换言之，每个机构都应当有效监督自身的具有排除性效果的实践，并且加以矫正。为了显示其监督与矫正的有效性，机构应当预料到，假如成功消除了歧视，随着时间的推移，本机构可能应当包含多少数量的少数族裔，预测的大致结果构成了机构平权行动的"数量目标"与"时间表"，无法满足这些目标则意味着，这些机构仍需努力消除排除性的实践或过去歧视的效果。[7]

平权行动的主要任务，也就是在于改变公共机构的人员结构，以便其遵守《民权法案》的非歧视要求，真正实现法律平等保护的对于每个群体成员的承诺。歧视的法律定义的重构，开启了平权行动政策的反歧视积极行为的可能性。因此，在一定意义上，格里格斯案可以说是在美国开启平权行动现实可行性的里程碑式判决。

二、平权行动合宪性的确定：鲍威尔大法官的折中主义立场

平权行动优待黑人等少数族裔，其行为模式是对不同种族群体区别对待，但是受到优待的是处于不利地位的群体。由于其区别对待，处于优势地位的群体认为自己受到了歧视，这种歧视与传统的歧视不同，这是一种"反向歧视"，随即引发了以"反向歧视"（reverse discrimination）为诉由的讼案。

自 1978 年至今，联邦最高法院开庭审理了 16 个平权行动案件，形成了16 个关于平权行动的司法判例，[8] 这16 个判例，确立并维持了平权行动的

---

〔6〕 Hugh Steven Wilson, "A Second Look at Griggs v. Duke Power Company: Ruminations on Job Testing", 58/5 *Virginia Law Review* (1972), p. 847.

〔7〕 Robert K. Fullinwider, *The Reverse Discrimination Controversy: A Moral and Legal Analysis*, Roman and Littlefield, 1980, p. 162.

〔8〕 15 个判例分别是: *Regents of the Univ. of Cal. v. Bakke*, 438 U. S. 265 (1978); *United Steelworkers of America, AFL – CIO – CLC v. Weber*, 443 U. S. 193 (1979); *Fullilove v. Klutznick*, 448 U. S. 448 (1980); *Personnel Administrator of Massachusetts v. Feeney*, 442 U. S. 256 (1979); *Firefighter v. Cleveland*, 478 U. S. 501 (1986); *Sheet Metal Workers v. EEOC*, 478 U. S. 421 (1986); *United States v. Paradise*, 480 U. S. 149 (1987); *Johnson v. Transportation Agency*, 480 U. S. 616 (1987); *Metro Broadcasting, Inc. v. Federal Communications Commission*, 497 U. S. 547 (1990); *Firefighters v. Stotts*, 467 U. S. 561 (1984); *Wygant v. Jackson Board of Education*, 476 U. S. 267 (1986); *Richmond v. J. A. Croson Co.*, 488 U. S. 469 (1989); *Adarand Constructors, Inc. v. Peña*, 515 U. S. 200 (1995); *Grutter v. Bollinger*, 539 U. S. 306 (2003); *Gratz v. Bollinger*, 539 U. S. 244 (2003); *Fisher v. University of Texas at Austin* (2013).

合宪性。这些判例有的涉及教育领域的平权行动，有的涉及职场平权行动。
联邦最高法院在教育领域平权行动的司法判例中，将平权行动政策的法律
问题主要集中在以下两个方面：

第一，平权行动的司法审查标准与合宪性要求。加州校董诉巴基案在
教育领域，对政府或公共部门实施平权行动的合法性与合宪性加以肯定。
然而，巴基案未竟的法律问题是，未能就政府对种族分类在（合法动机下）
"善意"使用应采取的适当审查标准（严格审查还是中等程度审查）问题达
成合意，平权行动的司法审查标准仍需后续判例加以明确。

第二，在教育领域，自巴基案确立平权行动在大学录取中的合宪性以
来，教育领域平权行动的主要依据是宪法第一修正案的言论自由条款，鲍
威尔大法官在巴基案多数意见中宣布，高等教育机构依照宪法享有的学术
自由，拥有追求学生群体多元化所产生的教育利益。然而，由于平权行动
政策涉及对少数族裔的某些政策优待，因此，它与宪法第十四修正案的法
律平等保护之间存在着无可回避的关系。归根结底，联邦最高法院在判断
平权行动的合宪性并阐释其宪法法理时，仍需试图回答：平权行动政策是
否构成对无辜白人第三方的反向歧视，以及平权行动的合宪性法理与法律
平等保护有什么样的关系。

作为一项由美国联邦政府一力推行的行政政策，平权行动的合法性需
要受到两方面的检验：一是美国宪法第十四修正案法律平等保护条款，二
是《民权法案》第6章与第7章的相关规定。由于平权行动涉及对少数族
裔加以优待的实际政策，必然与宪法第十四修正案的平等话语，形成文义
上的张力。然而，法律平等与现实不平等之间的张力，则又构成《民权法
案》文义要求与实质要求之间的张力。鉴于美国的司法审查传统，以上张
力所形成的法律困境需要由联邦最高法院进行终局解释。

首席大法官厄尔·沃伦主持的联邦最高法院，也根据政治平等的基本
宪法原则，将注意力逐渐转向对少数群体权利的保护，从而对美国的民主
进行重新解释。[9] 继厄尔·沃伦之后，伯格法院虽然逐渐转向保守，但是
鉴于其折中主义立场，仍然在很大程度上延续了沃伦法院奠定的权利标准
与法律平等的路径。

---

〔9〕［美］莫顿·霍维茨：《沃伦法院对正义的追求》，信春鹰、张志铭译，中国政法大学出
版社2003年版，第140页。

（一）巴基案开启了教育领域平权行动的合宪性

德方尼斯诉奥德加案是第一例被联邦最高法院受理的有关平权行动政策的案件。[10] 1971 年，德方尼斯申请华盛顿大学法学院被拒。他未被录取，而成绩低于自己的黑人学生却被录取了。他认为，华盛顿大学法学院优先录取黑人学生的政策造成了对自己作为白人学生的"反向歧视"。由于上诉法院判决德方尼斯胜诉，法学院已经执行法院判决录取了他，因此联邦最高法院并未对该案作出实质性的判决。直到 1978 年，联邦最高法院审理了加州校董诉巴基案，才第一次对平权行动这一政策宣布自己的法院意见。

1978 年的加州校董诉巴基案（*Regents of the Univ. of Cal. v. Bakke*）是联邦最高法院首次对平权行动的合宪性进行实质性宪法审查的案例。[11] 加州大学戴维斯分校医学院每年录取 100 名学生，其中专门给黑人申请者预留了 16 个名额，1973 年和 1974 年，白人学生巴基和其他白人申请者竞争剩下的 84 个名额，却不幸两次名落孙山。由于他的成绩比一些被录取的黑人学生更高，因此他觉得自己未能被录取的原因在于自己是白人，认为自己在医学院录取中遭遇种族歧视。他主张，戴维斯分校的录取政策因为实行种族歧视，违背了《民权法案》第 6 章的规定与宪法第十四修正案的规定，侵犯了他受法律平等保护的宪法权利。

对此，加州大学戴维斯分校提出的抗辩理由包括如下三点：其一，对少数族裔的优待录取可以为小学和中学学生提供角色榜样，最终有助于消除少数种族与美国主流生活之间的隔膜；其二，优待录取中录取到更多的少数族裔学生，可以促进医学院学生群体和职业人员的多元化，从而提高医学教育和职业人员的质量；其三，优待录取将增加医疗条件低劣的少数族裔社区的医护从业人员的数量，使这些社区的少数族裔居民获得更好的医疗服务。

巴基案是认定肤色有差别的录取政策符合宪法第 14 条修正案的法律平等保护条款的里程碑式案件，巴基案还认定有差别的录取政策与《民权法

---

[10] *DeFunis v. Odegaard*, 416 U. S. 312 (1974).

[11] ［美］阿奇博尔德·考克斯：《法院与宪法》，田雷译，北京大学出版社 2006 年版，第 286 页。

案》第 6 章的立法目的相一致的核心案件。[12]

刘易斯·鲍威尔大法官为联邦最高法院撰写了多数意见，其著名判词认为，教育多元化是宪法第 1 条修正案所保护的学术自由。为了巩固教育多元化的目标，大学可以实施种族有差别的平权行动，种族可以作为录取学生诸多衡量因素中的一个附加因素加以考虑，以便大学追求其创造多元学生群体的合法目标。这是对其宪法第一修正案学术自由的承认，大学可以自行判断怎样的学生群体能最好地增强教育目标。然而，以下限制必须加以遵守：其一，种族配额制是法律所不允许的；其二，所有学生都必须根据一般标准且由一个普通的入学委员会加以评价；其三，种族不应成为录取的决定性因素，而只应是大学为了达到多元化学生群体而适当运用的多种因素中的一个"附加"因素。为了教育多元化的迫切的政府利益，高等教育机构在大学录取中考虑种族因素，并排除种族配额制、从程序上对每位申请者进行个人化的考量，符合宪法第十四修正案的要求。

另外，鲍威尔大法官还连带提及，法学院和医学院多录取少数族裔，有利于为这些缺医少药的社区群体提供更好的服务。为缺少医疗服务的群体提供更好的医疗服务，是一项迫切的政府利益，如果在医学院录取中对种族的适用是推进这项利益所必须的，那么这项政府利益可以成为种族有差别的平权行动的合理理由。但是，他否定了加州大学提出的这项辩护理由，认为加州大学戴维斯分校医学院能够为缺医少药的群体提供更多的少数族裔医生从业人员，纯属猜测，没有足够的证据加以支持，尚需提供田野调查与实证数据来加以验证。因此，在某种程度上，巴基案给为少数族裔提供更好的社区服务的争论留下了开放空间，有待于未来的证据发展加以司法确认。

鲍威尔大法官就巴基案所撰写的判词，以及他所使用的法律策略，从长远来看造成了两方面的影响。其一，平权行动自此确立了宪法上的合法性，并以多元化价值指导美国高校录取三十多年，直到 2003 年密歇根大学两案奥康纳大法官对教育领域的多元化价值进一步加以阐释。其二，从宪法平等原则的意涵来看，一方面，巴基案没有对平权行动优待少数族裔的措施与宪法第十四修正案法律平等保护条款之间的张力加以解释，而是采取回避态度；另一方面，巴基案未曾就"反向歧视"问题，即平权行动给

---

[12] *Regents of the Univ. of Cal. v. Bakke*, 438 U. S. 265 (1978).

无辜第三方（如本案中的巴基）造成的负担，在宪法合法性框架内加以解释。这两点之间存在内在的关联，巴基案之后的平权行动判例，根据具体情境的不同，或多或少会将"反向歧视"与平权行动的合宪性问题联系在一起加以解释。

（二）密歇根大学两案明确了教育领域平权行动的合宪性标准[13]

格拉兹案与格拉特案属于平行案件，分别针对密歇根大学的本科录取与法学院录取的平权行动政策提起。两个案件的判决结果截然相反，但是长远的法律意义基本相同，这两个案件为高等教育领域的平权行动确立了种族着意的录取政策的严格审查标准。至此，联邦最高法院完成了对教育领域和职业领域的平权行动的合宪性审查的统一司法标准的构造，并为严格审查标准设置了更为精确的程序要求，即要求对平权行动进行效果调查并设定夕阳条款，同时不断寻求种族中立的替代方案。

1. 2003 年格拉兹诉柏林杰案

密歇根大学在本科生录取过程中，将所有申请者放置于一个满分为 150 分的体系内，每位申请者得分超过 100 分，即可被自动录取。这个评分体系对一系列因素加以考虑，种族也是其中的考虑因素之一。密歇根大学本科录取委员会单列出黑人、西班牙裔和印第安人作为"代表性不足的少数族裔"，来自这些种族的所有申请者都可以获得 20 分加分，而美国高中生申请大学的标准化考试 SAT 考试满分的申请者只能获得 12 分加分。1995 年，格拉兹未能被密歇根大学录取，他认为自己由于种族因素而未能获得在同一起跑线上与其他申请者竞争的机会，因此密歇根大学侵犯了他获得法律平等保护的宪法权利，构成种族歧视。

首席大法官伦奎斯特撰写法院意见，首先否决了霍普伍德案的判决，[14]认为巴基案的核心判决仍然是有拘束力的法理先例；教育领域的多元化需求，仍然构成压倒性政府利益。大学可以在录取政策中适用种族元素，以促进该利益。其次，密歇根大学的本科录取计分体制在考虑多元化问题上，未就每个申请人对多元化的贡献加以个体化考量，因此不具有合宪性。

伦奎斯特大法官认为，鲍威尔大法官在巴基案判决中表示种族可以成为多元化的一个"附加因素"，不应当是申请人被录取的决定因素。多数意

---

〔13〕 *Gratz v. Bollinger*, 539 U. S. 244 (2003). *Grutter v. Bollinger*, 539 U. S. 306 (2003).

〔14〕 *Hopwood v. Texas*, 78 F. 3d 932 (5th Cir. 1996).

见对密歇根大学当前政策与其之前的政策进行详细比较之后，认为当前政
策未能满足对个体申请人进行个体化考虑的"精确设计"要求。构成录取
分数 1/5 的 20 分自动加分，既不符合鲍威尔大法官要求的对每个申请人个
体化考量的要求，而且导致种族变成了录取结果的决定性因素。因此，密
歇根大学的本科录取的少数族裔加分政策达不到联邦最高法院在克洛森案
中宣布的严格审查标准。

2. 2003 年格拉特诉柏林杰案

格拉特案与格拉兹案的诉由类似，格拉特认为自己未能被密歇根大学
法学院录取，是由于密歇根大学法学院适用种族作为录取的决定性因素，
在法学院入学成绩（LSAT）差不多的申请者中间，种族决定了谁能被录取。
格拉特案与格拉兹案一起，共同构成了自巴基案以后最重要的教育领域平
权行动案件。

第六巡回上诉法院支持密歇根大学法学院的录取政策，认为巴基案是
有约束力的先例，多元化构成压倒性政府利益，法学院适用种族作为录取
因素是精确设计的，因为种族仅仅是一种"潜在的附加因素"，而且法学院
的录取政策与鲍威尔大法官在巴基案中所表扬的哈佛大学的录取政策完全
相同。上诉法院作出该判决导致格拉特案成为必然会诉至联邦最高法院的
案件。

奥康纳大法官撰写格拉特案多数意见，认为宪法并不禁止法学院经过
精确设计、适用种族作为录取因素之一，以推进多元化学生群体所带来的
教育利益这一压倒性政府利益。密歇根大学实施的种族着意的录取政策，
符合严格审查标准的要求。因为录取程序对每个人进行了个体化的单独考
虑，还对实施平权行动政策的具体效果进行调查，并且根据调查结果确定
平权行动政策的实施期限，因此该政策符合精确设计的要求，有助于达成
多元化的目标。

奥康纳大法官撰写的多数意见，一方面，肯定了鲍威尔大法官在巴基
案中宣布的多元化法理，重申了针对适用种族分类以实现多元化利益的严
格审查标准。另一方面，奥康纳大法官给严格审查标准添加了新的程序要
求。首先，实施种族着意的平权行动录取政策的主体，应当根据该项平权
行动政策的实施效果，为该政策设定夕阳条款，比如平权行动主体需作出
一旦多元化达到某一具体程度即终止平权行动政策的规定。而且，奥康纳
大法官还明确希望，"希望从现在起 25 年后，这种种族着意的政策可以不

再成为必要"。其次，涉及实施平权行动政策的主体，必须先考虑有无种族中立的替代方案，只有当不存在种族中立的替代方案之时，采取种族着意的平权行动才符合精确设计的程序要求，才能经得起严格审查标准的合宪性检验。

（三）严格审查标准的程序要求：2013 年费雪诉德州大学奥斯丁分校案将程序要求进一步具体化

1996 年，德州最高法院在霍普伍德案中宣布平权行动违宪之后，德州议会通过了《588 号住宅法案》，该法案规定德州所有毕业成绩在所在高中前 10% 的学生，都能被德州的公立大学自动录取。2003 年，联邦最高法院在密歇根大学两案宣布平权行动合宪之后，德州大学于 2004 年又恢复了平权行动的多元化录取政策。

2008 年，德州大学大约有 75% 左右的新生都是依据前 10% 条款自动被录取，费雪成绩未达到前 10%，没能被自动录取。根据多元化录取政策，她也未能被录取，于是她提起诉讼，认为自己未能被德州大学录取，是由于德州大学采取了照顾少数族裔申请者的平权行动政策。她认为，既然已经有了种族中立的前 10% 替代方案，那么平权行动就不符合宪法第十四修正案所要求的严格审查标准。

2012 年 4 月，联邦最高法院受理了费雪案的上诉，并于 2013 年 6 月宣布判决，并将案件发还联邦第五巡回法院重审。[15] 肯尼迪大法官撰写法院多数意见表示，平权行动是推荐校园多元化的压倒性政府利益所必需的，但采取平权行动的大学必须提出充分的证据证明，不存在可以实现校园多元化教育利益的其他种族中立的替代方案，平权行动录取政策必须经过精心设计。换言之，联邦最高法院明确将证明平权行动符合格拉特案提出的严格审查标准的举证责任，赋予采取多元化录取政策的大学承担，从而实际上导致格拉兹案与格拉特案所确立教育领域的平权行动的法理依据更为严格，也更为狭窄。

然而，2015 年 12 月，联邦最高法院再次受理费雪案，并于 2016 年 6 月作出实质性的判决。[16] 肯尼迪大法官再次撰写法院意见，认定德州大学奥斯丁分校的录取政策，既符合德州议会通过的法案，也符合联邦最高法院

---

[15]　*Fisher v. University of Texas at Austin*, 570 U. S. （2013）（*Fisher I*）.

[16]　*Fisher v. University of Texas at Austin*, 579 U. S. （2016）（*Fisher II*）.

在格拉特案中确立的宪法标准。他还认为，联邦最高法院在 2013 年费雪第一案中将证明种族中立的措施无法实现校园多元化的教育利益的举证责任施加给高等教育机构，并不适当，因为根据格拉特案确立的法理，严格审查标准并未要求大学穷尽所有的种族中立方案。换言之，2015 年费雪第二案取消了费雪第一案对平权行动的严格程序限制，恢复了格拉特案的整体考虑法理与平权行动的精确设计要求。

自 1978 年联邦最高法院在加州校董诉巴基案确立了适用于教育自由的校园多元化法理，多元化法理一直支持高校平权行动三十多年，允许和支持平权行动在高校的推行。直到 2003 年格拉兹诉柏林杰案、格拉特诉柏林杰案与 2012 年费雪诉德州大学奥斯丁分校案，联邦最高法院才再次受理高校平权行动案件，不但再次重申了高等教育机构平权行动政策的多元化法理，并且为平权行动设定了明显的宪法规范结构。2003 年格拉兹案与格拉特案的法律结果，与罗伊诉韦德案相似，都是在民意分歧巨大、国会无明确法律先期加以规定的情况下，由司法机构对相关政策的法律规范结构加以明确的设定。

格拉兹案与格拉特案属于平行案件，分别针对密歇根大学的本科录取与法学院录取的平权行动政策提起。但两个案件判决截然相反，前者由首席大法官伦奎斯特撰写判决意见，宣布密歇根大学本科录取中给少数族裔加分的平权行动政策违宪，后者由奥康纳大法官撰写法律意见，宣布密歇根大学法学院录取中考虑种族的平权行动政策合宪。但两个案件的法律意义基本相同，它们为高等教育领域的平权行动确立了种族着意的录取政策的严格审查标准，并为严格审查标准设置了更为精确的程序要求，即要求对平权行动进行实施效果调查，并设定夕阳条款，同时不断寻求种族中立的替代方案。

这两个案件重申了加州校董诉巴基案所确立的先例，肯定了鲍威尔大法官在巴基案中宣布的多元化法理，认为校园多元化的教育利益构成了压倒性的政府利益，法学院适用种族作为一个附加因素，在录取过程中加以考虑，是适当的密歇根大学法学院的录取政策与鲍威尔大法官在巴基案中所表扬的哈佛大学的录取政策完全相同。宪法并不禁止法学院经过精确设计、适用种族作为录取因素之一，以推进多元化学生群体所带来的教育利益这一压倒性政府利益。密歇根大学实施的种族着意的录取政策，符合严格审查标准的要求。因为录取程序对每个人进行了个体化的单独考虑，还对实施平权行动政策的具体效果进行调查，并且根据调查结果确定平权行动政策的实施期限，考察是否存在种族中立的可替代方案，经得起严格审查标准的合宪性检验。

2013 年费雪第一案将平权行动的程序要求进一步具体化，将证明平权行动符合格拉特案提出的严格审查标准的举证责任，施加给采取多元化录取政策的高等教育机构。虽然 2015 年的费雪第二案适当回转至格拉特确立的法律要求，但是种族中立的替代方案已然构成严格审查标准精确设计要求的试金石。

三、平权行动的缺陷与联邦最高法院的折中立场

（一）司法精英的分裂与妥协

自沃伦法院以来，联邦最高法院秉持积极的司法能动主义立场，援引保护少数人权利的宪法原则，以宪法为基础阐发了民主的新意涵以及平权行动政策的登场，也正是沃伦法院之后司法能动主义的余绪与延续。[17]

伯格法院虽然在司法能动主义的层面与沃伦法院相同（伯格法院否决的国会立法几乎与沃伦法院一样多），但伯格法院显而易见的保守主义倾向导致其司法能动主义更多地倾向于实用主义的折中趋势，他们否定国会的立法，但他们并不创造或诠释新的宪法原则，而是更多地站在中间的立场，对案件做折中的处理。[18] 这或许是由于沃伦·伯格担任首席大法官的时代美国的社会问题更为分化，而联邦最高法院对于相关问题的立场也更为分裂。

加州校董诉巴基案的判决便是这方面的明证。巴基案以 5 比 4 的票数形成法院意见，鲍威尔大法官成为多数意见中的关键一票，并因此获得了撰写多数意见的机会。然而，多数派其他 4 位大法官却无一人同意他在多数意见中的说理。

布伦南、怀特、马歇尔和布莱克门大法官认为应当援引 1971 年格里格斯案确立的"差别性影响"法理，认为假如种族中立的标准对不同种族有着差别性影响，而有证据证明这种差别性影响是由过去的种族歧视造成的

---

〔17〕［美］莫顿·霍维茨：《沃伦法院对正义的追求》，信春鹰、张志铭译，中国政法大学出版社 2003 年版，第 140 页。

〔18〕［美］伯纳德·施瓦茨：《美国法律史》，王军等译，中国政法大学出版社 1997 年版，第 364 - 367 页。

话，高等教育机构可以采取种族优待的录取项目；[19] 而居于少数派的史蒂文斯、斯图尔特、伯格和伦奎斯特大法官则认为，任何适用种族的政策都违背了 1964 年《民权法案》第 6 条的一般规定，《民权法案》第 6 条禁止将任何人"因为种族原因"排除在联邦资金资助的项目之外。[20] 因此，禁止任何人因为种族原因受到来自公共机构的歧视，包括在大学录取中优待黑人而造成的对白人申请者的歧视。

其中，布伦南大法官发布了单独的附议，区分了善意的歧视与恶意的歧视，认为宪法第十四修正案所宣布的法律平等保护，是宪法上的反种姓制度，无论黑人还是白人都不能在宪法上被视为劣等。鉴于美国的历史情境，巴基作为白人，不太可能因为未被录取而被视为劣等，也不大可能因为被视为劣等而不被录取，因此，巴基并未受到歧视，他根据宪法第十四修正案的权利也未曾受到侵犯。布伦南大法官为宪法上的平等原则作出了新的诠释，可惜的是，从沃伦法院时代走过来的他，已经不再位于一个始终在诠释某种原则的法院。他对于法律平等原则的新解释并未被采纳。更为神奇的是，鲍威尔大法官另辟蹊径，从宪法第一修正案言论自由中寻找了自己对于巴基案的判决理由，这便是之后支持教育领域将近四十年的多元化法理。他一方面从少数派的立场表示，加州大学的种族配额制由于其双轨制录取的实质内容，具有种族隔离的内在意蕴，因此不合法，鉴于此理由，巴基应当被录取。另一方面，他站在自由派的阵营，主张大学基于言论自由项下的教育自由，有追求其创造多元学生群体的合法权利，其录取政策也可以考虑种族因素，从而为高等教育机构平权行动政策的推行留下了空间。

鲍威尔大法官在多数意见中做出的这两个决定，呈现的是一个折中主义的法院形态，极为典型的例证了伯格法院的总体姿态与面貌。在这个中间派占多数的伯格法院，司法精英之间的原子化状况特别严重，从而导致了司法精英内部意见的严重分裂。因此，他们一方面为平权行动放行，另一方面又给平权行动施加种种限制，回应来自公共领域各种声音，以费雪案为例，联邦最高法院在很大程度上吸纳了公共领域的话语，其原则性立场的缺乏恰恰在某种程度上旁证了平权行动政策本身的某些天然缺陷。

---

〔19〕 *Regents of the Univ. of Cal. v. Bakke*, 438 U. S. 265, 369 (1978).
〔20〕 *Regents of the Univ. of Cal. v. Bakke*, 438 U. S. 413 (1978).

（二）平权行动的天然缺陷

1. 谁在得到照顾？

事实证明，平权行动的实施确实使少数族裔得到了优待，很多竞争激烈的一流大学中少数族裔被录取的比例大大提高。与此同时，终结与减少教育领域的平权行动的结果也是显而易见、一目了然的。首先，全美排名在前的公立大学在平权行动录取项目被取消之后，录取的少数族裔人数大幅锐减。1996 年，加州通过 209 提案终结平权行动，1998 年，加州大学伯克利分校正式终结平权行动录取计划，它于同年录取的黑人本科新生比 1997 年下降了 66%，而拉美裔新生则下降了 53%。同时，加州大学洛杉矶分校的黑人新生和拉美裔新生分别下降了 43% 和 33%。因此，实实在在的数据表明，平权行动对于改善少数族裔的受教育状况而言，是一项快速且有效的措施，平权行动的终结，对于少数族裔的高等教育以及未来的发展前景都是一个沉重的打击。

平权行动录取计划，为美国的高等教育系统带来了多元化的学生群体，在诸多排名在前、声望较高的大学，出现了较多少数族裔的面孔，体现了美国各种族学生的代表性，使得各大学有机会追求"从多元化的学生群体中流溢出来的教育利益"。[21] 然而，一旦平权行动录取项目终止，社会的结构性分层与种族双轨制就会在大学系统中再次得到复制。通过对学生的录取过程，种族隔离的大学天然地被创设出来，大学系统内也自然而然地形成了级差式的种族隔离制度。声望较高、排名靠前的高等教育机构大多数学生都是白人，而在入学标准较低、声望也较低的大学系统中，则是少数族裔学生占主流。1998 年，加州大学伯克利分校和洛杉矶分校的少数族裔新生锐减，与此同时，加州大学圣克鲁兹分校和河滨分校的黑人和拉美裔新生人数却相继增加。这种现象的存在，意味着全美公立教育系统天然形成种族双轨制与种族隔离体系，而高等教育系统的这种种族双轨制，势必将会再度成为社会经济结构种族隔离体系的补充力量。

因此，终结平权行动政策对于当前的美国显然是不合适的，平权行动政策的推行，确实为高等教育上的种族平权做出了巨大贡献。然而，平权行动最为人诟病之处还在于，它并未使它试图补偿的人真正受益，由于时间代际问题，实际受害者事实上无法得到平权行动计划的补偿。与之相反，

---

〔21〕 *Grutter v. Bollinger*, 539 U. S. 306 (2003).

平权行动的实际受益者，大多是最不可能受到歧视的黑人中上层人士，他们并非历史上种族歧视的实际受害人，而且往往是少数族裔群体中占有最优势资源、表现最优秀的人，从现实情境中看，他们往往是最不可能受到歧视影响的人。因此，很多人认为平权行动并未使应当受益的人受益，也相当具有说服力。

公平的教育机会之所以在社会正义中具备极为重要的地位，是由于它能够使处于不同社会阶层的人们，在现代社会中获得从起点上的真正的机会平等。[22] 因此，高等教育中的平权行动项目最期待达到的目标，是去打破已然固化的社会等级结构，使之重新获得流动性，让处于底层的人们能够拥有以自身才智改变生活境况的机会。然而，从高等教育中的平权行动项目实施的情况而言，大约86%的黑人名校学生来自社会上层家庭，平权行动的受益者问题，也显著体现于平权行动极有可能无法使实际受害人受益的问题。平权行动与当代社会的择优录取的竞争体系相结合，将受益机会赋予在竞争中表现最优秀的那部分黑人，排除了实际上最有权获得补偿的那部分少数族裔的权利。当下的平权行动政策优待了最不应当获得优待的那部分少数族裔，并未实现使固化的社会等级结构重新焕发流动性的目标，并未使它试图受益的人真正受益。

2. 谁在付出代价？

加州校董诉巴基案中的被上诉人巴基认为，成绩比他低的黑人都被录取了，他没有被戴维斯分校医学院录取的原因纯粹在于他是个白人，遭受了种族歧视。布伦南大法官在巴基案的附议意见中表示，按照巴基的成绩在白人中间的排名，假设不存在历史上对黑人的种族歧视，巴基极有可能也无法被录取。[23] 德沃金也曾经援引《河流的形成》一书对平权行动的实证考察，用以表明无论平权行动政策推行与否，白人申请者获得录取的概率并未有很大的改变。因为测验成绩基本相同、其他条件大体类似的申请者如此之多，以至于未被录取几乎已经是大多数。[24]

然而，巴基确实在医学院入学成绩与 GPA 方面高于被录取的少数族裔，

---

[22] ［美］罗尔斯：《正义论》，何怀宏等译，中国大百科全书出版社 2009 年版，第 56 页。

[23] *Regents of the Univ. of Cal. v. Bakke*, 438 U. S. 413 (1978).

[24] ［美］德沃金：《至上的美德：平等的理论与实践》，冯克利译，凤凰出版传媒集团·江苏人民出版社 2007 年版，第 428 页。

他构成了平权行动的"无辜白人受害者"，鉴于其个人生活背景与所处的阶层，他作为生活于底层的大龄越战老兵（相比于同是越战老兵却比他年轻、成功进入斯坦福大学法学院并最终成为联邦最高法院首席大法官的伦奎斯特而言），他可能是白人群体中最不占有竞争优势的人，可能是最不应当为过去的错误付出代价的人。

首先，对于受到照顾的大多数少数族裔而言，他是白人阶层中获益最少的，而平权行动的黑人受益者则有可能是黑人阶层中的既得利益者。那么，匹兹堡黑人神经外科医生的儿子与阿拉斯加白人矿工的儿子，谁应当受到优待？而同是社会经济地位类似、才智与考试成绩相同的两个人，谁应当被录取？索维尔认为，平权行动在一定程度上加剧了跨种族间处境较为相似的人们之间的恶性竞争和龃龉。[25] 有一些平权行动的反对者认为，平权行动既未能补偿过去的不公正（从实际受害人的角度），又因为反向歧视对无辜白人受害者造成了新的不公正（从负担承担者的角度）。[26] 因此，平权行动以不公正的方式应对不公正，最后制造出了新的不公正。

其次，平权行动对历史上曾经受到歧视的黑人的优待，虽然使某些白人个体付出代价，但是数据显示，真正付出最大的代价的，并非曾经从种族歧视中大大受益的白人群体，而是也曾经在美国历史上遭受歧视却从未得到补偿的亚裔。

既然以历史上可能曾经作为一个群体而受益的无辜白人为代价是不公正的，那么以历史上同样曾经受到歧视与迫害的亚裔为代价，则是更为不公正的。华人家庭在美国素以重视对孩子的教育著称，亚裔学生的学业成绩也表现得相当优异。1996 年，霍普伍德诉德州大学奥斯丁分校案宣布德州大学的平权行动录取项目违宪以来直至 2003 年联邦最高法院重新恢复平权行动的合宪性的数年间，德州大学亚裔学生的比例上升了 17%。[27] 加州 209 提案通过平权行动政策以后，加州的亚裔高中生人数大约占 14%，而加州大学伯克利分校的新生数量却大约有 42% 是亚裔，2010 年以来，由加州

---

〔25〕 这在一定程度上体现了以群体区分达到平等的各层次目标所必然引发的质疑与问题，这个问题我将于第四章加以详细论述。参见 Thomas Sowell, *Affirmative Action Around the World: An Empirical Study*, Yale University Press, 2004, p. 2.

〔26〕 George Sher, "Reverse Discrimination, the Future, and the Past", 90/1 *Ethics* (1979), pp. 81 – 87.

〔27〕 *Hopwood v. Texas*, 78 F. 3d 932 (5th Cir. 1996).

亚裔美国人掀起的反对平权行动的运动，多半针对的就是平权行动政策实行之后亚裔高中生在排名靠前的大学录取人数急剧下降的问题，他们认为提议否决 209 提案的议案，堪比 21 世纪的《1882 年排华法案》，是一个"黄殃法案"。显而易见，平权行动政策在高校录取过程中的实施，大大降低了亚裔学生在声望较高的名校的录取率。如果说对黑人的优待是为了补偿他们在历史上曾经遭受的歧视，那么，因此而导致的对亚裔学生录取的减少，在某种程度上无异于对曾经的受歧视者的雪上加霜，高校对多元化学生群体的追求，对亚裔学生而言，实际上无非是《民权法案》明令禁止的赤裸裸的种族平衡。

四、平权行动的未来

（一）最高法院之外的反对声音

因此，1990 年代和 2000 年初以来，平权行动政策在联邦和州两级政府层面都受到较大的限制。一些利益团体和公民不断地将反对平权行动的声音推向公共领域，导致平权行动在一些州遭遇到严重阻碍。其中，最著名的利益团体是由沃德·康纳利（Ward Connerly）领导的以加州为活动基地的个人权利中心（CIR）。

个人权利中心反对平权行动的呼吁，首先在加州获得了成功。他们声称平权行动违背了个人享有的宪法基本权利与民权，在加州赢得了公众与政治上的支持。1996 年，他们在加州议会游说通过了 209 提案，该提案修改了加州宪法，宣布在加州高等教育系统内适用平权行动违宪。[28] 他们在加州成功地以法律规定的形式取消了平权行动，然后他们的游说活动又成功影响了德州、密歇根、阿拉巴马、华盛顿以及佛罗里达等州的政策转向。[29]

目前全美通过立法宣布平权行动违宪的州共有 8 个，继加州之后，还包括华盛顿州、密歇根、内布拉斯加、亚利桑那、俄克拉荷马、佛罗里达和新罕布什尔。这 8 个州的高中生数量，占全美高中生的 1/4 左右。[30]

---

〔28〕 李英桃：《加利福尼亚州 209 提案与美国高等教育》，载《美国研究》1998 年第 3 期，第 109－123 页。

〔29〕 James A. Beckman, *Affirmative Action: An Encyclopedia*, Greenwood Publishing Group, Inc., 2004, p. 25.

〔30〕 James A. Beckman, *Affirmative Action: An Encyclopedia*, Greenwood Publishing Group, Inc., 2004, p. 25.

1998 年，华盛顿州通过了一项法令，禁止本州公立大学在录取学生、雇用员工或授予合同过程中，适用根据种族或性别的优待。有几个州的公立大学迫于压力，放弃了一些优待录取项目与预留奖学金额度。[31]

以上各州对平权行动政策的否定态度，一方面是由于个人权利中心等利益集团的反对，他们的反对意见还在公共舆论和政治议程中占据上风，使得全国各高等教育机构推行平权行动政策的行动遭遇挫折，许多机构被迫暂缓或取消了平权行动政策。另一方面，鲍威尔大法官在加州校董诉巴基案中对种族双轨制和数量化的种族配额制的否定，导致许多平权行动政策无法通过宪法第十四修正案法律平等保护的检验。

1994 年，马里兰大学为黑人学生单设巴内克（Banneker）奖学金被宣布违宪。[32] 1996 年，第五巡回上诉法院宣布德州大学法学院的录取计划违宪。1998 年第一巡回上诉法院禁止了波士顿的一项以种族为标准将学生指定到竞争激烈的优秀高中的计划。[33] 2001 年，佐治亚大学法学院与密歇根大学法学院的两项录取计划均被宣布违宪。[34] 2001 年，联邦第十一巡回法院对约翰逊诉佐治亚大学校董案的判决认定，[35] 1999 年佐治亚大学以种族为基础的录取政策违宪，认为大学只是拿推进种族多元化的"虚无缥缈的目标"做借口，实际上从事的是 1964 年《民权法案》明文禁止的"赤裸裸的种族平衡"。特别是 1996 年德州大学法学院的这个案件，甚至公然宣布巴基案的核心法理已经死亡，种族因素不应当在录取过程中适用，一旦适用种族因素便是涉嫌种族歧视，有违宪法第十四修正案的要求。[36] 以上判例对公共机构采取平权行动政策的范围与方式都造成了实质性的限制，这既是对鲍威尔大法官在巴基案中确认的法理的再次重申，也是在其法理的逐渐展开中，对平权行动进行的更为严格的审查与限制。

---

〔31〕 James A. Beckman, *Affirmative Action: An Encyclopedia*, Greenwood Publishing Group, Inc., 2004, p. 25.

〔32〕 *Podberesky v. Kirwan*, 38 F 3d 147 (Fourth Circuit, 1994).

〔33〕 *Wessmann v. Gittens*, 106 F 3d 798 (First Circuit, 1998).

〔34〕 *Grutter v. Bollinger*, 137 F. Supp. 2d 821 (2001). 密歇根大学法学院的案件最终于 2003 年上诉得到联邦最高法院受理，奥康纳大法官再次确认鲍威尔大法官在巴基案中确认的教育多元化法理，参见 *Grutter v. Bollinger*, 539 U. S. 306 (2003).

〔35〕 *Johnson v. Board of Regents of the University of Georgia*, 263 F. 3d 1234 (11th Cir. 2001).

〔36〕 *Hopwood v. Texas*, 78 F 3d 932 (Fifth Circuit, 1996).

（二）寻找种族中立的方案：利与弊

1996 年，霍普伍德诉德州大学奥斯丁分校案宣布教育领域平权行动违法。1997 年，德州通过了《588 号住宅法案》（俗称《前百分之十法案》），规定成绩在前 10% 的高中毕业生将自动被德州各公立大学录取，以此照顾在较差学区上学的少数族裔学生。自此，作为公立大学的德州大学大约有 3/4 新生都根据这项前 10% 规则获得录取，剩下 1/4 的新生名额，德州大学则参考教育多元化的录取政策，考虑各种衡量因素——包括种族因素——加以择优录取。

2000 年，佛罗里达州通过了 1 号提案。该提案规定，高中毕业成绩在班级前 20% 并且完成大学预备课程的学生，都可以自动被十所州立大学录取。

由于加州 209 提案宣布禁止在加州公立大学推行平权行动，加州大学从 2003 年开始也实施了一项新的种族中立的录取政策，这项政策与佛罗里达州 1 号提案相似，规定各高中班级前 12.5% 的毕业生都会自动被加州大学录取。加州大学校方估计，在这种录取机制下，加州各高中前 12.5% 的毕业生中，黑人、西班牙裔和印第安人学生大约占 36% 的比例。

当然，这种表面上排除了种族因素的前 10% 或 20% 的录取规则，也有其固有的问题。对此，金斯伯格大法官有过十分精辟的分析。她一针见血地指出：首先，前 10% 规则表面上种族中立，实际上掩盖了以初级与中级教育系统需以种族隔离与种族双轨制为前提的本质。其次，前 10% 规则的划学区录取导致家长们为了孩子上大学的权宜之计而将其送进教学质量较差的学区，从而展开变相的"逐底竞争"，这在短期内降低了青少年在全国范围内争取优胜的雄心，在长期将会影响未来美国公民的素质。

目前，前 10% 规则由于其种族中立的外表，在全美对平权行动政策的严格限制的前提下，各高校为了避免可能引发的法律麻烦与讼累，放弃平权行动政策，转而投向这种种族中立的前 10% 规则录取项目，导致了对种族非中立的平权行动的巨大冲击。同时，鉴于对考虑种族的平权行动的反思，各公共机构也有了寻求种族中立的新政策的实际需要，这类前 10% 规则的诞生，是寻找以种族中立的途径来解决美国当前社会结构性隔离的新方法之一，是对其他种族中立路径展开全面转向和寻找的某种象征，虽然前 10% 录取规则并不必使种族非中立的平权行动更加完善、更为适当，但是与平权行动政策一样，前 10% 录取规则也是某种探索性的新尝试。

有必要提到的是，1996 年加州通过的 209 提案，就曾经提出给予在社会经济结构中处于不利地位的学生以帮助的措施。从目前来看，这种从社会经济因素入手的新措施，既排除了种族因素的适用，是种族中立的措施，同时也能给大学校园带来足够的多元化。有学者曾针对美国十所高校做过实证研究，结果表明在采取对社会低收入群体进行优待，而不论其种族的新录取政策之后，这几所高校最终录取的黑人与拉美裔学生的比例，与过去采取种族优待的平权行动时基本相同。因此，从社会经济因素入手实现种族多元化，同样能够打破种族与社会经济结构的耦合。

同时，对社会经济弱势群体的补偿与优待，取代原本推行的对种族因素的考虑，还能够解决平权行动固有的一些弊端。比如平权行动导致黑人群体中最不曾受歧视的阶层得到了补偿，对处于社会经济结构底层的学生进行优待，恰恰可以避免平权行动的这一困境，是给予历史上受歧视的群体以补偿的更为合理方式。

美国社会的现实情境，是历史上种族歧视造成的社会结构性隔离，这类种族与社会经济阶层的结构性耦合，是社会不平等的表征。众所周知，美国曾经有过种族歧视的污点和历史悲剧，从种族因素入手给予某一个群体以一种权利，极有可能再次堕入美国人民竭力想要避免的种族权利与种族赋权体制，更是会引发人们对于政治不正确的种种非议。那么从社会经济因素着手，改变处于社会经济结构底层的人们实际获得教育机会，从而改变他们未来的生活前景，则是更易为人接受的。毕竟，经济结构的不平等在现代社会已经达到了足以影响人们政治不平等的程度。

寻求新路径的尝试，也在一定程度上影响了联邦最高法院的立场。2003 年，奥康纳大法官在密歇根大学法学院平权行动录取项目案中宣布，平权行动虽然是矫正种族不平等的一种暂时性措施，但是基于美国社会的实际需求和平权行动的有效性，教育领域的平权行动至少还需再实行 25 年。[37]然而，在她如此预言式的判定之后不到 10 年，联邦最高法院再次受理了有关教育领域平权行动的案件。2012 年 2 月，联邦最高法院向德州最高法院发布移审令，正式受理费雪诉德州大学奥斯丁分校一案。[38] 不得不说，联邦最高法院受理这个案件的初衷，是对于其他种族中立的新措施的考虑。

---

[37] *Grutter v. Bollinger*, 539 U. S. 306 (2003).

[38] *Fisher v. University of Texas at Austin*, 570 U. S. (2013) (*Fisher I*).

费雪案提出的新法律问题是，当存在种族中立的录取政策以实现教育多元化之目标时，根据严格审查标准（不存在种族中立的代替方案）的要求，以种族为基础的平权行动是否仍然合宪？

2008 年，德州大学大约有 75% 左右的新生都是依据前 10% 条款自动被录取，费雪等两位白人学生既未达到高中毕业成绩的 10%，因而无法经由前 10% 规则自动获得录取，而且，在教育多元化录取政策下他们也未能获得录取，于是他们提起诉讼，认为自己未能被德州大学录取，是由于德州大学采取了照顾少数族裔申请者的平权行动政策。他们提出，既然已经有了种族中立的前 10% 替代方案，那么平权行动就不符合宪法第十四修正案所要求的严格审查标准。联邦最高法院于 2012 年 10 月开庭审理了该案，并于 2013 年 6 月发布了由肯尼迪大法官撰写的多数意见，宣布平权行动在当下的美国是必要的，但是学校应当在穷尽种族中立的可替代录取方案之后再加以考虑。换言之，联邦最高法院经由费雪案，为高等教育机构的平权行动施加了寻找种族中立的代替方案的程序性限制。至判决发布之日，费雪已然从华盛顿大学毕业，该判决对她已然不具有任何法律上的利益，但这一案为高校添加了提供证据证明不存在可行的种族中立的替代方案的举证责任要求，从而给高校采取平权行动设置了更严格的法律约束。因此，种族中立的新措施的出现，给平权行动政策与其他种族相关的政策提出了新的挑战，但是，从另一个角度，我们也可以发现，美国一直在尝试以各种方式解决种族群体之间的不平等问题。

这也至少从另一层面说明，无论是美国社会的精英阶层（一力支持平权行动四十多年的联邦最高法院），还是美国各阶层的公共机构与人民（推行平权行动或反对平权行动）都一致认同，种族群体之间的差别是美国的严重社会问题，美国社会的结构性分层基本上可以按照种族分布来划定，社会经济不平等与种族之间存在着悲剧性结构耦合。这样一种赤裸裸的现实，导致改变处于社会底层的少数族裔境况的措施成为必行之举。无论种族中立还是非中立，各类推进美国社会的实质性法律平等、矫正种族群体之间不平等的政策，仍将长期推行下去。或许正如金斯伯格大法官与布雷耶大法官所言，即便是 25 年以后，平权行动等政策很有可能仍是美国社会之必需，在美国达到种族无涉（color - blind）的种族平等目标之前，种族仍将是时不时被适用的手段之一。[39]

五、结论

（一）大法官们的基本立场

从教育领域平权行动的先例看来，各位大法官对种族和性别着意的平权行动政策的合宪性意见不一，有时还存在巨大分歧。以联邦最高法院允许的平权行动合宪性法理依据来看，谱系的一极是布伦南大法官，他采纳最为宽泛的正当性依据支持平权行动，认为平权行动无论是回顾式地用来救济过去歧视造成的当前影响，还是前瞻性地用来获得社会上的比例代表性，在宪法上都是允许的。史蒂文斯大法官曾在维根特案中对平权行动的合宪性提出完全前瞻性的理据。然后是鲍威尔大法官，在支持救济过去的歧视的补偿性理据基础上，也在比较狭窄的意义上认可前瞻性正当依据（即实现社会各阶层的群体比例的整合型社会理想）。他认为将种族作为诸多因素之一，目的在于培育学生群体的多元化是可以被允许的。奥康纳大法官在培育多元化公民社会的基础上，支持前瞻性的正当依据，在谱系的另一头，托马斯、伦奎斯特和斯卡利亚大法官都基本上仅支持狭窄程度各有不同的回顾式正当依据（即补偿过去的歧视造成的侵害后果与当下影响）。[40]

最高法院的阵形也将给平权行动的宪法命运带来重大影响。自伦奎斯特首席大法官意外去世、奥康纳大法官意外辞职，联邦最高法院的组成结构已有结构性改变。继任的罗伯茨首席大法官、阿里托大法官、托马斯大法官与斯卡利亚大法官组成了坚定的保守派阵营，导致在 2013 年 6 月宣判的费雪案中对平权行动施加进一步的限制。[41]

另外，2009 年，身为女性和少数族裔的索托马约尔大法官接替苏特大法官，加入联邦最高法院。2010 年，哈佛法学院的首位女院长卡根接替史蒂文斯大法官成为联邦最高法院第 4 位女大法官，在某种意义上，这也归功于平权行动的节节胜利。而这两位女大法官走马上任以来，联邦最高法院受理了费雪案，卡根因曾任首席政府律师接触过该案而自动回避，索托马

---

〔39〕 *Grutter v. Bollinger*, 539 U. S. 306 (2003).

〔40〕 Michel Rosenfeld, *Affirmative Action and Justice*, Yale University Press, 1991, p. 214.

〔41〕 ［美］罗纳德·德沃金：《最高法院的阵形：最高法院中的新右翼集团》，刘叶深译，中国法制出版社 2011 年版，第 74 页。

约尔加入多数意见，两位女大法官均尚未就实质的法律问题发出自己的声音，在可预期的未来，平权行动政策也会因为她们而发生某些变化。

（二）法律平等保护项下的平权行动的规范要求

从联邦最高法院的立场来看，自巴基案以来，平权行动诸判例对平权行动政策的司法审查日趋严格，态度日趋保守，对其法律规制也越发严密，这也导致平权行动的实施者态度逐渐不明确，总体上呈现限制和减少实施优待少数族裔的措施的趋势。严格审查标准诸要件逐渐明确，经过若干判例的论理，严格审查标准的法律结构大致包括如下要求：

第一，对政府权力的怀疑主义（阿达兰德案确立）。鉴于美国种族歧视的历史情境，联邦最高法院认为：我们无法从表面上区分种族分类的善意与恶意，因此不论善意还是恶意，正式的法律政策适用的种族分类都是可疑分类，全都应当经受司法的严格审查。

第二，利益平衡方法。其一，平权行动计划必须服务于压倒性政府利益，例如，矫正种族歧视或其当下影响、为代表性不足的社区提供服务、实现多元化的教育利益，以及为民主社会培育整合的公民群体（诸先例次第确立）；其二，法院适用严格审查标准的任务在于平衡平权行动计划的利益与负担，换言之，压倒性政府利益，必须大大超过给无辜第三方造成的负担（福利勒夫案提出）。

第三，程序主义的操作要求。作为可疑分类的种族适用必须经过精确设计：其一，范围不得过于狭窄或过于宽泛：受益者应当是种族歧视的实际受害人，虽然实施平权行动的主体不一定是种族歧视的实际过错人（克洛森案确立）；其二，不存在可达成同一目标的种族中立的替代方案（格拉特案提出）；其三，要对种族着意的平权行动计划进行效果跟踪，并据此设立实施期限与夕阳条款（约翰逊案提出）。

而且，根据奥康纳大法官在密歇根大学两案判词中延续的怀疑主义和利益平衡观点，首先，严格审查标准是通过司法程序区分种族善意分类与恶意分类的必要条件，用以排除违法的政府目标。其次，严格审查标准的适用，其意图在于确定相对于因种族原因给某人所造成的伤害而言，反歧视的政府利益是否具有压倒性的重要性。造成的伤害正当与否，有赖于政府利益的极端重要性。最后，奥康纳大法官的多数意见再度重申了肤色无涉的形式平等原则。换言之，奥康纳在格拉特案中暗示了一个不可超越的宪法前提，即种族优待是违宪的，怀疑主义的严格审查标准与对平权行动政策的精确设计要求，构成了深层的逻辑上的互相印证的关系，其目的在于坚定执行肤色无涉的形式原则，而只在少数政府利益具有极端重要性的案例中才能例外。[42]

综上所述，在过去几十年间，联邦最高法院的先例形成了平权行动的司法标准，确立了平权行动的合宪性地位。然而，实际上，我们甚至可以说，联邦最高法院对平权行动的态度，不仅通过宪法平等原则重新塑造了平权行动，赋予其宪法上的意涵与生命，也在一定程度上重塑了法律平等保护原则的宪法意涵，重塑了宪法。

---

〔42〕 Elizabeth S. Anderson, "Integration, Affirmative Action, and Strict Scrutiny", 77 *New York Law Review* (2002), p. 1231.

美国知识产权准司法执法机制研究

——以美国联邦贸易委员会为例

王 淇*

美国国际贸易委员会力求通过知识产权行政执法，为本国产业提供有力的保护。这一典型的知识产权执法机制，值得我国学习和借鉴。

一、美国国际贸易委员会机构设置及主要职能

（一）国际贸易委员会的机构设置

美国国际贸易委员会的总部设在华盛顿，在纽约设有分部。从国际贸易委员会组成人员的产生上来看，美国 1930 年《关税法》第 330 节规定，国际贸易委员会最高领导机构是由 6 名委员组成的执行委员会，6 名委员均由总统任命，任期为 9 年，同一政党的委员不得超过 3 名。委员必须是美国公民和国际贸易问题专家，具有履行该委员会职责的能力。委员会主席与副主席均由总统任命。这样设计一方面是为了防止总统变动对委员会人事任免的影响，另一方面是为了尽量排除党派之争对委员会的影响。

美国国家贸易委员会下设多个行政、公关和专业职能办公室。专业办公室包括经济办公室、工业办公室、调查办公室、关贸总协定办公室、不正当进口调查办公室、贸易补救中心、行政法官办公室、法律总顾问办公室等。委员会各部分相互配合，共同完成如下职责范围：判定美国内行业是否因外国产品的倾销或补贴而受到损害；判定进口对美国内行业部门的影响；对某些不公平贸易措施，如对专利、商标或版权的侵权行为，采取

---

* 王淇，法学博士，国家知识产权局知识产权发展研究中心副研究员。

应对措施；对贸易和关税问题进行研究；就贸易与关税问题向总统、国会和其他政府机构提供技术性信息和建议。国际贸易委员会还负责对美国的协调关税制度进行经常性审议，并做出其认为必要或合理的修改建议。

总的来看，美国国际贸易委员会对包括进口贸易中知识产权侵权案在内的"337条款"的调查享有法定专项职权，并可以下达准司法的禁令。同时，该委员会与美国联邦政府其他机构（如海关）有着密切的合作关系，但是其决定要经过总统的最后审查，决定的实施还涉及联邦有关法院。

（二）国际贸易委员会主要职能

美国国际贸易委员会的职权范围规定于1930年《关税法》第332节：调查美国海关法的实施对行政、财政与产业的影响并提交报告；调查美国与外国的关税关系、通商待遇、优惠规定、经济联盟、出口限制和优惠运输费的效果；进口量与国内生产条件以及消费的比较；外国与美国的竞争（包括倾销与生产价格的条件、原因和效应等）。该委员会还负责向总统和国会提交有关贸易报告。

另外，按照美国1930年《关税法》第330节（d）款的规定，在决定是否因某产品进口增加导致美国国内相关产业的严重损失或存在所谓"市场扰乱"时，如果委员会中同意票与不同意票数量相等，可以提请总统亲自决定。而第336节则规定，该委员会有权根据某一种货物的国内外生产成本差额决定增减关税和对关税分类进行调整。

除此之外，对于美国外贸法中的知识产权保护而言，国际贸易委员会最为重要的职能就是负责1930年《关税法》第337节不公平贸易做法的调查。此外，委员会有权发布针对特定个人的产品排除令和停止侵害令，并有权发布针对特定物品的普遍排除令。

具体来讲，美国国际贸易委员会具有多种功能，其主要工作职能如下：

第一，进行反倾销与反补贴调查。1930年《关税法》第7条规定，美国商务部确定是否存在倾销或补贴，而国际贸易委员会（即当时的关税委员会）确定倾销或补贴的进口是否对国内产业造成损害。如果损害存在，委员会主席将建议实行贸易救济，如施加额外关税等。1974年《贸易法》第201款规定，国内产业可因自身利益由于进口增加受损而要求国际贸易委员会进行救济。国际贸易委员会确定该国内行业或企业是否符合救济标准，提出救济方案，最终是否实施救济由总统决定。[1] 换言之，反倾销与反补贴调查是由美国国际贸易委员会与商务部共同负责完成的。当存在外国政府利用公共资金对本国企业进行补贴或者某一外国产品以低于公平正当的价格进入市场的情况时，就有可能引发该调查。

第二，负责知识产权纠纷方面的调查，即"337 调查"。"337 调查"的法律依据主要是《美国法典》第 19 编 1337 节。"337 条款"因其最早见于 1930 年美国《关税法》第 337 条而得名，其制定之初只是针对专利侵权的概括性规定。直至 1974 年《贸易法》修正时才增加了其国际贸易委员会的行政职能，赋予其签发排除令和制止令的权力。在 1988 年以前，"337 条款""因不公平竞争方式和不公平行为"适用条件严格，适用程度较低。1988 年后作出修改，降低了其适用门槛，使其广泛地适用于国际贸易领域。"337 条款"主要是用来反对进口贸易中的不公平竞争行为，特别是保护美国知识产权人的权益不受涉嫌侵权进口产品的侵害。"337 条款"的不断修正，其背后的脉络是使美国国内产业更易于提起知识产权侵权调查，使美国政府更易于控制侵犯知识产权的产品和企业进入本国市场，从而对本土企业进行保护。可以说，这与国际贸易委员会职能的演进一脉相承。

美国国际贸易委员会下设的不公平进口调查办公室、行政法官、总顾问办公室和委员们参与"337 条款"调查程序。1930 年《关税法》关于 337 节分析我们将在后面进行单独介绍，此处不再赘述。

国际贸易委员会的制裁方式非常特殊，主要包括排除令和制止令两个。排除令的主要作用是禁止侵权的进口物品输入港口进入美国市场，当然其只限制在终裁作出后进入美国市场的进口产品，不包括终裁之前输入的产品。排除令分为两种：一般排除令和特殊排除令。一般排除令针对所有的进口物品，辐射范围较大，非常容易伤害到无辜第三方，较少出现。有限排除令针对被发现违反"337 条款"的特定国外企业的产品，因只针对存在不公平行为或不公平竞争的被诉方，故适用范围较广。大多数情况下，一个一般排除令就可以达到保护国内产业，定纷止争的目的。在调查期间，如果美国国际贸易委员会认定有理由相信存在违反"337 条款"的行为，可以发出临时排除令。临时排除令应在立案后 90 日内发出，特殊情况下可延

〔1〕 参见殷夕婷、赵可金：《美国国际贸易委员会独立性研究》，载《青年论坛》2012 年第 1 期。

长 60 天。美国国际贸易委员会对此有很高的证据要求，为防止滥用，还要求起诉方在得到临时救济前必须缴纳保证金，因此其在实践中很少应用。另一种制裁措施是制止令。制止令的目的是在不禁止产品进口的情况下打击某些不公平行为。制止令要求被诉方改变被裁定为非法的行为或做法，并且在某些情况下制止令可以用于在美国国际贸易委员会裁定违反"337 条款"之前进口的产品。美国国际贸易委员会曾发布过要求公司停止侵犯知识产权、停止某种营销手段以及停止某些反竞争行为的命令。[2] 制止令针对的是特定被告且仅适用于在美国国内的诉讼或行为。其可以由委员会单独做出，也可以同排除令一起做出。根据制止令，受到禁止的行为包括销售侵权产品，买卖侵权产品在美国的存货以及其他反竞争的行为。委员会一般不对在美国有存货的进口商或那些安排装运但还没有直接进口物品的公司做出制止令。

二、美国国际贸易委员会与其他机构的关系

（一）美国国际贸易委员会与美国知识产权行政保护体系的关系及定位

1. 美国专利商标局

美国专利商标局隶属于联邦商务部，主要负责专利和商标的行政管理，包括接受专利和商标的申请，对专利申请的审核、授权以及专利文献的管理。专利商标局分为专利和商标两个部门，对工作人员的素质要求较高。目前，美国专利商标局已进行机构改革，实行企业化管理，其目的是通过市场推动来提高专利和商标审查服务工作的效率，为社会公众提供更优质的服务。

2. 美国版权办公室

美国版权办公室隶属于国会图书馆，主要职责是执行版权法及半导体芯片保护法，并就版权的法规和政策对国会、法院及行政部门提供咨询。具体内容是进行版权的申请、登记和审核。版权办公室在对申请登记的作品进行形式审查后，颁发注册证书。

3. 美国贸易代表

该部门机构负责知识产权方面的国际贸易谈判和"特别 301 条款"的执行，对推动其他国家加强美国知识产权产品的保护发挥了重要作用。美国贸易代表每年根据产业界要求公布"特别 301 条款"名单，确定保护美

---

〔2〕 转引自百度百科 http://baike.baidu.com/view/817124.htm? fr = aladdin#6_ 3.

国知识产权方面有问题的国家，并有权采取有效的贸易报复措施。[3]

4. 美国海关和边境保护局

美国对外贸易中的知识产权保护分为进口贸易与出口贸易保护两个方面。美国海关对知识产权的保护主要属于前者范畴，包括根据美国国际贸易委员会颁布的"337 条款"禁令而采取的具体行动和根据当事人请求对进口贸易中侵权行为进行的调查。这也被称为海关对知识产权的"边境保护"。

2002 年，美国国会通过《国土安全法》。根据该法第 402 条，海关归国土安全部（Department of Homeland Security）管理，全称为海关和边境保护局（Customs and Border Protection，CBP）。关于知识产权的职能主要为：通过实施针对非法贸易行动的美国法律，保护美国商业和劳工的利益和知识产权，包括进口配额、反倾销、知识产权海关登记等。美国海关关长（Commissioner of Customs）由总统提名，参议院批准任命。总部设在华盛顿，下辖关长办公厅等多个机构，其中条法局（Office of Regulations & Rulings）下属的知识产权处（Intellectual Property Rights Branch）负责实施美国海关对知识产权的保护。[4]

表 1　美国知识产权行政执法机关一览表

	美国版权署（Copyright Office）
	美国国土安全部（Department of Homeland Security），具体为其下属的"美国海关与边境保护局"（CBP）与"移民与海关执法局"（ICE）
	美国商务部（U. S. Department of Commerce），具体为其下属的"国际贸易管理局"（ITA）和"美国专利和商标局"（USPTO）
美国联邦政府中支持知识产权法律保护的 8 个行政机关	美国卫生和公共服务部（Department of health &Human Service），具体为其下属的"食品与药品管理局"（FDA）
	美国司法部（Department of Justice），具体为其下属的"刑事局"（CD）和"联邦调查局"（FBI）
	美国国际贸易委员会（U. S. International Trade Commission）
	美国外交部（U. S. Department of the State，即美国国务院），具体为其下属的"国际禁毒执法局"（INL）和"经济与商务局"（CB）
	美国贸易代表署（Office of the U. S. Trade Representative，USTR）

---

〔3〕　韩立余等:《美国对外贸易中的知识产权保护》，知识产权出版社 2006 年版，第 47 页。

〔4〕　韩立余等:《美国对外贸易中的知识产权保护》，知识产权出版社 2006 年版，第 108 页。

美国国际贸易委员会在美国知识产权行政保护体系中的定位为侵权判定机构，和海关一同负责对国外知识产权侵权产品的进口和销售的审查，并采取有效的边境措施。根据著名的"337 条款"，如国外企业进口商品侵害了美国知识产权人的利益，受害人可以向国际贸易委员会提出控告。国际贸易委员会经过调查核实后，可以发出强制排除令或禁止进口令，由海关采取相应措施扣押知识产权侵权产品。

作为执行国际贸易委员会决定的机关之一，海关与其关系密切。委员会的排除令由海关来执行。在执行阶段，原告必须为识别侵权产品提供条件、与海关合作，才能确保委员会的决定能够顺利执行，被控侵权产品不流入美国市场。该种决定的执行并无相应的上诉程序给予救济，对原告而言救济效果相对稳定可靠。但对于被告来说就有失偏颇。

（二）美国国际贸易委员会与其他机构的联系

1. 联邦商务部

国际贸易委员会与商务部的联系主要体现在反倾销反补贴调查方面。商务部主要致力于查明补贴或倾销是否真实存在以及其严重程度如何，美国国际贸易委员则将查明美国的产业是否会因倾销或补贴的产品而受到实质性伤害。如果商务部关于补贴或倾销的最终调查或美国国际贸易委员会关于实质伤害的最终调查都得到了肯定的结果，那么商务部就会向美国海关签发命令征收关税。当然，美国国际贸易委员会还可以对公平贸易的国外产品是否对本国产业造成伤害进行调查，如果伤害客观存在，则委员会可以向总统提出建议，对本国的产业作出相应的调整，如增加进口商品的关税或设置进口限额等，以此来对国内产业的发展作出扶持。在涉及进口贸易通过商品进口侵害美国专利和商标的不公平行为调查中，美国国际贸易委员会可以作出裁决。如果发现违法行为，它可以下达命令，使进口产品退出美国市场。

2. 联邦地区法院

外国产品若存在侵犯知识产权行为，则受到美国国际贸易委员会和联邦法院的双重管辖。然而在现实生活中，依靠诉讼维权存在如下困境：一是打击不准确。若存在侵权，法院只能对国内的进口商进行惩罚，无法针对特定的生产商，然而生产商很容易通过改变进口商来规避制裁。二是维权成本高。在侵权诉讼中若存在多地侵权的现象，诉讼成本高昂。正是在此前提下，"337 条款"给予了知识产权侵权以救济。

在专利侵权案件中，委员会与联邦法院有管辖权上的重叠，但是委员会的"337调查"对于联邦法院来说具有如下特殊性：

首先，实施对物管辖。即委员会针对的是存在侵权的进口物品，不需要有当事人到场或在美国相关违法行为的实施。故委员会可以在同时处理涉及多个地域和产品的侵权行为，花费时间少，诉讼成本低。

其次，执行措施有力。如前所述，委员会可以颁发排除令和制止令，即禁止侵权产品进入美国，制止销售侵权产品等。这些独特的措施相对于需要等待执行的法院判决，对于原告的救济是及时且有力的。而且，一旦"337调查"开始，当事方就不能将案件移送到联邦法院，也即该种救济的结果是相对稳定的。

最后，效力确定。根据相关的统计数据显示，地区法院38% – 50%有关对专利保护范围的解释的判决往往被巡回法院推翻。然而，联邦巡回法院很少推翻国际贸易委员会的对保护范围的解释的判决。[5] 这从一个方面显示出委员会的决定相对于巡回法院的判决而言具有确定性。

三、对我国行政执法机构建设的启示

（一）宏观方面的启示

1. 以国家利益为核心

美国国际贸易委员会的职能转型与美国自身产业发展结构的不断变化密切相关。随着国际经济一体化的形成，美国国内将主要的注意力放在了产品的研发上，而将生产和制造环节转移至遍布全球的代工工厂。经济结构上的转型直接导致了美国国内相关产业对知识产权寻求较高水平的保护，客观上成为美国知识产权法律立法、执法水平较高的主要内因。相应地，在全球产业链条日益紧密的同时，美国国家同时要求来往贸易的其他国家也提供同样水平的保护，以保证自身的利益不受侵犯。然而限于知识产权地域性的影响，任何国家无法制裁其他国家企业或个人侵犯知识产权的行为，只能对其进入本国的产品采取措施，美国国际贸易委员会自身职能的不断演进完善的原因正源于此。

对知识产权保护的需求是伴随着本国产业发展的不同阶段不断发生变化，而对于国家利益的维护是亘古不变的。很多学者认为国外侵权产品受

---

〔5〕 张函：《美国国际贸易委员会的337知识产权侵权调查》，载《特区经济》2008年第10期。

到国际贸易委员会和联邦法院的双重管辖，可能面临两次诉讼，而美国国内公司面临同样情况却只需面临一场诉讼，本身就是对外国企业的歧视。加之虽然"337 条款"赋予美国本土企业寻求救助的机会，却限制外国被诉方在国际贸易委员会的反诉，是对关贸总协定中确立的国民待遇原则的违背，因而"337 条款"在设立之初就收到颇多诟病。"337 条款"虽在法理上的争论至今未休，但其对美国国家利益的维护确是毋庸置疑的。

2. 人员专业化

在美国国际贸易委员会中，不论是 6 名委员还是其下设的办公室组成人员，基本都具有专业背景，包括各领域的律师和有经济学、对外关系、国际贸易、电子工程、生物技术、化工等技术背景的专家。每一起调查都会成立专家小组，他们亲自参与反倾销和反补贴的调查，在有争议的事项上有自由裁量权。这些已在"337 调查"部分详细说明。换言之，在美国国际贸易委员会行使职能的过程中，这些专业人士发挥着不可或缺的作用。这对我国的知识产权行政执法机构有极大的启发意义。我国知识产权行政机构中不乏颇有建树的法律专业人士，但涉及其他领域的人才却较为匮乏。为解决这一困境，很多行政机构采取了聘任专家制，即在面临某些专门领域时邀请这一领域的专家参与研讨，对此类问题提出专业性的意见和建议。当然，这不失为解决现实问题的办法。但是在实际行政决策中，有关专家在相关问题的发言权相当有限，而且所提出的意见也仅仅是参考性质的，没有任何实际影响力。虽然专业人士提出了处理问题的看法和意见，但对这一问题真正的决定权还是在行政决策者手上。将专业人士真正引入决策过程，赋予他们裁量处理问题的权力，是我国加强知识产权行政执法的必由之路。

3. 程序高效、机构设置合理

在"337 调查"中，如果原告寻求临时救济（类似于诉前禁令），那么除非案件非常复杂，委员会给予另外 60 天延长期，调查程序必须在发起调查后 90 天内完成；如果寻求的是永久救济，通常为委员会的决定设定 12 个月的预定完成期（在复杂案件里会给予 15 至 18 个月的预定完成期）[6] 也就是说，对于案情简单的临时救济，3 个月内即可完成。这相对于动辄半年

---

〔6〕 张函：《美国国际贸易委员会的 337 知识产权侵权调查》，载《特区经济》2008 年第 10期。

到一年的行政程序来说无疑是高效快捷的。行政程序上的便利最终受益者当然是受到侵害的企业，这不仅有利于受害方及时快速止损，无形中也建立了企业对于政府的信赖和尊重。

当然，程序的高效与委员会自身完善的机构设置密不可分。在保证贸易委员会自身独立性的前提下，美国国家贸易委员会下设的多个行政、公关和专业职能办公室相互配合、分工合作，集知识产权贸易纠纷的调查、裁决和制裁功能于一身，共同承担了处理知识产权纠纷的一系列工作。其机构设置和权能分配方面完全满足了美国国内对于知识产权保护的需求，从内部运行到外部呈现对我国知识产权行政机构分散、职能混乱的现状来讲非常具有借鉴意义。

4. 执法措施具威慑力

美国国际贸易委员会之所以在处理国际贸易方面声名卓著，与其强有力的制裁措施有关。如前文所述，不论是禁止侵权产品进入美国的排除令还是要求侵权行为人停止侵权行为的制止令，对于国外企业的影响都是巨大的。一旦受贸易委员会的执法措施制裁，涉案企业除了要付出律师费、专家费等直接代价，还面临着企业名誉受损、丧失市场和客户的巨大损失，有时候这种打击对于一个企业来说是毁灭性的。

强有力的行政执法措施造就了美国国际贸易委员会强大的影响力。与此形成对比的是，我国并没有这样一个知识产权行政执法机构。在许多知识产权执法行动中，多部门联合采取行动，相互配合成为我国知识产权保护的一大特点。[7] 换言之，知识产权部门联合执法是我国知识产权行政保护发展的最新趋势。但问题是，由于知识产权执法活动往往涉及多个部门，而现阶段各部门之间信息沟通和配合执法机制较为缺失，导致实践中很难统一行动。[8] 赋予专业的知识产权行政机构以特殊执法权，利用行政机关特有的优势处理知识产权侵权案件，对于加强我国知识产权执法来说有重要意义。

---

〔7〕 曹新明等：《中国知识产权发展报告（2005）》，载《中国知识产权蓝皮书》，北京大学出版社 2007 年版，第 23 页。

〔8〕 武善学：《美日韩知识产权部门联合执法概况及其借鉴》，载《知识产权》2012 年第 1 期。

（二）微观方面的启示

1. 机构设置

我国在设置知识产权有关机构时，可以参照美国国际贸易委员会的机构设置。既可以考虑设置功能整合的综合执法机构，也可以采取机构联合的方式来进行。本文将着重对这两种方式进行探讨。

各部门联合执法。我国可以选择一个部门居中调停，其他部门以合作的方式实现国内的知识产权保护。就我国现在的行政结构来说，可以以国家知识产权局作为牵头部门，包括商务部、海关总署、发展与改革委员会等各个部委密切配合的方式达到保护知识产权的目的。但不可否认的是，这种方式在实际操作中往往面临着各部门协调不能的困境，这在无形中可能增加知识产权保护的难度。

综合执法机构。我国可以单独设立专门的委员会承担专门的重大知识产权案件行政执法的职能，以此来解决国际贸易中知识产权被侵害的问题。这一设置可以比照美国国际贸易委员会的职能划分，将认定侵权、初步裁定、终局裁定和救济措施的权力授予该机构。这样的安排可以尽可能地节约机构成本，避免在执法协调中不必要的麻烦，很有操作性。在这种体制下，其与海关、商务部等部门的关系也更加明晰，如可以在制度上确立海关执行委员会有关裁决的运行机制，避免了诸多机构相互斡旋导致执法混乱的情况。但这一机构是否能融合我国现在的知识产权保护的格局设定，是否能够很好地在国际贸易中发挥作用，有待研究。

2. 执法针对对象与执法职能

在我国现行的知识产权执法体系中，大多数针对的是专利侵权案件。而且重点是针对群体、反复、恶意的专利侵权行为，采取的手段也主要集中在执法检查、跟踪回访检查等多种排查程序。换言之，现在的知识产权执法主要集中在国内领域，而且多属于属人管辖，对于国际贸易中存在的知识产权尤其是专利侵权行为则有些无能为力。虽然我国存在边境保护制度，但是在实际操作中，请求海关查封物品时，请求方面临着较高的举证义务，这在一定程度上导致了保护的不及时、不可行。故建议建立一个包括国际贸易在内的知识产权保护机构，将保护的重点从国内商品延伸到进口商品。这在经济全球化、国家间来往日益密切的今天具有极大的经济和战略意义，应当引起重视。

鉴于该机构的设立主要针对的是国内和国际贸易中出现的知识产权侵

权案件，故该部门的执法职能应主要侧重于对于知识产权侵权的认定与保护，具体包括：调查是否涉及知识产权侵权，认定进口产品知识产权侵权，作出贸易救济决定，与海关等部门配合执行救济措施等。另外，由于这一机构是最贴近知识产权侵权保护的行政部门，所以建议将一些知识产权政策制定方面的权力下放到该部门。至于涉及国家战略的知识产权政策，也可以由该部门提出相应的建议，再交由国务院有关机构审查。

3. 行政执法程序

现在知识产权执法的主要依据是《专利法》第 3 条、《专利法实施细则》第 78 条和《专利行政执法办法》，但两个条文对于专利执法的具体程序都没有统一具体的规定。加之在国务院开展的打击侵犯知识产权和制假售假专项行动中，全国知识产权系统对专利不法行为采取了严厉的措施，有效遏制了专利侵权行为的发展势头，短期内成果显著。但不容忽视的是，这些专项行动并无长期持续的制度作为支撑，只是偶发的、短期的，无法作为一项长效机制运行。

我国可借鉴美国国际贸易委员会对执法程序的规定，对知识产权行政执法程序进行明确的列举。建议同时授予知识产权执法机构和申诉方以调查程序发起权，申诉方可以在自身利益受到损害时申请发起程序，而知识产权执法机构则在有害国家利益时主动发起调查程序。这样既保证了行政机构的主动性，又全面地保护了公共利益。在具体实施调查过程中，是执法机构自己调查还是委托其他部门调查，还有待研究。但是调查结果为何，执法机构应当保留有一定的裁决权。建议借鉴美国国际贸易委员会的做法，召集各领域尤其是理工背景的人才，既便于相关知识产权保护政策的制定，也便于在知识产权纠纷中可以居中裁判，有的放矢。

4. 利害关系人在行政阶段的救济保障程序

在程序发起阶段，在"337 调查"的实践中，几乎所有案件都是基于申诉方申请而启动的，委员会主动发起调查的情况极为罕见。若是基于申诉方的申请而展开调查程序，那申诉方必须提交书面申请、申诉状。而且即便是行政法官作出初步裁定，任何一方当事人都可以在 10 日内要求委员会对初步裁定有关的问题进行审查。当事人可以直接申请委员会作出终裁决定，委员会也可以主动要求对其进行审查并作出终裁决定。

概言之，这一设计类似于我国的行政复议制度。不同之处只在于将初审和复议的机构置于同一部门内。两种设计各有利弊，若要借鉴美国贸易委员会的设计，关键之处是做好内部部门的相互制衡，笔者也赞同这一设计。主要原因在于知识产权本身的专业性和特殊性，专利、商标等是专业性非常强的领域，需要一定经验和知识才可以对是否侵权作出准确的判断。然而如前所述，我国相关专业的人员匮乏，有能力处理这方面纠纷的机构乏善可陈。如果简单地将这一纠纷交给该执法部门的上级机关，其是否有能力认定侵权、划清责任让人存疑。故建议将申诉程序设立在执法机构内部。建议在执法机构内设立最高权力机构，由各领域的权威专家组成，其主要职责就是主动或在利害关系人的请求下审查本机构作出的行政裁定是否合法。其决定在行政阶段有终局效力，利害关系人只能通过司法途径寻求救济。

5. 利害关系人不服相关决定的司法救济保障程序

在美国贸易委员会的程序设计中，行政法官作出初步裁定的10日内，任何一方当事人都可以要求委员会对初步裁定有关的问题进行审查。在委员会作出终裁后，利害关系人还可以向联邦巡回法院上诉。若对联邦巡回法院的裁决不服，仍可以向联邦最高法院上诉。也就是说，委员会作出的行政裁决并非是终局的，其可以选择向司法系统寻求救济，两种程序的交叉强化了对权利人的保护。

我国同样可以借鉴行政司法双轨并行的方式，使得当事人在有关行政机构进行审查之后，可以再次向司法系统寻求救济。在构建知识产权相应执法机构的同时，可以以已经建成的知识产权法院为依托，形成行政—司法的完整知识产权保护链条。由于法院可以在一定程度上对行政决定进行监督，两种法律程序的侧重也有所不同，当事人往往会在具体案件中综合考虑上述因素，从而作出有利于己方案件利益的正确法律救济决策。

欧盟统一专利法院的最新进展及前景[*]

张怀印[**]

欧洲是工业革命的摇篮，也是当今世界各国专利制度的发源地。欧洲专利制度对于鼓励技术创新和经济增长起到相当重要的作用。2012 年 12 月 17 日，欧盟议会和欧盟委员会通过《关于在建立统一专利合作方面实施强化合作的第 1257/2012 号条例》，决定建立欧洲统一专利和欧盟统一专利法院。2013 年 2 月 19 日，欧盟 25 个成员国在布鲁塞尔签订《统一专利法院协定》，决定设立欧盟统一专利法院。欧洲正在面临专利制度的重大转变，实现欧洲专利制度一体化的最后一跃，最终完成欧盟专利诉讼制度的一体化进程。《统一专利法院协定》签署至今已有三年半，当前统一专利法院的进展情况如何？又遇到哪些困境？英国退欧公投对该法院的设立有何不利影响？本文将对上述问题进行探讨并对统一专利法院的前景进行分析，以期学界对欧洲专利诉讼一体化问题有更为深入的了解。

一、设立欧盟统一专利法院的最新进展

《统一专利法院协定》签署以后，欧盟各成员国业已就上诉法院、中央法院和地区分院、培训中心等选址工作达成协议，最终确定中央初审法院设在巴黎，在伦敦和慕尼黑设立两个分院；上诉法院和登记处位于卢森堡；

* 本文得到中国法学会比较法学研究会"中国比较法学"2016 年度课题"欧盟统一专利法院的最新进展及前景"资助，特此感谢。
** 张怀印，法学博士，同济大学上海国际知识产权学院副教授，德国研究中心研究员。

专利仲裁中心将设在里斯本（葡萄牙）；而专利调解中心将设在卢布尔雅那（布鲁塞尔）。当前，其面临着两大任务：一是各成员国国内的批准程序；二是成立筹备委员会，为该协定生效后统一专利法院的运行做好各项准备事宜。

（一）《统一专利法院协定》的批准情况

《统一专利法院协定》由欧盟 25 国签署以后，按照规定，必须由包括英国、法国、德国在内的 13 个成员国批准后才能生效。根据欧盟官方网站的记录，到 2017 年 5 月 30 日为止，共有 12 个成员国[1]通过全民公投或者议会表决方式批准了该协定，分别为：奥地利（2013 年 8 月 6 日）、法国（2014 年 3 月 14 日）、瑞典（2014 年 6 月 5 日）、比利时（2014 年 6 月 6 日）、丹麦（2014 年 6 月 20 日）、马耳他（2014 年 12 月 9 日）、卢森堡（2015 年 5 月 22 日）、葡萄牙（2015 年 8 月 28 日）、芬兰（2016 年 1 月 19 日）、保加利亚（2016 年 6 月 10 日）、荷兰（2016 年 9 月 14 日）和意大利（2017 年 2 月 10 日）。目前，尚需要德国和英国两个国家批准即可生效。根据《统一专利法院协定》规定，三个必须通过的国家中，目前只有法国通过审批，德国已开始审批进程（2016 年 6 月 24 日，德国加入 UPC 的法律文件进入议会审批程序），而英国虽然在积极准备中，但由于 6 月 24 日的脱欧公投结果则将本协定的生效推向困境之中。

（二）筹备委员会的工作进展

筹备委员会（The Preparatory Committee）是由所有签约国根据《统一专利法院协定》而设立的临时性机构，设立时间是 2013 年 3 月。目前，筹备委员会的主席为荷兰人保罗·范·布克林（Paul van Beukering），副主席为瑞典人亚历山大·拉姆齐（Alexander Ramsay），秘书长为英国人艾琳·塔特尔（Eileen Tottle）。筹备委员会的主要目标是确保新法院的质量和有效性，使其在成立之初能够获得用户的信赖和信任。其主要工作有：一是法律框架；二是财政方面的安排；三是 IT；四是法院设施的建设；五是人力资源和培训。当前，筹备委员会已完成的具体工作有：

---

[1] European Council, "Council of the European Union", http://www.consilium.europa.eu/en/documents-publications/agreements-conventions/agreement/? aid=2013001，访问日期：2017 年 6 月 1 日。

1. 法律框架

筹备委员会法律小组的协调专员是德国专家约翰尼斯·卡彻（Johannes Karcher），目前在德国联邦司法及消费者保护部工作。在他的主持下，目前，法律小组正在进行的法律制定工作有：一是法院程序规则（Rules of Procedure）的制定。统一专利法院程序规则不断修改和完善，至今已达第18稿，而最终稿拟于今年年底完成。二是法院诉讼费用的确定。在 2014 年 3 月 18 日筹备委员会举行的第 5 次会议上，《法院诉讼费用和可回收成本规则》（初稿）（Rules on Court Fees and Recoverable Costs）正式提出并得以讨论。2015 年 5 月 8 日，筹备委员会正式发布其定稿，供公众提出咨询意见。三是欧洲专利诉讼资格规定（Rules on the Litigation Certificate for Patent Attorneys）。在 2014 年 3 月 18 日筹备委员会举行的第 5 次会议上，他们也对《欧洲专利诉讼资格规定》（初稿）进行了讨论。2014 年 6 月 13 日筹备委员会法律小组正式发布关于《欧洲专利诉讼资格规定》的初稿。

2. 财政方面的安排

财政小组的负责人是英国人简·弗朗西斯·马格纳（Jean François Magna），其主要任务有三个方面：一是财政条例的制定。财政条例包括预算的建立、实施以及外部监控和听证程序。二是津贴、社会保障和薪水体系。三是预算案和可持续性。上述财政规则拟于 2015 年 3 月出台，但至今仍未见结果。

3. IT 小组

IT 小组的负责人是英国人内尔·费森（Neil Feinson），现为英国知识产权局国际政策司司长。该小组的任务是开发一个电子立案和案件管理系统（IT – system）。该系统能够为统一专利法院的法官和其他人员所使用，确保法院内外认识能交流信息和文件资料。

4. 法院设施的建设

该小组的负责人是卢森堡人安妮·乔德特（Anne Goedert）。所有中央法院、地方法院、地区法院以及上诉法院的签约国都要确保在协定生效之前建好相应的法院设施，如办公室、家具、信息设备和行政辅助人员等。

5. 人力资源与培训

该小组负责人是匈牙利人奥利弗·瓦尔赫伊（Olivér Várhelyi），现为欧盟委员会内部市场理事会官员。该小组最重要的任务是在顾问专家组的协助下，进行法官候选人培训、准备首批法官提名名单，以及首批"法官池"

名单。

2014 年 3 月 13 日，欧盟统一专利法院法官培训中心（Training Centre for the Unified Patent Court）在匈牙利首都布达佩斯开始运作。筹备委员会共收到 1300 份对统一专利法院法官感兴趣的申请，并从中遴选出 341 名合格的技术法官、170 名合格的法律法官以及 184 名培训后合格的法官。法官候选人培训包括三个阶段：一是在培训中心的培训项目；二是在各国法院的实习；三是在 2015 年秋举行的训练，主要是对程序规则和司法技巧进行培训。

筹备委员会的各项工作都在紧锣密鼓地进行之中，但目前看来，法庭设施建设、法官培训和遴选、各项法律规则的制定等工作在 2016 年底前是否能够顺利完成，都还是未知数。而上述工作能否顺利完成是统一专利法院可否顺利启动运作的必要条件。当然，一旦上述事宜在 2016 年底都全部结束，统一专利法院是否一定能够建立起来呢？对此问题我们认为不容乐观。统一专利法院的最终确立还面临着种种困境。

二、欧盟统一专利法院设立的困境

（一）《统一专利协定》延迟生效的局面

欧盟统一专利法院最终能否顺利开始运作，其中极为关键的一个因素是能否获得足够的成员国批准。对于一个国际条约的生效而言，得到足够签约国的批准是其必备的条件，1975 年签署的《欧洲共同体专利公约》就因荷兰、爱尔兰和丹麦 3 国没有批准而未能生效。[2] 按照《统一专利协定》的规定，必须由英国、法国和德国在内的 13 个成员国批准后才能生效。截至 2017 年 5 月 30 日，已有 12 个成员国通过批准程序，德国和意大利的审批通过也指日可待。从数量上看，获得 13 个成员国的批准轻而易举。但其中比较关键的因素是要获得法国、德国和英国等 3 个专利密集大国的批准，协定才能最终生效。目前，法国早已通过批准，德国在 6 月 24 日也开始进入审批程序。因此，英国是否批准《统一专利法院协定》成为影响统一专利法院能否建立的关键因素。6 月 24 日下午，英国公投结果尘埃落定，脱欧阵营以 51.9% 得票率获胜。这一结果让欧盟《统一专利法院协定》的生效问题陷入了困境之中。

早在 2015 年初，英国知识产权局已经放出风声，2015 年将不会完成协

---

[2] 朱雪忠：《知识产权协调保护战略》，知识产权出版社 2005 年版，第 130 页。

定的批准。究其原因，在于英国是否会批准该协定，要看 2015 年英国大选的结果。因为卡梅伦在竞选中提出："如果保守党赢得 2015 年大选，他将于 2017 年就英国是否留在欧盟内举行全民公投"，很是赢得不少选民的拥护和支持。现在脱欧公投结果已经确定，51.9% 英国公民支持退出欧盟。由于英国的退出，欧盟统一法院也陷入难产：没有英国的批准，《统一专利法院协定》将无法生效。原定于 2017 年开始运作的统一专利法院将不得不推迟其开始运转的时间。

（二）统一专利法院初审法院的选址问题

《统一专利法院协定》第 7 条第 2 款规定：一审法院将在巴黎设立中央初审法院，在伦敦和慕尼黑设立分院。这也是英国、法国和德国长期协商和博弈的结果。现在英国退出欧盟，位于伦敦的初审法院将被取消。根据《统一专利法院协定》第 23 条，法院的行为是直接单独归属于各个缔约国和全体所有缔约国，因此只有条约成员国才有权设立分院。[3] 伦敦分院被撤销之后，这一分院的选址问题将会重新成为各成员国博弈的问题。

（三）统一专利法院运转中的问题

统一专利法院设立的目的是为了解决当前欧洲专利司法权不统一带来的判决结果不统一、诉讼成本较高的问题。[4] 根据现有的法律文件和资料，学者们担心，统一专利法院的设立，在解决这些问题的同时会带来新的问题。

1. 加重了欧盟专利司法制度的碎片化

欧盟现有专利司法制度的碎片化，即司法权不统一。欧盟统一专利法院是在现有格局之外重新建立一套独立的专利司法机构。有学者认为，统一专利法院的设置加重了欧洲专利司法的碎片化现象。早在 2012 年，欧盟就 2011 年发布的《关于在建立统一专利合作方面实施强化合作的条例的建议》（Proposal for Regulation Implementing Enhanced Cooperation in the Area of the Creation of Unitary Patent Protection）和 2012 年的《统一专利法院协定和法律》（Draft Agreement on a Unified Patent Court and Draft Statute）草稿征求

---

〔3〕　Wouter Pors, "Even in case of a Brexit, UK may join Unitary Patent system", http：//kluwer-patentblog. com/2016/06/20/even－in－case－of－a－brexit－uk－may－join－unitary－patent－system，访问日期：2017 年 6 月 1 日。

〔4〕　张怀印、单晓光：《欧洲专利一体化的最新进展：拟议中的"统一专利法院"述评》，载《欧洲研究》2012 年第 4 期，第 80－82 页。

意见时，德国马克斯普朗克创新与竞争研究所的专家就在同年 10 月 17 日发表了一份评论报告《单一专利—揽子计划：十二个关注理由》（The Unitary Patent Package: Twelve Reasons for Concern）。该报告对欧盟统一专利法院的设立问题提出看法："问题之一是欧洲专利司法权的碎片化：统一专利法院制度并没有整合现有的专利司法制度，该制度只不过是在现有的审判制度基础上增加了一个选择。"[5] 因此，如何解决专利司法制度不统一的问题，仍然是欧盟今后将长期面临的难题。

2. 不同法律制度之间协调的难题

目前欧盟学界、知识产权实务界对统一专利法院的设立存在一定的争议，根源在于统一专利法院制度存在不同法律制度的冲突与协调问题。从历史视角来看，统一专利法院制度的建构本身是欧盟各成员国政治妥协的产物。这一制度本身也是参与立法的各国法律文化的融合。立法者是融合各国文化还是留着空白以待日后完善，是有着很多选择的。有时候就某一问题很难在成员国内部达成统一意见。因此，作为一个协调统一的新生儿，统一专利法院不可避免地会存在一些瑕疵。比如，审判上的"双轨制（bifurcation system）"问题，即专利无效和专利侵权案件分开审理。这一制度主要在德国、奥地利和匈牙利使用，在签署《专利统一法院协定》的其他 22 个国家都不适用。因此，统一专利法院制度的一些问题还有待于在生效以后的司法实践中不断完善。同时，欧洲法院的判例制也会为统一专利法院弥补自身的缺陷提供一个非常有力的途径。

3. 法院公信力提升的难题

对于统一专利法院，来自企业界的反馈也并非喝彩声一片，在其生效后也将面临吸引企业用户使用的难题。2014 年 4 月 30 日，欧洲专利局经济与科技咨询委员会（Economic and Scientific Advisory Board，ESAB）发布《欧盟统一专利与统一专利法院的经济分析》研究报告，对欧盟统一专利制度和统一专利法院制度的变革进行经济学的评估。该报告提出："对于其总部在《欧盟统一专利法院协定》签署成员国的公司和位于世界上其他国家的公司而言，从制度变革中获得的好处相差无几；对于欧盟统一专利法院，中小企业对统一专利法院保持更加积极的态度，它们可以比大企业从其提

---

〔5〕 Reto M. Hilty, et al. , "The Unitary Patent Package: Twelve Reasons for Concern", *Max Planck Institute for Intellectual Property and Competition Law Research Paper*, No. 12 – 12.

供的简便的诉讼模式中获得更多的好处。"[6] 这一报告表明，当前，中小企业可能从未来的统一专利法院中受益稍大。但无论对于大企业还是中小企业，统一专利法院都是一柄双刃剑。因此，企业界对于统一专利法院还存在一定的存疑态度。报告也认为，产生这种不确定性的主要原因在于当前欧盟统一专利法院体制尚未实行。而随着时间推移，当人们不断获得诉讼经验并且集中诉讼体制的成本更加低廉，这种不确定性应该能够消失。同时，由于英国是企业在专利授权和诉讼方面选择的三个主要国家之一，英国的退出给统一专利法院带来一个现实问题：没有英国的统一专利法院又有多大的商业吸引力呢?[7]这对于统一专利法院的公信力也是一个重要的考验。

三、欧盟统一专利法院的前景

目前看来，欧盟统一专利法院的最终实现还有一段路要走，还面临着诸多困境。它最终会走向何方？是否会因为英国退出欧盟的公投而延迟生效，或者因为部分成员国不予以批准而胎死腹中，目前都尚不可知。但是，可以肯定的是，欧盟及其成员国为了专利诉讼制度一体化的实现已经付出了几代人的努力，目前设立统一专利法院整理的各项准备工作如法院设施建设、法官遴选和培训、法院 IT 系统的构建等都在有条不紊地进行之中，他们断然不会因为个别成员国的问题而放弃。我们认为，欧盟和各成员国会继续加强磋商，进一步完善统一专利法院制度、增强统一专利法院的公信力，最终促成欧盟范围内专利诉讼一体化的实现。

（一）英国退欧后《统一专利法院协定》的生效途径

英国退出欧盟对于欧盟统一专利法院的设立、对于欧盟专利诉讼一体化进程而言都是具有重大影响的事件。按照规定，协定必须由包括英国、法国、德国在内的 13 个成员国批准后才能生效。根据 2011 年欧洲法院的判决，[8] 只有欧盟成员国才能申请加入《统一专利法院》。如今英国退出欧盟，将统一专利法院的设立推入了困境。如何才能扫除统一专利法院设立

---

〔6〕 Economic and Scientific Advisory Board, "Economic Analysis of the Unitary Patent and Unified Patent Court", http：//www. epo. org/about－us/office/esab/workshops. html，访问日期：2017 年 6 月 1 日。

〔7〕 James Nurton, "Brexit and IP：A Primer", Managing Intellectual Property, http：// www. managingip. com/Blog/3564979/Brexit－and－IP－a－primer. html，访问日期：2017 年 6 月 1 日。

〔8〕 Opinion 1/09 of Court of Justice of the European Union, 8 March 2011.

的障碍，顺利使《统一专利法院协定》生效呢？《里斯本条约》第 50 条允许成员国退出欧盟，但是成员国要在作出退出欧盟的决定后，还要与欧盟协商谈判。退出协议经批准后两年或两年以上才算最终退出。所以，距离英国真正退出欧盟，至少还有两年以上的过渡期。因此，目前《统一专利法院协定》的生效还有一定的转机。如果英国能够在今年通过审批，那么统一专利法院还有可能在 2017 年正式开始运转。然而，如果英国不再批准《统一专利法院协定》，欧盟将不得不修改《统一专利法院协定》第 89 条关于条约生效方式的条款。目前，替代英国的国家已经选好，为意大利。意大利是欧盟专利申请数量、诉讼数量第 4 位的国家，刚刚于 2015 年 9 月宣布加入《统一专利法院协定》，最有资格代替英国。当然，这一安排也还有待于各成员国的协商。同时，意大利取代英国成为必须批准条约的三个国家之一，也要等英国真正退出欧盟之后方可。无论如何，由于英国脱欧，《统一专利法院协定》生效进程都要大大延迟了。[9]

（二）统一专利法院初审法院的选址

统一专利法院伦敦分院的取消，意味着初审法院的选址需要在法国、德国以外的各成员国重新考虑。按照前述预测，如果意大利取代英国成为必须批准的 3 个成员国之一，且意大利是欧盟国家中专利案件数量第 4 的国家，中央法院分院落户米兰的可能性将非常大。当然，米兰也有竞争对手，即海牙。在欧盟成员国中，荷兰的专利案件数量仅次于意大利，海牙地区法院的专利审理数量在欧洲也不低，在案件审理质量上也颇受称赞，是欧盟成员国中主要的专利诉讼地之一。因此，米兰和海牙都将有可能是统一专利法院初审法院的所在地。

（三）统一专利法院运转后的自我调适

统一专利法院的设立是欧盟众多国家共同努力的结果，也是欧洲两大法系在专利司法制度上融合的结晶，既体现了两大法系专利司法制度的优点，又不可避免存在一定的天然缺陷：一方面，它的设立进一步加重了欧盟专利司法制度的碎片化；另一方面，在其具体制度构建中也有个不同法律制度之间协调的问题。

作为一个由诸多国家组成的政治联盟，欧盟司法制度的碎片化问题一

---

〔9〕 James Nurton, "Brexit and IP: A Primer", Managing Intellectual Property, http://www.managingip.com/Blog/3564979/Brexit-and-IP-a-primer.html, 访问日期：2017 年 6 月 1 日。

直存在，在其他领域也存在，只是没有像专利司法这样突出。欧盟统一专利法院的设立，能否在司法实践中逐渐取代各成员国法院，进而整合欧盟专利司法制度呢？这取决于统一专利法院顺利运转后的具体表现。统一专利法院设立以后将会同各成员国专利法院处在同一起跑线上，形成并存和竞争的局面。如果统一专利法院在审判效率、质量、费用成本等方面都优于各成员国法院，那么自然会受到企业的欢迎而逐步增加其案件受理数量。当前，在欧洲专利诉讼中，很多企业比较倾向于将德国法院作为诉讼管辖法院，就是出于他们对德国审判质量的信赖。

作为一个各国专利司法制度融合的产物，统一专利法院不可避免地存在一定的制度冲突。比如，上文提到的专利审判的"双轨制"问题，德国、奥地利、匈牙利采用双轨制，在英国、法国等国家则不存在。对于产业界而言，专利侵权和无效诉讼的双轨制毫无疑问是一个大灾难，会增加巨大的时间、精力和金钱成本。很多法官也不支持这一点。立法者虽然最终设立了这一制度，但同时又做出了一个重大改革，这个制度允许法官在分别审理和把侵权、无效诉讼放在同一过程审理之间做出选择。[10] 因此，法官是否会选择适用双轨制则是另外一回事。沃特·保时就指出："大部分德国法官宣布，如果他们被任命为统一专利法院法官，将不会采用双轨制。"[11]此类法律制度的冲突和调和，在统一专利法院运转后的司法实践中，将会逐步得到协调和完善。

总而言之，统一专利法院在运转之后，一方面要不断地自我完善，整合欧洲专利司法制度；另一方面也要采取措施，逐步提升其公信力，获得企业用户的信赖。

（四）增强统一专利法院的公信力

统一专利法院开始运转以后，在欧盟范围内专利司法将存在成员国法院和统一专利法院并存的局面。企业在发生专利权纠纷时，是选择统一专利法院还是各成员国法院，最终要取决于统一专利法院的公信力。大公司如跨国公司一开始或许对新法院的审判质量等问题存在担忧而不会采用，

---

〔10〕 Katrin Cremers, et al. , *Patent Litigation in Europe*, *Center for European Economic Research Discussion Paper*, No. 13 –072 (2013), p. 1.

〔11〕 Wouter Pors, "The Unitary Patent Package, the Court of Justice, Union Law & a Further Response to the Academics", see *berichten industriële eigendom*, juni 2015, 134.

而中小企业则又会因为诉讼成本太高而用不起。[12] 因此，统一专利法院要想获得企业的信任，在降低诉讼费用的同时，必须注重增强其公信力。在统一专利法院开始运转后的初期，有很多因素会影响到当事人对它的认可和信任程度，如法院的设置、法官遴选、诉讼程序的便利性、语言因素、诉讼费用、审判效率和质量等。采取哪些措施可以提供统一专利法院的公信力呢？欧盟内部市场和服务总司（Directorate – General of Internal Market and Services）提出，除了在统一专利法院诉讼规则的制定方面应当与相关利益方密切合作外，还应当采用下列措施[13]以培养该法院的公信力：一是任命专利审判经验丰富的法官；二是尽早启动对经验不足的法官的培训；三是在恰当的时候通过统一专利法院诉讼规则和其他次级立法；四是为公司内部法律顾问、专利代理人和专家提供培训机会。此外，在法院诉讼程序以及其他法律的立法过程中，要尽量提高透明度、提高公众尤其是知识产权界相关人士的参与，也是必不可少的因素。我们相信，经过筹备委员会的努力，在法官遴选与培训、IT 系统的设置、立法等方面的认真细致的工作，统一专利法院未来能够不断增强其公信力，获得专利诉讼当事人的认可。

四、结语

欧盟统一专利法院是否会像预测的那样，在 2017 年或 2018 年建成并顺利运行？还是可能会因为本次英国退出欧盟的事件而大大延迟。目前我们尚无法断言。但我们可以坚信，从欧盟专利诉讼一体化的发展趋势来看，无论遇到什么困难，都无法阻碍欧盟实现单一专利和统一专利诉讼制度的愿望。毕竟，这是欧洲几代人努力了半个世纪的目标。

欧盟统一专利法院建立的过程充满了曲折与坎坷，甚至屡屡遭遇困境和挫折，但最终还是一往无前。正因为没有像在中国这样可以很顺利地建立知识产权法院，其建立过程中碰撞、激荡而生的诸多经验和智慧，对我们乃至世界专利一体化都有着重要的启迪和借鉴价值。

---

〔12〕 Dr. Jochen Pagenberg & Bardehle Pagenberg, "Risk of Financial Disaster for Small Companies in Patent Litigation", https：//www. unitary – patent. eu/sites/www. unitary – patent. eu/files/Pagenberg_ ERA_ 201211. pdf, 访问日期：2017 年 6 月 1 日。

〔13〕 DG Internal Market and Services, "Study on the Caseload and Financing of the Unified Patent Court, 2011", https：//www. unitary – patent. eu/sites/www. unitary – patent. eu/files/upc_ draft_ study_ caseload_ financing_ commission_ dg_ internal_ 2011_ 11_ 07. pdf, 访问日期：2017 年 6 月 1 日。

第三编　比较法的理论与实践

"一带一路"倡议中的法律移植

——以美国两次"法律与发展运动"为镜鉴[*]

鲁 楠[**]

2013 年 9 月和 10 月，中国国家主席习近平在出访中亚和东南亚国家期间，先后提出共建"丝绸之路经济带"和"21 世纪海上丝绸之路"（简称"一带一路"）的倡议，得到国际社会高度关注。2015 年 3 月 28 日，中国国家发展改革委员会、外交部、商务部联合发布《推动共建丝绸之路经济带和 21 世纪海上丝绸之路的愿景与行动》文件，这标志着中国所提出的"一带一路"构想正式以国家倡议的形式出台。

从某种意义上讲，"一带一路"绝不仅仅是中国向目标国家和地区输出过剩产能，或者强化自身地缘政治利益的行动，而是一种着眼于新的全球化趋势的系统安排。这种安排包含政治、经济、文化和法律等多层次内涵，值得我们站在世界体系发展变化的趋势高度，进行深入考察和认真分析。

而在"一带一路"的构想中，法律扮演着尽管未必醒目，但非常重要的角色。"一带一路"的相关政治、经济和文化目标能否取得成功，有赖于一套系统、完整、有效的法律安排作为辅助。"一带一路"不仅将为中国和世界的经济发展提供新的机遇，而且也将为世界各国法律制度和理念的交流、学习提供机缘。因此，随着"一带一路"倡议的提出，法学界很多研

* 本文原刊于《清华法学》2017 年第 1 期，第 22 - 40 页。

** 鲁楠，法学博士，清华大学法学院助理教授。本文写作得到高鸿钧、朱景文、丁相顺教授等诸多师友惠助，特致谢忱。

究机构和专家投身其中，从不同的方向和角度为其出谋划策。毫无疑问，在这一崭新的构想中，比较法的独特知识和独特视角可望做出独特贡献。

本文将从比较法的角度，结合法律移植的相关理论，通过叙述和比较美国 20 世纪先后开展的两次"法律与发展运动"的经验和教训，为中国开展"一带一路"倡议过程中可能遇到的法律问题和风险，以及相关的解决之道，提供一些或许不无益处的借鉴。

一、美国"法律与发展运动"时期的法律移植

在传统部门法研究中，美国的"法律与发展运动"（Law and Development Movement）并不为人所熟知，但在美国比较法学界，这场运动却是十分重要的事件和话题。一直到今天，它仍然在持续不断激起比较法学家们的讨论和争辩，对这场运动性质的看法也趋于两极分化。

20 世纪 60 年代，出于巩固二战后世界经济体系的需要，美国和欧洲少数发达国家试图在拉丁美洲和非洲从事一定规模的发展援助。[1] 当时由美国国际开发署和福特基金会资助，美国的一些大学、美国律师协会、美国国际法学会以及国际法律中心等机构参与，由一批美国精英法学院的教授们主导，开始向拉丁美洲和非洲进行定向的法律移植。这场运动最初规模并不大，法律移植的范围也并不广。从某种程度上讲，具有一定的试验性质，主要的参与者大多是比较法学者、第三世界法律专家、法人类学家等，其中比较著名的有劳伦斯·弗里德曼（Lawrence Friedman）、亨利·梅里曼（H. Henry Merryman）、戴维·楚贝克（David Trubek）和马克·加兰特（Marc Garlanter）等。我们不能否认，当时参与这项运动的专家和学者多数抱着良好意愿，希望真正能够通过法律援助的形式，给发展中国家带来显著的经济发展和社会进步。[2] 但跳出个别学者的意愿观察，这场运动也无疑含有现实的战略考量。法律移植是美国二战后控制拉美和其他发展中国家、扩大本国全球影响的一种战略手段，有学者形象地将其称为"法律十字军南征"。[3]

从内容上看，这场法律与发展运动的着眼点，是向目标国家定向输出

---

〔1〕 相关历史，参见鲁楠：《全球化视野下的法律与发展》，法律出版社 2016 年版；姚建宗：《美国法律与发展运动述评》，法律出版社 2006 年版。

〔2〕 鲁楠：《全球化视野下的法律与发展》，法律出版社 2016 年版，第 47 页。

〔3〕 高鸿钧：《美国法全球化：典型例证与法理反思》，载《中国法学》2011 年第 1 期，第 6－9 页。

美式法律教育：或者在目标国家仿照美式法学院的模式，建立法学院；或者将目标国家精英阶层的子女送往美国学习法律，希望通过改造其精英阶层，使目标国家接受美国的法律制度和法律思维，从而达到实现美国法输出的目的。[4] 美国希望通过以上方式，部分改变拉丁美洲诸国在殖民地时代建立的以大陆法系为底本的法律体系，从而增加美国法在这些地域的影响力。[5]

从表现形式上看，这样一种战略手段与 18 世纪欧洲启蒙运动时期和 19 世纪欧洲各文明全球争霸时期的法律移植有着明显差异。它既不借助于明显的殖民策略，也不表现为以暴力为后盾的胁迫，而是以"传经送宝"、发展援助的方式实现本国法律的域外渗透。这种形式的法律移植，尽管以美国在经济、政治和军事上的"硬实力"为后盾，却发挥着"软实力"和"巧实力"的优势，[6] 体现出二战后全球法律移植的一系列新特点。但由于种种内因和外因，20 世纪 60 年代开始的这场法律与发展运动持续到 70 年代便告偃旗息鼓。[7]

到了 20 世纪 80 年代中期，全球经济趋暖，"冷战"格局有所松动，世界范围内的经济联系增加，一些国际经济组织或协定，特别是世界银行（World Bank Group）和《关贸总协定》（GATT）趋于活跃。以亚洲"四小龙"为代表的外向型经济取得长足发展，这给广大发展中国家都带来刺激，使它们逐步改变过去"进口替代工业化"的经济策略，向外向型经济转型，谋求与世界接轨。[8] 在这一背景下，美国政、经、学三界再次联手，推出

---

〔4〕 关于第一次法律与发展运动以法学教育为突破口的原因，参见［美］戴维·杜鲁贝克：《论当代美国的法律与发展运动》（上），王力威译，载《比较法研究》1990 年第 2 期，第 49 页。

〔5〕 See J. A. Gardner, *Legal Imperialism: American Lawyers and Foreign Aid in Latin America*, University of Wisconsin Press, 1980.

〔6〕 关于"硬实力"与"软实力"，参见［美］约瑟夫·奈：《软实力》，马娟娟译，中信出版社 2013 年版。

〔7〕 第一次法律与发展运动停止的原因，一般被认为是相关经济资助枯竭，但更深层次的原因在于理论准备不足导致的效果不佳。具体参见 David M. Trubek & Marc Galanter, "Scholars in Self-Estrangement: Some Reflections on the Crisis in Law and Development Studies in the United States", *Wis. L. Review*, 1974, p. 1063; John Henry Merryman, "Comparative Law and Social Change: On the Origins, Style, Decline & Revival of the Law and Development Movement", *The American Journal of Comparative Law*, Vol. 25, No. 3, 1977, pp. 468 – 469.

〔8〕 David Kennedy, "The 'Rule of Law', Political Choices, and Development Common Sense", in D. M. Trubek and A. Santo (eds.), *The New Law and Economic Development: A Critical Appraisal*, Cambridge University Press, 2006, pp. 99 – 102.

了新的法律与发展计划，我们今天称之为"第二次法律与发展运动"。

与第一次相比，第二次法律与发展运动投入的资源、人力更多，覆盖范围更广，取得的成果和影响更为深远。美国不仅以双边的方式谋求向广大发展中国家输出法律，而且更多的时候借助国际经济组织来间接从事法律移植活动。它具体表现在：一是利用世界银行向发展中国家发放贷款，将相应的法律要求嵌入贷款合同中，称为"结构性调整"（structural adjustment）;[9] 二是通过制定具有科学外观的治理指数，并使这种指数与外商投资和发展援助相挂钩，使发展中国家依据指数内嵌的相应标准进行法律改革;[10] 三是利用《关贸总协定》及后来诞生的 WTO 协议，向申请国提出一揽子法律改革方案，从而将美国自身的法律制度、标准、要求和理念"包装"成为"全球方案"，输出到其他国家;[11] 四是以法律援助名义，组织大批法律研究和培训项目，帮助目标国家培训警察、法官或行政官员。[12]

应该说，总体上，第二次法律与发展运动是成功的，它极大推动了二战后全球法律的美国化，使美国法在与经济有关的诸多领域，特别是国际商法、国际知识产权法[13] 等领域取得了显著优势。不仅如此，借助美国跨国公司的全球影响力和庞大网络，以及与之匹配的美国律师事务所提供的全面法律服务，一种以跨国公司标准合同为载体，以"去地方化仲裁"为主要纠纷解决方式的"新商人法"（New Law Merchant）也已产生。[14] 据有学者研究，这种"新商人法"远非欧洲中世纪的商人习惯法所堪比拟，它

---

〔9〕 Alvaro Santos, "The World Bank's Uses of 'Rule of Law' Promise in Economic Development", in D. M. Trubek and A. Santos（eds.），*The New Law and Economic Development: A Critical Appraisal*, Cambridge University Press, 2006, p. 267.

〔10〕 关于治理指数及其后来变体，参见鲁楠：《世界法治指数的缘起与流变》，载《环球法律评论》2014 年第 4 期，第 118 - 133 页。

〔11〕 参见［美］苏珊·K. 塞尔：《私权、公法：知识产权的全球化》，董刚译，中国人民大学出版社 2008 年版。

〔12〕 Malcolm Rowat, Waleed H. Malik and Maria Dakolias, *Judicial Reform in Latin America and the Caribbean*, *Washington*, The Word Bank, 1995; C. Rodriguez, "Globalization, Judicial Reform and the Rule of Law in Latin America: The Return of Law and Development", *Beyond Law*, Vol. 7, 2001, p. 31.

〔13〕 参见鲁楠：《匿名的商人法——全球化时代法律移植的新动向》；余盛峰：《全球信息化秩序下的法律革命》；云昌智：《跨国经济法的"美国化"及其本质》；徐红菊：《中国知识产权法的美国化？——美国模式的影响与走向》，载高鸿钧等编：《法律全球化：中国与世界》，清华大学出版社 2014 年版。

〔14〕 ［德］托伊布纳：《"全球的布科维纳"：世界社会的法律多元主义》，高鸿钧译，载高鸿钧：《全球视野的比较法与法律文化》，清华大学出版社 2015 年版，第 392 - 394 页。

是由跨国公司主导，跨国律师事务所精心加工的产物，其法律蓝本往往出自美国的纽约法和特拉华法，这两个地方是多数美国跨国公司的注册地或总部所在地。[15] 美国比较法学者加思和德扎莱通过研究指出，美国法学家对商事仲裁领域的占领是一个非常经典的法律与发展事例。在传统上，商事仲裁属于欧洲法学家们的法律市场，但二战后，美国律师和法学家迅速抢占欧洲仲裁市场，而跨国公司也乐于见到能够为其提供更好服务的美国律师事务所做到这一点，在仲裁市场取得优势地位后，他们继而将"仲裁"作为一种特别法律经验输入美国本土，并对其加以包装，再以"替代性纠纷解决"（ADR）的形式输出到其他国家。[16] 由此可见，在第二次法律与发展运动中，美国律师和法学家们的身段极为灵活，手法变化多端，突出体现了"商人型律师"[17] 的特点和优势。

此外，在公法领域，美国法的全球输出仍十分可观。其中，最引人注目的是美国宪法和司法审查模式的全球法律散播（diffusion of law）。[18] 越来越多的国家和地区，包括德国、法国、日本、我国台湾地区、前东欧社会主义国家以及印度、南非等国家，都不同程度地受到美国宪法的影响，被美国宪法学家赫尔施（Ran Hirschl）称为"司法治理"（juristocracy）。[19] 美式司法审查制度成为很多国家推动本国司法改革的一个选项。[20] 这种宪法制度和宪法文化不仅通过传统公法领域来传播，而且透过国际条约、协定等方式进行渗透。典型的例子是在 WTO 初创时期围绕该国际组织的相关讨论，著名国际贸易法学家，"WTO 之父"杰克逊即认为，国际组织可以

---

〔15〕 参见鲁楠：《匿名的商人法——全球化时代法律移植的新动向》，载高鸿钧等编：《法律全球化：中国与世界》，清华大学出版社 2014 年版，第 138 - 177 页。

〔16〕 See Yves Dezalay & Bryant G. Garth, *Dealing in Virtue: International Commercial Arbitration and the Construction of a Transnational Legal Order*, University of Chicago Press, 1998.

〔17〕 参见 ［美］玛丽·安妮·格伦顿：《法律人统治下的国度：法律职业危机如何改变美国社会》，沈国琴、胡鸿雁译，中国政法大学出版社 2010 年版，第 62 - 85 页。

〔18〕 徐霄飞：《司法审查全球化：事实考察与机理分析》，载高鸿钧等编：《法律全球化：中国与世界》，清华大学出版社 2014 年版，第 113 - 137 页。

〔19〕 See Ran Hirschl, *Towards Juristocracy: The Origins and Consequences of the New Constitutionalism*, Harvard University Press, 2007; also see Alac Stone Sweet, *Governing with Judges: Constitutional Politics in Europe*, Oxford University Press, 2000; Carlo Guarneri and Patrizia Pederzoli, *From Democracy to Juristocracy? The Power of Judges: A Comparative Study of Courts and Democracy*, ed. by A. Thomas, Oxford University Press, 2002.

〔20〕 参见 ［葡］桑托斯：《迈向新法律常识：法律、全球化和解放》（第 2 版），刘坤轮、叶传星译，中国人民大学出版社 2009 年版，第 392 - 412 页。

通过仿造国内法中的宪政模式来设计基本架构，[21] 这使美国宪政摇身一变，转变为更具普遍性的"WTO 宪政"，[22] 从而对成员国的宪政和公法体制产生直接或间接影响。这种崭新的法律移植模式，打破了 19 世纪欧洲法典编纂运动时期的法律传播模式，并非以私法特别是民法作为传播重点，而是以公法，特别是宪法作为传播重点，显得十分引人注目。

在两次法律与发展运动中，除了实证法领域的法律移植，美国法律观念与法律思想的输出尽管并不那么显著，但影响极为深远。众所周知，二战以后，美国成为全球最活跃的法律"思想市场"，[23] 各种流派极为繁荣，法律思想创新超过其他法域，以至于其他法域的法学家唯有以英语形式在美国寻求发表，才可能取得超越本国的学术声誉，这进而造成了美国法律思想市场的虹吸现象。而在美国法律思想市场中，虽流派纷繁复杂，但总体上沿着形式主义与实用主义两条脉络分划，[24] 其实质是在形式合理性法与实质合理性法两种理想类型之间摆荡，[25] 走出了一条适应现代社会高速变动和发展的新模式，提供了关于韦伯命题的独特解答。具体到法律实践领域，是谋求同样情况同样对待，以确保法律满足市场行为期待的要求与谋求不同情况不同对待，以满足市场变动灵活性的需要两者之间谋求动态平衡。据邓肯·肯尼迪（Duncan Kennedy）分析，二战以后的美国法律思想表现为公法上的新形式主义与私法上的政策分析，前者是以形式合理性约束实质合理性法，后者则是用实质合理性考量补充形式合理性法，这种混融与换位构成了二战后美国法律思想的独特风景，而公法与私法在强调司

---

〔21〕 参见鲁楠、高鸿钧：《中国与 WTO：全球化视野的回顾与展望》，载高鸿钧等编：《法律全球化：中国与世界》，清华大学出版社 2014 年版，第 404－430 页。

〔22〕 See Deborah Z. Cass, *The Constitutionalization of The World Trade Organization: Legitimacy, Democracy, and Community in the International Trading System*, Oxford University Press, 2005；类似思想的欧洲版本，参见［德］E. U. 彼得斯曼：《国际经济法的宪法功能与宪法问题》，何志鹏等译，高等教育出版社 2004 年版，第 102－105 页；王玉婷：《WTO 宪政理论研究》，法律出版社 2010 年版。

〔23〕 ［美］罗纳德·哈里·科斯：《商品市场和思想市场》，载《东方早报》2013 年 9 月 10 日。

〔24〕 参见［美］托马斯·格雷：《美国法的形式主义与实用主义》，田雷译，法律出版社 2014 年版。

〔25〕 ［美］邓肯·肯尼迪：《逻辑形式法律理性的"祛魅"或韦伯关于西方法律思想现代模式系统的社会学研究》，载［美］查尔斯·卡米克等编：《马克斯·韦伯的〈经济与社会〉：评论指针》，上海三联书店 2012 年版，第 309－355 页。

法治理的不可替代作用上实现了殊途同归。[26] 而在法律与发展运动中，美国法律思想的域外输出可谓结合了公法新形式主义和政策分析两股潮流，但在具体的运用中，它表现出与其在美国本土的格局并非完全一致，甚至截然相反的形式。具体而言，在美国本土，复杂精巧的宪政结构确保了两股看似对立的思想潮流能在司法调节下取得动态平衡，而在美国法律思想的输入国，它们则分别成为不同权势集团证立其利益和主张的思想武器。例如，在印度，政策分析及法律社会科学进路可为灵活的经济改革和社会转型提供思想支持；而公法新形式主义和人权论则为司法能动主义赋予动力，对相应改革进行干预，它既可为土地所有者的权益提供人权论证，也可为少数族裔和非印度教信仰者提供法律武器。[27] 在中国，非常流行的社科法学与法教义学之争，反映了来源于美国的法律思想和来源于德国的法律思想在中国的新一轮角逐，而社科法学远非其所表彰的"本土资源"，恰恰是美国法律思想全球散播的组成部分。[28]

美国法律思想的传播，不仅在法理论的层面扩展，而且渗透到部门法领域。例如，在知识产权法领域，知识产权的私权论透过 WTO 的 Trips 协议得到全球传播，但据专家研究，在美国本土，知识产权是受到公共政策广泛干预和影响的领域，与 WTO 中的"私权论"形象并不相符。甚至有西方左翼学者尖锐地指出，这种有意的"误解"不过是跨国公司谋求其自身利益最大化的一种表现。[29] 例如，在国际金融法，特别是国际金融监管领域，继 1989 年的《华盛顿共识》出台之后，美国法的全球化日益明显，这导致越来越多的新兴经济体在发展资本市场的过程中，以美国法为蓝本建立本国的金融监管制度，这所带来的后果，一方面是全球金融法律制度越来越趋同，适应了全球资本市场一体化的总体趋势，但另一方面是金融风险也

---

〔26〕 ［美］邓肯·肯尼迪：《法律与法律思想的三次全球化：1850 - 2000》，高鸿钧译，载高鸿钧：《全球视野的比较法与法律文化》，清华大学出版社 2015 年版，第 377 - 380 页。

〔27〕 参见蒋龑：《正当程序条款的不同命运——美国宪法和印度制宪会议旧事》，载《华东政法大学学报》2016 年第 3 期，第 134 - 149 页。

〔28〕 关于法教义学的德国思想来源，参见焦宝乾：《法教义学的观念及其演变》，载《法商研究》2006 年第 4 期，第 88 - 93 页；白斌：《论法教义学：源流、特征及其功能》，载《环球法律评论》2010 年第 3 期，第 16 页；关于社科法学的描述，参见侯猛：《社科法学的跨界格局与实证前景》，载《法学》2013 年第 4 期，第 30 - 35 页。

〔29〕 参见 ［美］苏珊·K. 塞尔：《私权、公法：知识产权的全球化》，董刚译，中国人民大学出版社 2008 年版。

日益全球化，国家主导的金融监管制度遭受冲击。[30]

二、美国法律与发展运动的经验与教训

从整体来看，美国两次法律与发展运动的效果显著，它作为美国全球战略的重要组成部分，在美国法律移植的过程中发挥了不可估量的影响。它基本上终结了自 18 世纪以来欧洲法律一统天下的局面，将 19 世纪欧洲法典编纂运动的余波消弭于无形。不仅如此，美国法理念正在反向渗透入传统欧洲法律市场，在欧洲一体化过程中，美国联邦体制和宪政安排便成为欧盟宪政的重要参照系。美国法学家邓肯·肯尼迪毫不犹豫地指出，自 1945 至 2000 年间世界法律和法律思想的全球化可谓美国法的全球化。[31]

尽管如此，来自美国法学界内部，对于两次法律与发展运动的批评之声仍然不绝于耳，很多著名法学家认为，法律与发展运动的教训远远大于经验，失败远远多于成功。特别是 2008 年次货危机之后，对这场运动的批判越来越尖锐，[32] 以至于邓肯·肯尼迪认为，美国法的全球化已然终结。在此，笔者不打算对 21 世纪全球法的走向和趋势进行预测，而仅从这两场法律与发展运动着眼，谈谈其成败得失。而作为一个旁观者，笔者与美国法学界内部的主流观点未必完全相同。在笔者看来，在两次法律与发展运动中，第一次是失败的，第二次是成功的，而第一次运动的失败为后来的成功奠定了基础。第一次法律与发展运动之所以失败，大体有以下主要原因。

第一，参加者对法律与发展关系的理论预设不清楚，这一点被戴维·楚贝克在事后所特别指出。在 1974 年，楚贝克与加兰特发表于《威斯康星法律评论》（*Wisconsin Law Review*）的《自我异化的学者》（Scholars in Self - Estrangement）一文中便指出，由于参与第一次法律与发展运动的学者难以界定其工作的性质或解释其社会效用，无法在共同利益和共同意识方面达成共识而遭遇严重的智识危机。[33] 而在 1989 年发表的论文中，楚贝克认

---

〔30〕 参见何美欢：《商法救国》，载《清华法治论衡》2011 年第 14 辑，第 132 - 152 页。

〔31〕 ［美］邓肯·肯尼迪：《法律与法律思想的三次全球化：1850 - 2000》，高鸿钧译，载高鸿钧：《全球视野的比较法与法律文化》，清华大学出版社 2015 年版，第 316 - 383 页。

〔32〕 See David Trubek & A. Santos, *Toward New Law and Economic Development: A Critical Appraisal*, Cambridge University Press, 2006.

〔33〕 David M. Trubek & Marc Galanter, "Scholars in Self - Estrangement: Some Reflections on the Crisis in Law and Development Studies in the United States", *Wis. L. Review*, 1974, p. 1063.

为，法律与发展运动最初受两种理论结构指导，他称之为"进化论与法律移植"和"工具论"。"进化论和法律移植"认为，法律和社会的进程必然经历一个由传统到现代、由低级到高级的进化过程，法律与发展运动就是现代、高级的人类社会将其法律引进、移植进入传统、低级的人类社会的过程。[34] 而"工具论"则与前者有所不同，主张移植的重点并非将现代、高级国家的法律搬移至目标国家，而是在于输出这种观念，"即法律是自觉的社会变革的实用工具。一旦第三世界的律师学会了像社会工程师那样思考问题，他们能够依靠自己想出他们的法律体系需要进行什么变革；他们将学会怎样通过法律手段在当地进行社会的和经济的改革"。[35] 但法律与发展运动的实践表明，不论是进化论和法律移植还是工具论，在推进法律与发展运动的过程中都存在严重问题。进化论和法律移植的错误在于，将社会演进的逻辑作简单的线性处理，忽视了不同国家经济社会发展的复杂性，工具论的错误则在于"对法律本质的认识太过狭窄"，[36] 它将法律背后值得尊重和汲取的价值一概排除，以至于与进化论和法律移植造成的"异化"相比，是更深层次的异化。显然，在1989年写作的文章中，作者已经隐然指出第二次法律与发展运动的深层问题，在他看来，与第一次相比，第二次运动貌似告别了粗浅的进化论和法律移植观，但作为替代性的法律工具论远非比前者更佳。其内容不过是以更简化版本的"法治"作为渗透到目标国家的一种改进手段，与此同时，一种实用主义的法律观开始弥散全球。但不得不指出的是，恰恰是这种实用主义的法律观，为第二次法律与发展运动的成功提供了智力支持，其背后的原因是耐人寻味的。

第二，参加者对目标国家的社会、历史和文化情境了解有限。这点特别为美国著名的法文化学家劳伦斯·弗里德曼所强调。在1969年发表的文章《论法律发展》中，弗里德曼特别指出，那些当初参与法律与发展运动的法学家，"他们的活动预先设定了一个基本的理论，在国外他的全部活动

---

〔34〕［美］戴维·杜鲁贝克：《论当代美国的法律与发展运动》（上），王力威译，载《比较法研究》1990年第2期，第48页。

〔35〕［美］戴维·杜鲁贝克：《论当代美国的法律与发展运动》（上），王力威译，载《比较法研究》1990年第2期，第49页。

〔36〕［美］戴维·杜鲁贝克：《论当代美国的法律与发展运动》（上），王力威译，载《比较法研究》1990年第2期，第53页。

必定意味着他要传播一些与文化毫不相干的东西",[37] 他们"对于法律和发展也存在触目惊心的无知或误解，反映了对于法律制度和社会制度的一般关系存在同样程度的无知".[38] 在他看来，"在一个共同体内部人们对法律的态度，会构成对社会变革的一种障碍，或是一种对社会变化的力量源泉",[39] 而这种对法律的态度就是法律文化，它不仅与纸面之法相关联，更体现了活的法律，而纸面之法与"活法"之间远非完美一致。"没有一种法律文化支配着对法律的尽善尽美的服从",[40] 二者之间横亘的巨大鸿沟恰恰是一切法律与发展计划首先需要认真考虑的问题。在这里，回顾第一次法律与发展运动时期，向拉美输出美式法学教育的失败例子或许不无助益。故事的结局远非当年专家们所预想的那样，受到良好美式法律教育的本土精英及其后代能够按照新的游戏规则参与本国法治建设，进而促进经济与社会发展。事实上，本土精英更多地利用其所受到的国外教育作为符号资本，打开仕途，进而依赖本土统治经验参与政治游戏。正如批判法学所一再指出的，"话语—权力"的技术在发展中国家的精英当中得到了熟练运用，其机敏程度丝毫不亚于美国政客。更有力的分析来自于一直关注全球"法治"观念传播的托马斯·卡罗特斯（Thomas Carothers）。他针对第二次法律与发展运动中十分突出的"法治"话语的全球传播现象指出，20 世纪90 年代以来，"法治"越来越变成包治百病的"灵丹妙药"，以至于乌戈·查韦斯、弗拉基米尔·普京到穆兄会和塔利班，都不约而同地承诺加强法治，但在"法治"的名义下暗藏着歧义纷出，复杂多样的政治谋划，而这些谋划与各国的社会结构、政治格局、历史传统和文化面貌密切相关。为了在法治的名义下实现法律对全球经济发展的"嵌入"，人们越来越倾向于采取一种简化版本的法治主张，即楚贝克所描述的"工具论"，但其代价也

---

〔37〕［美］劳伦斯·弗里德曼：《论法律发展》，陈鲁宁、甘德怀译，载《法制现代化研究》1997 年第 1 期，第 5 页。

〔38〕［美］劳伦斯·弗里德曼：《论法律发展》，陈鲁宁、甘德怀译，载《法制现代化研究》1997 年第 1 期，第 6 页。

〔39〕［美］劳伦斯·弗里德曼：《论法律发展》，陈鲁宁、甘德怀译，载《法制现代化研究》1997 年第 1 期，第 77 页。

〔40〕［美］劳伦斯·弗里德曼：《论法律发展》，陈鲁宁、甘德怀译，载《法制现代化研究》1997 年第 1 期，第 78 页。

异常沉重，以至于法治本身已经失去其意义和价值。[41] 巴里·温加斯特（Barry R. Weingast）则更为尖锐地提出一个现象，即种种事实证明，发展中国家表面接受法治和善治（good governance）的话语，却一直在抵制法治，而究其原因则在于法治背后基本社会秩序结构的差异。温加斯特认为，多数发展中国家仍然停留在限制准入秩序（limited access social order）的社会，而没有进入开放准入秩序（open access order）的社会。[42] 精研伊斯兰法的泰穆尔·库兰结合20世纪70年代以来的伊斯兰复兴运动和对"伊斯兰法治"的研究指出，从伊斯兰沙里亚法的传统意蕴中开出的种种所谓符合现代法治精神的说法，远非经得起推敲和检验，在传统伊斯兰法和现代法治之间仍横亘着巨大的文化鸿沟。[43] 以上种种分析，都不约而同地强调，在法律与发展运动中，对法律与社会，尤其是文化之间构成关系的无意或有意的忽略所带来的种种事与愿违的后果。而在这种反思中，工具论的法律观和简化论的法治观都受到了一致批评。

第三，第一次法律与发展运动缺少系统性资源整合，这一缺陷在第二次运动中得到了有效克服。正如高鸿钧教授在对比两次法律与发展运动的差异时所指出的，两次法律与发展运动不论在性质、规模和法律移植方式上都不可同日而语。前者在性质上更类似于半学术、半自发性的松散行动，而后者则包含政府、企业、非政府组织和学术机构在内的复杂结合体，具有更强的官方性质；前者在规模上不过涵盖四五个国家，金额不过500万美元；而后者如果仅仅计算直接发展援助的对象，则涵盖了十多个国家，金额高达数亿美元；前者以学术和教育带动法律移植，后者则以法律制度改革带动法律移植。[44] 整体而言，第二次法律与发展运动比第一次规模更大、资源配置更加完备，法律移植方法更加多样，影响更加深远。葡萄牙学者

---

[41] 参见［美］托马斯·卡罗特斯：《法治的诱惑》，鲁楠译，载［美］詹姆斯·赫克曼等编：《全球视野下的法治》，高鸿钧、鲁楠等译，清华大学出版社2014年版，第16-27页。

[42] ［美］巴里·温加斯特：《为什么发展中国家如此抵制法治》，鲁楠译，载［美］詹姆斯·赫克曼等编：《全球视野下的法治》，高鸿钧、鲁楠等译，清华大学出版社2014年版，第31页。

[43] ［美］泰穆尔·库兰：《伊斯兰思想与实践中的法治：一个历史的视角》，高鸿钧译，载［美］詹姆斯·赫克曼等编：《全球视野下的法治》，高鸿钧、鲁楠等译，清华大学出版社2014年版，第95页。

[44] 高鸿钧：《美国法全球化：典型例证与法理反思》，载《中国法学》2011年第1期，第8-9页。

桑托斯（Boaventura de Sousa Santos）更倾向于将两次法律与发展运动视为一个连续体，他指出，早在 20 世纪 60 年代，美国国际开发署就已经将法律项目分为四个阶段来规划。第一阶段主要是法学教育和法律改革；第二阶段是基本的法律援助需求；第三阶段是法院改革；第四阶段是国家民主项目的设计。[45] 而第二次法律与发展运动正在转向以全球法院改革为撬动发展中国家法制的"阿基米德支点"。单从法律移植角度来看，第二次法律发展运动更突出了一种隐性的法律移植模式，即桑托斯所说的"自上而下的法律全球化"。这种法律全球化模式分为两个步骤，即全球化的地方主义和地方化的全球主义，其关键在于，将核心区国家的地方性法律实践包装为全球法的形式，继而再借助这种全球法的形式输出到目标国家，将其转化为地方法。在桑托斯看来，这是一种霸权的全球化，是一种隐性的法律支配。[46] 第二次法律与发展运动充分利用的全球化时代法律移植的新特点，以种种方式促成美国法非定向的、多点散开的、多携带主体的、多传播形式的法律散播，[47] 这形成了二战后法律移植现象中引人注目的流动景观。

第四，尽管笔者认为，第二次法律发展运动相对于第一次运动较为成功，但此结论并未得到该领域研究者的一致赞同，美国学者丹尼尔·伯克威茨等便从法律移植效应角度，通过统计学研究指出，法律发展运动的成果远非一目了然，不同地区的表现形式各不相同。例如，在中欧、东欧和波罗的海地区，法律改革的成效并不尽如人意。而且这些学者进一步指出，一般而言，英美法系的法律移植效应相对于以德、法为代表的大陆法系较优，而若考虑人均国民生产总值的变量，英美法系的表现和斯堪的纳维亚法系国家的表现大体相当。[48] 当然，笔者并非完全赞同这一统计学的调查结论，其背后反映了一种成功者自传式的事后确证，话语总是急于跟上权力的脚步。而更严厉的批评也来自于西方，特别是美国法学界内部。很多

---

〔45〕 ［葡］桑托斯：《迈向新法律常识：法律、全球化和解放》（第 2 版），刘坤轮、叶传星译，中国人民大学出版社 2009 年版，第 402 页。

〔46〕 ［葡］桑托斯：《迈向新法律常识：法律、全球化和解放》（第 2 版），刘坤轮、叶传星译，中国人民大学出版社 2009 年版，第 221 - 222 页。

〔47〕 关于法律散播，参见［英］威廉·推宁：《全球化与比较法》，吴大伟译，载［英］埃辛·奥赫绪、［意］戴维·奈尔肯：《比较法新论》，马剑银、鲁楠等译，清华大学出版社 2012 年版，第 96 - 97 页。

〔48〕 ［美］丹尼尔·伯克威茨、卡塔琳娜·皮斯托、弗朗索瓦·理查德：《全球视野下的法律移植效应》，魏磊杰、伍雨佳译，载《清华法治论衡》2016 年第 20 辑，第 389 页。

学者，包括桑托斯、詹姆斯·加德纳（James Gardner）和乌戈·马太（Ugo Mattei）都指责法律与发展运动不过是"美国法律帝国主义"[49]的一种表现，其实质是一种新殖民主义。[50] 而具有发展中国家经历和背景的学者则认为，应对法律与发展运动背后的发展观进行彻底反思，发展并不仅仅等于经济发展和效率增加，"还应包括政治民主的加强，公民权利和自由的扩大，社会公平正义的增进，以及人的全面发展"，[51] 从而增进人的实质性自由，[52] 让发展中国家的民众自主推动其政治民主、经济发展和社会进步。[53]

三、"一带一路"倡议中的中国法律移植

在对美国两次法律与发展运动进行描述、总结和反思之后，我们不妨回头来看目前方兴未艾的"一带一路"国家倡议。应当指出，两者之间存在着三点相似性和四点差异性。

首先，三点相似性。其一，两种战略都是由在经济上的强势国家主导的一种全球战略。尽管到目前为止，中国仍然坚持自己的发展中国家身份，但从 GDP 总量已跃居世界第二的这一事实来看，已经成为继美国之后，经济体量最大、崛起最迅速、发展潜力最强的世界大国。中国正在谋求突破区域性强国这一身份的限制，试图在全球发挥其影响力。在此背景下，"一带一路"战略绝非仅仅是一种区域性谋划，它实质上带有全球战略的抱负和特征，是一种积极参与全球治理的重大举措。而美国法律与发展运动尽管以法律移植为重心，却是二战后美国全球战略的有机组成部分，其目的在于巩固、加强美国在全球体系中的战略主导地位。其二，两种战略都不可避免地要带有法律内容，而且法律在其中扮演的角色将越来越突出。这

---

〔49〕 参见 [葡] 桑托斯：《迈向新法律常识：法律、全球化和解放》（第2版），刘坤轮、叶传星译，中国人民大学出版社 2009 年版；James A. Garder, *Legal Imperialism: American Lawyers and Foreign Aid in Latin America*, University of Wisconsin Press, 1980；[美] 乌戈·马太：《西方的掠夺：当法治非法时》，苟海莹译，社会科学文献出版社 2012 年版。

〔50〕 Horatia Muir Watt, "Globalization and Comparative Law", in M. Reimann & R. Zimmermann, *The Oxford Handbook of Comparative Law*, Oxford University Press, 2006, p. 581.

〔51〕 高鸿钧：《美国法全球化：典型例证与法理反思》，载《中国法学》2011 年第1期，第36页。

〔52〕 参见 [印] 阿玛蒂亚·森：《以自由看待发展》，任赜、于真译，中国人民大学出版社 2002 年版。

〔53〕 Roberto Mangabeira Unger, *What Should the Left Propose*, Verso, 2005, pp. 64 – 82.

一点对法律与发展运动而言自不待言，对"一带一路"战略而言则有必要加以细致说明。不少人以为，"一带一路"战略在本质上是一种经济战略，它与经济以外的其他内容并不衔接，或者衔接的并不紧密，这无疑是一种误解。表面看起来，"一带一路"的经济目的极为明显，但如果综合考虑其全球目标，以及在目标国家维持日常经济存在的考量，就不得不将政治、经济、社会和法律因素加以综合考虑。在这一过程中，向"一带一路"沿线各国投资设厂的中国企业，一方面需要支付成本，掌握并评估各国的法律制度和法律文化，另一方面，非常自然，他们也希望自己相对熟悉的法律实践能够被引入与目标国家商业伙伴的合作中，从而有效降低交易成本，控制法律风险。因此，中国企业主体有动力推动中国法律的域外输出。从政府角度来看，在"一带一路"战略中输出本国法，成为涉及法律业务的各个政府部门都不可避免会考虑的新问题，以知识产权为例，在中国高铁、核电、大飞机等项目和产品向各国推销的过程中，如何有效地保障知识产权，避免知识产权的争讼阻碍中国相关产业走向世界，成为知识产权法律部门工作的重点。做好知识产权法律风险的预警，为企业提供更广泛、周到的知识产权法律服务，都与中国知识产权法律制度的输出有关。"资本携带法律"正在取代"资本携带枪炮"成为经济全球化的表征，中国也无法排除在外。又以国际投资为例，众所周知，近年来，中国已经由传统意义上的资本输入国变为资本输出国，如何确保中国企业跨国投资的安全性，成为"一带一路"战略中的重点，这迫使中国一改当初加入 WTO 时期对投资有关国际协议的低调、消极态度，积极谋求推进全球投资法律框架的发展，[54] 在这一过程中，如何建立符合中国利益的跨国投资法模式，是亟需考虑的问题。另外一个例子尤其引人注目，2015 年 12 月，中国主导的亚洲基础设施投资银行正式成立，这标志着为"一带一路"提供金融服务的国际经济组织已经产生。这不免令人想起在第二次法律与发展运动中，世界银行所扮演的重要角色。而建立一种怎样的全球金融法律体制，既确保亚投行健康运转，又使它能够为"一带一路"战略提供持久的金融支持，同时能有效地控制违约风险，是摆在面前的难题。在此之前，中国实际上并无独力操盘大型国际经济组织的丰富经验，如何对这一组织进行法律设计，

---

〔54〕 桑百川：《新一轮全球投资规则变迁的应对策略——以中美投资协定谈判为视角》，载《人民论坛》2014 年第 2 期，第 82－89 页。

如何勾画跨国贷款的法律条件，都有赖于一整套丰富、有效的法律知识和经验。在这一过程中，总结本国金融法制的经验和教训，学习域外法律技术将变得更为紧迫，而法律移植是一种便利的学习手段。其三，两种战略都正在或即将迎来国内外各方极为激烈的批判和检验，在这一过程中，伴随着剧烈的利益博弈和话语争斗。正如乌尔里希·贝克所说，[55] 全球化是一场超级游戏，各种角色轮番登场，各显其能，合纵与连横的种种策略都在所难免。在美国两次法律与发展运动中，类似的利益博弈和话语争斗也比比皆是。我们只需列举号称"经济北约"的《跨太平洋伙伴关系协定》（TPP）和2016年5月12日欧洲议会拒绝给予中国市场经济地位的决议，都可以看到这种复杂性。而在这一过程中，如何妥善设计法律移植战略，在话语和权力两个方面取得灵活的优势，是非常困难的，也是非常值得探索的事情。

其次，四点差异性。尽管两种战略之间的相似性很多，但二者之间的差异性，或者毋宁说我们所期待的差异性也极为明显。其一，中美两国的历史处境和国际地位不同。二战以后，美国成为超级大国，有足够的经济实力和国际影响力贯彻其意志，尽管面对来自苏联的挑战，受制于"冷战"格局的影响，但"冷战"并没有从根本上阻碍美国法律在世界范围内的传播，相反，随着苏联计划经济体制僵化性的逐渐暴露，美国与市场经济适应的法律安排更体现了某种说服力，取得了显著影响；而中国自近代以来积贫积弱，在国际竞争中取得一定优势，拥有一定国力还是近十年间的事，谋划全球战略更是近一两年的事。中国无法做到美国全球战略那样的成熟和全面，这导致在"一带一路"的倡议下，我们的战略安排必须重点突出，以点带面。其二，中美两国法律现代化的成熟程度不同。美国自1787年制定宪法以来，其法律便已经步入现代化轨道，其精巧的宪政、成熟的民主、良性的司法、自主运作的市场和与之匹配的私法体系都为世人所称道，美国法之所以能够全球散播，一方面固然取决于美国有意识的战略布局，但美国法的内在优势确实是更重要的原因。[56] 而反观中国法，尽管中国法律

〔55〕 参见［德］乌尔里希·贝克：《全球化时代的权力与反权力》，蒋仁祥、胡颐译，广西师范大学出版社2004年版。

〔56〕 关于美国法制的内在优势，托克维尔早已有所观察，参见［法］托克维尔：《论美国的民主》，董果良译，商务印书馆1996年版；但对美国法律变迁，特别是美国宪法更现实的分析，参见王希：《原则与妥协：美国宪法的精神与实践》，北京大学出版社2014年版。

的近现代化可追溯至洋务运动迄今已一百多年，但平心而论，一直到今天，中国法在诸多领域仍然没有达到世界先进水平，与市场经济和现代社会不相适应的法律安排仍然很多，即使是生活在中国的社会主体，也对这种法律落后和粗疏现象多有批评。因此，在法律与发展运动中，美国法的输出是有备而来的，而在"一带一路"战略中，中国法的移植则属仓促上阵，在某些特定法律领域，甚至是无章可循。但毫无疑问，全球化趋势和国家战略似乎并未给中国法律的移植留下太多时间，这迫使中国法律界必须将对内法律改革和对外法律移植放在同一计划下进行考量，这是美国法律与发展运动难以想象的，也是中国面临的独一无二的难题。其三，出于地缘政治考虑，美国法律与发展运动最初主要着眼于其"后院"拉美国家，旁涉欧洲和非洲国家，而出于类似考虑，中国"一带一路"战略涉及在传统上与中国经济和文化纽带较密切的国家和地区。而若仔细考察"一带一路"沿线国家，则势必发现，中国法律移植所面临的法律文化复杂性远超美国所面临的情况。据 2015 年统计，"一带一路"沿线主要国家多达 66 个，横跨亚、非、欧、美四大洲，若综合考察其辐射效应，则很可能覆盖全球。在法律与发展运动中，作为法律移植的主要对象，拉丁美洲诸国多数属于历史上的殖民地，传统上受大陆法系影响较大。这使法律与发展运动在很大程度上表现为西方法文明中的两大分支，即大陆法系和英美法系之间的家族内部争斗。而"一带一路"则不同，广阔的地域，穿越东西方的线路，使"一带一路"几乎涵盖了比较法中现存所有的法系类型，特别是伊斯兰法系和印度法系，这不仅对美国学者，对中国学者而言更是颇为陌生。此外，作为海上丝绸之路必经之地的南亚诸国，则大多是多种法律传统交错并存的"混合法系"。如果法律移植不仅仅是法律规则和制度的移植，更是不同法律传统或法律文化之间的对撞和融合的话，我们可以说，"一带一路"所面临的法文化难题，要远比法律与发展运动所面对的问题复杂且高难。但我们看到的是，中国学者对于自己所面临问题的复杂性还缺乏清醒的意识，相关知识储备严重不足。其四，美国法律与发展运动的经验看似来自于美国本土，但背后有着西方殖民主义上百年的经验累积，梅里曼指出，法律与发展运动背后存在四种经验类比，分别为西方殖民管理的经验，二战后对德、日等战败国领土占领的经验，对本国印第安人进行内部殖民的经验，以及区域发展的经验。[57] 在这四种类比中，殖民管理的经验分量特重，特别是英国在肯尼亚、印度和牙买加，以及法国在阿尔及利亚和黑非洲的殖民经验备受关注。而与此相比，中国自形成统一现代国家以来，既没有海外殖民的传统，在道义上也无法接受任何版本的殖民主义观念。我国唯有内部经济社会发展的自主经验可资借鉴，但这种经验具有高度的文化特殊性，并未经受跨文化和跨国家的挑战和检验，难免适用性不足。这使我们在经营"一带一路"战略的过程中难免显得经验缺乏。

当我们对中美两国相关法律战略进行初步比较之后，不难看出，"一带一路"作为一种法律移植框架，条件、经验并不充足、困难更大、知识和技术要求更高。但从另一个角度来看，这又是中国法律思想、制度和实践取得长足进步的历史契机。恰如美国第一次法律发展运动以失败收场，第二次虽部分成功，但仍饱受诟病一样，我们也应对"一带一路"倡议中的法律移植抱有理性、平和的态度。我们当然希望战略取得成功，但这一过程中经验的积累和态度的转变显得尤为重要。

笔者认为，结合美国法律与发展运动的经验与教训，中国"一带一路"战略中的法律移植应思考五个核心问题。

第一，为什么从事法律移植？到目前为止，这一问题在"一带一路"国家战略的决策层和参与者中并未取得充分沟通和相互理解，远未达成一致意见。究其原因，这部分源于部分国内学者对该战略保持着一种经济决定论观念，而未对战略的复合型、复杂性给予充分认识，部分源于对全球化过程的理解具有片面性。必须加以澄清的是，全球化过程远非单纯的经济全球化，法律全球化绝非仅仅是经济全球化的附属现象，二者虽然在某种情境下实现"结构耦合"，但总体而言，法律的全球化是一种独立现象，需要给予重视。[58] 法律全球化不仅对经济效益产生深远影响，它也会与全球化的其他界面，如政治、科学和文化相互关联，产生种种复杂效应。而在法律全球化过程中，一个国家的法律移植从某一侧面彰显了该国的全球影响力和资源支配力，它处于硬实力和软实力的交错地带，更不乏巧实力

---

〔57〕 John Henry Merryman, "Comparative Law and Social Change: On the Origins, Style, Decline & Revival of the Law and Development Movement", *The American Journal of Comparative Law*, Vol. 25, No. 3, 1977, pp. 468 – 469.

〔58〕 鲁楠:《全球化时代比较法的优势与缺陷》, 载《中国法学》2014 年第 1 期, 第 102 – 124 页。

的细致安排。根据德扎莱与加思所提供的法律市场隐喻，[59] 在全球亦存在法律市场，而各国法律制度和法律思想恰如该市场中的产品也存在市场占有率、商品质量、销路、商誉和代理人等问题，处于高度竞争的环境中，[60] 是需要加以悉心经营的事业。过去中国由于难以在全球层面发挥影响力，更难以组织全球战略，故而法律移植显得零散，缺乏规划，以法律输入为主，而极少法律输出。而随着"一带一路"倡议的提出，法律移植现象将更加活跃，此时一系列立足长远的法律移植构想应被纳入考虑。

第二，谁来从事法律移植？在传统法律移植理论中，民族国家政府是法律移植理所当然的提出者和执行人，这一点在具有久远国家中心主义传统的中国，更容易成为未加反思的公论。但美国法律与发展运动的历程表明，在全球化时代，法律移植必然是多元主体从事的事业，即政府、企业、非政府组织、法律职业群体、学术界乃至艺术界都以不同的方式参与法律移植过程，其中政府所扮演的角色不仅未必是中心性的，更可能不是最重要的。[61] 相对而言，企业在"走出去"过程中，对法律的需求更敏感，对法律移植的热情更高。而且从美国跨国公司携带资本全球游走的实践来看，资本携带法律的"新商人法"恰恰表明，它是全球化时代法律移植的有效模式。因此，在"一带一路"倡议中，鼓励、推动企业特别是具有跨国公司能力的中国企业参与起草影响行业的标准合同，参与和自身利益密切相关的法律起草和修改，是一种可供参考的法律移植方式。与此相匹配，可着力发挥中国大型律师事务所、国家仲裁机构与中国企业之间的配合作用，打造体现中国利益和中国关注的"新商人法"。例如，中国企业阿里巴巴在探索互联网商业的过程中走在世界前列，这种实践很可能带动相关法律实践的发展，在一定区域，如杭州积累起大量的司法判决，这些法律实践可为相关法律经验的输出提供重要的资源。类似的新兴领域还有很多，例如

---

〔59〕 ［美］Y. 德兹莱、B. 加思：《法律与法律制度的输入与输出：国家"宫廷斗争"中的国际战略》，载［意］D. 奈尔肯、［德］J. 菲斯特：《法律移植与法律文化》，高鸿钧等译，清华大学出版社 2006 年版，第 307 – 324 页。

〔60〕 ［美］安东尼·奥格斯：《经济学进路：法律体系间的竞争》，吴云译，载［英］埃辛·奥赫绪、［意］戴维·奈尔肯：《比较法新论》，马剑银、鲁楠等译，清华大学出版社 2012 年版，第 177 – 190 页。

〔61〕 关于全球化时代法律移植的多元性特征，参见［美］丹尼尔·伯克威茨、卡塔琳娜·皮斯托、弗朗索瓦·理查德：《全球视野下的法律移植效应》，魏磊杰、伍雨佳译，载《清华法治论衡》2016 年第 20 辑，第 96 – 97 页。

网约出租车的商业活动及其法律安排将是另一个实例。除了企业，非政府组织在法律移植活动中发挥的作用也不可低估。美国法律移植的实践表明，一些以人权、法治、环保等名义在全球活动的跨国非政府组织的作用极为明显，由于这些组织宣称自己不牵涉经济利益，而以传播"普世价值"为己任，很容易借助全球公共领域产生广泛影响，且道德公信力一般高于企业和政府。因此，充分培植体现全球价值观的跨国非政府组织，使其在与"一带一路"各国进行非官方交流的过程中推广中国法的有益制度、理念和实践，完全可能。借鉴美国第一次法律与发展运动的实践，法律职业群体，特别是法学教育机构，可以在协助其他国家培养法律人才、从事法律知识和经验跨国交流方面发挥作用，政府可直接或间接资助若干所大学法学院吸收印度、俄罗斯、伊斯兰世界和拉美等发展中国家的人才到中国交流知识、交换经验，互相学习各自的法律制度和法律文化，既借助留学生将中国法"携带"到目标国家，又通过他们将域外国家的法律信息带入中国。同时，也可定向培养终身从事印度、俄罗斯、拉美、非洲以及伊斯兰地区法律制度和法律文化的专家，及早为"一带一路"提供知识储备，在这一方面，清华大学的"发展中国家研究博士项目"值得推广。[62] 值得一提的是，在信息时代，文学艺术、电影电视作品和互联网信息产品，以及跨国传媒在传播法律理念方面发挥了越来越重要的作用。近年来，中国影视作品开始走出国门，向更多国家播放，而通过这些媒介，将中国的法理念和法文化搭载、传播，不失为巧妙的方法。同样，大量引入来自印度、拉美和俄罗斯的影视作品和文化产品，有助于激发中国人对这些国家风土人情、法律法规、制度安排的兴趣。因此，在"一带一路"的倡议中，法律移植的主体越是多元化，法律移植的整体效率越高，参与法律移植的国家所获越丰。在诸多法律移植主体中，特别值得一提的是"法律企业家"，即专门以从事法律移植，在域外谋求地位和利益为生存之道的法律专家。这种"法律企业家"在欧盟法的形成过程中发挥了重要作用，[63] 他们不仅包括在世界游走、任教、任职的母国法律人才，而且包括活跃于各种世界组织，

---

〔62〕 关于清华大学发展中国家研究博士项目，参见 http：//www.tsinghua.edu.cn/publish/sss/9176/index.html，访问日期：2016 年 9 月 18 日。

〔63〕 ［美］安东尼·科恩等：《冷战法：法律企业家和欧洲法律场域的出现（1945 - 1965）》，鲁楠译，载 ［德］沃尔克玛·金斯纳、［意］戴维·奈尔肯编：《欧洲法律之路——欧洲法律社会学视角》，高鸿钧等译，清华大学出版社 2010 年版，第 211 - 238 页。

从事法律业务的公务员、律师和发展问题专家。有意识地培育中国的"法律企业家"，让他们从事中国法的"经营"活动，是接下来应着力去做的工作。

第三，如何从事法律移植？考诸自 18 世纪以来西方法律移植的历史，我们不难看出，从法律移植的强度和输入国的态度上分类，西方法律移植的模式大体有三种，分别为武力强加式、半推半就式和自愿继受式。而武力强加式在以"和平和发展"为时代主题的 21 世纪，几乎不再可能；半推半就式仅仅在输出国对输入国保持着某种超出武力支配之外的其他支配力时方才有效，而显然，中国尚不具有如此巨大的影响力，而且这种模式也暗含着道德缺陷，与我国"和平共处五项原则"的外交政策不符。因此，中国唯有在平等相待，自愿合作，相互学习的基础上推动相互的法律移植、法律沟通和法律协调一途。这样，在中国法的域外移植中，本国法的优越性、适应性、灵活性、稳定性就需要加以考虑。中国应着眼于真诚地为"一带一路"上的合作国家提供更好的法律服务和更便宜的"公共产品"，细心谋求与本土资源良好结合的法律实践形式，而非仅仅着眼于实现本国企业和其他行动者利益的最大化。在这一过程中，不仅可以采取目标定向的法律移植，即目标明确地将中国特定法律安排输出到特定国家，例如，在为某国提供高铁全套建设项目的过程中，将高铁运行、管理的相关法律标准、制度和程序一并向引入高铁的发展中国家推荐，允许对方自主参考、吸收和借鉴。也可以采取目标不定向的法律散播，即将某些法律安排嵌入标准合同、仲裁条款、标准手册、谈判流程、贷款条件、律师服务合同、区域性条约、协定乃至全球性条约群中，随机、随时地引起法律移植，让相关制度安排和法律实践接受全球法律行动者的检验。这要求中国法律职业整体上具有更加敏感的法律移植意识和谋求长远利益的战略观念。在具体实践中，法律移植所面临的问题千差万别，远非纸上谈兵那般顺利。我国首先将面临的困境就是，西方法律制度已经充斥全球法律市场，以至于为非西方国家留下的空间十分有限。但这并不等于非西方国家全无展示的舞台，相反，在某些新兴领域，或者某些西方国家未予充分占领的领域，仍有抢占法律市场的可能性，印度药品知识产权制度便是一个引起人们广泛兴趣的例子。[64] 中国在电子商务和互联网金融等领域的法律实践，完全可为其他国家的法律发展提供镜鉴。此外，在某些生活落后的非洲地区，某些产品法律标准在西方后工业社会早已淘汰、过时，在非洲地区却有现实需要，此时从非洲地区国家的立场和角度，参与制定广泛的行业法律标准，对于获得非洲法律市场殊为有利。而由于人口、资源和发展阶段的相似性，印度和中国相互借鉴法律制度的空间更大、内容更多。印度和南非对违宪审查制度的独特发展，在化解宗教和族群冲突方面积累的制度经验完全可以为我国所吸收和借鉴。种种法律全球化现象表明，在实体法为西方法所充斥的地方，程序法未必被完全占领；在程序法被占领的地方，"标准"这一细小却远非不重要的领域却未必被完全占领。法律发展的不同步性，恰恰为多层次的法律移植提供空间，有时"落后"反而是一种优势。

第四，法律移植什么？这无疑又是一个看似简单，却不容易回答的问题，其中却暗藏大量的误解和误区。误解在于，我们早已习惯于接受西方自 1648 年以来形成的，以民族国家为中心的一元法律观，误以为中国的法律移植必然，或仅仅意味着中国民族国家官方法（official law）和书面之法（black – letter law）的移植。而在全球化时代，恰恰是这种法律一元论无法再描述法律全球化的复杂性，一种法律多元论呼之欲出。[65] 从这种法律多元论看来，中国法远非中国的官方法，其官方法、民间习惯法、宗教法、商人法都属于中国法的有机组成部分；而从法文化角度观之，中国法文化远非一维，它既富含儒、释、道等多种文化源流，不同地域，如长江、珠江和黄河流域的地域性法律文化也各有不同；更值得一提的是，在新疆、西藏、云南、宁夏、内蒙古等省份，还有着与伊斯兰教、佛教密切相关的宗教法文化和民族法律传统；在香港、澳门和台湾，还有着与他国有所关联的前殖民法律文化遗产。从比较法学家的视角看来，和其他国家一样，中国法并非单一的图景，而是更加接近于后现代主义哲学家德勒兹和瓜塔利所描绘的"千高原"。[66] 中国法和法文化的多样性恰恰为中国法的移植

---

〔64〕 何隽：《迈向卫生公平：WTO 中的药品知识产权》，载《清华法治论衡》2015 年第 21 辑，第 101 – 116 页。

〔65〕 杨静哲：《法律多元论：轨迹、困境与出路》，载高鸿钧等编：《法律全球化：中国与世界》，清华大学出版社 2014 年版，第 231 – 251 页。

〔66〕 参见〔法〕德勒兹、加塔利：《资本主义与精神分裂（卷 2）：千高原》，姜宇辉译，上海书店出版社 2010 年版。

提供了多样选择。经过扩展理解的中国法文化，如同一个有待打开的法律宝库，可能发现有利于中国法律移植的种种崭新因素。例如，得到良好治理的新疆，将对中亚广大伊斯兰文化地区和国家产生良性影响，有利于中国法在中亚地区的移植；而对佛教的良好法律治理，同样有助于拉近与东南亚佛教国家乃至与印度的距离，促成各国之间法律文化的深层次沟通；例如，台湾政治民主化和法治现代化的实践，以及消化日本殖民时代法律遗产，复兴儒家法律文化方面的种种成就，有助于塑造中国法文化的另面形象；而香港吸收英国普通法传统，融合自由港的商业资本主义实践形成的高效、廉洁法治体系，对世界很多国家都不无吸引力。在这一方面，我们不应狭隘地理解法律移植，将其视为仅仅是与经济有关的法律移植，这无疑也使两次法律与发展运动同样陷入的一大误区。自我推销的前提恰在于重新认识自我。

第五，在法律移植过程中，应避免发生什么问题？笔者认为，"一带一路"国家战略及其法律移植战略的成功，首先建立在躲避一些陷阱的基础上，这些陷阱当然可能是制度上、做法上的，但更重要的是深层次观念上的。从观念之维来看，我们应避免五个观念陷阱。

第一，应避免线性法律与发展观。所谓线性法律与发展观，是指认为所有人类社会都必然经历统一发展历程，而法律也随着人类社会统一发展阶段而发生变化的观念。现代历史学、社会学和人类学研究表明，不同人类社会的发展道路分殊，典章歧异，各不相同，而影响经济、社会和法律发展的因素极为多样，不可一概而论。因此，在与各国进行经济交往过程中，意识到这种差异性意义重大。我们必须充分意识到，在影响经济和社会发展的各种变量中，法律仅仅是其中一种，而且法律因素需借助于政治、经济、社会、文化等多种因素发挥作用。根据高鸿钧教授的研究，在法律移植中，处于氏族和部落时期的人类社会，法律移植受文化因素影响极强，法律移植难度较大，在国家产生之后至现代社会之前的传统社会，则政治和文化因素对法律移植影响力较强；在民族国家产生之后至全球化时代之前的人类社会，政治因素凌驾于文化因素影响法律移植；在全球化时代的社会，经济、政治和超国家的人类共同价值将影响法律移植。[67] 而在"一

---

〔67〕 高鸿钧：《法律移植：隐喻、范式与全球化时代的新趋向》，载高鸿钧：《全球视野的比较法与法律文化》，清华大学出版社 2015 年版，第 43 页。

带一路"上,可谓处于不同发展阶段,不同类型的人类社会全部存在,对法律移植主导范式的反思就变得非常重要。此外,需特别提及的是,宗教因素在"一带一路"上的法律移植中,将发挥特别重要的作用。尽管宗教可归类于文化因素,但它无疑是影响巨大、机理独特的文化因素,在全球化时代,宗教因素不仅没有衰减,反而有复兴的趋势。在"一带一路"上,我国将首先与伊斯兰教和印度教文化相遇。深刻理解和把握宗教的文化特质,理解宗教精神和生活方式,特别是充分领会宗教世界观下的法律内涵,将极大影响中国"一带一路"战略的贯彻实施。仅以目前引起广泛争议的伊斯兰金融为例,根据伊斯兰法,禁止商业交往收取利息,这迫使穆斯林商人采取种种变通方法从事金融活动。[68] 随着"一带一路"战略的提出,国际上的伊斯兰金融组织提出参与相关金融贷款活动,这要求我们必须开启对伊斯兰法律制度和文化的学习过程。类似的例子还会在非经济层面,特别是生活习惯方面有所体现。例如,近年来影响颇大的"清真食品"立法问题,不仅牵涉到广大穆斯林的宗教信仰和生活方式,而且超出一国一地,在全球层面议题化,需要谨慎处理。在"一带一路"沿线国家,地缘政治格局的变动对经济发展影响巨大,其中很多政治变动都与宗教因素密切相关,2016 年发生在土耳其的政变便与其境内世俗凯末尔主义与伊斯兰主义的冲突密切相关,若对自 20 世纪 70 年代以来方兴未艾的伊斯兰复兴运动[69] 缺乏关注,将无法理解土耳其的政治变动。

第二,应避免法律工具主义观。所谓法律工具主义观,即认为法律是促进经济发展的工具,其价值实质是一种实用主义和功利主义。短期来看,法律工具主义观有利于法律移植,因为对输入国来讲,"好用"是继受法律的首选理由。法律工具主义观所带来的附带好处,是降低法律移植的难度,简化法律移植的流程,吸引逐利的商人阶层和输入国权贵集团,使法律移植成为跨国商人阶层攫取利益,巩固本土权贵集团权势的有力工具。但从长远来看,法律工具主义害处甚大,它无视法律背后丰富的情境因素和价

〔68〕 关于伊斯兰金融,参见巴曙松等:《伊斯兰金融体系形成的市场基础和金融特性研究》,载《金融理论与实践》2009 年第 6 期,第 20 - 24 页;瞿强:《伊斯兰金融的近期发展》,载《国际金融研究》2008 年第 11 期,第 39 - 43 页;马玉秀、祁学义:《伊斯兰金融思想初探》,载《北方民族大学学报(哲学社会科学版)》2009 年第 4 期,第 43 - 47 页。

〔69〕 关于伊斯兰复兴运动对伊斯兰法产生的影响,参见高鸿钧:《伊斯兰法:传统与现代化》(修订版),清华大学出版社 2004 年版,第 351 - 388 页。

值关联，忽略法律隐藏的阶级冲突和利益斗争，对商人阶层与本土权贵的勾结不闻不问。这种法律移植，特别容易造成输入国内部特定群体的反感，甚至是激烈反抗，容易导致很多经济计划的流产。法国比较法学家罗格朗（Legrand）认为，各国法制作为文化整体不可移植，[70] 而德国法社会学家托伊布纳（Teubner）也认为，各国法律系统具有规范封闭性，外来法律信息仅能造成刺激，而无法互相移植。[71] 这些洞见都从另一个侧面反映了法律与特定社会情境的紧密相关性，强调了法律移植的难度。因此，对于这种法律工具主义观及这种观念所带来的天真的法律移植观，我们必须保持警惕。近年来，我国在海外投资过程中，很多项目遭遇挫折，甚至最终流产，究其原因，都与我们抱着功利主义发展观，工具主义法律观，好走"上层"路线，对东道国的经济、社会、法律复杂性缺乏深刻认识密切相关，在这一点上，我们付出的代价相当沉重。

第三，应避免隐性殖民主义观。自 1949 年以后我国主张"三个世界"的国际关系理论以来，一直将自己定位为"第三世界"的发展中国家，这种自我定位不仅仅是经济实力意义上的，更是道义上的。在历史上，第三世界国家饱受西方发达国家的主宰、欺凌和剥削，一直到今天，19 世纪西方殖民主义的历史以及 20 世纪西方发达国家新型殖民主义的种种做法，都成为全球有志之士批判的对象。而随着中国全球地位的提升、经济实力的增强、全球战略的出炉，对新旧殖民主义的历史和现实需抱有清醒的认识——己所不欲，勿施于人。我们应严防以法律移植为手段，在非洲、拉美和中亚等国家和地区形成隐性的殖民主义体系。很多容易引起世界诟病的做法和提法，应受到思想界和学术界的反思性检验，然后灵敏地作出调整。在"一带一路"战略中，中国理应深刻思索自己为世界提供的愿景，究竟是为建设一个更加公平、富足和美好的世界而努力，还是走西方发达国家的老路，为一国一族的私利和霸权而奋斗？"一带一路"为中国更加深入地参与全球治理，甚至重塑全球治理提供了良好的契机，如何卓有成效地打造更加公平的全球治理新体系，扭转自 20 世纪 90 年代以来西方新自由主义

---

〔70〕 ［法］P. 罗格朗：《何谓"法律移植"》，马剑银译，载［意］D. 奈尔肯、J. 菲斯特：《法律移植与法律文化》，高鸿钧等译，清华大学出版社 2006 年版，第 75－94 页。

〔71〕 G. Teubner, "Legal Irritants: Good Faith in British Law or How Unifying Law Ends up in New Divergences", *Modern Law Review*, Vol. 61, 1998, p. 12.

全球化所造成的全球贫富分化，是值得法学家阶层认真思索的大问题。

第四，应避免"中国模式"完美论和万能论。总体而言，法律移植的成功建立在对本国法律体系的信心之上。每个国家历史和国情不同，这决定了每个国家都有其"模式"，从这一点来说，任何模式都非普遍，任何模式都未必完美，美国模式如此，"中国模式"也如此。而法律移植特别有利于我们在殊方异域检验本国法律经验的有效性和局限性，继而这些经验和教训将反馈至国内，进一步推动中国自身的法律改革。恰如笔者在文中已经强调的，法律移植必须与法律改革并肩而行，相互支持，法律输出必须与法律输入彼此互补，相得益彰。"一带一路"国家战略将为中国法治事业提供重要的历史机遇，而能否抓住机遇，实现中国法治的现代化和全球化，需要我们彻底转变自身文明根深蒂固的内向性，以汉、唐时代我们文明曾经具有的广大胸怀克服我执、海纳百川、包容万有，进一步开启学习过程，向中国法律文明的自我更新迈进。

第五，应避免将法律移植等同于法律意识形态输出。英国比较法学家科特雷尔（Roger Cotterrell）用法律意识形态来指涉特定法律职业群体共有的深层次观念。[72] 实际上，任何国家的法律职业群体，也都有自己的一套习焉不察的观念形态，这也是法律意识形态的一种形式。在美国第一次法律与发展运动时期，戴维·楚贝克和马克·加兰特便指出，"自由法条主义"（liberal legalism）是该运动参与者共有的法律意识形态，[73] 而第二次法律与发展运动时期同样存在一种法律意识形态，它与新自由主义法律观密切结合在一起。[74] 从美国的经验看来，似乎法律移植本身就是一种法律意识形态的输出，二者密不可分。加之在 1949 年以后，我国曾经有过短暂的"输出革命"时期，这也使一些学者产生了相应联想，认为法律移植也是类似于"输出革命"的活动。这两种忧虑合在一起，使学术界对于"一带一路"中法律移植问题的思考一直踟蹰不前。笔者认为，在全球化时代，法律移植是一种普遍存在、极为活跃的法律现象，其中一部分现象固然牵

〔72〕 Roger Cotterrel, *Law's Community*: *Legal Theory in Sociological Perspective*, Clarendon Press, 1995, pp. 7 – 14.

〔73〕 David M. Trubek & Marc Galanter, "Scholars in Self – Estrangement: Some Reflections on the Crisis in Law and Development Studies in the United States", *Wis. L. Review*, 1974, pp. 1070 –1080.

〔74〕 ［葡］桑托斯：《迈向新法律常识：法律、全球化和解放》（第 2 版），刘坤轮、叶传星译，中国人民大学出版社 2009 年版，第 387 –391 页。

涉法律意识形态，更多的法律移植现象却与种种不同的观念、思想结合在一起，表现出千变万化的面貌，很难有一种意识形态主宰所有的法律移植，因此法律意识形态对法律移植的绑定作用十分有限；而另一方面，中国在从事和参与法律移植的过程中理应抱着沟通和相互学习的态度，与各国共同致力于寻找更佳法治安排的探索，这与"输出革命"旨趣完全不同。与此相反，恰是交互的法律移植，有利于使特定国家的法律职业群体在沟通和碰撞中反思自己习焉不察的意识形态，并做出有益的改进。更值得一提的是，不论美国还是中国，实际上都无法完全控制全球化时代的法律移植，因此在相关领域的战略安排都仅具有限的意义，这恰恰又要求我们对不断变化的全球化过程保持开放的心态，随时做出灵活的调整。

四、结语：寻求中国比较法的新机遇

"一带一路"国家战略不仅为中国提供了新的想象空间，而且为中国法学界，特别是比较法学界提供了新的想象空间。如何借助这一历史机遇，调整比较法研究的范式和内容，是笔者和每一个以比较法为志业的学人都应深思的问题。笔者认为，以下三个方面值得我们作出调整，以推动中国比较法的新发展。

第一，突破传统"中—西"二元对立的比较格局，将更多的法律传统纳入比较。自近代西学东渐以来，在救亡图存的压力下，我们迫使自己进入"中—西"二元对立的分析框架，历时已百余年。而至今天，中国已经逐步摆脱了救亡图存的危机，步入了全球化的历史新时期。在"一带一路"国家战略下，传统比较法"中—西"比较的框架早已不复使用，它所提供的世界法律地图不仅残缺不全，而且极度扭曲，将印度法系、伊斯兰法系放在边缘地位，打入"前现代""不发达""落后""野蛮"的另册。而随着东欧剧变，苏联解体，对东欧和俄罗斯法律制度的研究也被移出了关注核心。这种境况对于我们在新时期从事法学研究和法律移植，全面掌握全球各国的法律知识相当不利。因此，中国比较法急需突破"中—西"比较框架，重塑世界法律地图，建立多元法律文化的比较格局。

第二，突破过去以概念比较和功能比较为主要方法的方法论体系，引入意义比较的方法论。总体而言，在比较法领域，概念比较对应于实证主义法学，功能比较则来源于结构—功能主义的社会法学，这两种方法论的最大问题在于，对法律与特定法律文化生活意义的关联茫然不知。这种方法论缺陷带来的问题很可能在"一带一路"法律移植的过程中集中爆发。

因为,"一带一路"国家战略牵涉国家众多,文化传统差异巨大,若对这些国家的历史传统、生活方式和价值观念缺乏深刻了解,法律移植几乎难以成功。而对法律与生活意义关联的把握,恰恰是概念比较和功能比较的弱项。中国比较法应突破这一弱势,在意义比较之维谋求长足发展,为"一带一路"国家战略提供真正意义上的比较法智慧。

第三,应有意识地革新比较法教学体系,为中国法的全球化提供战略储备人才。中国传统比较法课程知识陈旧、理念落后、脱离实践,往往沦为另一种形式的法律导论课,而比较法学科则显得"特异、边缘而无聊"。[75]但随着全球化进程的加速以及中国在全球战略的推出,如何运用比较法知识,从事比较法实践已经逐步变成各个社会阶层、各级政府部门、各种社会力量不约而同关心的真问题。在这种时代巨变中,有意识地革新比较法教学体系,有意识地培养特定法系或法律文化的专才,为中国法的全球化做好战略人才储备,是有远见卓识的国家理所当然会考虑的问题。因此,笔者建议,依托中国顶尖大学的若干法学院,定向地培养印度法、俄罗斯法、拉美法、非洲法、伊斯兰法方面的比较法人才,设立卓有建树的相关领域学术团队,不赶时髦,不追潮流,扎扎实实做好相关领域的基础研究工作,迅速填补过去我国比较法学在这些方面的研究空白。在比较法研究中,我们应克服两种幼稚病:一是极端自负的幼稚病,以为中国文化独步天下,无需向外学习;二是极端自卑的幼稚病,以为唯有欧美法律文化才是人类的发展方向,人类没有任何别的选项。在实践中,这两种幼稚病往往相伴而生,有着种种表现,值得我们不断探讨,加以修正。

"一带一路"国家战略正在逐步展开,其未来前景如何,我们尚无法断定,但毫无疑问,中国已经并且终将走向世界,在这一过程中,我们必将深深地改变世界,也必将深深地改变自己。与之相伴随的,也将是中国的法治和世界法律格局发生新的改变,何去何从,这是个问题。我们怀着希冀、恐惧交织的心情站在通向新的历史时空的门口,用中国诗人穆旦的诗来讲:"那可能的和不可能的使我们沉迷",但存在的意义深藏在可能和不可能之间。

---

〔75〕[加]帕特里克·格伦:《比一较》,鲁楠译,载[英]埃辛·奥赫绪、[意]戴维·奈尔肯:《比较法新论》,马剑银、鲁楠等译,清华大学出版社2012年版,第102页。

论法国世俗性原则的斗争面向[*]

朱明哲[**]

一、导论

在美国，教权与世俗权力并立但彼此尊重的"政教分离"是处理国家与教会关系的主要模式。法国则采取了另一种模式，政权凌驾于教权之上、由国家界定宗教活动的范围、教会的组织管理和个人信仰空间。长期以来我国学界对前者关注较多，对后者关注不足。[1] 本文希望对法国在历史中形成的、不同于政教分离的"世俗性原则"内涵进行剖析，以期补充我国对宗教关系的研究。本文的基本立场是：法国以"世俗性"不同于政教分离，也不同于宗教自由。以"世俗性"名义进行的一系列制度实践主要表现为国家对宗教组织的限制，从而具有重要的斗争面向。

目前，世俗化原则面对的主要问题是法兰西共和国的法律与伊斯兰教之间的紧张关系。一方面，《法兰西共和国宪法》第 1 条第 1 款庄严宣布："法兰西为一不容分割、世俗的、民主的社会共和国。国家确保不分地域、种族、宗教之所有公民，在法律上一律平等。"另一方面，关于穆斯林个人宗教实践和共和国价值的诉讼最近十数年内频发于法国，又促使人们质疑

* 本文原刊于《欧洲研究》2016 年第 6 期，第 117 - 135 页，收入本书时有改动。本文完稿得益于马剑银博士、郭婷博士、陈刚博士、吕亚萍博士的建议。

** 朱明哲，中国政法大学比较法学研究院讲师，巴黎政治大学法学博士。

〔1〕 参见彭小瑜：《利奥十三世〈政教关系通谕〉与 19 世纪法国宗教政治》，载《北京大学学报（哲学社会科学版）》2010 年第 6 期，第 100 - 109 页。

世俗性和法律上平等的落实。其中最近三个案件尤其具有代表性：包含了从基层法院一直上诉到最高法院的"巴比卢（或狼宝宝）幼儿园案"（Affaire de la crèche Baby Loup），[2] 在今年夏天引起了很多关注的"布基尼禁令案"，[3] 还有知名度较低的"法伊扎案"（Faiza）。[4] 法学家最核心的工作是在具体的个案中确定法律的意义。所以和三个案件有关的诉讼自然而然会触及许多法律技术问题。但不同价值之间的冲突也在司法剧场中展现，以至于人们无法任由它们隐藏在法律技术背后。本文将证明，对最近诉讼的准确理解需要回溯"世俗性"在法国的实践史。

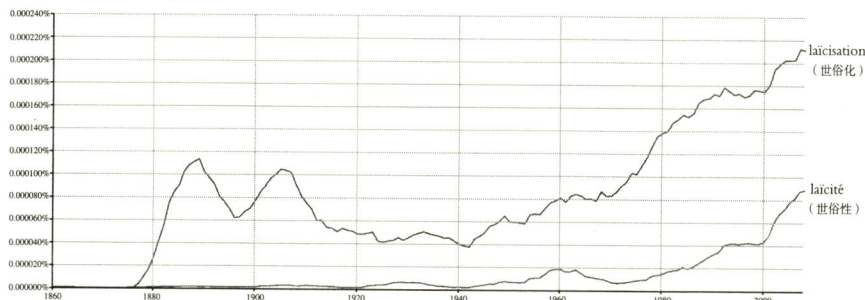

图1　Ngram 词频分析（来源：Google Books Ngram Viewer）

仅仅使用 Ngram 的词频分析就可以知道，"世俗化"在 19 世纪 70 年代突然出现在法语文献中。"世俗性"也在 1871 年 11 月 11 日的《祖国报》（*La Patrie*）上首次使用。"世俗化"的使用频率在 1885 到 1890 年间达到巅峰，短暂地回落但很快回升，在 1905 到 1910 年之间重新达到一个高潮并再度迅速回落。第二次世界大战结束后，法语中世俗化的使用频率再次上升，并在 20 世纪 70 年代末追平此前的纪录后一再攀升。"世俗性"的使用稍有不同：从 1940 年开始，其使用频率缓慢增长至 1960 年左右，然后在 1970 年代与"世俗化"一起增加，但是增长的幅度不如后者。对语言使用的分

---

〔2〕 Cour de cassation, Chambre sociale, 19 mars 2013, n° 11 – 28. 845；Cour de cassation, Assemblée plénière, 25 juin 2014, n° 13 – 28. 369.

〔3〕 Conseil d'État, ordonnance du 26 août 2016, n°s 402742, 402777.

〔4〕 Conseil d'État, 2ème et 7ème sous – sections réunies, 27 juin 2008, n° 286798.

析首先说明一个重要的概念区分：作为过程表现的"世俗化"要比作为状态性质描述的"世俗性"在历史上扮演着更有意义的角色。

另一个经由上图得到说明的是，1905 年并非法国世俗化最具决定性的时刻。1905 年的《教会与国家分离法》（Loi du 9 décembre 1905 concernant la séparation des Eglises et de l'Etat）只是 19 世纪 80 年代以来建立世俗共和国的一系列努力之阶段性成就。1905 年既不代表世俗性的实现，也不代表世俗化的终结，因为"世俗性"并不等同于"政教分离"。1946 年的《宪法》第 1 条首次把法兰西定义为"世俗的共和国"，重新振奋了世俗化的事业，这一条延续至今的宪法规定也成了 1958 年第五共和国成立后一系列争议的焦点。大概在 1968 年"五月风暴"的同时，对世俗化语言的使用也再次开始迅速增长。

第一次世界大战的开始到第五共和国建立的最初十多年是人们对"世俗化"和"世俗性"讨论较为平稳的一段时间。它区分的两个时段中，世俗化有不一样的外表。1914 年以前的世俗化主要表现为共和国对天主教会的压制和剥夺。1958 年之后的世俗化以不同社会团体之间的矛盾为形式表现出来。但背后最核心的、始终不变的无非是有组织的中间团体如何于共和国中存在的问题。最简明扼要的说法是，从第三共和国建立开始，共和主义的实践就拒不接受任何围绕中间团体而组织的社会生活，因为"在社会生活中，个人与生俱来的永恒自由与权利可能受中间团体的限制"。[5] 正是在中间团体（教会、工会、行业协会等社会自组织团体）问题上，世俗性展现了它的双重面向：它以保护个人和国家免受中间团体影响为目的，又以对中间团体的限制作为手段。所以，可以说有两种世俗性：自由的世俗性（laïcité libérale）和斗争的世俗性（laïcité combative）。[6] 也可以说是

〔5〕 Jean – Pierre Rioux et Jean – François Sirinelli, *Histoire culturelle de la France*：*Le temps des masses*, *Le vingtième siècle*, Paris, Seuil, 2005, vol. IV, p. 13.

〔6〕 *Cf.* Géraldine Muhlmann et Claire Zalc, « La laïcité, de la IIIᵉ à la Vᵉ République », *Pouvoirs*, 2008, vol. 126, n° 3, p. 101；Emmanuel Dockès, « Liberté, laïcité, Baby Loup：de la très modeste et très contestée résistance de la Cour de cassation face à la xénophobie montante », *Droit Social*, mai 2013, n° 5, p. 388；Jean Rivero, « De l'idéologie à la règle de droit：la notion de laïcité dans la jurisprudence administrative », *in* Centres d'études supérieures spécialisés. Université d'Aix – Marseille. Centre de Sciences politiques de l'Institut d'études juridiques de Nice (dir.), *La laïcité*, Paris, Presses Universitaires de France, 1960, pp. 263 – 283；David Kessler, « Laïcité：du combat au droit », *Le Débat*, janvier 2011, n° 77, pp. 84 – 89.

法国世俗性的两种不同面向。

如果仅仅关注"世俗性"所蕴含的自由面向，人们很容易忽略，为了在一个带着不可磨灭的天主教烙印的社会上建立一个世俗共和国，共和派和天主教会之间的斗争一度非常激烈。目前法国一系列关于世俗政府与宗教组织之关系的讨论，都应当放在世俗化过程中共和国致力于消除社会组织力量的历史背景中理解。1914 年以前和 1946 年之后两个不同时段的对比将证明上述假设。但在此之前，有必要先从最近的几个判例入手探讨，以便说明理解目前紧迫的矛盾必须以理解世俗性的斗争面向为前提。

二、司法中的世俗性：以宗教服饰为例

2008 年，一位原籍摩洛哥的妇女法伊扎（Faiza）坚持在前往市政厅时穿着包裹全身的"布卡"（Burqa），最高行政法院因此认定她的宗教实践"过于极端，且无法与法国共同体的基本价值特别是性别平等的价值相符"。[7] 所以，最高行政法院认为政府根据《民法典》原第 21 条第 4 款有权以"无法融入"为由拒绝入籍申请。类似的情况发生在 2013 年的"阿贝尔坎案"中。原籍阿尔及利亚的穆罕默德·阿贝尔坎（M'hammed Aberkane）在与一位法国人结婚后申请加入法国国籍，却遭到拒绝，因为最高行政法院认为上诉人的材料证明他"拒绝接受法国社会的基本价值，特别是男女平等"，所以当局对他"无法融入"的判断于法有据。[8]

2016 年 8 月 5 日，法国南部尼斯市所辖市镇卢贝新城（Commune de Villeneuve - Loubet）以市政府决定的方式，禁止在海滩上穿着专门为穆斯林妇女所设计、包裹全身只露出脸庞的泳衣"布基尼"（Burkini）。人权团体向行政法院起诉要求撤销该决定，案件一直上诉到最高行政法院。最高行政法院认为，地方长官仅能在"适宜、必要和合乎比例"的限度内，以避免公共秩序受到以危害为目的限制个人自由，且限制必须在存在现实危险的情况下作出。但并没有证据证明在海滩上穿着布基尼会妨害公共秩序。系争命令还构成了"对活动自由、信仰自由和人身自由等基本自由严重且明显违法的妨害"。[9] 最高行政法院据此暂停了政令的执行。

在法国社会引起广泛讨论的巴比卢案中，法蒂玛·阿费夫（Fatima

〔7〕 Conseil d'État, 2ème et 7ème sous - sections réunies, 27 juin 2008, n° 286798.

〔8〕 Conseil d'État, 2ème et 7ème sous - sections réunies, 27 novembre 2013, n° 365587.

〔9〕 Conseil d'État, ordonnance du 26 août 2016, n°s 402742, 402777.

Afif）自 1992 年起于私立巴比卢幼儿园工作，并成为副园长。从 2002 到
2008 年，她相继休了产假和子女养育假（congé parental d'éducation）。期间，
她收到园长发来的通知，告知根据 2003 年生效的内部规定，她以后将不能
继续在工作中佩戴面纱。2008 年 12 月 9 日，当她如常佩戴面纱前往工作场
所时，受到了园方的警告，并最终于 12 月 18 日——在她多次坚持佩戴面纱
出现在幼儿园之后——接到通知：她已遭解雇，因为违反协会在人员管理
方面的世俗性和中立性原则。在反歧视组织的支持下，阿费夫向地方劳动
法院提起诉讼。地方法院认为该幼儿园虽然是私人机构，却承担公共服务
职能，所以世俗性原则应该得到适用，判决幼儿园的解雇决定有效。凡尔
赛上诉法院虽不同意劳动法院的理由，但是认为私人机构为了实现自身目
的而实施的内部管理措施只要不违背合目的性和比例适当性，便可以限制
员工个人自由。[10] 然而最高法院社会法庭在 2013 年推翻了凡尔赛上诉法院
的判决，因为"《宪法》第 1 条所称之世俗性原则并不适用于私法上的雇佣
关系。该原则不应阻碍劳动法上雇员权利的实现"，而且内部管理上的限制
是《劳动法典》L－1321 条第 3 款所谓一般的、不明确的限制，构成了歧
视。[11] 案件发到巴黎上诉法院进行重审。

巴黎上诉法院则维持了一审判决，并为此首次提出了"信念事业"
（entreprise par conviction）的概念。巴黎上诉法院认为巴比卢虽然是一私立
幼儿园，其本身存在的目的却是为来自经济和社会上贫弱家庭的孩子提供
良好的照顾和教育，为不同出身背景和信仰的女性提供就业机会，所以它
实际上服务于公共利益。在此前提下，该幼儿园必须为所有孩子的成长提
供平等、对任何宗教没有偏见的环境，那么其员工受制于世俗性和中立性
原则也就是合法的了。[12] 最后，该案再次上诉至最高法院，最高法院全席
审判委员会（Assemblée plénière）虽然否定了巴黎上诉法院所谓"信念事
业"的立场，却判定解雇行为合法。其主要理由是："在一个只雇用 18 名
员工、可以与孩子的家长建立直接关系的幼儿园中，对员工的宗教自由作
出明确限制的内部规则仅仅具有为实现组织特殊目的的性质，而不具备一

---

[10] Cour d'appel Versailles, 27 octobre 2011, n° 10/05642.

[11] Cour de cassation, Chambre sociale, 19 mars 2013, n° 11－28.845.

[12] Cour d'appel Paris, 27 novembre 2013, n° 13/02981.

般性，且足够清晰明确，因而既合法又合比例。"[13]

上述各诉讼在外观上的共性是它们都直接由穆斯林妇女的穿着引起，但法律上的争点有所区别。在拒绝入籍案中，最高行政法院决定的正确性取决于对《民法典》第 21 条第 4 款中"无法融入"的理解是否正确。在布基尼禁令案中，最高行政法院暂停地方政府行政决定的正确性取决于对地方政府行使警察措施权力范围的理解是否正确。在巴比卢幼儿园案中，最高法院全体会议决定的正确性显然取决于对《劳动法典》L. 1321 条第 3 款（内部管理规定的认定）和 L. 1121 条第 1 款（限制个人权利与自由的条件）的理解是否正确。通过法律技术完全可以在个案中解决争议。但同样明显的是，在拒绝入籍案中行政法官借助"法国社会基本价值"，在布基尼禁令案中行政法官倚重"信仰自由和人身自由"，劳动法院、凡尔赛和巴黎的上诉法院和最高法院的社会庭则认为对"世俗性"的理解是解决问题的根源。[14] 更何况，最高法院全体会议把一项对整个私立机构所有雇员都适用的内部管理规则解释为"非普遍"的规则，本身就是让政治性理解替代法律理解的解释。[15] 所有这些价值性的论证语言说明，在由各种法律技术织就的精密法网之后，所有诉讼都涉及如何理解《法兰西共和国宪法》第 1 条第 1 款提到的"世俗的"。无论是否适用、如何适用，类似的法律争议无法完全回避世俗性问题，或者说 2000 年以来法国世俗性原则面对的挑战。[16]

三、理解世俗性

前引判例说明，无论是公权机关还是私立机构都以"世俗性"的名义试图限制个人表露其宗教身份的行为。世俗性的自由面向在于通过限制社会运作中的宗教机构以保护个人的宗教自由，斗争面向则在于它打压作为社会—政治组织的宗教团体。如果人们认为难以用世俗性原则正当化一系列限制宗教实践的立法和判例，原因恰恰是要么认为世俗性只具有自由面

---

〔13〕 Cour de cassation, Assemblée plénière, 25 juin 2014, n° 13 – 28. 369.

〔14〕 *Cf.* Eoin Daly, "Laïcité in the Private Sphere? French Religious Liberty after the Baby – Loup Affair", *Oxford Journal of Law and Religion*, May 2016, 65.

〔15〕 *Cf.* Isabelle Meyrat, « épilogue incertain de l'affaire Baby – Loup: l'obligation de neutralité dans une entreprise investie d'une mission d'intérêt général », *Le droit ouvrier*, Février 2014, n° 2, pp. 73 – 78.

〔16〕 *Cf.* Stéphanie Hennette – Vauchez et Vincent Valentin, *L'affaire Baby Loup ou la nouvelle laïcité*, Issy – les – Moulineaux, LGDJ, 2014, p. 116.

向，要么是认为可以用自由面向完全取代斗争面向。实际上，斗争性的一面在世俗性的制度实践中占据了并不亚于自由性的地位。但是，在此之前需要首先简单解释一下本文所理解的"世俗性"概念。

法学和政治学领域谈论的"世俗性/世俗化"（laïcité/laïcisation）与宗教社会学家谈论的"世俗化"（sécularisation）有所不同。简单地说，在宗教社会学上，sécularisation 意味着宗教在文化和社会生活中的边缘化。在同一个文本中如果使用宗教社会学意义上的"世俗化"（sécularisation）和法律—政治意义上的"世俗化"（laïcité/laïcisation）会很容易导致混乱。一个简单的建议是把作为名词的"laïcité"翻译为"政教分离"，并认为这是该词的本意。为何本文仍采取现在的翻译呢？因为这种观点的潜在风险是暗示"laïcité"等同于《分离法》，同时也遮蔽了这个极具法国特色的概念与英美式"政教分离"的重大区别，而且还假定一个政治—法律术语有一个确定的内涵，以及忽视给定历史时期的政治实践为其添附的复杂意蕴。

先讨论支持翻译成"政教分离"的理由。根据权威法学专业术语词典的解释，1958 年宪法中使用的形容词"世俗的"指"独立于一切信仰的"。[17] 而国家的"世俗性"指的是"法兰西共和国源于 1905 年《分离法》并在 1946 年《宪法》中宣称的信仰中立性"。[18] 如果对世俗性的分析到此为止，认为它等同于国家在宗教事务的中立性从而可以等同于政教分离，倒也未尝不可。但是字典进一步指出，这个概念包括了以下方面：一是法国政府的非神权属性；二是所有的公权力集中于国家部门，任何宗教权威都不得参与其中；三是在不构成对公共秩序威胁的情况下尊重信仰自由和宗教自由；四是尊重在意见和信仰方面的多样性。[19] 如果仅看解释，似乎我们所说的世俗性和政教分离之间的区别仍不明显，好像只是同一个意思不同的表达。

然而一个需要考虑的问题是：我们在理解一个宪法概念时，究竟是把它作为一种韦伯式理想类型，甚至一种教条来理解，还是关注人们在具体语境中使用它时所能够做的事情？两种立场分别对应罗蒂所谓的"合理性

---

〔17〕 Gérard Cornu, « Laïque (ou laïc) », *in Vocabulaire juridique*, Paris, Presses Universitaires de France – PUF, 2009, p. 594.

〔18〕 Gérard Cornu, « Laïcité de l'Etat», *in Vocabulaire juridique*, Paris, Presses Universitaires de France – PUF, 2009, p. 594.

〔19〕 *Cf. Ibid.*

重构"和"历史重构"。[20] 从规范出发考虑如何解释概念最能体现人们善良意愿、维护宪法秩序本身的体系性和融贯性，无疑是一种重要的学术活动。但是也要看到，这种取向并不具有垄断性的地位。基于以下原因，研究人们在历史上使用一个概念时"到底发生了什么"[21] 仍然是重要的：一是每个群体在使用概念的时候可能强调的是不同的侧面，比如同样是"世俗性"，传统教会使用时可能强调国家的不干预，反教权人士可能强调国家对宗教势力的免疫力，而少数教派可能强调对多样性的尊重；[22] 二是上一部分所列判例在法国社会引发争议说明，仅仅诉诸一个概念在现代政治理论中的"本意"可能无法充分理解法律秩序中存在的多种可能性；三是宪法概念在实践中引起的多种可能性是因为历史上使用该概念的实践本身所导致的。所以，本文主张在合理性重构一个概念的"本意"并以此批判现有的司法实践之前，先重构概念实践的历史。

实际上，关于伊斯兰服饰的判决之所以在法学界引起争议，恰恰部分是因为对概念"本意"的教条式理解。我们的同行低估了实践为概念增加的复杂性。一些法学家批评司法机关把象征个人解放的原则变成了排外主义和伊斯兰恐惧的借口。[23] 另一些法学家主张要点在于个人的表达自由、宗教自由与世俗性之间的张力。[24] 提出以上观点的人都是社会法或社会史领域值得尊敬的学者，但他们理想化、浪漫化了世俗化的历史，从而无法正确理解法国语境下的世俗性。简单地说，他们都把自由面向看作世俗性

---

〔20〕 *Cf.* Richard Rorty, "The Historiography of Philosophy: Four Genres", *in* Richard Rorty, Jerome Schneewind & Quentin Skinner (eds.), *Philosophy in History: Essays on the Historiography of Philosophy*, Cambridge University Press, 1984, pp. 49 – 76.

〔21〕 John Pocock, *Political Thought and History: Essays on Theory and Method*, Cambridge University Press, 2009, p. xiv.

〔22〕 *Cf.* Jean Baubérot, « Sécularisation, laïcité, laïcisation », *Empan*, 2013, Vol. 90, n° 2, p. 31. (« ainsi des leaders religieux, quand ils acceptent la laïcité, peuvent en faire un quasi – équivalent de la garantie de la liberté de conscience, conçue comme étant essentiellement la liberté religieuse. Des militants anticléricaux et/ou des athées peuvent comprendre la laïcité comme étant surtout la séparation et la neutralité, strictement entendues. Des membres de religions minoritaires seront avant tout sensibles à l'égalité de traitement ».)

〔23〕 *Cf.* Emmanuel Dockès, « Liberté, laïcité, Baby Loup », *op. cit.* ; Haoues Séniguer, « La laïcité à l'épreuve de l'islam et des musulmans: le cas de la France », *Revue d'éthique et de théologie morale*, février 2012, n° 254, pp. 63 – 96.

〔24〕 *Cf.* Jean Mouly, « L'affaire Baby – Loup devant l'Assemblée plénière: quelques accommodements avec les principes », *Droit Social*, octobre 2014, n° 10, p. 811.

的唯一面向，从而把世俗性单纯看作个人自由界限或者基本权利保护的问题。在自由主义解释框架下，"世俗性意味着一个国家在宗教意义上是中立的，由一个完全与教会分离的政治权力管理，而且不主张任何宗教原则"。[25] 国家并不具有任何的宗教倾向，唯其如此才能够保护个人的宗教自由。[26] 一位对宗教自由毫无兴趣的人士——教皇庇护九世（Pius IX, 1792 – 1878）——在《谬误举要》中所驳斥的"国家必须与教会分开，教会也必须与国家分开"，反过来证明自由主义解释是一种保证宗教自由和宽容的立场。[27] 如果以世俗性的名义否定某种基于宗教信仰的行为，就成了对个人宗教自由的威胁和不宽容。

但是，世俗性原则存在首先肯定不是个人的宗教自由的必要条件，更不等同于宗教自由。公权力的世俗性并不是宗教自由的逻辑前提，否则就必须主张那些有教务专约（concordat）的国家（如西班牙、意大利、波兰、巴西）和确立国教的国家（如英国、挪威、瑞典、丹麦）并不保护宗教自由。这种结论显然是过于傲慢的。所以，世俗性原则作为一个法律规范应该与宗教自由区分。

强调《欧洲人权公约》第9条却忽略从1946年《宪法》延续至今的世俗性原则无异于掩耳盗铃。只要依然用自由主义的方式把世俗性看作政教分离的同义词、宗教自由的保护者，那么人们就算可以通过上述判例对宗教自由的界限了解更多，却仍然无法说明世俗性为何现在备受争议。尤其无法解释的是以下不仅困扰着学者，也困扰着公众的问题：世俗性原则正当化了一系列立法，并在司法中多次出场，但几乎每次受到限制的都是在人口中仅占5%左右的穆斯林？[28] 下文将要说明的是，在世俗化的历史上，斗争的世俗性比自由的世俗性更加重要，然后指出社会变迁与世俗性原则之间的张力。

---

〔25〕 *Cf.* Géraldine Muhlmann et Claire Zalc, «La laïcité, de la IIIe à la Ve République», *op. cit.*

〔26〕 *Cf.* Emmanuel Dockès, «Liberté, laïcité, Baby Loup», *op. cit.*

〔27〕 Pius IX, Appendix *Syllabus Errorum*, *Quanta cura*, 1864, 55.

〔28〕 法国禁止在人口调查的时候以宗教、种族、民族为依据进行统计，所以并没有非常准确反映某一种特定宗教比例的统计，只能通过洗礼、宗教婚礼等表征行为进行估算。关于穆斯林人口，估算的数字在3%到右翼政客夸张的10%之间。本文使用的是涵盖了"所有来自穆斯林地区和文化"的人口的统计数字。France Prioux et Arnaud Régnier – Loilier, «La pratique religieuse influence – t – elle les comportements familiaux?», *Population et Sociétés*, Juillet – août 2008, n° 447, pp. 1 – 4.

四、斗争的法律（1870-1914）

第三共和国建立到第一次世界大战之间的四十余年是法国世俗化运动的第一次高潮，称之为奠基的年代也不为过。共和派政府通过了一系列立法努力使法国成为一个世俗国家。在奠基的年代里世俗化在大部分情况下绝非个人自由的保障，而是国家对中间团体的打压，并因此可能成为对个人自由的威胁。

1869 年，普法战争前夕，美丽城的选民向他们的代表、享有"第三共和国之父"美誉的甘必大（Léon Gambetta, 1838－1882）提出了《美丽城方案》（Programme de Belleville）。方案中确定了平等、世俗化、民主政治、共和政体等后来成为第三共和国基石性理念的原则。《美丽城方案》第 7 条在巴黎公社 1871 年 4 月 1 日的政令中细化为国家与天主教会分离、取消国家支付给教会的预算、教团财产适用一般民法等具体安排。上述政治文件都可以视为世俗性原则的先声，并为第三共和国时期系统、持续的世俗化政策奠定了基础。

"敌人乃教权主义也！"（« Le cléricalisme? Voilà l'ennemi！»）1877 年 5 月 4 日甘必大以如此铿锵有力的句子作为自己在国民议会演讲的结语。[29] 如果说这位出色的机会主义者还有什么政治信念的话，反教权主义肯定是其中之一。[30] 其他建立第三共和国的共和派政治家也和甘必大一样相信，一个共和政体只能在把教权等与旧制度相连的因素彻底扫清后才能建立。[31] 持自由主义解释的作者也不得不承认："英美式的宗教自由主义更多保护个人免于国家干预，法国式的则希望同时保护国家，因为它更倾向于认为时刻准备在政治上反戈一击的宗教组织就隐藏在个人宗教和思想自由的背

---

〔29〕 *Cf.* Jacqueline Lalouette, « Laïcité, anticléricalismes et antichristianisme », *Transversalités*, janvier 2013, n° 108, pp. 69－84. 似乎很难找到合适的句式来翻译这句话。《法国史》相关章节（第二十五章）的译者沈衡选择了"教权主义就是敌人"（［法］杜比主编：《法国史》（中卷），吕一民等译，商务印书馆 2010 年版，第 1155 页）。彭小瑜教授使用的是"教权主义？这就是我们的敌人！"参见彭小瑜：《利奥十三世〈政教关系通谕〉与 19 世纪法国宗教政治》，载《北京大学学报（哲学社会科学版）》2010 年第 6 期，第 100－109 页。两者倒也都不失为一个可行的译法，所以一并列出，以便参考。需要强调的是，甘必大此处用的不是"一个敌人"或"我们的敌人"，而是说如果只有一个敌人、所有人的敌人的话，那么就是教权主义，其他的敌人仿佛都不值一提了。

〔30〕 *Cf.* Herbert Fisher, *The Republican Tradition in Europe*, G. P. Putnam's sons, 1911, p. 299.

〔31〕 *Cf.* Roger Magraw, *France, 1815－1914：The Bourgeois Century*, Oxford University Press, 1983, p. 212.

后。"[32] 其结果是，在整个第三共和国时期，以世俗化之名进行的改革是全面且深刻的。教育、家庭和社会组织三方面的立法都可以佐证。

首当其冲的是教育领域。费里（又译"茹费理"，Jules Ferry，1832 – 1893）在教育部长和教育委员会主席任上的一系列改革先把宗教课程排除在了初等教育的课程表之外。他的继任者延续了其思路，并进一步把神职人员从公立教育中排除。不仅要通过各种法律规范把教会从社会生活中驱逐出去，共和派政府还要革思想的命。所以小学生所用的教科书中用大量篇幅夸大高卢文明的成就，把皈依天主教的克洛维斯一世（Clovis I，466 – 511）称为"野蛮人"，从而强调天主教的外来性。还有大量的内容展现天主教会迫害异端和压制科学理性的历史。[33] 曾经可以确保一半以上小学生接受神职人员进行的宗教教育的情形，一去不复返。虽然为了避免大规模的反对情绪，悬挂在小学教室里的十字架最终得以保留，但在师范学校接受了启蒙主义、实证主义、共和主义教育的小学老师把共和国的官方意识形态几乎带到每一个山村蒙童面前。[34] 对科学与进步的推崇，代替了宗教道德成为教科书的主导精神。[35] 由共和派政府选任的学监出现在大学的课堂上，对教师讲课的质量和内容进行监控，特别留意是否发表了支持教权的言论。

私人生活也不例外。婚姻的有效性不以宗教仪式为前提。根据《民法典》第 57 条，能够证明人的出生、姓名和父母的不再是洗礼登记，而是公证过的出生证明。婚姻的效力早已取决于是否在市政厅宣誓而非宗教仪式。利奥十三世（Léon XIII，1810 – 1903）曾评论："当社会通过把上帝从其心中驱赶而世俗化之后，人们最终会想要通过法律允许离婚。"[36] 他的担忧很

---

[32] Géraldine Muhlmann et Claire Zalc, « La laïcité, de la IIIe à la Ve République », *op. cit.*

[33] *Cf.* Christian Amalvi, « La littérature de vulgarisation historique, support de propagande d'un anticléricalisme populaire de 1789 à 1914 », *in* Hélène Berlan, Pierre – Yves Kirschleger, Joël Fouilheron et Henri Michel (dir.), *L'anticléricalisme de la fin du XVe siècle au début du XXe siècle : discours, images et militances*, Michel Houdiard Éditeur, 2011, pp. 193 –204.

[34] *Cf.* Francine Muel – Dreyfus, « Les instituteurs, les paysans et l'ordre républicain », *Actes de la recherche en sciences sociales*, 1977, vol. 17, n° 1, pp. 37 – 61 ; Laurent Frajerman, « L'engagement des enseignants (1918 –1968) », *Histoire de l'éducation*, 1 janvier 2008, n° 117, pp. 57 –96.

[35] *Cf.* Sudhir Hazareesingh, « La fondation de la République : histoire, mythe et contre – histoire », *in* Marion Fontaine, Frédéric Monier et Christophe Prochasson (dir.), *Une contre – histoire de la IIIe République*, Paris, Dévouverte, 2013, pp. 243 –256.

[36] Léon XIII, *Arcanum Divinae* (1880).

快成了现实。同样是出于反教权主义的考虑，1804 年民法典引入，随后废止的两愿离婚和诉讼离婚在 1884 年回到了民法中，进一步降低了教会对世俗生活的羁縻。[37]

更激进的措施是对宗教团体管理的规定。在结社自由成为实证法所保护的自由之前，费里便签署法令驱逐耶稣会，并要求其他的修会只有在许可申请得到通过的情况下才能存续。但大部分的修会为了声援耶稣会，都没有向政府申请许可，所以他们也就理所当然地与耶稣会一样在 19 世纪 80 年代遭到驱逐。其中大部分修会前往西班牙。[38] 也有许多耶稣会修士凭借其修会积累的财富来到远东，深刻介入了东亚法学现代化进程。类似的故事在 1901 年重演。确认结社自由的法律却没有承认神职人员的结社权，反而要求未经许可的修会必须解散。[39] 政府降低了对社会团体管理力度的同时加紧了对天主教团体的控制。

不仅如此，1905 年《教会与国家分离法》的名字掩盖了其扩张国家权力的实质内容。第 1 条宣告国家对信仰自由和宗教自由的保护之后，是其他条款为了确保教会无法再作为与国家并存的社会组织而对教会财产、人员进行的详细入微的安排。如第 4 条就规定："属于修院、神职人员的住宅、主教公署等公共宗教场所的动产和不动产……都由法定代表移转于依据确保宗教实践的组织规则运营的协会。"国家设立的机构代替了原有的宗教机构经营宗教事务，教区也得到重新划分。于是，国家以宗教自由保护者的姿态，在政教分离的旗号下堂而皇之地为教会的组织和运营立法。换言之，国家单方面确定了与教会的关系。

[37] *Cf.* Jean - Louis Halpérin, *Histoire du droit privé français depuis 1804*, Presses Universitaires de France, 2001, p. 206.

[38] *Cf.* Patrick Cabanel, « Le grand exil des congrégations enseignantes au début du XXe siècle. L'exemple des Jésuites », *Revue d'histoire de l'Église de France*, 1995, vol. 81, nº 206, pp. 207 - 217.

[39] *Cf.* DURAND J. - D. et P. CABANEL (dir.), *Le grand exil des congrégations religieuses françaises 1901 - 1914*, Paris, Cerf, 2005; Jean Sévillia, *Quand les catholiques étaient hors la loi*, Paris, Tempus Perrin, 2006.

表 1　法兰西第三共和国主要世俗化立法与政令

第三共和国主要世俗化立法与政令		
时间	名称	主要内容
1880	《两份驱逐修会政令》	把耶稣会从法国领土驱逐，并要求其他的修会在 3 个月之内申请许可，否则就要解散
1882	《费里法》	所有 6 至 13 岁的儿童必须在公立学校接受免费、世俗的义务教育；学校的宗教教育改为公民和道德教育；宗教教育只能于学校外、在每周一天的假期中进行
1884	《纳凯法》	重新在《民法典》中引入 1816 年废除的离婚制度
1886	《戈布莱法》	禁止神职人员出任公共教学职务
1901	《结社法》	修会必须在 1902 年申请许可方能继续存在；属于修会的学校必须申请特别许可
1904	7 月 7 日的无名法律	禁止修会提供一切形式和性质的教学
1905	《教会与国家分离法》	教士津贴不再由国家发放；没收教会财产；教堂成为国有财产

　　第三共和国时期的"自由世俗性"是个人在私人领域中的自由，而不是宗教组织在公共领域的自由。相反，社会中的教会就是一系列世俗化立法的打击对象。共和派认为在天主教深入法国社会的特别环境中，摧毁天主教会是保护共和国的唯一道路。以上政令和法律极大限缩了教会继续行使公共职能的空间。与此同时，以基督教圣人命名的街道统一改名，政府也系统性地提拔反教权派人士。1880 年的政令导致超过五千名宗教人士遭到驱逐（还不包括反教权主义当局从医院里赶走的神职人员）。[40] 因为反修会的法律而选择流亡海外的宗教人士在 20 世纪初超过三万。[41] 大学神学院从 1885 年起关停并转，取而代之的是把宗教作为一种"事实"研究的种种宗教科学。仅仅因为修会没有按照《结社法》申请许可，在 1903 年开学

---

　　〔40〕　参见［法］杜比主编：《法国史》（中卷），吕一民等译，商务印书馆 2010 年版，第 1157 页。

　　〔41〕　Jean Baubérot, *Histoire de la laïcité en France*, Paris, Presses Universitaires de France, 2013, p. 23.

之前就有超过一万所学校关闭。[42] 显然，宗教组织受到了很大的冲击。

可见，世俗化的进程一直伴随着共和派的反教权主义。在政治话语中，世俗化本身就是反教权主义实现的手段。在反教权主义看来，教会深刻介入俗世生活并把公共权威作为实现其目的之工具。[43] 如果说 1905 年前一系列法律并不干预个人信仰自由，那么它们毕竟极大打击了作为社会组织的教会。哪怕不去考察更复杂的兵役制和通过一系列民法技术安排深刻改变的家庭结构，也不难看出此时世俗化的"自由面向"最多意味着让原子式的个人摆脱天主教会的权威。出生、接受教育、婚姻乃至死亡，人的一生可以不再与教会发生任何关系。但刚刚摆脱教会的个人，立刻会发现自己面对的是无所不在的国家权力。在这个意义上，就算共和国确保了个人的自由，也是通过与教会的斗争实现的。

五、法律中的斗争（1946 年至今）

上文论证了世俗性原则的产生史实际上是国家对教会的规训史。但在入籍案和巴比卢案中，承担不利后果的是穆斯林女性个体而非伊斯兰教会。在布基尼案中，市政当局也希望直接对沙滩上穿着布基尼的妇女个人采取警察措施。现在，斗争的世俗性仍是制度实践中重要的面向，但斗争的对象发生了改变。因为，这种转变的根本原因恰恰是世俗化的法律成功地把法国社会中的宗教从一种强大的组织性力量变成了属于个人私生活领域的文化现象。国家在运用世俗性原则进行斗争的时候找不到可见的有组织教会，只好把所有压力置于个人身上。恰恰是在此意义上，第五共和国治下世俗性原则的法律实践在一个强大的、构成外于国家的竞争性社会秩序的教会缺位时，对原生性的天主教和外来性的其他宗教表现出了不同的样态。

两次世界大战和法国与教廷之间关系的正常化，让共和派政府于 1914 到 1946 年之间减缓了世俗化的步伐。[44] 世俗性原则在 1946 年成为第四共和国的宪法原则，并经 1958 年《宪法》一直留存至今。法学家希望把世俗性作为一个法律概念进行分析性的理解，但斗争性的意义保留在了法律的实践中，并在 1995 年以后再次成为基调。

---

[42] *Cf. Ibid.*, p. 21.

[43] *Cf.* Jacqueline Lalouette, « Laïcité, anticléricalismes et antichristianisme », *op. cit.*

[44] *Cf.* Jacques Maritain, "Religion and Politics in France", 20/2 *Foreign Affairs* (1942): 266 – 281.

法学家希望找到作为宪法原则的"世俗性"在法律上的解释。一个好的解释应当既对世俗性原则在法秩序中的独特地位给予足够的重视，又不令其与其他基本原则相矛盾。时任法国社会党（左派）总书记的摩勒（Guy Mollet, 1906-1975）在 1959 年评论新《宪法》的时候，认为"世俗"意味着三个原则：信仰自由、教会和国家分离、对所有信仰的尊重。[45] 最高行政法院晚近的立场是，世俗性原则包括了三个方面："不为宗教提供补贴，不指定官方宗教，国家的中立性。"[46] 法学希望能在与世俗性相关的各种价值——包括宗教自由、表达和显露信仰的自由、对他人思想与信仰的尊重、对公共秩序的保护——之间维持微妙的平衡，"无论语境如何改变，任务总是一样的"。[47] 不难发现，世俗原则与宗教自由、信仰自由的历史联结从第三共和国延续至今，但理解上发生了变化。法学家承认世俗性本身并不意味着宗教自由，而是内涵了许多可能对国家、个人和社会都提出不同要求的主张，所以才有调和的必要。与此同时，毕竟第五共和国不像第三共和国那样时刻处于风雨飘摇中，天主教会在世俗社会也不再构成与共和国抗衡的力量，所以激进的反教权立场不再必要。于是，"平衡"成了第五共和国建国至今关于世俗原则的法律实践的主要基调，也可以说是把斗争世俗性内化于自由世俗性之中了。

可以视为二战后法国公法奠基人的里韦罗（Jean Rivero, 1910-2001）曾主张世俗性是一个由行政法官进行定义的"观念"（notion），而不是"教条且饱含攻击性的"意识形态，他的例证便是最高行政法院在 1938 年以后的一系列判例中试图遏制行政机关明显的反天主教倾向。[48] 最高行政法院还认为，在学校、监狱、医院等场所，如果宗教自由的行使以神职人员的在场为前提，那么公立机构可以保留指导牧师。里韦罗通过此判例说明，曾经对抗天主教的世俗性已经演变为"积极中立性"——国家以积极的措施确保每个人都能行使宗教自由。[49] 但是所谓"积极中立性"非无疑义，

---

〔45〕 *Cf.* Jean Cornec, *Laïcité*, Paris, Sudel, 1965, pp. 246-247.

〔46〕 Rémy Schwartz, « La jurisprudence de la loi de 1905 », *Archives de philosophie du droit*, 2005, vol. 48, pp. 75-83.

〔47〕 Yves Gaudemet, « Quelques réflexions sur la laïcité », *Archives de philosophie du droit*, 2005, vol. 48, pp. 141-142.

〔48〕 *Cf.* Jean Rivero, « La notion juridique de la laïcité », *Recueil Dalloz*, 1949, vol. 33, p. 137.

〔49〕 *Cf.* Jean Rivero, « De l'idéologie à la règle de droit: la notion de laïcité dans la jurisprudence administrative », *op. cit.*

因为这些指导牧师确实是作为公务人员于系争公共机构内工作，工资和费用也由国家承担，看上去只能是世俗原则的例外而非常例。[50] 只不过随着最高行政法院判决政府可以在大学城修建礼拜场所、学校必须允许学生遵守其信仰的宗教对休息日的规定，例外反倒逐渐变成了常态，也就是说，积极中立解释逐渐成了占据在涉及医院、学校、监狱等特殊纪律场所的世俗性的主流解释。

不过，即便在世俗原则的自由性占主导地位的时候，其斗争性也没有完全消除。而且过去针对宗教团体的限制如今不时转而变成对个人的强制措施。也可以说国家在确定世俗性不应该构成个人宗教自由的限制时，也用世俗性限制个人行为的自由。公共机构的中立性要求在南特行政法院的判例中正确地要求非用于宗教目的的公共建筑中不能出现宗教标志（如十字架）。[51] 只不过随着信仰伊斯兰教的学生在义务教育阶段的人数增加，问题的焦点转移到了公共机构中立性是否包括禁止公立学校的学生佩戴头巾上。在 1989 年的咨询意见中，最高行政法院认为考虑到"法国在国际社会中的任务"和"学生在学校中表达观点的自由"，没有理由禁止在公立学校佩戴宗教标志。紧随其后的判例确定了这一点。[52] 佩戴宗教标志本身是学生在公立机构世俗性与中立性框架之内得到承认的表达自由，只要佩戴的目的不是传播宗教信仰或干扰学校内部秩序。[53]

但平衡在 1995 年开始被打破，最高行政法院在一个判例中转而采取了上揭政府报告人的立场，最高行政法院认为学校有权要求学生取下张扬的（ostensible）、挑衅性的（provoquant）宗教标志。[54] 2004 年通过的《教育法典》第 L. 141 - 5 - 1 条把判例吸收进了立法。暂且不谈把"张扬"和"挑衅"理解成"可见性"（visibilité）是否合理。判例上的转变至少带来了两个解释上的问题：一是在自由世俗性解释框架内限制公职人员恣意，特别是禁止公职人员基于宗教理由不平等对待公共服务的使用者的"中立

---

〔50〕 Rémy Schwartz, « La jurisprudence de la loi de 1905 », *op. cit.*

〔51〕 Cour administrative d'appel de Nantes, 3ᵉ chambre, du 4 février 1999, 98NT00207.

〔52〕 Conseil d'Etat, 4/1 SSR., du 2 novembre 1992, nº 130394; Conseil d'Etat, SSR., du 27 novembre 1996, nº 172787.

〔53〕 *Cf.* Jean Baubérot, « Les avatars de la culture laïque », *Vingtième Siècle. Revue d'histoire*, 1994, vol. 44, nº 1, pp. 51 - 57.

〔54〕 Rémy Schwartz, « La jurisprudence de la loi de 1905 », *op. cit.*

性"，转而赋予了公职人员（教师）对非公职人员（学生）的纪律性权力。二是过去通过限制宗教团体和神职人员的自由来保证个人信仰自由的世俗性，如今则用来直接限制个人。当然，上述纪律性权力未必就能够等同于对宗教自由的限制。无论把佩戴头巾的穆斯林女孩和戴圆帽的犹太男孩看作其所在团体内部规范和社会压力的牺牲品，还是全心全意信仰某种宗教的完整理性主体，他们在现行法律下无法自由地决定其外观。2009 年法国议会召集了一些法学家讨论是否能以世俗性的名义禁止在公共场所穿遮盖全身的伊斯兰罩袍，一致的意见是世俗性要求国家保持中立，同时保护个人的信仰和信仰自由，因此不能认为禁止罩袍是世俗性原则的要求。但是，2010 年禁止在公共场所穿罩袍的法律仍然以保护"公共秩序"而非世俗性的名义通过了。不过，虽然常有关于用世俗性之名行宗教歧视之实的指责，但在《分离法》第 1 条的名义下，伊斯兰指导教士团同样在学校、医院和监狱建立起来。

在第五共和国，法院——特别是行政法院——在作为法律原则的世俗性的实践中扮演了最重要的作用。如果对照摩莱提出的三点标准，如何评价第五共和国对世俗性原则的实践呢？在个人信仰自由的保护方面，国家甚至以公共经费在特定机构中建立宗教设施。在国家中立性方面，行政法院的判例也确实严格地规范公务人员穿戴这样的细节问题。[55] 但在平等对待所有宗教方面呢？在实践中，穆斯林女生、犹太教男生，还有锡克教徒确实是深受关于学生佩戴宗教标志的判例和后来的立法影响的人。说自由的世俗性在最近几年变成了歧视、排外的世俗性并非完全没有道理。[56] 然而从斗争的世俗性之角度看，未必不能说现在歧视的世俗性恰恰是因为国家—教会这一占据了第三共和国时期世俗化舞台中心的冲突已经消失。当共和派的公共秩序受到挑战时，第五共和国的法学家只能从国家和个人之间进行选择，忽略了宗教组织才是对抗的对象。在第三共和国时期，就算是自由的世俗性，也是通过国家对抗教会以确保个人自由的方式实现的。在世俗性的斗争面向不那么明显的时代，人们看到的只有国家针对个人的权力。生活在第五共和国的人确实更像第三共和国所希望造就的那种原子

---

〔55〕 尽管如此，2002 年教皇访问法国时政府使用公款接待引发了很多激进世俗化团体的批评。*Cf.* Jacqueline Lalouette, « Laïcité, anticléricalismes et antichristianisme », *op. cit.*

〔56〕 Emmanuel Dockès, « Liberté, laïcité, Baby Loup », *op. cit.*

式的、理性的、抽象的公民。但仅仅因为天主教会不再拥有能与国家竞争的力量，而无视各个不同的教会在社会中的存在并不明智。同样不明智的是，无视个人在团体的社会压力之下选择一些"张扬"穿戴的可能性，假设所有人都不但有选择穿戴的自由还有实现这种自由的能力。

斗争对象从有组织教会向个人的转变，其实是原先占据主导地位的宗教在社会中退场的表现。从 19 世纪末以来的世俗化法律以 1905 年《分离法》为标志，清除了国民认同中所有宗教的维度。[57] 早在 1958 年，雷蒙（René Raymond，1918 - 2007）便强调天主教徒的宗教身份根本无法在他们的政治选择中发挥实质作用。[58] 在第五共和国时期、特别是在 1968 年"五月风暴"之后，法国社会整体抛弃了天主教会的训诫。简言之，一种规制社会生活方方面面的"宗教性文化"转变成了"宗教信仰"——宗教仅仅是一个次级文化系统，完全取决于个人的选择。

宗教成了社会场中的一个文化因素，反而是世俗性成了曾经是"教廷长女"的法国的新国民认同之一部分。[59] 虽然就在 1905 年的法律通过的百年纪念日那一天，《世界报》刊登了来自 30 多个国家超过 200 名学者签名的《21 世纪世界世俗性宣言》，把"世俗性"作为一种普世性的价值呈现于读者之前，但法国式的世俗性仍是独特的。起草者在第 4 条把"世俗性"定义为：一是对信仰自由及其个人或集体实践的尊重，二是政治和公民社会对于特定宗教和哲学规范的自主性，三是禁止对人的直接或非直接的歧视。[60] 但宣言的起草者恰恰没有注意，第二点意味着基于宗教和特定哲学立场的观点不能出现在公开的政治辩论中，这种推论恰恰是英美政治传统认为法国世俗性原则过于激进的主要原因。[61] 所以，不接受男女平等的观念、坚持在公共场所穿着罩袍在公权机关眼中（或许也在大部分法国人眼中）表明当事人并不打算放弃一种特定的宗教立场，所以也就没做好准备

〔57〕 *Cf.* Jean Baubérot, « Sécularisation, laïcité, laïcisation », *op. cit.* (« en France, la loi de 1905 a certes signifié la fin de tout caractère officiel de la religion, la disparition de toute dimension religieuse de l'identité nationale »).

〔58〕 *Cf.* René Rémond, « Droite et gauche dans le catholicisme français contemporain », *Revue française de science politique*, 1958, vol. 8, n° 3, pp. 529 - 544.

〔59〕 *Cf.* Guillaume Sibertin - Blanc et Laëtitia Boqui - Queni, « La laïcité répressive », *op. cit.*

〔60〕 « Déclaration universelle sur la laïcité au XXIe siècle », *Le monde*, le 9 décembre 2005.

〔61〕 *Cf.* Amandine Barb, « Incompréhensions transatlantiques: le discours américain sur la laïcité française », *Politique américaine*, 4 décembre 2014, n° 23, pp. 9 - 31.

作为法国人与其他法国人一起开展社会生活。

社会的非宗教化并非没有阴暗面。吊诡的是，当与天主教有关的事物作为"文化"而非"宗教"因素保留在公民社会之时，所有和来自穆斯林文化之群体有关的事物——装饰、穿戴、行为规范——都成了"宗教性的"，所以只能留在私人空间之内。风俗和习惯问题在社会辩论中迅速转变为对和平共处的社会秩序的挑战，从而变成了"穆斯林问题"。[62] 毫无疑问，任何坚持人与人之间的不平等、不尊重个人之信仰选择的教义都无法与现代法治社会相容，无论是宗教性的还是文化性的。同样应该清除的是，作为此类教义载体的行为模式。[63] 但问题在于教义和行为模式都是看不见摸不着的，真正生活在社会中的是个人，而且伊斯兰宗教组织并不像第三共和国时期的天主教会一样依附于正式机构存在。所以在社会中为世俗性斗争，最终的结果只能是把本身作为与现代社会不相容之教义受害者的个人置于压力之下。一名前任部长、外交官在她的博客上写，世俗性是"日常的斗争、今日的斗争"，[64] 恰恰反映天主教会在服从国家之后，存在于社会中的斗争世俗性无法明确谁才是斗争的对象。

所以总结起来，第三共和国在法律—政治领域的世俗化成功削弱了教会的力量。二战后社会进一步自我世俗化。越来越多的人相信，宗教论证不应该成为公民社会中公共讨论的依据。体现在法律上便是基于天主教道德的规范愈发减少。关于家庭、性和两性关系的规范首当其冲。表面上看，社会中的斗争世俗性一步步扩大了个人自由的范围，但在"为自由而斗争"的表象之下，是和法律场中所见一样的实质后果——个人而非团体成了斗争的对象。也可以说，社会中斗争世俗性的问题也正是斗争世俗性所面对的挑战。一直以来正当化斗争世俗性的理由都是在团体的权威和压力面前保护个人自由，但现在施加压力的宗教权威本身是社会中不可见的部分，如何应对？

〔62〕 *Cf.* Guillaume Sibertin - Blanc et Laëtitia Boqui - Queni, « La laïcité répressive », *op. cit.*

〔63〕 讽刺的是，殖民时代法国共和派为增强自己在北非殖民地的统治，恰恰与教会通力协作打击传统宗教势力。*Cf.* Perrine Simon - Nahum, « La République et les, adversaires du religieux et des religions », *in* Marion Fontaine, Frédéric Monier et Christophe Prochasson (dir.), *Une contre - histoire de la IIIe République*, Paris, Dévouverte, 2013, pp. 189 - 200.

〔64〕 Valérie Fourneyron, « La laïcité: un combat au quotidien, un combat d'aujourd'hui ».

六、结论

了解了法国世俗原则的斗争面向，人们就能更好地理解前面提到的一系列判决。世俗性原则既是限制国家干涉公民信仰自由的原则，又是授权国家规训教会和公民的原则。这解释了为什么最高法院明确拒绝世俗性原则可以适用于私立幼儿园，而要绕道对《劳动法典》进行差强人意的解释，同样也解释了为什么最高行政法院不认为以公共秩序为由可以对在沙滩上穿戴布基尼的人采取警察措施。这都是世俗性无法否认的自由面向所决定之法律适用。但与此同时，内化成为新国民认同一部分的世俗性也让公权机关可以拒绝那些不愿意放弃特定宗教立场的人获得法国国籍。或许更为重要的是，一个词的历史帮人们更好地看清现在世俗原则面对的问题，也回答了社会法学家提出的问题（"为何一个自由的原则成了歧视的借口？"）。首先，世俗性的自由面向在历史上是通过斗争面向实现的，而且一开始就伴随着对一部分法国公民的歧视。毕竟很难说那些失去公共教学权的教士和教团得到了"非歧视性"的待遇。其次，个人而非曾经有组织的教会成了斗争的对象。

我们更好地理解了世俗性面临的挑战，但法学家的工作不应该如社会学家一样止于理解，而应该尝试贡献于对法律意义上的世俗原则的解释。所有的法史学研究最终都难免面临"成果对实证法和法实践有何意义"的追问。关于法律解释的目的，向来有主张按照立法者目的解释的"主观目的说"和强调尊重制度在当下社会中所具有之目的的"客观目的说"。似乎只有在解释者容忍一定程度"主观目的说"的前提下，[65] 才有可能承认"世俗性"概念的来源对于现在的解释有意义。上文批评把世俗性看作宗教自由的保障甚至是同义词错在把基本权利、普遍人权时代的观念强加于诞生于立法至上时代的法律概念。但我们毕竟生活在法治国和基本权利的时代，无法也不希望再回到立法至上的政权中，用宗教自由解释世俗性又何尝不是一种让过时的法律—政治概念在新时代重新获得生命的高尚尝试？

这种自由主义解释不妨是一种高尚的尝试，却也是注定失败的尝试。

---

　　〔65〕 关于主观目的说和客观目的说，参见雷磊：《再论法律解释的目标——德国主/客观说之争的剖析与整合》，载《环球法律评论》2010 年第 6 期，第 39－54 页。关于原旨主义，参见侯学宾：《美国宪法解释中的原旨主义——一种学术史的考察》，载《法制与社会发展》2008 年第 5 期，第 128－137 页。

首先，它混淆了两种并存于实在法体系中的基本原则。世俗性原则存在的目的是消除组织严密的宗教机构，让教会无法在国家面对个体公民时成为障碍，无论国家是在侵犯还是在保护公民的权利，也无论公民是在向国家寻求保护还是在对抗公权力。如果认为这种共和主义式的理解已经不合时宜、需要抛弃，又有必要在解释上把世俗性看作宗教自由的同义词，自然可以提出论证的根据。但从实证主义的立场看，《法兰西共和国宪法》第 1 条所表达的国家观无论如何不能在法律解释中轻易地被忽视。换言之，更新对"世俗性"解释者需要面对更重的论证负担，而不是简单地主张世俗性即国家的中立性和对宗教自由的保护。

其次，只有正视世俗性虽然经历了"从斗争到法律"的转变，[66] 却仍然是一个"为权利而斗争"的观念，近年判例中法官回避世俗性原则的做法才可以被理解。如果说限制宗教自由需要受制于合目的性和比例原则，从而为法官提供了较多的论证空间，那么世俗性就是一个潘多拉的盒子。在消除世俗生活中的宗教符号这点上，世俗性可以正当化政府在一切公共场合禁止宗教服饰、地方政府禁止所有公立机构提供符合伊斯兰或犹太教规的饮食、基于一种特殊信念而联合的私人组织系统性地排斥另一种特殊信念。区分宗教自由和世俗性，恰恰是为了避免斗争世俗性完全压制宗教自由。

相信无论是采用客观目的说还是主观目的说，以下两点结论都是有意义的。一是世俗化的对象首先是宗教组织。世俗性的实现乃以限制宗教组织的政治—社会影响力为手段。持主观说者可以由此推论，世俗性原则应该解释为了保护个人信仰和宗教自由而限制宗教团体的活动。持客观说者则可以论证，从宗教社会学的角度看，如今少数宗教的存在方式已经与当年天主教会的组织形式大不相同，一般人对个人权利、政治自由的理解也和 19 世纪末不同，所以不能延续过去强硬的斗争态度，而应该通过对个人赋权，使个人拥有可以拒绝家庭、社区、宗教团体的能力。无论如何，试图向个人强加限制而强迫其对抗某种宗教实践，却不提供相应的法律工具，更可能让个人倒向国家所欲限制的宗教团体。[67] 二是世俗性原则视角下的宗教和信仰自由当然也是一种政治自由，却必然是属于个人生活领域

---

〔66〕 David Kessler, « Laïcité », *op. cit.*

〔67〕 Guillaume Sibertin – Blanc et Laëtitia Boqui – Queni, « La laïcité répressive », *op. cit.*

的。换言之，对公共事务的意见不能基于某种具体的宗教或者哲学立场提出。客观说和主观说在这点上当无异议。如果说罩袍或者其他的"张扬"的宗教标识可能构成对平等政治表达的一种冒犯，实在无法想象为何个人对饮食的选择也会是需要经由国家以"世俗"之名义教化的事项。正如在1960年代以后的发展中可以看到的那样，一旦宗教真正进入私生活的领域，教会的训诫在公共生活中的权威会减弱，教会本身对政治的影响也将降低。虽然近年对世俗性的判例说明，公共领域和私人领域的划分并不像人们想象中那样不可渗透。[68] 而且，确实在私法也是私人领域最核心的家庭法上，历史的发展显示的恰恰是政治意识的作用和公权力的介入。但在理念上维持公—私的二分至少能在一定限度内保护个人的自由，同时也保护政治权力免于宗教影响。

---

〔68〕 *Cf.* Daly, "Laïcité in the Private Sphere?".

传统中国的儒家理性、公共领域与政法协商

——与哈贝马斯法律商谈理论的比较研究[*]

杨 帆[**]

哈贝马斯（Jürgen Habermas）的法律商谈理论（Discourse Theory of Law）[1]是晚近西方学界最重要的法哲学命题之一。他针对资本主义社会的合法性危机问题，提出了以交往理性（Communicative Rationality）概念为基础，以平等参与的商谈民主为手段，整合法律的合法性（legitimacy）与合法律性（legality），进而克服危机的一整套构想。关于这一理论的相关研究汗牛充栋，但是正如哈贝马斯的重要译者和研究者麦卡锡（Thomas Mc-

[*] 本文系国家"2011 计划"司法文明协同创新中心研究成果，原载《南京大学法律评论》2017 年第 1 辑，收入本书时有改动。本文初稿曾于 2016 年 12 月在上海举行的"青年比较法论坛"上进行宣读，感谢马剑银博士、李鹿野博士、李强博士等青年学者的指正与讨论。

[**] 杨帆，吉林大学法学院/理论法学研究中心讲师，国家"2011 计划"司法文明协同创新中心成员，上海交通大学凯原法学院博士后、法社会学研究中心研究员，法国巴黎萨克雷高等师范学校（ENS Paris – Saclay）社会科学博士，华东师范大学哲学博士。

[1] "法律商谈理论"这一称谓来自于哈贝马斯《在事实与规范之间》一书的英文副标题"A Discourse Theory of Law and Democracy"，这一英文版本得到了哈贝马斯本人的肯定，字面翻译为"关于法律与民主的话语理论"。其中 Discourse 一词译自德语词根 Diskus，该术语在德文和英文中都有比较广泛的意思，包含话语、对话等多层含义。而该术语在该书的法文版被翻译为 Discussion，意为讨论和商谈，因为此处哈贝马斯显然是在"商谈"和"讨论"的意义上使用 Discourse 或者 Diskus 的。因此，童世骏教授将该书的中文版副标题翻译为"关于法律与民主的商谈理论"，这是一个非常恰当的翻译。在法学界，阿列克西（Robert Alexy）首次以"法律商谈理论"（Theory of Legal Discourse）来标识哈贝马斯的这一理论。See Robert Alexy, "Jurgen Habermas's Theory of Legal Discourse" in *Habermas on Law and Democracy：Critical Exchanges*, ed. Michel Rosenfeld & Andrew Arato, University of California Press, 1998, pp. 226 – 233.

Carthy）所指出的，这一理论最大的挑战在于其理想性与各种不同的实践土壤之间的张力——"在完全不同的社会经济、政治和文化条件下，这一理论是否还能有效重构?"[2] 本文承袭这一问题意识，把目光投向传统中国社会的政法实践，在前人研究成果的基础上，希望可以找到与哈贝马斯的理论进行对话的中国元素。

一、儒家理性观与交往理性

哈贝马斯在批判晚近资本主义社会"工具理性"肆虐造成合法化危机的基础上，指出：启蒙蕴含着另外一种理性的向度，它以话语为载体、蕴藏在人类语言之中，这种理性被定义为"交往理性"。交往理性以达成"主体间性"（inter - subjectivity）意义上的共识为目标，可以克服工具理性过于强调主体利益的弊端。

受儒家文化影响，传统中国人有着与现代西方迥异的理性观，一些学者们把它定义为儒家理性。[3] 赵鼎新教授将传统中国的政治形态称为"儒法国家"。法家代表其工具理性的一面，主要体现在其"治理术"上；而儒家则体现了其价值理性的一面。[4]

（一）儒家理性的世俗伦理主义

马克斯·韦伯曾经在《儒教与道教》中对儒家思想的理性化进行过判断，认为儒教属于理性化程度较低的思想体系。[5] 哈贝马斯则认为："韦伯只按照伦理理性化的观点对儒教和道教进行评价……但是，由于 Joseph Needham 划时代的研究，众所周知，中国人在公元前 1 世纪到公元 15 世纪之间，在发展理论知识和在实践中利用这些知识方面，显然比西方国家取

---

〔2〕 参见托马斯·麦卡锡为哈贝马斯《公共领域的结构转型》一书撰写的英译本序言，载〔德〕尤尔根·哈贝马斯：《公共领域的结构转型》，曹卫东等译，学林出版社1999年版，第7页；哈贝马斯规范性的法哲学理论与政法实践之间的张力，是晚近以来哈贝马斯研究的一个热点，相关问题梳理参见杨帆：《寻找中程理论——哈贝马斯商谈伦理的实证维度》，载《华东师范大学学报（哲学社会科学版）》2015年第1期，第39－47页。

〔3〕 关于儒家理性概念的内涵与外延可参见张德胜等：《论中庸理性：工具理性和沟通理性之外》，载《社会学研究》2001年第2期，第33－48页；陆自荣：《儒学和谐和理性》，中国社会科学出版社2007年版等文献的详细论述。

〔4〕 赵鼎新：《东周战争与儒法国家的诞生》，夏江旗译，华东师范大学出版社2006年版，第148－164页。

〔5〕 〔德〕马克斯·韦伯：《儒教与道教》，康乐、简惠美译，广西师范大学出版社2010年版，第309页。

得更多的成就。"[6] 也就是说，哈贝马斯首先把中国传统的理性理解为一种认知层面的工具理性，并认为其理性化程度曾经不低。无论评价如何，韦伯与哈贝马斯另外都注意到了中国人的理性观是一种"世俗的理性主义"，也就是说在没有绝对的神的世界上的一种认知思维体系。但是否没有神的理性观就是一种工具理性观？我们可以继续探讨。

诚然，通常认为，儒家文化中没有绝对的神的概念，它是一种内在于人的思想，通过内在的途径来表达对于生命、情感的理解。在此基础上，形成了一种关于"仁"的道德观念，又根据"仁"建立起一套以"礼"为核心的伦理结构和等级秩序。其中"仁"与"礼"的概念体系的形成，都离不开经验世界的情感体验和积累，是来自于生活世界的，而不是超验世界的。[7] 但这并不意味着在神性以外的理性就是哈贝马斯所判断的外在的认知理性或者工具理性，它是一种根植于内心的伦理（ethic）理性观。所以，"传统中国秩序观也是以'心性'为核心的，区别于以'智性'和'神性'为核心的其他文明。"[8]

於兴中教授认为："西方的文明秩序始终是在宗教和法律二元互动中发展，道德也不得不在两者的夹缝中生存。换句话说，由于理性[9]和信仰的发达，使情感和关系相对黯然失色。……西方的伦理学本身没有独立的研究对象和概念范畴。"[10] 西方伦理学中"善""恶"等观念是来自于神学，而"权利""义务"等则来自于现代法学。但对传统中国社会来说，"神"和"权利"的作用都不甚丰满，处于二者之间的道德伦理才是生活世界的主要内容，也是人们思考问题的主要价值依归。中国传统的法律文化，既没有"神治"，更非"法治"，而是更强调"德治"，大概就是这个原因。

儒家理性的伦理主义，体现在法理上，表现为将法律视作"伦理法"，而非"权利法"或者"程序法"。伦理法重视人格品质的完善，注重善恶的判断，而不重视功利性。所以，儒家更重视法律的道德实质内容，而非法

---

〔6〕 Jürgen Habermas, *The Theory of Communicative Action Volume* 1: *Reason and the Rationalization of Society* (Edition 2), trans. Thomas A. McCarthy, Beacon Press, 1987, p. 207.

〔7〕 李泽厚先生把这一过程归结为"积淀说"或"情本体"，参见李泽厚、刘绪源：《该中国哲学登场了？李泽厚2010谈话录》，上海译文出版社2011年版，第63-80页。

〔8〕 关于中国理性的心性特征，参见於兴中：《法治与文明秩序》第一部分，中国政法大学出版社2006年版；以及於兴中：《心性与道德》，载《南风窗》2013年第9期，第97页。

〔9〕 此处主要指工具理性观念。

〔10〕 於兴中：《心性与道德》，载《南风窗》2013年第9期，第97页。

律的过程与程序。西方世界法律思想的主流，在现代以前是"神法—自然法"，在近代化以后，则是"权利法"。这些法律范式所对应的理性观，前者是"神性—理性"，而后者是"智性—理性"。对于前者来说，道德伦理内容是已经被神或者宗教规定好的，法律是承袭这些规定，而人的理性则是以这些规定为原则进行的思考活动。相反地，"智性—理性"则认为个人的理性是一切的出发点，而个人的权利则是道德与法律内容的逻辑起点。因此，以权利为出发点的现代西方法律思想才一直以"程序正义保障实质正义"作为根本诉求。

哈贝马斯法律商谈理论的主要内容是"程序主义法律观"[11] 它把个人理性能力具有强大的力量作为前提，认为道德规范内容不是先天就有的，而是人的理性能力加上协商交往程序才可实现的。这一理论本身并不提供诸如自由主义与共和主义等道德规范的内容前提，它有且仅有两个原则：普遍化原则与商谈原则。普遍化原则是指"每个有效的规范必须符合如下条件：旨在满足每个人利益的而受到一般遵守的规范，其实施的后果和附带后果必定可以为所有有关的参与者所接受"；[12] 而商谈原则是指"仅当那些得到或能够得到所有受影响的，且有能力作为实践商谈的参与者的同意的规范，才能要求成为有效的"[13] 可见，一定程度上，哈贝马斯的法律商谈论涉及的仅仅是一个程序化的问题，也就是说如何通过程序商谈性地解决规范的有效性要求。正是在此意义上，法律商谈论又被定义为程序主义的法律观。话语交往程序本身即具有生产性，这是哈贝马斯的理论核心之一，也是与中国传统儒家理性观的不同之处。

（二）儒家理性的经验向度

现代语言学认为，不同文化中人的思维方式与其使用的语言相关。[14]

---

〔11〕 ［德］尤尔根·哈贝马斯：《在事实与规范之间》，童世骏译，生活·读书·新知三联书店 2003 年版，第 529 – 549 页。

〔12〕 Jürgen Habermas, *Moral Consciousness and Communicative Action*, trans. Christian Lenhardt and Shierry Weber Nicholsen, MIT Press, 1990, p. 65.

〔13〕 Jürgen Habermas, *Moral Consciousness and Communicative Action*, trans. Christian Lenhardt and Shierry Weber Nicholsen, MIT Press, 1990, p. 66.

〔14〕 Wilhelm von Humboldt, *On Language: the Diversity of Human Language Construction and Its Influence on the Mental Development of the Human Species*, trans. Peter Heath, Cambridge University Press, 1988, pp. 23 – 28.

从亚里士多德开始，"逻各斯"（Logos）就一定程度上等同于"理性的言说"。[15] 西方语言大多有比较清晰的语法结构、词法结构，都有"屈折语"（Fusional Language）的属性，有着严格的词素和变格等逻辑语法规则。同时，作为字母语言的文字，与来源于象形文字的汉字相比，其本身与其所指的客观事物是相分离的（语言学上称之为"能指与所指相分离"）。语言一方面以其自身的逻辑独立于客观世界，另一方面甚至是可以"分割"客观世界的。用语言学大师索绪尔的话说："在语言出现之前，一切都是模糊不清的。"[16] 而这种"模糊不清"，似乎正是中国传统思维的特点。汉字是少数"表意"的文字之一，因此，作为语言符号体系的中文一直没有跟客观世界彻底分离，一定程度上依然是客观世界的再现。另一方面，即便是现代汉语，它的语法结构的逻辑性也是相对混乱的，没有严格的时态和"性、数、格"的变化，甚至标点符号的使用也是近代才普及并规范起来的。

由此形成的中国传统理性思维的特征有两点：其一，没有将精神世界与客观世界截然二分，不擅长二分法的思维，而是习惯于经验导向思维。传统中国人更习惯于一个世界的概念，习惯于从现实世界的经验中进行总结。中国文化一直强调榜样的力量，倾向于将道德与价值标准具体化在某一个个人或者单位上，让他（它）成为社会标准，而不是以形而上的道德概念来成为社会标准。传统中国人，包括受中国影响的东亚人，有着非常强的祖先和经验崇拜，长者、老师等经验丰富的人，在社会中具有较高的权力位阶。其二，作为一个习惯了经验性思维的民族，中国人的逻辑思维能力相对较弱。中国人擅长归纳，但是对于演绎推理则没那么擅长。比如作为儒家经典的《论语》，就并不是一本分析性的哲学著作。它由 499 个不连续的小段落组成，主要以讲故事叙事为主。比较而言，康德以后西方哲学的认知和说理更多的是逻辑推理型的、注重分析的。

哈贝马斯的法律商谈理论把人人具有"理性分析和思考"的能力作为

---

[15]　Paul Anthony Rahe, *Republics Ancient and Modern: The Ancient Régime in Classical Greece*, University of North Carolina Press, 1994, p. 21.

[16]　Ferdinand De Saussure, *Course in General Linguistics*, trans. Roy Harris, Foreign Language Teaching and Research Press / Gerald Duckworth & Co. Ltd. , 2001, p. 110.

前提，而这个前提所强调的"理性能力"一定程度上又是具有语境性的。[17] 传统中国人思维习惯的经验性，与哈贝马斯所设想的"理性能力"在此处显现了一定的张力。

（三）中庸：儒家理性的核心概念

中庸是一种人与人交往的伦理状态，以及以此为目标的行为取向。在儒家经典的《尚书》中，"中"代表合适的。孔子认为中庸是道德的至高境界，[18] 强调任何道德的实践都不可太过极端。作为一种"最合适的状态"的中庸，无疑体现了一种理性标准，明显区别于追求行动者效益最大化的工具理性观念。工具理性认为利益目标的实现可以忽略手段的价值性，而中庸则属于"节制模态"，不只想到自己，还要顾及他人，这点更接近哈贝马斯设想的"对话模态"。[19]

此外，儒家理性还强调集体的概念，中庸行动者必须从整全性的视角出发来看待问题。"所谓整全性视角，就是以包括交往的他者和自身在内的整个行动体系，而非自己所属的社会体系，为参照体系。"[20] 因此，中庸也包含了和谐的概念在其中。[21] 和谐意味着对于纷争的排斥。所以在传统的中国司法文化中，"厌讼"一直是主要特征之一。中庸理性观的总体性特点使得人们在对话与论证的过程中习惯于用"综合"的视角，而不是"分析"的视角或"对立"的视角。Karyn L. Lai 认为，综合的方法是汉代以来中国（儒家）哲学的主要特征，并且与西方哲学分析的方法相区别，"从不同学派中吸收洞见，并把它们统入一个有活力的理论，这样的方法直到今天依然是中国哲学的核心特征。综合的进路明显不同于分析，后者注重理解特定理论背后的假设，论证其基本概念与观念的合理性。分析的方法力图将

---

〔17〕 关于哈贝马斯理论中"普遍性"与"特殊性"之间的张力，系统的梳理与讨论参见 Fan Yang, *A Discourse on Discourse: Habermas, Foucault and the Political/Legal Discourses in China*, Ph. D thesis of ENS Paris - Saclay, France, 2015, pp. 9 - 12.

〔18〕 《中庸之为德也，其至矣乎!》（《论语·雍也》），载 http://hanyu.iciba.com/a/20090803/1417.shtm，访问日期：2016 年 12 月 5 日。

〔19〕 张德胜等：《论中庸理性：工具理性和沟通理性之外》，载《社会学研究》2001 年第 2 期，第 33 - 48 页。

〔20〕 张德胜等：《论中庸理性：工具理性和沟通理性之外》，载《社会学研究》2001 年第 2 期，第 40 页。

〔21〕 《中庸》原文："喜怒哀乐之未发，谓之中；发而皆中节，谓之和。中也者，天下之大本也；和也者，天下之达道也。致中和，天地位焉，万物育焉。"载 http://www.juzimi.com/ju/655417，访问日期：2016 年 12 月 5 日。

论证的基本要素区分并独立开来，而综合的方法则要把来自不连贯的甚至可能是向左的理论的观念整合在一起。"[22] 这种综合、妥协与息事宁人的视角与哈贝马斯的交往理性观中所设想的通过逻辑理性协商而达成共识的进路相区别。[23]

（四）礼：儒家理性中的权力关系与结构

与"中庸""仁"等内在价值相比，"礼"在儒家思想中指各种外在的社会道德行为规范。礼的功能主要是："根据一个人在特定关系中所处的位置，制定出不同的标准以规定得体的行为。"[24] 在儒家看来，人最初的形态是善良的，所以主要应该通过道德的教化来治理社会，呼唤人内心善良的本性，而法律的作用仅仅是辅助的。所以在传统中国，作为伦理规范的礼要比法律更为发达。在礼的体系中，君臣等级、父子等级、长辈与晚辈的权力等级、师生之间的等级等，都是非常主要的、不可撼动的权力关系。因此，在礼的规范体制下，就很难存在哈贝马斯所说的平等的参与商谈的机会。但是，根据儒家的主张，权力者拥有权力并不是因为工具理性的利益最大化要求，而是基于仁爱和大局观的要求。

礼作为一种规范体系，最初体现于各种亲属关系规定。后来，宗法制度的适用范围逐渐扩大，家庭成员之间的规范也随着社会成员的交际关系从家庭扩展到社会。[25] 如此便形成了费孝通先生所谓"差序格局"的礼法体制；"家国同构"的政治模式也在中国得到了确立，[26] 圣王被期望成为一个"家国"的慈父。[27] 于是，在礼的体系下，有经验的人、长辈始终处在权力者的地位。但他们对于权力的使用必须是基于仁爱而有节制的，这一点与哈贝马斯所批判的工具理性的绝对利己主义相区别。

---

〔22〕 Karyn L. Lai, *An Introduction to Chinese Philosophy*, Cambridge University Press, 2008, p. 15.

〔23〕 尽管在哈贝马斯的观念中，逻辑只是交往理性的一个侧面，但在不同的场合，他依然多次强调语言逻辑在交往理性达成过程中的关键作用。参见 Jürgen Habermas, "Summarizing Statement on the Main Topics of 'Between Facts and Norms'"，载郑永流主编：《法哲学与法社会学论丛》第3卷，中国政法大学出版社2000年版，第11 - 20页。

〔24〕 Karyn L. Lai, *An Introduction to Chinese Philosophy*, Cambridge University Press, 2008, p. 25.

〔25〕 张德胜等：《论中庸理性：工具理性和沟通理性之外》，载《社会学研究》2001年第2期，第33 - 48页。

〔26〕 参见梁治平：《寻求自然秩序中的和谐：中国传统法律文化研究》第一章，上海人民出版社1991年版，第1 - 26页。

〔27〕 《论语·泰伯》第六章、第八章，载 http://www.ruiwen.com/news/51934.htm，访问日期：2016年11月11日。

（五）士大夫：儒家理性的特殊载体

韦伯曾说："儒教是受过传统经典教育的世俗理性主义的食俸禄阶层的等级伦理。"[28] 而"尚武的骑士阶层、农民、工商业者与受过文学训练的知识分子在这种追求中必然有不同的倾向"。[29] 他的这一观察凸显了儒家理性受众人群的特殊性。

传统上，士大夫是由权力者出资供养、向权力者提供政策意见的知识分子。这一阶层在中国历史上的地位十分突出，他们是儒家价值的主要创立者和载体。因此，其作用不仅仅是为权力者提供咨询，也是以价值理性监督权力的重要力量。儒家对士大夫的要求主要是道德伦理层面的。他们类似于西方近代以来的知识分子，而与西方古代社会更强调理性追求的哲学家、中世纪更强调道德神圣性的神学家们相区隔。[30] 仁、中庸、礼等儒家道德思想则通常是科举考试的主要内容。范仲淹的"先天下之忧而忧，后天下之乐而乐"是对士大夫阶层道德责任感的最佳描述。

主流的历史研究表明：在一个朝代的稳定时期，皇帝的作用会相对较小，而由士组成的庞大的文官集团在国家日常政治中会占主导地位。[31] 宋朝王安石变法时期，大臣文彦博曾对宋神宗说过一句非常重要的话："陛下与士大夫治天下，非与百姓治天下也。"这句话不但说明了士阶层作为制衡王权的力量而存在，也把这一制衡力量明确区别于哈贝马斯所主张的完全属于市民社会的公共领域。

二、儒家理性观念影响下传统中国社会中的"公共领域"与政法商谈

公共领域是哈贝马斯理论的核心概念。他认为："公共领域首先是人们社会生活的一个空间，公共意见在其中得以形成，而所有公民都有机会进入到这一空间中。……公民在不屈从于任何强制力的情况下处理关乎公众利益的事情，他们的行为就具有了公共性。有了这些保证，他们可以自由

---

〔28〕 ［德］马克斯·韦伯：《儒教与道教》，王容芳译，商务印书馆 2003 年版，第 6 页。

〔29〕 ［德］马克斯·韦伯：《儒教与道教》，王容芳译，商务印书馆 2003 年版，第 476 页。

〔30〕 参见余英时：《士与中国文化》"自序"，上海人民出版社 2003 年版，第 1－11 页。

〔31〕 关于秦汉以来的中国古代到底是王权专制（类似于法国路易十四时期"绝对主义"）的政体，还是皇帝与士大夫阶层共治的政体，此方面权威的历史研究有很多，除前述余英时先生的《士与中国文化》外，还包括钱穆：《中国传统文化中之士》，载《国史新论》，生活·读书·新知三联书店 2001 年版，第 182－216 页；黄仁宇：《万历十五年》，中华书局 2006 年版，第 1－92 页等。

聚合、自由表达他们的观点。"[32] 同时，他认为现代社会的报纸、期刊、广播和电视等都是公共领域的载体与媒介。它以市民社会为基础，植根于生活世界，在政治系统、经济系统、私人领域之前起到了传感器的作用，是民主地制约权力、实现交往理性的重要途径。很多学者指出，哈贝马斯的这一概念具有两重性和相对性：一方面，作为历史社会学概念的"资产阶级公共领域"专指特定历史时期存在于西欧社会的一种历史事实；另一方面作为政治哲学概念的"公共领域"则指哈贝马斯所倡导的一种规范化民主实现形式。[33] 在本文中，我们主要在后者的语境下去讨论这一问题——在传统的中国社会是否也可能存在可供比较的"公共领域"呢？

（一）传统中国社会的"公共领域"

如前文提及的，传统中国存在着由士大夫阶层组成的区别于王权与底层百姓的"第三领域"，[34] 它对王权有着有效的制衡作用。金观涛与刘青峰将其称为"儒家公共领域"。[35] 这种制衡作用与哈贝马斯的主张相类似，但参与者阶层的局限性与哈贝马斯的设想很不一致。

由士大夫所组织的公共领域有很多实例，例如自汉开始的太学、隋朝以后的国子监，以及明代的东林书院等。这些机构是政府设立的高等教育和研究机构，也是儒家士大夫阶层商议政事的公共空间。

太学在西汉末年大约有一万人，东汉时期一度达到三万多人。一方面，权力者会从太学中选拔人才成为政府官僚；另一方面，太学的士大夫们也

[32] Jurgen Habermas, "The Public Sphere: An Encyclopedia Article (1964)", in Sara Lennox and Frank Lennox (eds.), 3 *New German Critique* (1974), p. 49.

[33] 参见 Phillip C. C. Huang, "'Public Sphere' / 'Civil Society' in China?: The Third Realm between State and Society", 19 *Modern China* (1993), pp. 216 – 240；赵文词：《公共领域，市民社会和道德共同体——当代中国研究的研究议程》，载［美］黄宗智主编：《中国研究的范式问题讨论》，社会科学文献出版社2003年版，第225-240页。

[34] 对这一"第三领域"的完整论述，参见 Phillip C. C. Huang, "'Public Sphere' / 'Civil Society' in China?: The Third Realm between State and Society", 19 *Modern China*, (1993), pp. 216 – 240.

[35] Jin Guantao & Liu Qingfeng, "On Confucian Public Sphere: A Study of the Modern Transformation of Chinese Society from the Perspective of Intellectual History", 2/2 *Taiwan Journal of East Asia Civilization* (2005), pp. 175 – 220. 又参见金观涛、刘青峰：《观念史研究——中国现代重要政治术语的形成》，法律出版社2009年版，第71-102页。

会通过自己的聚议与行动对政治发挥影响力，甚至与权力者发生对抗。[36]
经历南北朝以后，隋代将太学改为国子监，但是职能不变，这种机构到了
清末废除科举以后才正式被取消。太学、国子监等虽然为官办，但它也带
动了民间办学的热潮，成为中国历史上儒家公共领域的重要载体。例如东
林书院就是古代中国有名的民间士大夫聚集论政的地方。它在北宋创立，
一度中断，到明朝万历年间被修复，进而影响力遍及全国。东林书院有习
惯的会约仪式：每年一期大会，每月一小会，会期三日。参加者全凭自愿。
每次会议都有一个主讲人，一般是德高望重的儒家学者。内容除了儒家经
典以外还包括当代政治事件。其余的参加者通过提问、发言的方式参与讨
论。东林书院在政治上的影响力在明朝中后期一直持续。这些都是"儒家
士大夫公共领域"的具体体现。

我们可以把它与哈贝马斯的公共领域概念进行比较。首先，哈贝马斯
的公共领域在更多情况下是存在于行政体制之外的市民社会中，而儒家士
大夫的公共领域也同时在体制内发挥作用。其次，在哈贝马斯的理论中，
参与者的平等性是最重要的条件。但是，传统中国受制于儒家"礼"的观
点的支配，平等性很难实现。最后，二者对于"理性共识"的理解也是不
一样的。哈贝马斯理重视交往理性的作用，强调主体同意基础上的逻辑共
识；而中国古代士大夫的公共领域受儒家理性思维方式影响，更注重"仁"
"中庸"等价值因素在论辩和说服过程中的作用。

近代以来，尤其是科举制度废除和西方的政治思想传入之后，传统中
国社会的公共领域受到冲击。但其很多特点还是继续保留下来。一些卓有

---

[36] 西汉哀帝时，博士弟子王咸曾聚集太学士大夫千余，以图解救执法不阿的司隶校尉鲍宣。
东汉晚期陈蕃、李膺等人反对宦官专政的统治，得到太学士大夫的支持和响应，他们通过公共协商
而形成的舆论发挥了极大的影响力。以贾彪、郭泰为首的三万多太学生，品核公卿，裁量执政，形
成强大舆论，被称为"清议"，自公卿以下莫不畏其贬议。致使"三公九卿皆折节下之，三府辟召
常出其口"，充分显示出了太学生的舆论威力。并由此使社会形成婞直之风，有力推动了公卿反对
宦官专权的斗争。于是太学生也成为宦官打击的对象（即党锢），不少与党人有牵连者遭到禁锢。
熹平元年，太学士大夫被宦官逮捕和囚禁的达一千余人。

成效的历史研究都支持了这一观点。[37] 这些研究也都或多或少地与哈贝马斯的理论进行着对话。比如王笛通过对清末至民国时期成都社会空间的研究，再现了传统中国社会组织逐步瓦解、新的商业文化不断兴起以后中国城市的空间结构转型的过程。[38] 他主张，在近代中国存在着类似哈贝马斯所提到的公共领域，具体表现为茶馆等公共场所。但是这种公共领域也有其特殊性的一面，比如"礼"的观念的引导和地方精英的作用等。金观涛与刘青峰运用历史政治文献关键词梳理的方法，发现在中国近代史上存在着以家族代表和地方士绅组成的公共领域，并把它命名为"儒家公共领域"。他们把它视作儒家政治文化对西方进行回应的产物，并且相信是不同于哈贝马斯的另外一种公共领域形式。[39] 金观涛、刘青峰所称的地方士绅以及王迪所称的地方精英，正是古代中国士大夫这一阶层的延续。他们与权力体制内的士都属于儒家知识分子或者社会精英群体，共同组成了一个介于个体民众和皇权之间的"第三领域"。

综合以上，我们主张，传统中国社会的公共领域是由儒家知识分子、宗族血亲背景的知识精英等组成的，以儒家理性为行动指引，参与者之间的权力关系并不平等，但是却可以对政府权力产生一定制约作用的政治、法律公共讨论空间。

（二）传统中国社会政治/法律商谈的特点

中国古代政治与法律商谈的传统可以追溯到很早。《尚书·尧典》曾记

---

〔37〕 这些研究主要包括：〔美〕魏斐德：《市民社会和公共领域问题的论争——西方人对当代中国政治文化的思考》，载〔美〕黄宗智主编：《中国研究的范式问题讨论》，社会科学文献出版社 2003 年版，第 139 - 171 页；〔美〕罗威廉：《晚清帝国的市民社会问题》，载〔美〕黄宗智主编：《中国研究的范式问题讨论》，社会科学文献出版社 2003 年版，第 172 - 195 页；王迪：《街头文化：成都公共空间、下层民众与地方政治，1870 - 1930》，中国人民大学出版社 2006 年版；〔美〕黄宗智：《中国的"公共领域"与"市民社会"——国家与社会间的第三领域》，载〔美〕黄宗智主编：《中国研究的范式问题讨论》，社会科学文献出版社 2003 年版，第 260 - 288 页；Jin Guantao & Liu Qingfeng, "On Confucian Public Sphere: A Study of the Modern Transformation of Chinese Society from the Perspective of Intellectual History", 2/2 *Taiwan Journal of East Asia Civilization*, (2005), pp. 175 - 220; 等等。

〔38〕 王笛：《街头文化：成都公共空间、下层民众与地方政治，1870 - 1930》，中国人民大学出版社 2006 年版；王笛：《茶馆：成都的公共生活和微观世界，1900 - 1950》，社会科学文献出版社 2010 年版。

〔39〕 Jin Guantao & Liu Qingfeng, "On Confucian Public Sphere: A Study of the Modern Transformation of Chinese Society from the Perspective of Intellectual History", 2/2 *Taiwan Journal of East Asia Civilization* (2005), pp. 175 - 220.

载：尧帝在位的时候，处理各种政治事务，无论是治水，还是任用官吏、选拔继承人，都会与一些被称作"四岳"的贵族们进行商议。[40]《国语·周语》中的名篇《召公谏厉王弭谤》也表达过这样的观点：公共舆论的力量就像洪水，不能用堵的办法治理，而应该开放言论渠道，更多地人通过不同的方式参与协商，这样才会使得施政与民意在同一轨道上。[41] 公元前841年，周厉王被"国人暴动"赶走，周公与召公联合执政，史称"共和之治"。他们执政的方式主要就是遇到重大问题与各界商议。故此，有学者也把这个事件看作是中国共和主义与协商性政治的源头。[42] 儒家认为如果通过和平商议的方法解决纠纷，那是非常理想的状态。《左传》记载了春秋时期郑国相国子产的故事：子产来到乡间的休息场所，听到很多人在议论政治。有人建议子产把这个场所铲除掉，子产拒绝了这个提议。他认为每天可以到这里听取民间人士议论政治，对自己的施政大有好处，[43] 后来还大力推广了这种政治参与形式。孔子在听到这个故事之后，大为赞赏，认为这正是儒家"仁"的表现。[44]

以上著名实例可以看作是中国政治、法律商谈传统的开端。概括来讲，传统中国的政治法律协商有如下特点：

1. 参与主体的非平等性

在儒家道德规范的影响下，传统中国社会公共领域中的政治、法律商谈的参与者，很难具备参与机会的平等性。年长者、有学问的人、辈分高的人、官位高的人、有过突出贡献的人等，往往处在比较高的权力位阶。甚至对于绝大多数底层人民来说，这种政治参与的机会都是没有的。根据

---

〔40〕 转引自陈剩勇：《中国的协商政治传统与地方民主的发展》，载陈剩勇、何包钢主编：《协商民主的发展》，中国社会科学出版社2006年版，第84页。

〔41〕《召公谏厉王止谤》原文为："防民之口，甚于防川。……故天子听政，使公卿至于列士献诗，瞽献曲，史献书，师箴，瞍赋，矇诵，百工谏，庶人传语，近臣尽规，亲戚补察，瞽、史教诲，耆、艾修之，而后王斟酌焉，是以事行而不悖。"载 http：//hanyu.baidu.com/shici/detail？pid = a5ffa60310164c819503cd494319f8b6，访问日期：2016年7月20日。

〔42〕 储建国：《中国古代君主混合政体》，载《政治学研究》2004年第1期，第44–52页。

〔43〕《左传·襄公三十一年》原文为："郑人游于乡校，以论执政。然明谓子产曰："毁乡校，何如？"子产曰："何为？夫人朝夕退而游焉，以议执政之善否。其所善者，吾则行之；其所恶者，吾则改之，是吾师也，若之何毁之？"载 https：//yuwen.chazidian.com/yuedu7，访问日期：2016年5月20日。

〔44〕《左传·襄公三十一年》同时记载："仲尼闻是语也，曰：以是观之，人谓子产不仁，吾不信也。"载 https：//yuwen.chazidian.com/yuedu7，访问日期：2016年5月20日。

哈贝马斯的构想，参与者的不平等会造成协商政治的失败。但是，如前文所述，因为"仁""中庸"等价值观念的作用，参与者并不是仅站在工具理性的立场上思考问题的，而是通过总体性和"仁爱"的思想来参与协商。也就是说，礼必须在仁的基础上才能发挥作用。这在一定程度上会削弱权力关系对协商的负面影响。

2. 道德教化性、节制性和总体性

道德教化性是指，在参与主体的不平等的基础上，法律商谈的主要内容也以道德教育为主，通过教育感化而非利益平衡的方式，来完成达成共识、制止纷争的目的。除了民事纠纷处理，即便是在刑事司法领域，中国传统的司法也体现了慎用刑罚、以教化为主的特点。[45] 节制性是指协商参与者都能够有节制地看待问题，不追求极端化和个人利益最大化。而总体性是指从共同体的角度看待问题。

在西汉中后期出现的"礼让"纠纷解决机制是教化、节制型司法的典型例证，它"指的是当诉讼发生时，法官首先自责，以礼让来教育和感化诉讼当事人，促使其反省、互让，进而通过一系列举措，将个人的反省扩大到整个管辖区域，让每个人都能谦让他人，以实现地区和谐"。[46]《汉书·韩延寿传》记叙了两个经典案例：其一，冯翊太守韩延寿审理一桩兄弟之间争夺财产的案件。他认为这是一桩有伤风化的案件，而首要原因是自己没有教育好治下的百姓。于是他首先处罚自己，闭门思过。兄弟二人由此认识到了自己的错误，不但放弃纷争，还把自己绑起来向韩延寿请罪。其二，还有一次，韩延寿手下的一个胥吏欺骗了他。他不但不追究责任，反而深刻自责，认为是自己推行教育失败，连身边的人都没教育好。那个胥吏非常羞愧，最后自杀。[47] 这两个案例在关于古代司法文化的研究中多次被引用，可以很好地说明法律商谈的道德教化性特征，而这种司法形式一直延续到晚清。

到了现代中国，这些特征依然活跃于人们日常的协商实践中。伊莎白（Isabelle Thireau）和华林山（Hua Linshan）于 20 世纪 90 年代在广东农村

---

〔45〕 吕丽：《中国传统的慎杀理念与死刑控制》，载《当代法学》2016 年第 4 期，第 37 - 47 页。

〔46〕 张朝阳：《论汉代产生的"内省式民事纠纷解决机制"》，载《华中科技大学学报（社会科学版）》2013 年第 1 期，第 49 页。

〔47〕 郭建：《獬豸的投影：中国的法文化》，上海三联书店 2006 年版，第 208 页。

所做的纠纷解决研究中的一些案例也可以对此进行较好的说明。[48] 其中一个典型的案例发生于 1996 年：某村要面向村民招标分配承包鱼塘。按照该村以往的惯例，每一轮未投得鱼塘的农户有优先落标的权利，这样可以保证每户至少都获得一个鱼塘。该村的情况在整个地区是比较特殊的，其他村庄并不适用这个规则。所以，地方政府，根据整体地区的情况，并没有承认这一规则。有鉴于此，当地村民在实践中选择了一种非正式的习惯规则："已经投得鱼塘的农户，不再投标，把机会让给未获得的家庭。"[49] 这个案例可以说明：虽然地方村民无力改变政府的政策，但是为了维护他们认为理性的标准，即整个共同体的利益，宁愿自我节制牺牲利益，是典型的儒家理性指导下的行动。

3. 重和谐而轻纷争，轻视制度化程序，多运用调解

在儒家思想和实践中，远离纷争崇尚和谐是一种比较好的境界。所以，"厌讼"和"息讼"就成了中国传统法律文化的典型特征。孔子曾做过一段时间鲁国的"司寇"（法官），但是他对这一工作评价并不高。他说："听讼，吾犹人也，必也使无讼乎？"[50] 儒家政治法律的特性使得正规的、制度化的诉讼程序一直受到排挤。而一些非制度化的、以儒家价值为标准的民间政治商议与法律调解，则成为主要的纠纷解决形式。例如，元朝时期，政府在各地乡间设立村社，由村长、社长主持调解民间的纠纷。明初各地设"申明亭"，由德高望重的乡间长老主持，可以调解纠纷，甚至可以对有过错者施以刑罚，没有经过申明亭调解的纠纷都不得以起诉。明中期又推广"乡约"，以调解民间纠纷为重要工作职责。明清时，民间的纠纷如果不经过本宗族内部的调解而直接起诉，官府一般是不受理的。即使是起诉后，有关婚姻、继承等，被儒家认为是纯粹宗族伦理问题的纠纷，一般也都要发回到本宗族内部进行"公议"。[51]

到了近代，这种非制度化的道德调解依然在中国民间发挥着作用。前

〔48〕 伊莎白和华林山共搜集了150个纠纷解决的案例，并做了分析，但没有发表。案例转引自张德胜等：《论中庸理性：工具理性和沟通理性之外》，载《社会学研究》2001年第2期，第44－45页。

〔49〕 张德胜等：《论中庸理性：工具理性和沟通理性之外》，载《社会学研究》2001年第2期，第44－45页。

〔50〕 《论语·颜渊》，载http://www.ruiwen.com/news/51938.htm，访问日期：2016年5月21日。

〔51〕 郭建：《獬豸的投影：中国的法文化》，上海三联书店2006年版，第211页。

文中提到的王笛的研究中就有类似描述：在成都有这样一条不成文的规定，市民间的冲突一般不找官府解决，而是在茶馆调解。当事双方邀请一位德高望重的人作为裁判。因为它发生在茶馆，所以这种调解方式被称为"吃讲茶"。[52] 即便是在今天，调解式纠纷解决机制依然在中国民事（尤其是家事）纠纷解决中扮演了非常重要的角色。[53]

4. 私领域价值标准影响公领域讨论

正如前文中提到的，儒家社会的公共道德规范体系来自于家庭生活的日常规范。"这些特征在一个不带强制性的、自主的共同体中形成。然后扩展到生活更为复杂的领域里去。"[54] 因此，在公共空间的政治法律商谈中，私领域的价值发挥着巨大的影响力。相对来讲，在哈贝马斯的理论中，公共领域是一个不同于国家官僚体制和私人、家庭等私领域以外的第三领域，并且"在这个领域中适用的价值规则不同于私领域"。[55]

儒家特别强调"忠孝同构"，认为"忠"是由"孝"衍生而来。在科举制度没有出现之前，一个人是否可以做官，最重要的标准就是他在"孝"方面的表现。这种选官方式被称为"举孝廉"。礼的主要原则包括"三纲五常"，其中三纲——"君为臣纲，夫为子纲，夫为妻纲"——是重要的价值标准。儒家认为"三者顺，天下治；三者逆，天下乱"。又比如，在传统中国社会，作为公共话语的道德和法律中就有一个非常重要的原则——亲亲相隐，意思是一个人如果犯了罪，与他具有亲近血缘关系的人必须包庇他。[56] 今天中国人在社会交往中依然追求这种"情大于理，理大于法"的价值取向，也往往认为只有私德比较好的人才有可能拥有比较好的公共道德与公共行为，进而往往用私领域的道德规范来要求公共领域的话语行动者。

---

〔52〕 王笛：《茶馆：成都的公共生活和微观世界，1900 - 1950》，社会科学文献出版社 2010 年版，第 327 - 350 页。

〔53〕 汤鸣：《家事纠纷法院调解实证研究》，载《当代法学》2016 年第 1 期，第 140 - 148 页。

〔54〕 David L. Hall & Roger T. James, *The Democracy of the Dead*, Open Court Publishing Company, 1998, p. 96.

〔55〕 金观涛、刘青峰：《试论儒学式公共空间——中国社会现代转型的思想史研究》，载金观涛、刘青峰：《观念史研究》，法律出版社 2010 年版，第 74 页。

〔56〕《论语·子路》对于"亲亲相隐"故事的记载："叶公语孔子曰'吾党有直躬者，其父攘羊，而子证之。'孔子曰'吾党之直者异于是。父为子隐，子为父隐，直在其中矣。'"载 http://www.gushiwen.org/GuShiWen_ 48d95daee2. aspx，访问日期：2016 年 7 月 11 日。

三、评述与总结

哈贝马斯的法律商谈理论作为一种法哲学规范构建，在实践中经常会受到许多挑战。一方面，如福柯（Michel Foucault）对哈贝马斯所批判的那样，现实中存在着无所不在的权力关系，哈贝马斯所设想的每个公民都平等参与的理想言谈情境（ideal speech situation）在现实中基本难以实现；[57]另一方面，哈贝马斯虽然扩展了理性的概念，提出了交往理性，但如果只有工具理性和交往理性两种规范理性观，那么如何从工具理性占统治地位转变成交往理性起支配作用？简单来说，就是如何让拥有权力的人放弃追求利益最大化，而与其他参与者一起协商？对于这一问题，作为规范理论家的哈贝马斯并没有详细的论述。

张德胜等学者通过对中庸概念的研究指出，中庸价值"正好在工具理性和交往理性之间筑起了一道桥梁，将价值冲突带到理性的沟通渠道去解决，因为它从整全的视野出发，讲求自我节制，蕴含了理性沟通的准备和意愿。……在权力无处不在的现实社会，有权有力的一方肯自动节制、顾全大局，是和平解决是非争端的关键所在"。[58] 沿着这个思路，我们主张，在工具理性肆虐的现代社会，交往理性的目标难以达成，而儒家理性则有可能提出一个新的规范性路径。

作为一种价值理性观，儒家以节制取代工具理性的效率观，兼顾自己与整体的利益，保留了经验的权威性，却削弱了权力的自利性。郝大为（David L. Hall）与安乐哲（Roger T. Ames）的研究也认为，中国在许多方面更接近杜威（John Dewey）和桑德尔（Machael Sandel）的共和主义民主理想。他们甚至认为中国政治文化传统，作为一种民主思想，更能回答贝尔（Daniel Bell）对晚期资本主义提出的批评。[59] 本研究也呼应了这样一种观点。在儒家理性的框架下，理性不再只是有韦伯或哈贝马斯所定义的方向。权力关系也不再只是对抗式的和压迫式的。不平等的关系也有可能被

---

〔57〕 Michel Foucault, "The Subject and Power", in Hubert L. Dreyfus and Paul Rabinow (eds.), *Michel Foucault: Beyond Structuralism and Hermeneutics*, University of Chicago Press, 1982, p. 222.

〔58〕 张德胜等：《论中庸理性：工具理性和沟通理性之外》，载《社会学研究》2001 年第 2 期，第 33－48 页。

〔59〕 贝尔认为，资本主义在解决道德与法律的矛盾时过于偏向法律；而郝大为与安乐哲则认为，从共和主义的角度看，中国的儒家价值观可以纠正这个偏差。详见 David L. Hall & Roger T. James, *The Democracy of the Dead*, Open Court Publishing Company, 1998, pp. 93－110.

"仁""中庸"等价值观念所中和。儒家理性并没有像西方那样清晰的逻辑二分法，而是追求阴阳调和与辩证。中国式的政法协商也说明了理性与权力的对立并不是非此即彼的，是有可能共融与调和的。

儒家理性观自身当然也存在着很多问题。它对程序和实体法的不重视，对情感和家庭血缘关系的过分依赖，都是现代法治的负面因素。儒家理性形成于相对简单的传统农业社会，而现代社会的复杂程度已经远远超过了传统社会。没有外在制度保障的内在道德主义，在社会急剧变化的过程中很难发挥足够积极的作用。同时，和哈贝马斯的交往理性概念一样，儒家理性也是一种比较理想化的理论类型。在传统中国几千年的历史中，儒家理性并不是一直占据社会意识形态的支配地位的。往往是在太平盛世，儒家价值的作用就会比较明显；而在社会动荡的年代，这些理想型的价值观就会受到冲击，儒家社会秩序也会受到破坏。

儒家理性的观念也不是一成不变的。历史上，儒家在不同时期其所强调的价值重点也不尽相同，也有着许多与外来思想对话和融合的经历。这也体现了儒家倾向于综合、统一地看待问题，而不是对立地看待问题。所以在今天，在西方法政思想的冲击之下，儒家理性也必须进行不断地反思，并且综合地与他者（比如哈贝马斯的理论）进行相互比较与借鉴，才能更好地发掘自身价值，在我国法治文明建设的过程中发挥更积极的作用。

比较法的理论图式[*]

杰弗里·塞缪尔 著

苏彦新[**] 译

以一种系统与（或）图式的"方式"可以描述比较法吗？本文以一种简要而集中的方法来展现比较法的一些理论图式。

一、比较与法律

比较法的研究者可能提出的第一个且十分一般的二分法就是：公认地是某些人为的，然而却是有益的一种二分法即比较与法律。比较法作为一门学科可被归为两个基本的问题："比较"是什么和法律是什么。这种区分是人为的，就包含这种"比较"方面的方法论上的问题而言，仅当联系比较的对象即"法律"时，才能认识比较。然而这种分离的价值是允许对方法论活动本身进行比较，以及包含针对有可能的可比较的法律范畴分别地进行反思。在很大程度上，接下来的图式二分法是从这种基本的区分中产生的。

二、宏观与微观的比较

可以说，在宏观与微观比较之间，这种古老的且为大家接受的二分法按理仍然是值得提出来的，因为这两个方面在比较法研究中引发了相当不

---

　　[*] 本文是英国肯特大学法学院比较法教授杰弗里·塞缪尔（Geoffrey Samuel）所著《比较法的理论与方法概论》（*An Introduction to Comparative Law Theory and Method*，Hart Publishing Ltd.，2014）一书的结论部分，原题为"Concluding Remarks：A Methodological Road Map?"该书中文译稿已交法律出版社出版。

　　[**] 苏彦新，法学博士，华东政法大学教授。

同的研究定位。在宏观层次上，这种把各民族国家法律体系归类为各种范畴的理论导致了法系、法律传统、法律风格等的重要的文献类别，而法系、法律传统与风格同样招致了批评，各民族国家法律体系之间的关系作为反思的对象仍然是重要的。[1] 例如，毋庸置疑组成民法法系或传统的各民族国家法律体系之间存在谱系的关系，而有些人毫无疑问认为正是缺少这样一种谱系联系有助于赋予普通法传统的特殊性。

三、类似与差异

假使人们已考虑到了宏观—微观问题，那么面对比较法接下来的二分法是涉及要采用的假设的争论。比较法学家应假设类似或是差异呢？正如我们所知，法律之外的学科研究已强调了采用已论述的普遍主义研究方法的危险，而在法律学科之内，皮埃尔·勒格朗已提出了这种观点。他认为比较就其本质而言是以差异为基础，其他学者认为这种立场是比较复杂的，而且类似与差异，至少在某种程度上依赖比较法学家所操作的层面。[2] 类似与差异之二分法的假定是重要的，这种二分法不只是因为跟普遍主义研究方法相联系的危险，还因为它能够了解真实的论证方法的文献。同跨国协调计划相联系，而且事实上同一种跨国科学的法律思想观念相联系的归纳研究方法，倾向于为消除差异的想法所激励。因此，涉及协调与法律移植的更为一般争论根源于这种二分法。

四、谱系与类比的比较

同类似或差异的二分法相联系，也同法系或法律传统的争论有关的谱系与类比，[3] 是基于具有共同的祖先两个对象与不具有相同祖先的对象之间比较的区别。就宏观比较方案而言，初看起来，这可能始终是更为相关的区别，但事实上，这对微观比较方案也同样重要。例如，在什么程度上，

---

〔1〕 参见 H. P. Glenn, "Comparative Legal Families and Comparative Legal Traditions", in Reimann and Zimmermann (eds.), *The Oxford Handbook of Comparative Law*, Oxford University Press, 2006, p. 421；以及例如载于 Riles 编辑的文集的一些作者：A. Riles (ed.). *Rethinking the Masters of Comparative Law*, Hart Publishing Ltd., 2001.

〔2〕 也参见 R. Cotterrell, "Is it so Bad to be Different? Comparative Law and the Appreciation of Diversity", in E. Örücü and D. Nelken (eds.), *Comparative Law: A Handbook*, Hart Publishing Ltd., 2007, p. 133.

〔3〕 H. P. Glenn, "Comparative Legal Families and Comparative Legal Traditions", in Reimann and Zimmermann (eds.), *The Oxford Handbook of Comparative Law*, Oxford University Press, 2006.

英国合同法或者合同法的其他方面同民法法系的合同法分享谱系的关系呢？[4]据说，证据开示的救济是普通法诉讼程序独特因素之一，但是它同好像是在罗马法中类似的救济共享谱系的关系吗？[5]罗马法提供的许多救济同古老的普通法的个人诉讼具有更多的谱系关系，是非常清楚的。然而，一些比较法学家已指出了罗马法的救济方法与普通法的救济方法之间类比的关系。[6] 而这样一种关系进而能够影响"可比较的"问题。

五、内在与外在视角

这种图式仍然处在相对一般层面上，比较法学家应反思的另一种比较的二分法就是她是否应采用属于该外国法律体系的一位法学家的内在视角，或者她是否应保持为局外人。客观来讲，对许多研究者而言，无法存在太多选择，因为一位外国的法学家的思维方式可能费时多年——几乎一生？——养成。因此，许多比较法学家即使是无意识的，但他仍是局外人。然而在方法论与理论层面上，这种二分法仍然是一种重要的二分法，因为假使比较法学家至少意识到了自己是局外人，那么她会以比较的立场评价不只是从他者的思维方式理解他者（即使她不能吸收整个思维方式本身）的重要性。[7] 同样，她将评价把她自己的认识论思维方式强加给另一法系的危险。换句话，如果一个人意识到自己是位局外人，那么他既可以非帝国主义的方式理解他者，又触在他者法律的各个层面中看清他者模糊难懂的内在精神心智，或许这会更为恰当。

六、功能方法及其替代方法

因此，回到甚为较低的操作层面，或许也是人们被迫面对最具争议的问题之一。比较法学家应采用什么样的理解图式？在 20 世纪后期，开始占支配地位的理论图式是功能方法，这种方法很清楚有许多优点以及诸多拥趸者。然而到 20 世纪结束，这种方法已开始受到诸多批判，并且人们主张其他方法论的图式。如今在功能主义及其替代方法之间的二分法的掩饰下

---

〔4〕 例如 A. Simpson, "Innovation in Nineteenth Century Contract Law", 91 *Law Quarterly Review* (1975), p. 247.

〔5〕 比较并参阅《学说汇纂》2. 13。

〔6〕 参见 K. Zweigert and H. Kötz, *An Introduction to Comparative Law*, 3rd edn., trans. T. Weir, Oxford University Press, 1998, pp. 186 – 187.

〔7〕 参见 R. Cotterrell, "Is it so Bad to be Different? Comparative Law and the Appreciation of Diversity", in E. Örücü and D. Nelken (eds.), *Comparative Law: A Handbook*, Hart Publishing Ltd., 2007.

所呈现的这种争论的主要困难，好像是转到了深度的诠释学研究方法上，比如说，简化的状态。诠释学的研究方法"仅仅"只是"替代方法"之一。事实上，对功能主义及其替代方法的二分法之一的这种理解图式的争论的减少，很显然反映了功能方法在比较法中具有的支配地位，这是意想不到的。功能方法相对地易于适用，并且几乎没有对作为规则与（或）规范的传统的形式主义的法律概念提出质疑。[8] 的确，肤浅的功能主义很容易同研究法律的一种概念的结构主义相协调，因为它能吸引这类比较法学家使用功能方法作为他自己重视其他法律体系的规则或规范的工具，即因此服从正统的实证的法律推理技术（归纳、演绎等），甚至那种帝国主义的"较好解决方法"所主张的工具。

七、规则模式及其替代

当人们从"比较"转到"法律"问题时，就其基础而言，面对比较法学家第一个而且或许支配的二分法是认识论的。"法律"的知识是一个问题，而且只是有关规则与（或）规范的知识问题吗？我们已看到有些人主张这是事实问题，但因为这个原因，比较法学家必须用相当怀疑地的态度处理该问题。其一，存在明显的认识论帝国主义的危险：主张英国法可以归为一套规范的民法法系的法律家，或者坚持视大陆法只不过作为一系列著名案例的英国法律家，减少对他者想象的各种风险符合这类比较法学家本身的思维方式。其二，可能严格限制了可能可比较的选择与领域。比较法仅仅是比较规则？或者比较法不也是存在有关比较制度、概念、事实情境、方法、态度、思维方式、价值等诸如此类的可能性吗？其三，存在从"他者"的"法律"概念中排除重要因素的风险，因此人们甚至无法着手评价思维方式的基础。一位德国的法律家可能视为非正式的或非法的实践的东西，在另一个传统中，可能完全视为一种法律实践。

八、自然（或科学）与文化（包括有序与无序、理性主义与相对主义）

如果确实存在的话，那么法律问题中产生的另一个认识论的议题是内在的融贯，也就是比较法学家既用于他自己的法律体系又适用于其他的法律体系的内在的融贯。事实上，整个"体系"概念认为这是法律的一个定义

---

〔8〕 尽管如此，这并不认为不存在定义功能方法的重要困难：参见 R. Michaels, "The Functional Method of Comparative Law", in Reimann and Zimmermann (eds.), *The Oxford Handbook of Comparative Law*, Oxford University Press, 2006, p. 339.

特征。这个议题背后隐藏的是人们所称的一种范式或图式定位：自然中（物）存在有序吗？或只是一种无序，有序是仅仅存在于观察者（知识）的大脑中？如果人们同意在比较的（可比较的）对象本身之内具有内在秩序的观点，那么可以得出结论就是这种有序是其本身所能确认的与可比较的东西。因此，我们已经看到罗马法的法律原理体系表面看来能够从一个法律体系移植到另一个法律体系。这完全值得尊重，但是——这是很重要的——罗马法的法律原理体系要接受挑战。

接受质疑不只是因为有序本身的议题是内在于（物），而且常常因为这样的有序是因而同嵌于被称之为"自然"范式的科学理论相联系。可以说，法律像任何自然现象一样，是能够成为一门学科的对象，而这样的科学框架是像数学一样，通过定义普遍的与经得住检验的数学公理，从一种文化到另一种文化转移。质疑该观点的那些人经常在——扎根于并只有通过运行的该文化所界定的发现所有知识的——或者至少所有的法律知识的文化范式之内从事研究，不存在高于文化所产生的任何东西。有些人更为激烈，抨击了欧洲理性主义传统本身；所有的知识只是相对的。[9] 这样的反对常常通过，在理解图式的层面上，在因果（说明、证明）——或者有时结构的图式（模式、体系化公理）[10] ——与诠释学的（文本的）图式之间的方法论的冲突中，显示其本身。

九、整体论与个体论

在理解法律思维方式上可能是重要的另一个基本的范式二分法——在各种事实分析上——是整体论与个体论的分析。首先是基于个人的与（或）物的集合的本体论理论能够自身存在（森林作为整体存在），而第二个主张是只有个体部分具有一种"实在的"存在（只有各种树存在；或者不存在像社会一样的东西，仅仅存在个体的男人与女人）。在讨论所涉方法论与事实时，这种范式定位出现是重要的，在什么层面上看待事实呢？因此，它是一种对研究者，例如考察在不同的法律传统与法律推理技术设想各种事

---

〔9〕 可比较 J. M. Berthelot, *L'emprise du vrai: Connaissance scientifique et modernité*, Presses Universitaires de France, 2008.

〔10〕 J. C. Gardin, "Sculpting the Agenda of Comparative Law: Ernst Rabel and the Facade of Language", in A. Riles (ed.), *Rethinking the Masters of Comparative Law*, Hart Publishing Ltd., 2001, pp. 408–412.

实的方式，是重要的二分法。[11] 同样，这种二分法在文化与思维方式层面上有其作用。比如说，在法国与英国，当比较债法或债法的某些方面时，是一种思维方式——或者"哲学"——更多地聚焦于个体行为或者聚焦于各种活动。

十、现实与虚拟事实

尤其是整体论对个体论方式讲述了现实与虚拟事实之间的争论。由于人们关注法律将事实插入其领域的方式，这一最后二分法与其说是一直定位于比较的问题，不如说是在于法律的问题。不是因为思想（知识）是同事实（物）相联系，通过这种联系所产生的认识论图式同样是重要的。因为自动扶梯，C 在 D 的百货公司受到伤害：该法律体系设想这个事件作为置于另一个人控制下的一个抽象物伤害一个抽象人？或者人们以特殊方式考察是在某某的控制下的速度因这个特定的自动扶梯现实的人（年龄、性别、意思以及其他）受到伤害，并假设这个特定的公司法人其商业是在某某的控制下，雇一些雇员中的有技术的某某，在意外事件时其意思是这个那个。换句话，设想事实的方式，既是方法问题又是法律问题：当面对产生的现实的事实问题时，民法法学家创造了系列"虚拟事实"，而这些"虚拟事实"不同于假如普通法法律家是在处理相同的现实的事实时所构建的"虚拟事实"，比较与法律立刻缠绕在一起。

因此，十种二分法似乎已产生了这种比较法方法论的考察。数字本身几乎不重要，站在经济学一边，数字对错只是方便从事比较法律研究的研究者，因此不是提出主张不应扩大该数目或者甚至是缩小。当然，问题是这十种二分法如果真的有的话，应进一步予以图式化。

而立刻要强调的观点是作为二分法所呈现的这些方法论的问题，人们在一种辩证的理解图式下对它们已经图式化了。然而，能够——或者更为相关的，应——把这些二分法重新编排进入某种层级。很清楚，按照操作层面，存在层级，因此研究者应始于二分法第 1 号，并能够有效地从这里推

---

〔11〕 对于一种更为详尽地看待这种范式二分法，参见 B. Valade, "De l'explication dans les sci-ences sociales: holisme et individualism", in J. M. Berthelot (ed.), *épistémologie des sciences sociales*, Pres-ses Universitaires de France, 2001, p. 357; B. Valade, "Individualisme et holisme méthodologique", in S. Mesure and P. Savidan (eds.), *Le dictionnaire des sciences humaines*, Presses Universitaires de France, 2006, p. 620; J. M. Berthelot, "Les sciences du social", in J. M. Berthelot (ed.), *épistémologie des sci-ences sociales*, Presses Universitaires de France, 2001, pp. 246 – 248.

进到第 7 号，虽然不存在严格的理由，为什么人们不可能在第 3 号之前考虑第 4 号。在第 7 号之后，就它们的方法论层次上而言，该二分法确实看来变得更为抽象，因为它们是范式或图式定位而不是事实上的方法，诸如功能主义。但这里的这种观点是这些定位本身更多的导向"法律"而不是"比较"方面，结果或许是研究者在这个阶段应该反思的。

　　然而，即使存在被用来进一步图式化这十种方法论上二分法的一些松散的分层组织，这种分层组织也不是对开始时所提出的研究问题回答的地方，所建议的答案在于辩证的图式本身的运用。作为一系列对照所描述的方法，以及正是在对照的概念中或许找到了社会科学方法的关键钥匙。总体上，在社会科学中，"事实上，社会现象的说明，是从审问现象的各种方式中找到其根源的方法论的多元主义中产生"。[12] 的确，正如贝特洛对此指出的，这有着"逻辑上的冲突"。[13] 在社会科学中，不存在操控的独一无二的范式；人们能够从一种研究方法跳跃到另一种方法，各种研究方法揭示了不同种类的知识。[14] 自然的进化论将揭示一种知识类型，而诠释学是另一种知识类型。[15] 在这里，人们无法谈论方法论上的或认识论上的相对主义，而它与多元主义不是同一个东西；对于每一种理论发声有其自己的假设，但是这些假设保持自身的合法性。[16] 在社会科学中，不存在单一的理论，不存在单一的范式或图式，没有唯一的理解图式，也不存在单一的论证方法。正如该研究尝试表明的，比较法律研究的事实同样也是如此。这是为何一种多元的辩证的方法论上的（与范式）的冲突的图式几乎可以肯定是对能否在比较法中被图式化的问题最令人满意的答案。

---

〔12〕　B. Valade, "De l'explication dans les sciences sociales: holisme et individualism", in J. M. Berthelot (ed.), *épistémologie des sciences sociales*, Presses Universitaires de France, 2001, p. 400.

〔13〕　J. M. Berthelot, "Les sciences du social", in J. M. Berthelot (ed.), épistémologie des sciences sociales, Presses Universitaires de France, 2001, p. 260.

〔14〕　J. M. Berthelot, "Les sciences du social", in J. M. Berthelot (ed.), *épistémologie des sciences sociales*, Presses Universitaires de France, 2001, p. 262.

〔15〕　J. M. Berthelot, "épistémologie des sciences humaines", in S. Mesure and P. Savidan (eds.), *Le dictionnaire des sciences humaines*, Presses Universitaires de France, 2006, p. 382.

〔16〕　J. M. Berthelot, "épistémologie des sciences humaines", in S. Mesure and P. Savidan (eds.), *Le dictionnaire des sciences humaines*, Presses Universitaires de France, 2006, p. 381.

中国法学会比较法学研究会 2016 年
年会综述[*]

  2016 年 7 月 3 日至 4 日，中国法学会比较法学研究会 2016 年会于吉林省长春市隆重召开。本次会议由中国法学会比较法学研究会主办，吉林省法学会、长春理工大学法学院承办。来自全国各大高校、科研院所、出版机构和法检实务部门的近百位专家学者，围绕"司法制度比较研究"主题展开了深入研讨。会议以"总结报告和年会主旨发言""司法改革与司法民主""违宪审查与司法治理""司法判例与法治实践"为主题设置四个单元。

  会议开幕式由中国法学会比较法学研究会常务副会长李秀清教授主持。首先由会议承办单位长春理工大学党委书记骆孟炎致辞，骆书记代表长春理工大学对本次年会召开表示衷心祝贺，向参会嘉宾表示热烈欢迎，并介绍了长春理工大学概况和法学院发展情况。中国法学会张苏军副会长出席本次会议并致辞，张苏军副会长代表中国法学会王乐泉会长、陈冀平书记，向与会的专家学者和嘉宾们致以诚挚问候，对年会召开表示热烈祝贺。张苏军副会长指出，比较法学研究会是中国法学会所属五十多个研究会中，历史悠久、地位重要、人才荟萃的一个研究会，打造了具有较大影响力的学术品牌，取得了良好的学术和社会效果。张苏军副会长提出三点意见：一是要坚持中国特色社会主义法治理论的指导，把政治素质摆在首位。二

---

  * 本文由长春理工大学法学院供稿。

是要勇于担当时代重任，积极回应改革发展中的法治热点、难点问题。三是要加强研究会组织化、规范化、智库化、国际化建设，打造一支有能力、有活力的实力队伍。张苏军副会长预祝年会取得圆满成功。中国法学会比较法学研究会会长高鸿钧教授致辞。高鸿钧会长指出，在中国当代法治发展中，司法活动具有重要作用，司法改革积极推进以审判为中心的制度改革，旨在增强司法的公信力、公正力，这是司法治理的体现。本次年会的主题是"司法制度比较研究"，从比较法的角度对古今中外司法制度进行研究，希望年会的交流有助于改革和完善中国司法制度，推进司法治理。

会议第一单元主题是"总结报告和年会主旨发言"，由长春理工大学副校长赫然教授主持。

李秀清教授（中国法学会比较法学研究会常务副会长）对 2015 – 2016 年度研究会工作情况和取得的成果进行总结报告。本年度比较法学研究会举办了一系列学术活动，组织比较法论坛、研讨会、国际学术会议以及成立外国比较法研究中心等。比较法研究会成员取得丰硕学术成果，不完整统计出版学术专著 10 余部、论文 30 余篇、出版论文集以及发表诸多代表性著作；在科研方面，设立比较法研究项目，目前已有 9 项成果获得立项；设置优秀论文奖，鼓励副教授以下青年学者积极撰写年会主题相关论文；比较法学研究会申请设立"一带一路专业委员会"和"司法专业委员会"；此外，比较法学研究会还积极进行了网站建设。

严存生教授（西北政法大学）以《西方各法学流派的司法理念比较》为题进行了主旨发言。严存生教授对分析法学派、社会法学派等的司法理念进行了比较研究，并对我国司法改革、司法独立性、党的领导和司法机关的关系、司法的专业化、民主化等问题进行了分析。

贺卫方教授（北京大学）围绕"比较司法制度：一些反思"为题进行了发言。贺卫方教授首先对法国司法制度和英国司法制度进行比较，就法国、日本等国的社会构造、司法体制的产生条件进行了分析，同时对司法体制独立等问题进行了反思。

王艳彬副巡视员（最高人民法院）以《中国的案例指导制度及对判例制度的借鉴》为题进行发言。她介绍了中国案例指导制度建立的背景、沿革和发展现状，以及案例指导制度取得的新进展，总结中国开展指导性案例工作的主要经验，分析具有中国特色的案例指导制度的主要特点并比较其与判例制度的区别及借鉴。

董茂云教授（宁波大学）发言的题目是《陪审制度与人民陪审员制度的功能比较》。他指出，陪审制度在政治功能上与司法民主、公正、权威有关，在司法功能上更多在于如何处理程序正义；分析了该制度在中国的独特性，指出发挥人民陪审员制度功能任重道远。

上官丕亮教授（苏州大学）发言的题目是《法官职业保障制度的比较研究》。他指出，健全法官职业保障制度，可以借鉴国外的有益经验开展比较法的研究。为确保司法独立和司法公正，尽快建立健全我国法官的资格任职制、统一选任制、职权独立制、不可更换制、不得兼职制、法官司法豁免制、法官待遇优厚制，构建我国法官职务保障体系。

在自由讨论环节，学者们对司法公正、司法独立以及最高人民法院发布指导性案例的实际作用等问题进行了热烈研讨。

会议第二单元主题是"司法改革与司法民主"，由广东行政职业学院韦华腾书记和中国社会科学院法学研究所张少瑜研究员主持。

唐东楚教授（中南大学）发言的题目为《我国当下与革命根据地时期的人民陪审之比较》。唐教授指出，我国陪审制度从清朝末年移植改造至今，经过了两个关键的"第三波"，提出用大合议庭结构确保人民陪审员的多数优势，完善必要的救济机制，对非正式的群众观审进行一定的保留和限制。杨昌宇教授（黑龙江大学）评议时，指出论文研究方法严谨，"第三波"的概念比较独特。对人民陪审制度的功能分析，英美国家为自下而上的分析，大陆法系更加注重民主，因此对我国人民陪审制度应当重新定位。并对陪审员的权利与义务问题进行更加深入思考。

周隆基博士（长春理工大学）发言的题目为《司法民主的中国语境》。他指出，目前学界存在多种司法民主理论，司法民主的实质应当是司法选择民主，应完善人民陪审员制度、法官遴选制度、法官考评制度等。王莉君教授（中国青年政治学院）进行了评议。她肯定了周隆基论文的理论性，但也存在一些问题，如六种范式的理论基础的差异性、中国舆情的独特性以及民主与司法的相互关系等问题，还需要更多的制度设计和学术探讨。

丁相顺教授（中国人民大学）以《志同道不合：东亚"民众参与司法裁判"的制度表达与路径》为题，进行了发言。对中、日、韩三国建立的民众参与司法形式——中国的"人民陪审员"制度、日本的"裁判员"制度以及韩国的"陪审员"制度进行分析和比较。于明副教授（华东政法大学）对比进行了评议。指出论文是典型的比较法研究论文，通过对日韩的比较，发现中国当代陪审制度的问题。论文的问题在于"志同道不合"的适用是否完全恰当，中日韩之间道不同，志也并不相同，中国是政治取向，日韩是司法取向，但这本身也是比较模糊的问题。

杜健荣博士（云南大学）发言题目为《司法决策整合民意的程度及条件——基于中美差异的比较分析》。通过比较中美两国司法决策整合民意的情况，发现导致差异的原因，指出要提高司法整合民意的程度，所采取的改革措施必须注意到民意的形成机制、司法活动的结构以及社会系统功能分化等深层社会条件。王新宇教授（中国政法大学）评议时指出，如何保障民意最大程度的代表性是重要问题。此外，讨论了对于法官而言，追求的应当是民意还是法律推理的结果以及如何对待法意与民意的取舍等问题。

在自由讨论环节，学者们对司法民主、政治与民主的关系、司法民主在体制与个案上的区分等问题进行了深入交流。

会议第三单元主题是"违宪审查与司法治理"，由北京市社会科学院许传玺副院长和宁波大学法学院董茂云教授主持。

徐霄飞博士（中国人民公安大学）发言的题目是《变动中的违宪审查与宪法法院：实践、理论与反思》。他指出，基于一种现象学视角，就为何（why）要确立违宪审查、怎样（how）建构违宪审查以及违宪审查可能会产生什么（what）影响这三个基本问题展开比较，以违宪审查的真实运作作为深化改革的切入口。魏清沂教授（甘肃政法学院）作为评议人，指出违宪审查的模式分为美国模式和欧洲模式，该文实质是对如何规范公权力的政治构想，并分析在当今中国违宪审查成为热门话题的原因。

王欢副研究员（广州大学）发言的题目是《以司法权威作为司法改革目标的思考》。她指出，司法体制改革目标的确定只能从司法自身和中国特定的语境中进行考察，司法体制改革的目标应当是树立司法权威而非其他。季金华教授（南京师范大学）在评议过程中认为，将司法改革等同于司法体制改革具有局限性，司法改革目标确定不仅取决于传统背景，还取决于司法现状。司法改革实现的重要因素是制度因素，最重要的还是观念文化。

余成峰博士（北京航空航天大学）以《互联网宪法政治的生成、演化与挑战》为题进行发言。指出传统的政治和宪法理论需应对当前三种主要趋势，即数字化、资本化和全球化所带来的挑战。论述了互联网宪法政治的四大命题和挑战。刘红臻副教授（吉林大学）作为评议人指出，余成峰博士的四大问题指向很到位。但是论文对基本概念的界定还比较模糊，不够清晰、不够透彻，互联网宪法政治的内涵以及其与基于民主国家宪法政治的区别等问题需要进一步推敲。

钱弘道教授（浙江大学）发言的题目是《关于互联网司法和大数据法治》。他指出，互联网大数据正在改变我们的生活方式。一是改变思维方式；二是带来新课题；三是号召我们需要行动，及时调整，为大数据法治作出学界的贡献。张建文教授（西南政法大学）在评议时，提出对大数据法治的局限性以及如何看待大数据法治问题的疑问，指出应避免陷入大数据的迷信或迷恋。并提出对依赖大数据是否会使我们丧失整体理解和判断问题的能力的担心。

在自由讨论环节，学者们对违宪审查的类型化、宪法法院的功能、大数据法治的实体法内涵及权利属性、技术的发展对人类行为和行为本质的影响等问题进行了热烈的研讨与互动。

会议第四单元主题是"司法判例与法治实践"，由中国政法大学高祥教授和甘肃政法学院李玉基教授主持。

高旭军教授（同济大学）发言的题目是《法院"维稳"功能和措施反思》。高教授结合近年来社会矛盾不断激化的现状，对法院所承担的维稳功能进行了反思，梳理了法院为完成维稳任务而采取的主要措施，并分析这些措施未能取得应有效果的原因。在此基础上，高教授提出了有针对性的司法改革建议。王存河教授（甘肃政法学院）在评议时指出，他赞同高教授对法院解决纠纷职能和维护民意之间的逻辑关系的论述，但是基于现实矛盾的多样性与复杂性，对取消考核机制这一建议持保留态度。

张力教授（西南政法大学）以《民事案件法院调解的先例指导性初探》为题，进行了发言。张教授对调解的先例指导性进行分析，主张探索建立调解先例制度的路径。他指出，民事案件法院调解在产生个案调解结果的同时，对补充成文法也具有指导功能。赵静波教授（长春理工大学）在评议时指出，该论文题目新颖，对法院调解的先例指导性的价值、功能进行论述，但对其在现实中的可行性以及对基于个案的妥协性规则是否具有普适性等问题需要进一步论证。

王万旭博士（长春理工大学）发言的题目是《论指导性案例的裁判规则提取——基于功能主义法学》。他指出，提取指导性案例的抽象裁判规则，必须立足于案件主要事实以及根据案件事实导出的判决结果的直接理由，并确定该案的"射程范围"，以对其后类似案件的参照适用限定必要的范围。张骐教授（北京大学）作为评议人指出，论文问题意识明确，抓住了案例研究的根本性问题，即个案与指导的结合问题。此外，应进一步思考指导性案例的内涵与外延、指导性案例的效力以及指导性案例的性质认定等问题。

占茂华教授（上海政法学院）发言的题目是《我国古代调解制度及其现代意义》。她指出，古代调解主要由第三方主持，依据一定的规范，通过说理、教育、感化等方式进行劝解、说和，促使当事人双方互谅互让，协商解决纠纷，以达到息事宁人、和睦相处、维护社会安定与和谐的目的。调解是我国古代社会解决民事纠纷的重要机制。汪强博士（上海师范大学）在评议过程中，建议作者对调解制度在唐代晚期发生的变化、调解的各种形式之间的关系等问题做进一步研究。

在自由讨论环节，学者们围绕发言主题，对法院"维稳功能"、案例指导在实践中的运用、典型案例的效力等问题进行了深入研讨和交流。

会议闭幕式由中国法学会比较法学研究会王志华秘书长主持。会议承办单位长春理工大学副校长赫然教授致辞，感谢中国法学会比较法学研究会的委托承办此次会议，感谢各位专家学者的积极参与，奉献了一场学术与思想的盛宴。中国法学会比较法学研究会高鸿钧会长致辞。高鸿钧会长对此次年会进行了总结，指出此次会议体现出学术性强、研究团队年轻化和多学科交流的突出特点。高鸿钧会长对比较法学研究会的未来工作提出设想与展望，并为评选出的中国法学会比较法学研究会 2015 年会优秀论文作者颁奖。下一届年会承办单位苏州大学王健法学院上官丕亮教授被邀请致辞。

中国法学会比较法学研究会 2016 年会圆满落幕，期待明年苏州再见！

图书在版编目（ＣＩＰ）数据

中国比较法学. 比较司法研究：2016年卷/高鸿钧主编. —北京：中国政法大学
出版社，2017.9
　ISBN 978-7-5620-7719-0

Ⅰ.①中… Ⅱ.①高… Ⅲ.①比较法－中国－文集 Ⅳ.①D920.0-53

中国版本图书馆CIP数据核字(2017)第216449号

出　版　者　中国政法大学出版社
地　　　址　北京市海淀区西土城路25号
邮寄地址　北京 100088 信箱 8034 分箱　邮编 100088
网　　　址　http://www.cuplpress.com（网络实名：中国政法大学出版社）
电　　　话　010-58908524(编辑部) 58908334(邮购部)
承　　　印　固安华明印业有限公司
开　　　本　720mm×960mm　　1/16
印　　　张　22
字　　　数　350 千字
版　　　次　2017 年 9 月第 1 版
印　　　次　2017 年 9 月第 1 次印刷
定　　　价　59.00 元